취미와 사회 권력

문화 · 계층 · 젠더

지은이

가타오카 에미 片岡栄美, Emi Kataoka

고마자와대학(駒澤大学) 문학부 교수. 문화사회학, 사회계층론, 교육사회학을 전공했으며 오사카대학(大阪大学) 대학원에서 인간과학 연구과 박사후기과정을 수료했다. 2010년 4월부터 2012년 3월까지 하버드대학 사회학과 객원연구원을 지냈다. 현대 사회의 격차 문제나 불평등 문제를 문화적 측면과 교육적 측면에서 연구하고 있다. 또한 문화를 하나의 자본으로 간주하여 문화자본이라는 용어를 개발하고 문화적 재생산의 가능성을 탐구하고 있다. 독서 문화자본이나 예술 문화자본이라는 개념을 일본에서 처음으로 사용하기도 했다. 공저로는『변용하는 사회와 교육의 향방』(이와나미서점),『문화의 권력—반사되는 부르디외』(후지와라서점),『사회계층의 포스트모던』(도쿄대학출판회) 등이 있다.

옮긴이

이은주 李恩珠, Lee Eun-Joo

동덕여자대학교 일본어학과를 졸업했으며 건국대학교 교육대학원 일어교육학 석사, 건국대학교 일본문화·언어학과 문학박사, 일본문화를 전공했다. 건국대, 세명대 강사 및 가톨릭관동대학교 초빙교수를 역임했고 현재는 전주대학교 인문과학종합연구소 학술연구교수이다. 대표 역서 및 저서로는『동아시아의 국민국가 형성과 젠더』(2009, 2010 대한민국학술원 우수학술도서),『주부의 탄생』(2013),『육아의 탄생』(2014, 2015 세종도서 학술부문),『근대 일본의 지식장과 젠더투쟁』(2016),『새롭게 배워보는 일본·일본인·일본문화』(2018),『포스트젠더학의 가능성』(2022) 등이 있다. 대표 논문으로는「전시기(戰時期)『주부의 벗(主婦之友)』에 나타난 '모성'담론에 관한 고찰」,「일본어 교과서에 나타난 '젠더' 표상」,「젠더프리의 가능성 연구」,「문자 / 비문자 텍스트에 나타난 '센더횡단'의 가능성 연구」,「일상·비일상적 지식장과 젠더의 안티노미」,「이동이라는 렌즈를 통해서 본 정신 / 육체의 폴리포니」,「균질적 / 비균질적 시선의 패러독스와 젠더」,「덧그리지 않는 '젠더'는 가능한가?」,「'모빌리티'라는 키워드와 새로운 젠더의 가능성」,「모빌리티텍스트에 나타난 다성적 목소리와 젠더투쟁」 등이 있다.

취미와 사회 권력 문화·계층·젠더

초판 1쇄 발행 2024년 5월 20일
초판 2쇄 발행 2024년 6월 25일
지은이 가타오카 에미 **옮긴이** 이은주
펴낸이 박성모 **펴낸곳** 소명출판 **출판등록** 제1998-000017호
주소 서울시 서초구 사임당로14길 15 서광빌딩 2층
전화 02-585-7840 **팩스** 02-585-7848
전자우편 somyungbooks@daum.net **홈페이지** www.somyong.co.kr

값 36,000원 ⓒ 이은주, 2024
ISBN 979-11-5909-859-2 93330

이 책은 2021년 대한민국 교육부와 한국연구재단의 지원을 받아 수행된 연구임(NRF-2021S1A5B5A16076809).

취미와 사회권력

젠더·계급·음악

가타오카 에미 지음
이은주 옮김

일러두기

1. 저자의 주석은 미주를 사용하였고, 옮긴이의 주석은 각주를 사용하였다.
2. 출처는 '저자명, 년도 : 페이지'로 표기했으며 위첨자로 처리했다. 책이 재출간된 경우
   에는 재출간년도를 대괄호[ ] 안에 넣어 구분했다.

차례

문화적 평등신화

1. 문화적 평등신화

일본은 '문화적으로 평등한 사회'라는 담론이 강한 사회이다. 예를 들어 경제적인 격차는 있어도 문화적인 격차는 적다는 의미이다. 작금의 이민 증가와 더불어 모국어가 일본어 이외에 생활습관이 다른 사람들도 일본 사회에 늘어나고 있지만, 미국과 캐나다 등의 다문화국가와 비교하면 그리 많지는 않다. 일본은 문화적으로 동질적인 부분이 많다는 것도 타국과 비교하면 일면 사실이다. 여기서는 전후戰後의 일본 사회가 '단일민족국가'·'단일한 국민국가'라는 주장도 눈에 띄지 않는다. 그와 동시에 일본에는 계급문화가 존재하지 않고 반대로 문화적인 차이가 있었다고 해도 경제적인 차이에 의한 것이다. 혹은 극복할 수 없는 차이는 아니라는 이미지를 가진 사람들이 많은 것 같다.[1]

이와 같은 일본문화의 전체성과 균질성을 강조하는 담론은 계급문화 부재설 또는 문화적 평등설, 특히 단일국민 문화설로 일컬어진다. 그러나 국내로 초점을 옮기면 사람들의 생활문화, 교양, 라이프 스타일은 결코 동일하지가 않다. 기호적으로 '좋고 싫음'이 존재하듯이 사람들의 취미나 문화적 실천은 매우 다양하다.

프랑스의 사회학자 피에르 부르디외Pierre Bourdieu, 1930~2002는 사람들의 취미나 문화적 실천을 사회학적으로 분석한 인물로 잘 알려져 있다. 부르디외이론은 문화적 재생산론이라 불리며 사회계급과 취미와의 대응을 잘 볼 수 있는 프랑스 사회에 대해 사람들의 취미나 라이프 스타일과 사회적 위치와의 대응관계를 분석하고 있다. 그의 저서 『구별 짓기distinction』에는 부르주아계급, 중간계급, 서민계급별로 취미나 가치관, 에토스ethos, 여가를 보내는 방법, 식사 등 라이프 스타일의 차이가 구체적으로 제시되어 있어 매우 흥미롭다. 보유하고 있는 경제자본과 문화자본예를 들면 학력 등이 다를 경우 사람들의 문화에 대한 의미 작용과 라이프 스타일이 다름을 잘 알 수 있다.

그러나 부르디외의 논점은 취미나 라이프 스타일의 계층성을 지적하는 것만이 아니다. 그 배후에는 상징 공간, 사회 공간, 아비투스론, 분류 작용, 문화자본, 상징 투쟁, 장소(이)론 등 사람들의 행위의 의미 작용을 갈등론적 입장에서 읽어내는 장대한 이론적인 장치가 설정되어 있다. 이 책에서는 부르디외이론을 원용하지만 프랑스와는 다른 일본의 문화와 사회의 특징, 그리고 구조를 경험적 데이터와 함께 읽어내고 싶다.

부르디외는 다음과 같이 서술하고 있다. "일본의 사회 공간과 상징 공간을 구축하고 기본적인 차이화의 원리를 명확히 해주시기를 기대합니다. (…중략…) 아마 그것들은 프랑스의 경우와 마찬가지일 것이라고 생각합니다만 상대적인 비중이 각각 다른 것은 아닐까."부르디외, 가토(加藤)편, 1990 : 81 요컨대 일본에서도 문화에 따른 차이화가 있고 상징 공간에서 유의미한 차이를 만들어내는 사회적인 여러 조건이 있다는 것이다. 그러나 일본에서는 라이프 스타일의 차이를 낳는 사회적 여러 조건을 확인도 검증도 하지 않은 채, 일본 사회는 문화적으로 평등하다고 주장하는 사람들이 적잖이 존재해왔다.[2] 여기서는 이것을 문화적 평등론자 내지는 문화적 평등신화[3]라고 부르기로 하자.

문화적 평등론자가 근거로 삼는 사례로서 예를 들면 "(1990년대 당시에는) 대부분의 일본인들이 일반적으로 신문을 읽고 있다", "일본인의 식자율은 다른 나라보다도 높고 모두 일본어를 읽을 수 있다"라는 것이다. 그러나 원래 한두 개의 예만으로 문화의 평등을 증명할 수는 없다.

문화적 평등설이 성립한 배경에는 제2차 세계대전 이후의 경제 발전과 사회의 근대화·민주화가 강하게 영향을 주었다고 생각한다. 적어도 전전戰前에는 신분에 따른 지배가 남아 있었다.[4] 그러나 패전에 따른 농지 개혁과 민주주의의 여러 가지 정책, 교육제도의 단선화 등으로 인해 사람들은 전전 신분 사회의 제약으로부터 해방되어 갔다.

게다가 글로벌화의 영향으로 문화가 균질화되고 있다는 논의가 있다. 예를 들면 도시와 지방을 불문하고 맥도날드가 있고 코카콜라도 침투하고 있다. 미국화라는 특징을 지닌 문화의 글로벌화는 소비와 라이프 스타일을 표준화시키고 거기서 문화의 차이는 찾을 수 없게 되어 차이가 소실되었다는 논의이다. 이에 대해서는 뒤에서 자세히 다룰 것이다.

그런데 이야기를 좀 더 되돌려서 도대체 '문화의 평등·불평등'은 무엇인가. 그리고 문화란 무엇인가. 문화를 정의하는 방법도 일정하지가 않다.

일반적인 문화의 분류로서 첫 번째, 문화는 교양이라는 해석이 있다. 즉 정신적·미적 발전의 결과인 교양을 문화라고 생각한다. 두 번째, 인류학적 문화 개념으로 문화는 어느 국민과 집단의 특정 생활양식을 가리킨다. 예를 들면 인사 방법과 식문화, 의례, 언어코드, 신체기법, 습관, 신앙, 신념 등이다. 세 번째, 지적·예술적 문화를 문화라고 부르는 인문학적 문화 개념으로 음악, 회화, 소설 등을 가리킨다.레이먼드 윌리엄스(Raymond Williams), 1966 그러나 예술적이지 않더라도 록과 파친코, 만화·애니메이션 등의 상업주의적이고 대중적인 문화와 미디어문화가 존재한다.

이에 대해 테리 이글턴Terry Eagleton, 2000[2006]은 문화를 세 가지로 분류했다. 즉 고급문화예절로서의 문화, 탁월, 우수와 아이덴티티 문화, 그리고 포스트모던문화로서 상업적·포스트모더니즘적인 상품 문화로 나누었는데 이것들이 갈등 상황에 놓여 있다고 논한다. 이 갈등은 고상함high과 저속함low의 다툼이 아니라 "고급문화는 고저의 경계를 자신의 손으로 무너뜨리고 있다"이글턴, 2000[2006]고 서술한다. 그리고 "포스트모더니즘은 서민적인 것과 비의적秘儀的인 것, 도회적 세련과 아방가르드, 그 양쪽의 가교"이글턴, 2000[2006] 역할을 하고 있다고 서술한다. 게다가 이 세 개의 차이는 코스모폴리탄이냐 로컬이냐의 차이도 아니라고 말한다. 그리고 특히 중요한 투쟁으로서 '상품으로서의 문화'와 '아이덴티티로서의 문화'와의 투쟁을 지적하고 있다.

부르디외를 시작으로 문화를 정통 대 대중이라는 대립 축으로 파악하는 것이 아니라 상업주의적인 문화에의 친화성을 가지는가 그렇지 않으면 아이덴티티를 건 문화로서 자신을 표현하는 도구, 말하자면 아이덴티티의 도구로서 문화를 요구하는가라는 대립 축을 생각하는 것은 매우 중요하다.[5]

그렇다면 이처럼 다양하고 폭넓은 내용을 내포하고 있는 '문화'가 평등·불평등하다는 것은 어떤 상태를 가리키고 어떠한 의미로 사용되는 걸까. 가장 단순하게 말하면 어떤 문화 실천의 비율이, 즉 문화활동에의 참가와 문화 소비 정도의 사회적 속성성별과 직업, 학력 등에 의한 차이가 있다는 사용법이다. 예를 들면 클래식 콘서트에 간 경험률은 학력과 세대 수입에 따라 매우 다른데 이 상태를 '문화의 불평등'이라고 해석하는 것이 일반적이다. 다만 저자는 이 견해에 반드시 완전히 동의하는 것은 아니다. 거기서 차이의 구조는 찾아낼 수 있어도 그것과 불평등과는 반드시 일치하지 않는다. 그러므로 불평등에 관한 이데올로기와 문화가 행위자에게 초래하는 의미야말로 묻지 않으면 안 된다고 생각한다.

전술한 것처럼 문화적 불평등론에 대한 하나의 반론으로서 '취미는 각자 개인의 자유'라는 목소리가 들려온다. 분명히 음악적 취향은 제각각이다. 어떤 음악을 좋아해도 상관없고 클래식 음악이 가장 '위대한' 것도 아니다. 록을 좋아하는 사람은 록이 최고라고 생각하고 있다. 음악 그 자체, 혹은 문화 그 자체의 가치는 사람에 따라 각각 다른 가치를 지니는 것이다. 다시 말하면 문화 그 자체에는 불평등도 없고 중립적이다.

그렇다면 다음과 같은 조사 결과를 어떻게 생각하면 좋을까.

2. 문화의 정통성이란

사람들이 문화활동의 서열을 어떻게 인식하고 있는지를 조사하기 위해 1995년의 SSM 전국 조사에서 일본의 20세부터 69세의 남녀에게 다음과 같은 질문을 했다.

"여기에 여러 가지 문화활동이 적혀 있습니다. 세상에는 일반적으로 이 활동들을 높다거나 낮다거나 하는 식으로 평가하는 경우가 있습니다만, 지금 만약 이것들을 높다거나 낮다거나 구별을 지어 순서대로 나누면 어떻게 분류될까요."

회답 선택지로서 5단계, 즉 '가장 높다', '약간 높다', '보통', '약간 낮다', '가장 낮다'를 설정한 후 각 문화활동에 대해 각각 평가를 받았다. '가장 높다'를 100점, '약간 높다'를 75점, '보통'을 50점, '약간 낮다'를 25점, '낮다'를 0점으로 계산하면 각 문화활동의 평균점과 표준 편차는 〈표 1〉과 같다.

〈표 1〉의 결과를 '문화 위신 스코어'가타오카 에미, 1996c[6]라고 부르기로 한다. 사람들이 가부키와 클래식 음악은 높게 스포츠신문과 파친코는 낮게 평가하고 있음을 알 수 있다. 그러나 사람에 따라 서열을 매기는 방법은 다르지 않을까 생각해서 학력별 집단 간에 순위 상관계수를 구하면 대학 졸업·전문대 졸업 그룹의 사람들과 고등학교 졸업 그룹의 사람들과의 상관은 0.986[1.0이 완전상관으로 최대], 대학·단기대학 졸업과 중학교 졸업 그룹에서 상관은 0.881로 양쪽 모두 상관계수는 매우 높다. 다른 지표에서도 확인했지만 문화의 서열성에 대해 계층 집단이 다르면 의견이 역전된다고 할 만큼 큰 차이는 없다. 바꾸어 말하면 대부분의 사람들이 〈표 1〉의 문화 서열을 공통적으로 승인하고 있는 셈이다. 즉 대항적인 문화의 서열성은 인정되지 않고 지배적인 문화의 가치 서열을 노동자계급도 승인하고 있는 셈이다.

그러나 문화적 실천과 문화 평가가 반드시 일치하는 것은 아니다. 예를 들어 '클래식은 어렵고 잘 몰라서 별로 들은 적은 없지만 좋은 것이다'라든가 '파친코는 자주 하지만 딸이 안 했으면 좋겠어요'라든가이다. 오히려 한 적이 없는 문화활동을 고상한 것이라고 생각하고 있는 사람도 있을 것이고 그 반대도 있을 것이다.

클래식 음악은 고상하다는 의견에 반발하는 사람이 적은 것은 왜일까. 반대로 왜 가라오케나 파친코는 고상하지 않다고 판단되는 것일까. 어떤 문화를 품위가 있다거나 고상하다고 반응하는 자신은 그것을 어디서 학습한 것일까. 하나는 학교이다. 학교 음악시간에 클래식 음악은 있지만

<표 1> 문화 위신(威信) 스코어(전체)

<표 1> 문화 위신(威信) 스코어(전체)

	평균	표준 편차	N
가부키(歌舞伎)나 노(能) 또는 분라쿠(文楽)를 보러 간다.	65.9	19.3	1145
클래식 음악의 음악회·콘서트에 간다.	64.5	19.1	1163
미술전이나 박물관에 간다.	64.1	17.5	1172
단가(短歌)나 하이쿠(俳句)를 짓는다.	61.9	18.9	1158
꽃꽂이(華道)·다도(茶道)·서예를 한다.	60.6	17.5	1162
소설이나 역사책을 읽는다.	55.6	16.7	1177
골프·스키·테니스를 한다.	52.1	14.6	1158
가라오케를 한다.	39.8	22.9	1133
스포츠신문이나 여성주간지를 읽는다.	39.1	22.8	1135
파친코를 한다.	27.7	27.0	946

출처 : 가타오카 에미, 1998g·2000b.

엔카演歌나 랩은 없기 때문이다. 그것은 만화 작품이나 대중소설이 국어 교과서에 게재되지 않는 것과 마찬가지이다. 소위 대중문화는 학교 교육에는 채용되기 어렵다는 지금까지의 관례가 있다. 그러나 관례만이 원인은 아닌 것 같다.

원래 클래식 음악은 유럽 귀족이 애호하는 음악이다. 일본의 귀족이나 무장武將들은 노나 다도를 애호한 역사가 있다. 에도江戸시대에 서민이 애호한 가부키를 메이지明治천황이 애호함으로써 지위가 상당히 올라갔다는 설도 있다. 다시 말해서 역사적으로 보면 소위 상류계급의 사람들이 애호한 문화와 작품, 작가 등이 오늘날 예술이라는 이름으로 찬양되고 있다. 유럽 귀족이 후원자가 되어 지원한 화가나 음악가일수록 역사에 많은 이름을 남기고 있다. 물론 예외도 있다. 일반적으로 예술문화라는 것은 지배자, 권력자가 그 가치를 인정한 문화인 경우가 대부분이다. 물론 역사적으로 보면 세상사는 그렇게 단순하지 않지만 권력과 문화적 가치의 관계는 어느 시대, 어느 사회에나 존재해왔다. 문화 그 자체는 그것 자체로 중립적이지만 그것을 누가 소비했느냐에 따라 가치와 평가가 좌우되는 것이다. 그런 의미에서 문화의 가치는 지극히 자의적인 것이다.

부르디외는 문화를 세 가지, 즉 정통문화^{정통 취미}, 중간문화^{중간 취미}, 대중문화^{대중 취미}로 나누었다. 정통 취미란 '필요성으로부터의 거리'가 가장 크다는 특징을 가진다. 이 세 가지의 취미는 문화 히에라르키, 즉 문화의 우열을 이루고 있다. 취미의 차이는 장르 간의 우열로 제시되는 경우도 있지만 같은 장르 안에서의 우열도 존재한다.

요리의 경우, 프랑스 요리나 가이세키^{懐石} 요리는 정통 취미에 해당된다. 이 요리들은 시간을 들여 천천히 먹으며 테이블 매너도 정해져 있다. 그릇에 보기 좋게 담는 것은 섬세할수록 좋다. 영양이나 양이 많아서가 아니라 품위 있게 하기 위해서는 적당한 양을 담아야만 하기 때문이다. 가이세키는 요리로서 계절감을 느끼게 하는 것이 묘미라고 한다. 이것은 필요성^{배부르게 먹고 싶다거나 영양이 중요하다거나}을 강요받지 않을 뿐만 아니라 형식미를 추구하기 때문에 요리의 탁월성과 정통성이 확보되어 있다. 대중 취미의 요리는 무슨 무슨 가게의 규동^{牛丼} 또는 패스트푸드의 햄버거로 가격이 싸고 양이 많을수록 좋다. 당장의 필요성을 충족시키는 음식이라고 말할 수 있을 것이다. 패션의 경우 고급 브랜드 상품^{정통적}인지 아니면 저가 의류 체인점의 후리스인지의 차이이다. 만화 장르의 경우에도 미야자키 하야오^{宮崎駿}의 애니메이션이나 데즈카 오사무^{手塚治虫}의 만화는 정통적이지만 남 앞에서는 부끄러워서 읽을 수 없을 만한 작품도 있다. 가장 정통적이라고 일컬어지는 클래식 음악이라는 장르의 경우에도 바흐의《평균율 클라비어 곡집》은 정통적인 반면, 〈아마릴리스^{Amaryllis}〉나 요한 슈트라우스의 〈아름답고 푸른 도나우강〉 등은 초등학교 점심시간에 모두 한 번쯤은 들은 적이 있는 대중적인 클래식이다. 록 음악의 경우에도 음악 교과서에 채용된 비틀즈처럼 어느 정도 정통적인 것이나 팝으로서 대중화된 것, 저항의 상징이 되는 펑크 록^{punk rock1)} 등 다양화되고 있다. 즉 〈표

1)에서 보듯이 장르마다 정통성에 차이가 있는 동시에 같은 장르 안에서도 작품이나 아티스트에 따라 정통성이 높은 것과 대중적인 것으로 분화되어 있다고 말할 수 있다.

그러나 정통성이라 하더라도 예전에 비틀즈가 '위험한' 청년문화의 대표로서 어른들로부터 배척당한 것처럼 그 평가도 시대와 함께 변화해간다. 옛날부터 사시미는 야만적이라고 해서 먹지 않았던 구미인歐米人들이 이제는 기꺼이 사시미에 와사비를 찍어서 먹는다. 최근 일본식이 해외에서 정통문화가 된 것도 일본경제의 발전과 무관하지 않다. 이처럼 문화에 대해 내려지는 정통성에 대한 평가는 시대나 사회마다 다르고 변화해가는 것이다.

부르디외의 말을 빌리면 문화적 정통성이란 사회관계역학관계의 산물이고 자의적이라는 것이다. 그리고 문화의 정통성을 둘러싼 상징적인 투쟁은 나날이 벌어지고 있다. 상징 투쟁 결과, 지배적인 집단의 문화는 (그 지배력을 배경으로 하여) 정통문화로 되기 쉽다. 좀 더 알기 쉽게 말하자면 정통문화는 권력자나 지배계층이 취하고 있는 문화를 '좋은 문화, 고상한 문화'라고 정의하며 그것을 타자피지배자인 사람들에게도 '강요하는' 과정이 작동되고 있음을 의미한다문화적 강요.

예를 들면 SF영화인 〈혹성탈출〉[2]에는 원숭이가 지배자이고 인간은 노예였는데 그 세계에서 원숭이는 아름답고 영리하며 윤리적인 반면 노예인 인간은 추하고 우둔하고 나쁜 동물로 정의되어 있다. 어떤 의미에서

---

1) 1970년대에 영국 런던과 미국 뉴욕에서 시작된 거칠고 정열적인 록 음악(체제화·양식화된 기존의 록에 반발하여 일어남)을 일컫는다.
2) 프랑스의 SF소설인 『혹성탈출』의 원제는 『Planet of the Apes』인데 일본에서는 영화를 〈원숭이의 혹성〉으로 번역하여 상영했다. 한국에서도 〈혹성탈출〉이라는 제목으로 상영되었다.

이것은 미국 사회의 인종 문제를 꼬집은 것이기도 하고, 누가 / 무엇이_{예를}
^{들면 금발머리, 하얀 피부 등이} 아름다운가라는 기준은 어떻게 해서 권력에 의해 변
화하는 자의적인 것인지를 우리들에게 가르쳐준다.

그리고 미국의 흑인해방운동 속에서 말콤^{Malcolm} X가 제시한 '블랙은
아름답다^{Black is beautiful}'는 저항을 위한 가치 전환의 중요성도 상기된다.

3. 문화에 의한 차이화, 학력에 의한 차이화

이야기를 원래대로 되돌려보자. 일본 사회가 문화적으로 평등한 사회라
는 추상적인 논의를 하는 사람들에게서 특징적인 담론은 '문화에서 다른
사람들에게 차이를 둘 수 없다'는 것이다. 게다가 부르디외이론의 일본에
서의 적용성에 의문을 제기할 때는 '프랑스와 같은 문화 서열이나 정통문
화는 일본에 존재하지 않는다 / 지배력은 가질 수 없다' 등으로 언급된다.

일본에서 돈이나 자산으로 차이를 두는 경우는 있어도 문화적인 것으
로 차이가 날 수 없다는 것이다. 그러나 그러한 사람일수록 대학원을 나
온 학력의 남성 엘리트이다. 왜 그들은 유명 대학이나 대학원에 진학한
걸까. 두말할 필요도 없이 그들은 지식이나 학력^{學力}이라는 문화적 차원
에서 탁월해지는^{차이를 두는} 것에 대한 사회적 유효성을 알고 있었기 때문
이다. 물론 일본은 프랑스와 달리 정통문화^{문화 엘리트}와 학력자본^{학력 엘리트}이
반드시 대응하지 않기 때문에 이처럼 문화의 분절화 작용에 의문을 제기
하기는 것이지만.

뒤에서 자세히 서술하겠지만 부르디외는 문화자본이 제도화된 형태의
하나로서 '학력자본'을 예로 들고 있다. 즉 문화자본인 학력은 어떤 의미

에서 문화의 불평등, 지식의 불평등, 교양의 불평등을 낳는 가장 큰 원인 중 하나이다.

일본은 학력 사회이고 학력의 고저에 따라 그 후의 인생이 좌우되는 정도가 큰 사회라고 일컬어진다. 사람들의 관심도 어느 대학을 나왔는지 어느 고등학교에 진학했는지에 집중되어 있고 세세한 학교 서열과 학교의 전통을 두고 서로 경쟁한다. 그것은 '능력지능의 우수성'을 둘러싼 경쟁임과 동시에 경제자본을 밑천으로 하는 교육 투자로서 전개되고 제도화된 문화적 경쟁이기도 하다. 일본에서는 '좋은' 학력 획득을 둘러싼 온 가족의 문화경쟁이야말로 문화자본의 불평등 문제(로서 인식되고 있다)라고도 말할 수 있다.

문화자본에는 그 밖에 신체화된 형태가 있고 몸짓, 습관적인 버릇, 말투, 가치관 등이 있다. 부르디외는 이것들을 총체화하는 개념으로서 '아비투스Habitus'라는 용어를 제시하고 있다. 아비투스란 제2장 「문화자본, 아비투스, 실천」에서 상세히 서술하겠지만 우리들의 행위를 결정짓는 심적 구조이고 개인마다 다르다. 집단에 의해서도 특징이 나오고 계급에 의한 아비투스의 차이가 이야기된다.

예를 들어 부르디외부르디외, 1979a[1990]에 의하면 프랑스의 부르주아계급은 품위 있는 말투, 몸짓을 할 뿐만 아니라 욕심이 없고 아름다운 것을 선천적으로 알고 있는 듯한 행동을 한다. 물론 학습한 것이겠지만 '여유로운 에토스'를 보인다. 부르주아가 좋아하는 음악은 클래식인가 재즈, 그리고 학자는 전위예술을 좋아하는 사람들이 많다. 한편 중류계급은 금욕적이고 검소와 검약이 모토가 된다. 정통문화를 좋은 것이라고 생각하고 있지만문화적 선의 실천하기까지는 충분히 도달하지 못했다제한의 에토스. 서민계급은 거드름 피우지 않고 검소하지만 필요성을 강요당하는 가운데에서의 선택이다. 그것은 가장 실용적이고 경제적인 것을 선택하는 경향 등에 나타난다고 한다.

이상은 프랑스의 이야기로 일본은 상황이 조금 다른데, 일본에서는 문화적으로 공통되어 있거나 서민이라 하더라도 엘리트가 될 수 있는 사회라고 주장하는 사람들이 문화적 평등론자이다.

덧붙여 저자의 좁은 체험에서 말하면 문화적 평등론을 지지하는 대부분의 사람들이 남성 연구자^{유명 대학원 출신}였다. 그들은 학력 획득 과정이 경제적인 격차에 의해 만들어지고 있다는 화제에는 기꺼이 귀를 기울인다. 그렇지만, 어린 시절 가정에서의 정통문화적 체험이 (부모의 학력을 통제해도 여전히) 학력에 영향을 가지는 문화의 힘에 대해서는 검토하기 이전에 지견知見을 거부하는 사람들의 비율이 높고, 학력 이외의 문화자본은 사회적 지위와 지위 아이덴티티와는 대개 관련이 없는 이야기라는 견해가 우세했다. 즉 다시 말해서 지금의 지위를 구축하는데 문화교양은 관계가 없다는 자기정당화에 가깝다. 그러나 대부분의 여성 연구자들은 가정의 문화자본에 대한 화제가 게이코고토稽古事³⁾나 취미의 문제로서 실제 체험에 입각하여 이해되고, 각자에게 학력 이상으로 절실한 아이덴티티의 문제로서 많은 것을 이야기해 주었다. 또한 젊은 세대의 연구자 중에서도 부르디외를 이해하는 사람들이 늘어났다.

달리 말하면 일본 대부분의 남성 엘리트들은 '공부 아비투스'의 중요성에 가치를 두지만, 가정에서 형성되고 획득된 교양문화에 관련된 일차적 아비투스의 지속성과 전이 효과에 대해서는 부정적인 태도를 취하기 쉽다는 것을 의미하고 있다.

---

3) 젊은 여성이 교양으로 익혀야 할 것들, 즉 요리·꽃꽂이·다도·서예 등을 말한다.

이것은 일본 남성에게 '투쟁의 판돈'이 학력이고 학력 획득 경쟁에 온통 에너지를 쏟아왔음을 시사하고 있다. 여기서 학력 경쟁이란 전후 일본에서 전개해온 수험 입시에서 돌파할 수 있는 경쟁을 의미한다. 예를 들어 부모의 문화자본이 부족하더라도 경쟁에 참가할 수 있는 경쟁, 즉 문화교양을 시험받지 않고 손에 넣을 수 있는 자본으로서의 학력이다.[7] 그것은 지위 경쟁에 참가하기 위해서였다. 그러나 대부분의 여성들에게 사회적인 정황은 달랐다. 여성은 지위 경쟁에 참여할 수 없고 영예·출세를 위한 사회적 게임으로부터 오랫동안 제외되어 왔기 때문이다.[8]

이 책을 읽을 때 가장 먼저 주의해야 할 것은 프랑스와는 달리 일본에서 '문화 귀족'을 형상화할 경우 고학력층의 남성을 이미지화하면 잘못된 인식에 이르는 경우가 많다는 점이다. 이것은 복수의 조사에서도 이 책에서도 몇 번이나 확인할 수 있는 사실이기 때문에 강조해둘 필요성이 있다. 따라서 부르디외가 그의 저서 『구별 짓기』 안에서 "높은 문화자본을 상속한 높은 학력자본을 가진 문화귀족"을 대표하는 것으로서 2세대에 걸친 고학력층즉 부모가 고학력층으로 본인도 고학력을 제시하고 있는데부르디외, 1979a[1989] : 127, 이것을 그대로 일본 사회의 분석틀로 삼는 것은 매우 위험한 일이다. 다시 말하면 부르디외가 제시한 것처럼 프랑스의 고학력 남성들은 정통문화를 이해하여 지배계급으로서도 문화의 탁월화 전략을 사용하고 있지만 일본에서는 이 대전제가 부분적으로 무너지고 있다. 즉 일본의 고학력층 남성들은 어린 시절 가정에서의 정통문화에 다소 친숙했다 하더라도 성인이 된 후에는 그 아비투스가 남성에서만 상당히 사라져버린다는 것이다. 혹은 대학의 대중화로 인해 대부분의 대졸 남성들은 프랑스와 같은 문화 귀족이 아니게 되었다고 말할 수도 있다. 따라서 부르디외처럼 상속 문화자본을 부모의 학력으로만 논하는 것은 일본의 전후 데이터에서는 위험한 전제가 된다.

저자는 상류·중류의 가정문화의 대명사이기도 한 '상속 문화자본'을 부모의 학력 지표로 대표할 뿐만 아니라, 학력이 지니고 있는 인적·자본적인 부분과 교양적 계급문화^{예술문화와 독서문화}로 분리하여 부모 학력도 포함한 3종류의 효과를 측정하는 것이 가장 타당하다는 입장이다.

지금까지 일본에서는 노력과 근면의 에토스만으로도 고학력이 되어버리는 지식 편중형의 시험 시스템을 채용한 적도 있어서 프랑스와는 선발 방법이 상당히 다름을 잊어서는 안 된다.

다케우치 요우^{竹内洋, 1995}는 이 점과 관련하여 일본의 학력 사회에 대한 적확한 이해와 이론 해석으로 다음과 같이 말하고 있다.

상승 이동에서 필요한 것은 영국이나 프랑스에서 부르주아화일 때 일본에서는 종종 일본인화가 필요하다. 물론 그것은 일본 사회에서 부르디외가 말하는 사회적 재생산의 메커니즘이 작동하지 않는다는 것은 아니다. 일본인다움이 문화자본이 되는 만큼 계급문화의 자본화 메커니즘이 은폐되는 것이다. (…중략…) 암기와 주입이 중요한 일본의 시험이 노력신앙이라는 환상을 팽창시켜 계급문화의 밀수를 숨겨버리는 것과 같은 은폐 구조이다. 그것만으로 일본의 능력주의^{meritocracy}는 사회적 재생산의 은폐에는 우선 성공한 셈이다. 엘리트와 대중의 동질성 환상을 낳게 되고 엘리트 집단에 대한 심리적 거리를 단축시키고 다수^{mass}의 경쟁 사회를 초래하는 장치가 여기에 있다.^{다케우치, 1995 : 235}

다케우치는 일본의 학력 경쟁이 대중화되는 것은 선발 시스템의 구조^{경사 배분 구조} 그 자체가 가지는 증폭 효과라는 훌륭한 분석을 전개했다. 이에 대해 저자는 이 책에서 선발 시스템에 대한 분석이 아니라, 일본에서 계급문화의 밀수설과 문화의 재생산이 일본형 능력주의 속에서 젠더 구조로 작동되고 있음을 밝히고자 한다.

따라서 일본의 학력 지표를 그대로 상속 문화자본으로 파악하는 것은 계급문화 밀수설이 타당한 프랑스에서는 가능하지만 일본에서는 적합하지가 않다. 부모의 학력 지표에 포함되는 인적·자본적 요소노력과 근면의 성과와 문화 교양적 요소계급문화를 분리하는 것은 어렵지만 적어도 일본 남성의 학력은 인적 자본이 높음을 나타내는 의미가 강하다. 그 때문에 특히 남성의 학력은 계급문화와 상속문화의 지표와는 어긋나는 것이다.

여기서 제2장과 제9장에서 제시하듯이 상속 문화자본을 측정할 경우, 부모의 학력이 가진 효과와 교양문화의 효과를 분리하여 측정함과 동시에 부모 학력의 전체 효과도 측정할 필요가 있다. 모두 상속문화임에는 틀림이 없다. 왜 그렇게 하는 편이 나은가 하면 일본에서는 근대화라는 점에서 국가주도의 후발국이었다는 것로날드 필립 도어(Ronald Philip Dore), 1976과 일본의 노력주의문화와 수양주의 혹은 일본 시험제도의 역사아마노 이쿠오(天野郁夫), 2006를 보아도 남성의 학력 지표와 교양문화와의 괴리를 상정할 수 있다.다케우치, 1993·1995 실제로 이 책의 조사 결과에서도 그와 같이 나타났기 때문이다.

이 책에서 부르디외이론에 대한 해설은 제1장과 제2장에서 다루고 있지만 자세히는 이시이 요지로石井洋二郎, 1993, 미야지마 다카시宮島喬, 1994, 오나이 도루小内透, 1995, 야스다 다카시安田尙, 1998, 야마모토 데쓰지山本哲士, 1994를 대표로 하는 많은 논고가 있기 때문에 함께 읽으면 좋을 것이다.

그런데 일본의 문화계층, 문화 소비, 라이프 스타일은 어떤 상태에 있는 걸까. 문화자본은 실제로 어떤 기능을 하는 걸까. 그 대답은 다음 장으로 넘기기로 하고 그 전에 좀 더 생각해 볼 것이 있다.

4. 글로벌화와 문화의
균질화, 그리고 아이덴티티의 향방

문화적 평등론을 말하는 또 하나의 맥락으로 글로벌화가 있다. 문화의 글로벌화라는 맥락에서는 사회가 마치 균일한 단일 집단인 것처럼 회자되는 경우가 많다. 즉 이것은 경제의 글로벌화가 문화의 획일화와 균질화 혹은 평준화를 추진하고 라이프 스타일을 표준화시킨다는 논리이다.데이비드 헬드(David Held)·앤서니 맥그루(Anthony McGrew), 2002; 맨프레드 스테거(Manfred Steger), 2003[2005] 물론 글로벌화에 따른 문화변용에 대해서는 이것과 다른 견해예를 들면 글로벌화되어도 전통문화는 잔존한다는 견해 등도 존재한다. 그러나 일반적인 이해로서는 글로벌화된 상업적인 문화가 지역차를 넘고 국경을 뛰어넘어 확대됨으로써 국지적 문화와 계급 간의 문화적 경계가 소실되고 있다고 한다. 즉 문화의 분절작용이 글로벌화됨에 따라 약해지고 있음을 의미하고 있다. 그리고 소비문화, 대중문화에 의해 비슷한 도시의 풍경과 소비생활을 초래하고 사람들의 라이프 스타일도 획일화되어 간다. 이와 같은 상황으로 하여금 '문화의 상징작용이 없어졌다'고도 말해진다.

분명히 이 책에서도 제시하듯이 엘리트층이 상위문화high culture를 획득해야 할 교양으로 여기고 있다고는 생각할 수 없는 결과를 나타낸다. 대중문화의 확산은 문화 엘리트라는 존재를 지워버린 것처럼 보이기까지 한다. 그러나 이 논의에 대해서는 제6장 「문화 소비의 구조와 계층·젠더」에서 논하기 때문에 금후에도 신중하게 논의할 필요가 있다.

그리고 문화 글로벌화의 행선지는 '개인個'으로서의 문화, '문화의 개체화'라고 일컬어지는 단편화된 아이덴티티이고 각각의 서브컬처라고 논의되고 있다. 젊은이들을 보면 그러한 지적도 반드시 틀린 것만은 아니

다. 앤소니 기든스Anthony Giddens, 1991나 울리히 벡Ulrich Beck이 논했듯이 전체
적으로 사회에 노출된 개인이 대치하는 문화적 상황이 생겨나고 있다는
것이다. 계급 집단과 성별 카테고리 등에 의해 집합적 아이덴티티[9]가 확
인되는 것이 아니라 개인의 아이덴티티가 요구되는 사회로 돌입하고 있
다는 것은 과연 사실일까.

문제는 집합에서 개별화라는 시점을 끌어냄으로써 문화의 권력성과
문화의 정치성을 간과할 위험성이 높다는 점에 있다. 또한 뿔뿔이 흩어진
하위문화로 나뉘어진다는 문화적 개별화론은 집합적 아이덴티티의 단편
화와 희박화가 생겨나고 있는 이면이기도 하다. 예를 들면 영국을 원류로
하는 문화 연구Cultural Studies도 그 초기에는 마르크스주의적인 계급과 문
화에 대한 연구가 이루어지고 있었지만, 서서히 계급으로부터의 철수가
일어났다고 전해진다.하나다 다쓰로(花田達朗) 외편저, 1999 문화 연구는 일본에서도
지대한 연구 성과를 거두고 있는데 그중 서브컬처론에는 계급과 계층의
시점을 전혀 갖지 않은 것들도 많다. 그만큼 계급과 계층이 사람들의 인
식에는 이르지 못했다는 의미이다. 그것은 집합적 아이덴티티의 축소이
기는 하지만 문화적 계층 차이가 소멸했기 때문이 아니라는 것을 이 책
에서 제시하고자 한다.

일본 사회의 문화적 평등설이라는 것은 여러 계층별 데이터를 보는 한
부정될 수 있고 어떤 의미에서는 신화에 가깝다. 그럼에도 불구하고 문화
적 평등설로 이야기될 때의 내실은 단일 국민문화라는 신화일지도 모르
고 글로벌화된 균일적 문화와 최근 J-POP처럼 상업주의적인 대중문화
와 청년문화를 가리키고 있는지도 모른다. 애매한 내용을 가진 문화적 평
등신화가 왜 일반 대중뿐만 아니라 지식인 안으로도 확대되어 갔는지를
설명할 필요가 있다. 따라서 이 책에서는 그 수수께끼 풀이도 포함하여

일본의 문화와 사회관계를 읽어낸다. 즉 문화적 평등신화가 감추고 있는 현실이 무엇인지에 대해 문화의 기능과 의미, 그리고 그 메커니즘을 젠더와 사회계층의 시점을 연결하여 밝히고자 한다.

제1장

취미의 사회학의 성립과 전개

'취미는 계급을 각인시킨다'고 말한 것은 프랑스의 사회학자 피에르 부르디외이다. 현대 일본에서는 상대방의 취미를 듣고 계층과 지위를 알 수 있는 경우는 드물다. 그러나 취미의 좋고 나쁨이라는 말도 있듯이 취미를 통해 상대방의 문화적 배경과 사회적 배경을 추측하는 경우가 있다. 세련된 취미뿐만 아니라 언행이나 말투가 고상하다면 고생을 모르고 자란 부잣집 아가씨가 아닐까 하는 생각이 들기도 한다_{문화에 의한 차이화}. 혹은 패션 센스나 이야기의 화제가 맞지 않아 도저히 친구가 될 수 없다고 생각한 경우는 없을까_{문화의 상징적 경계와 배제}. 이처럼 취미와 문화의 차이는 사람과 사람을 가깝게 하기도 하고 멀게 하기도 한다.

1. 취미의 사회학이란

부르디외의 연구가 일본에 소개되고 나서 꽤 오랜 세월이 흘렀다. 부르디외는 문화자본^{cultural capital}이라는 개념을 제시하고 그의 대저서『구별짓기』에서 취미 판단의 사회학을 전개한 것 이외에 국가 엘리트의 연구, 결혼 전략, 재생산론 등 다채로운 연구 성과를 남긴 사회학의 거장이다.

그 눈부신 연구 성과와 이론은 일본에서도 활발하게 도입된 반면, 일본에서의 문화적 재생산과 문화자본의 적용 가능성에 대해서는 연구자 사이에서 심정적으로 쉽게 받아들여졌다고는 말하기 어렵다. 그것은 일본 사회가 서구 사회와는 다른 문화적 전통과 역사를 가지고 있기 때문이다. 또한 서장에서도 말했듯이 능력주의에 의한 능력 선발과 문화적 평등신화가 강했다는 사정이 존재하기 때문이기도 하다.

게다가 일본의 계층 상황은 지금과 달리 부르디외의 번역서가 간행된 1990년대부터 2000년대 초두, 특히 2008년 리먼쇼크Lehman Shock[1] 무렵까지는 격차 문제가 오늘날만큼 중요한 사회 문제가 되지 않았다. 즉 경제적으로도 문화적으로도 풍요로운 일본 사회라는 이미지로 사람들이 살아가고 있었다. 적어도 현재보다는 문화적으로도 꽤 평등한 사회라고 누구나 믿는 사회 상황이 존재했다.

2000년대 이후 신자유주의경제의 침투에 호응하여 사회 격차가 확대됨에 따라 최근 문화와 취미의 사회학이 또다시 주목받게 되었다. 기타다 아키히로北田暁大, 2017의 연구와 문화 연구, 청년문화론, 미나미다 가쓰야南田勝也, 1998의 록 음악 연구, 패션과 관광이라는 테마가 사회학 연구로 확대되어 다양한 문화 연구가 축적되어 있다.

해외에서는 부르디외를 계승하는 연구자 이외에 포스트부르디외이론으로서 문화적 옴니보어론문화적 잡식론. 리처드 피터슨(Richard Peterson), 1992; 피터슨(Peterson)·로저 컨(Roger Kern), 1996이 제창된 이후 상징적 경계이론과 함께 여러 국가에서 실증되었고 활발하게 논의되어 왔다. 이에 대해서는 뒤에서 자세히 소개하기로 한다.

---

1) 리먼쇼크(리먼 브라더스 사태)란 2008년 9월 15일 미국의 거대 투자은행이었던 리먼 브라더스가 도산한 것을 계기로 일어난 세계적인 금융·경제위기를 말한다.

2. 문화를 통한 자기표현과 탈근대

취미가 사회학의 대상이 되었고 문화자본과 문화사회학cultural sociology 이 주목받게 된 이유 중 하나는 '오늘날 일본인이 가지고 있는 계급·계층 내에서 자기 규정 욕구가 예전처럼 신분과 사회 경제적 지위 혹은 정치적 지위에 따라서는 표현되지 않기 때문'이라고 구마 겐고隈研吾, 1994는 꽤 이른 단계에서 지적했다. 즉 다시 말해서 직업적 지위와 수입, 정치적 당파 등 종래 사용되어 온 계층적 요인에 의해서는 스스로를 확인·자리매김할 수 없게 되었다는 것이다.[1]

이와 같이 말할 수 없었던 1990년대 당시는 아직 버블 영향이 있었고 일본에서도 여러 영역에서 문화를 가장 꽃피운 시기이기도 했다. 빈곤과 실업은 회자되는 것 자체가 적었고 대부분의 일본인들이 미래 사회에 희망을 품고 있었던 시대였다.야마다 마사히로(山田昌弘), 2004

그러나 동시에 도시부를 중심으로 공동체와 전통은 급격히 상실되었고 공동체 속의 자신과 가계家系, 계급이 더 이상 의미를 갖지 않게 되었다. 즉 개인의 아이덴티티는 살고 있는 지역 사회와 계급에 부여되는 것이 아니게 되었다. 기든스가 말하는 '장소귀속탈피'이다. 사람들은 예전처럼 토지와 전통에 얽매이지 않고 살게 되었다. 전통적인 공동체와 역할에서 해방된 개인은 자신의 책임으로 자신의 위치를 정하지 않으면 안 되는 시대로 변화되어 갔던 것이다.

즉 탈전통화되고 있는 사회에서는 문화에 관계되는 개인적 가치의 창출이 중요함을 집합의식으로 일반 사람들도 깨닫기 시작했다. 그것은 일본에서는 최초로 여성들의 '나私 찾기 게임'우에노 치즈코(上野千鶴子), 1987으로 나타났다. 그러나 일본 사회가 전체적으로 개인적 가치 창출의 중요성을 깨닫기 시작한 것은 1990년대 후반 이후가 아닐까.

그렇다면 왜 문화에 관계되는 개인적 가치 창출이 생활세계의 의미 부여에 중요하게 되었을까라는 물음에 대해서는 이미 서술한 바와 같이 공동체와 계급에 의거하고 있었던 개인의 아이덴티티가 사회와 공동체에 의해 이제는 보증 받을 수 없게 되었기 때문이다.

게다가 시간이 지남에 따라 모두가 같은 가치와 목표를 향해 매진하는 사회가 아니게 되어 결국 근대화는 끝났다고 무라카미 류村上龍, 1997는 1990년대에 지적했다. 해외에서는 그와 비슷한 것을 기든스1991와 앨런 워드Alan Warde, 1994 등이 논했다.

사람들은 예전처럼 좋은 학교를 나와 좋은 회사에 들어가고 '훌륭한' 사람이 되는 것보다도 오히려 음악이나 예술과 같은 취미, 패션 센스, 문화적 능력이나 에토스, 취미에 의한 친구 네트워크 등이 자신을 표현하는 기준이 되었다. 특히 취미가 지역과 사회를 넘어 사람들을 결합시키는 시대가 도래한 것이다. 이와 같은 현상은 '트위터' 등의 SNS를 매개로 한 '취미 인연'의 문제로서 아사노 도모히코浅野智彦, 2011 등 주로 젊은 문화 연구자에 의해 활발하게 탐구되고 있다. 1990년대부터 지적받고 있었는데 최근 취미와 센스가 많은 사람들의 인생에서 하나의 중요한 기준이 되었다고도 할 수 있다.

3. 자아실현의 폴리틱스politics와 취미, 그리고 취향

현재 장기적인 경제 불황 속에서 사람들에게 사회 경제적 지위의 중요성은 증대되어 갔다. 일본에서도 빈곤 문제가 매스 미디어에 자주 등장하게 된 요즘, 풍요와는 거리가 먼 사람들이 증가한 것도 사실이다.

격차가 확대되고 양극화·분극화가 진행된 현대 사회를 살아가는 사람들의 문화 소비의 불평등과 문화 재생산의 상황을 밝히는 것은 매우 중요한 일이다. 특히 청년문화에 대한 의식과 문화 실천은 경제 불황과 격차 확대 속에서 어떻게 변화되고 있는 것일까.

청년 3명 중 1명이 비정규직이고 경제적으로 풍요로운 청년은 이전보다도 감소하고 있는데도, 여전히 청년에게 음악과 영상문화는 예전보다도 그들의 생활에서 그 중요성을 증가시키고 있는 것은 아닐까 생각한다. 새로운 정보미디어와 ICT기술의 발달로 인해 소셜 미디어를 매개로 하는 동화와 음악, 정보의 전송, 예를 들면 '유튜브'의 동화 사이트나 '넷플릭스'에 의한 영화의 전달처럼 대부분의 사람들이 부담 없이 다양한 문화를 접할 수 있는 환경이 실현되었기 때문이다. 실제로 사람들은 지역과 공간을 넘어 꽤 폭넓은 선택지 속에서 문화를 싼값에 입수할 수 있게 되었다.

그런 의미에서 앞서 언급한 구마 겐고의 지적은 반드시 틀린 것이 아니라 자기를 표현하는 아이템으로서 음악과 패션, 다양한 취향이 갖는 장점은 점점 중요해지고 있다. 예를 들면 저자가 2017년에 실시한 대학생 조사에서도 '자신을 표현할 수 있는 것은 무엇입니까'라는 질문에 대해 1위는 '커뮤니케이션 능력'22.1% : 복수 회답, 2위는 '취미나 센스가 좋음'18.1%, 3위는 '복장'13.1%이었고, '두뇌 회전이 좋음'3.1%이나 '지식'3.1%을 선택하는 사람은 적었다. 특히 최하위는 '학력'0.6%과 '가문'0.6%이었다. 또한 대학생 각각의 학생 타입별로 자기 아이덴티티학생 타입의 판단 기준을 조사했는데 좋아하는 음악 장르와 애니메이션 등 문화적인 요소로 채색되어 있었다.가타오카, 2018b

높은 시청률을 기록하는 TV 프로그램으로 시선을 돌려보면 과거에는 지식이 많고 적음을 겨루는 퀴즈 프로그램이 주류였지만, 최근에는 새로운 경향으로서 예능인을 미적 센스와 문화자본의 높이에 따라 경쟁시키고 등급을 매기며 즐기는 프로그램이 몇 개나 출현했다. 예를 들어 와인 시음 또는 일류 레스토랑의 요리인지 아닌지를 식별하게 하고 예능인을 일류 / 이류 등으로 등급을 매기는 프로그램[2]과 하이쿠와 요리를 그릇에 보기 좋게 담기, 예능인들이 꽃꽂이에 대한 센스가 좋은지를 겨루게 하여 재능의 유무를 평가 받는 프로그램[3]이 출현했다. 즉 지식뿐만 아니라 교양과 센스, 예술적 재능을 따지고 있다. 이를 통해 일본 사회의 문화와 교양, 즉 문화자본의 중요성에 대해 많은 사람들이 깨닫게 되었음을 알 수 있다. 마침내 일본도 문화자본시대에 돌입했다고 해도 과언은 아닐 것이다.

성공 모델의 변용

모던 사회에서 포스트모던 사회로의 변용은 사람들의 사회적 성공의 모델 변용을 가져오고 있다. 사회적 성공에 대해 지금까지 엘리트코스라고 여겨져 온 '도쿄東京대학에서 엘리트관료로', '일류대학에서 일류기업으로'라는 사회적 성공 모델은 자명한 것이 아니게 되었다. 또한 최근에는 청년들의 지위 상승 지향이 저하되었다는 조사 결과도 유포되고 있는데, 요컨대 상승의 의미가 과거와는 변화되고 삶의 다양화가 청년을 중심으로 현저하게 나타났다고 이해해야만 할 것이다. 예를 들면 요즘 초등학생들이 되고 싶은 직업 중 상위권에 유튜버가 있다.

청년들에게 매력이 증대되고 있는 것은 종래와 같은 조직 의존형의 엘리트[4]가 아니라 외국계外資系 회사에서 활약한다거나 자신의 능력을 최대한 살릴 수 있는 새로운 비즈니스, 세계를 누비는 기업가起業家 등이고 자

기의 능력에 의거하는 자기책임형의 엘리트를 특징으로 삼고 있다.나카타니 이와오(中谷巖), 2000

게다가 사람들은 높은 지위와 수입을 거머쥐는 것만이 반드시 행복한 인생, 보다 나은 인생을 약속하는 것이 아님을 깨닫게 되었다. 라이프 스타일 측면에서도 예전의 샐러리맨처럼 멸사봉공적인 직업생활 일변도의 라이프 스타일은 더 이상 청년들에게 인기가 없다. 현대의 청년들은 출세 경쟁에 가치를 두는 것이 아니라 자신의 사적 생활과 가정생활, 취미를 소중히 여기는 자가 1990년대부터 늘어나고 있다.총무청(總務廳)청소년대책본부, 1996

다양한 삶의 하나로서 예를 들면 탈도회지 지향이 있다. 도회지를 떠나 시골로 이주하고 농업과 자급자족의 생활을 소망하는 사람들도 증가하고 있다. 즉 현대에는 행복한 삶의 모델이 다양화되었고 취미나 라이프 스타일이 지닌 의미가 더욱 커졌다.

사람들의 행복감도 다원화됨에 따라 각각의 삶은 개인 스스로가 선택 가능한 취향taste과 관계가 있는 영역으로 다양화되고 있다. 여기서 기든스1991가 말하는 '자기표현의 정치'나 '삶을 결정하는 것에 관계되는 정치politics of decisions'가 중요한 의미를 가지게 되었다.

마음의 풍요와 사적 라이프 스타일

2018년에 실시된 국민성 조사에서도 '물질적으로 어느 정도 풍요로워졌기 때문에 지금부터는 마음의 풍요와 여유가 있는 생활을 하는 것에 무게를 두고 싶다'고 회답한 자는 국민 전체의 61.4%였다.

생활만족도에 관한 연구에서도 '생활만족도'는 직업과 수입 등의 계층 변수 세트에 의해서는 거의 설명할 수 없지만 '마음의 의지'가 되는 취미와 라이프워크lifework를 가지고 있다'고 회답한 사람, 즉 사적 라이프 스타일을 가지고 있는 사람일수록 '생활만족도'가 높아지는 것을 밝혔다.시라쿠라 유키오(白倉幸男), 2000 게다가 시라쿠라 유키오에 의하면 사적 라이프 스타일은 출신 가정에서 어린 시절에 획득한 문화적 유리함유년기 문화자본으로 많은 설명을 할 수 있다고 주장한다. 특히 남성의 사적 라이프 스타일은 계층의 영향에서 벗어난 독자적인 맥락에서, 즉 다시 말하면 출신계층에 규정되지 않고 사람들이 생활 창조의 루트를 형성하고 있으며 생활 공간에 대한 의미 부여에 큰 영향을 가지고 있는 반면, 여성의 사적 라이프 스타일은 계층 규정적임을 찾아냈다.시라쿠라, 1998a · 1998b · 2000

문화나 라이프 스타일은 생활 속에서 어떻게 평가되고 라이프 스타일의 전략기든스, 1991으로 되고 있는 것일까. 혹은 문화는 사회적 지위의 요소로서 또는 계층론의 맥락을 넘어 어떻게 기능하고 있는 것일까.

고급문화의 상징성 저하

계층과 문화의 관계에 대해 글로벌한 사회와 포스트모던 사회에서는 종래의 사회에 적용된 문화 히에라르키가 해체되어 고급문화와 대중문화라는 구별이 애매하게 되었다. 즉 문화의 기호로서 표상성이 소멸된다장 보드리야르(Jean Baudrillard), 1970고 일컬어지고 있다.

장 보드리야르에 따르면 포스트모던 사회는 문화 시스템을 변용시켜 문화계층과 사회계층의 대응관계가 없어지게 된다는 것이다. 확실히 일본에서도 고급문화의 상징성은 약해지고 고급문화가 대중화되고 있다고 생각하는 경우도 있다. 부르디외가 『구별 짓기』에서 제시한 문화의 계층성, 즉 사회에서 공인받은 문화 히에라르키와 사회 히에라르키의 대응은 마침내 일본 사회에는 적합하지 않은, 낡은 이론 틀인 것일까.

이 책에서는 부르디외와 포스트부르디외의 이론장치를 이용하여 일본의 문화와 계층관계를 검토하고 현대 일본의 문화와 계층의 상황을 이해하는 새로운 분석틀을 제시하고자 한다. 그리고 제3장 「계급·계층에서 차이의 공간으로」에서는 일본의 현대 문화자본이란 무엇인가에 대해 검토한다.

4. 포스트모더니즘과 대중문화 사회, 그리고 상업주의

일본에서는 1990년대의 버블기를 경계로 특권적인 문화에 의해 나타나는 상징적 경계와 문화의 계층성이 없어진 것처럼 보인다. 특히 오늘날 가라오케와 만화·애니메이션 등의 대중적인 문화가 상업주의에 편승하여 널리 침투되어 일본을 대표하는 국민문화로 되고 있다. 예를 들어 '엘리트'라 하더라도 만화도 읽고 가라오케도 즐기는 자가 많은 것 같다. 특히 대학생은 대중문화의 주된 소비자이다. 현대 일본 사회에서 엘리트문화는 부재한다고까지 일컬어져 대중문화만이 강조되는 '**대중문화 사회**'라고 생각할 수 있다.

그렇다면 대중문화 사회의 특징은 과연 무엇일까.

우선 첫째, 상업주의적인 목적으로 제작되고 선전판매의 루트를 통해 일반에게 침투한 문화를 상업문화라고 부른다면 일본은 상업문화적인 대중문화가 계층을 넘어 널리 사회생활에 침투되고 있는 소비문화의 사회이다. 옛날에는 발터 벤야민Walter Benjamin, 1936이 '아우라의 상실'이라고 말한 문화의 대량생산에 의해 생겨난 상품문화는 현대에는 단편화되어 과잉 생산된 문화마이크 페더스톤(Mike Featherstone), 1995가 되어 유통되고 있다. 그리고 사람들이 소비하는 문화 중 대중문화가 차지하는 비율이 높은 사회이다. 영화 선전, 회화전繪畵展 선전 등 매스미디어가 문화 접촉의 기회를 확대시키고 TV와 인터넷을 통해 다양한 문화가 (정통문화에서조차도) 대중적으로 유통하는 것이 많은 사회라고 말해도 좋을 것이다. 마이크 페더스톤Mike Featherstone에 의하면, 소비 사회의 문화는 기호와 이미지의 단편이 거대함과 동시에 유동적으로 복잡하게 조직화된 것이라고 정의되고 과거의 문화적 질서를 약체화시킨다.페더스톤, 1995

둘째, 일본은 미국처럼 위신이 그다지 높지 않은 대중문화를 엘리트에서부터 일반 대중에 이르기까지 널리 애호하는 사회라고 할 수 있을 것이다대중문화의 공통문화화. 즉 특정 고급문화가 엘리트의 배타적 소비로는 되지 않고 엘리트도 대중화되고 있는 것은 아닐까. 말하자면 문화 히에라르키고급문화, 중간문화, 대중문화와 사회적 지위 히에라르키가 일대일로 대응하지 않는 사회라는 가설을 제2장에서 소개한다. 다시 말하면 대중문화 사회란 엘리트문화가 취약한 사회이다. 학력 엘리트가 문화 엘리트는 아닌 일본 사회라고 지적받고 있는데가리야 다케히코(苅谷剛彦), 1995 그 진위도 포함하여 검증한다. 만약 그렇다면 왜 학력 엘리트는 문화 엘리트가 되지 못했던 것일까. 이 문제를 통해 현대 문화자본이 무엇인지를 풀 수 있을 것이다.

셋째, 일본은 인간관계와 사회관계에서 위신이 낮은 대중문화를 매개로 관계성이 강력해지는 사회이다. 대중문화는 사회적인 접착제가 되었다고 할 수 있다. 예를 들어 예전에는 가라오케 박스에서 친구와 노래를 부르는 것은 샐러리맨뿐만 아니라 중고등학생들의 교제 방법 중 하나가 되었다이 유행은 현재 수그러들었다.

넷째, 상위문화혹은 정통문화가 대중화된 '장소場'에 침투하여 빈번하게 사용되는 상태에 있는 사회이다상위문화의 대중화. 즉 고급문화와 대중문화의 문화경계의 상호 침범이 일어나고 있는 상태이다. 지금까지 클래식 음악 프로그램 정도에서만 나왔던 클래식 음악작품이 TV광고의 배경음악으로 사용된다거나 안토니오 가우디Antonio Gaudi의 건축처럼 일부의 애호가 사이에서만 유명했던 작품이 광고에 등장함으로써 대중화되는 등 서브컬처와 상위문화의 대중화가 생겨나고 있다.

다섯째, 돈만 있으면 누구든지 상위문화정통문화에 접근할 수 있는 감각을 가질 수 있는 사회이다. 과거에는 해외에서만 감상할 있었던 오페라나 유명한 해외 지휘자의 연주회, 저명한 회화가 매년 일본에 오게 되었고 정통문화도 대중들이 접할 수 있는 사정권 안에 들어 있는 것처럼 보인다. 실제로는 현실의 문화와 계층관계는 평평한 것이 아니라 다음 분석에서 드러나겠지만, 적어도 그와 같은 가능성과 함께 사람들에게 많은 전망을 안겨주는 사회이다.

여섯째, 대중문화와 통속popular문화를 미적인 것으로 찬양하게 되었다.페더스톤, 1995 그 결과 예술은 광고나 대중문화 속에서도 발견되었고 포스트모던문화의 시점에서 논하게 되었다.장 보드리야르, 1993; 프레드릭 제임슨(Fredric Jameson), 1984 그리고 SNS나 유튜브 등의 동화 사이트를 통해 세계 속의 문화나 사람들의 모습을 손쉽게 입수하여 즐길 수 있게 되었고, 지금의 사회는 어떠한 문화에도 접근하기 쉬운 대중문화 상황에 있다고 믿기 쉬운 사회가 되었다.

포스트모더니즘과 대중문화

이상으로 살펴본 것처럼 포스트모더니즘과 대중문화 융성과의 관계는 매우 강하다. 그것만으로 부르디외가 1969년대 프랑스에서 발견해낸 특권적인 계급이 정통문화를 영유한다는 상황은 마침내 과거 이야기가 되어 버렸다고 해도 과언은 아닐 것이다. 고등 교육이 확대됨에 따라 중간 계급이 증대함으로써 사회 구조와 문화의 관계도 변화되어 왔기 때문이다. 이에 대해 페더스톤도 "특권계급의 소집단이 문화와 문화 정의를 독점화할 수 없게 되었다"고 말하며 특권계급과 외부 집단과의 격차 축소에서 원인을 찾고 있다. 게다가 포스트모더니즘과 대중문화의 관계에 대해 "포스트모더니즘은 다원적인 문화를 환영하고 계급을 만들지 않는 대중문화의 무질서성을 장려한다"페더스톤, 1991고 단적으로 말하고 있다.

그렇다면 포스트모더니즘은 진정으로 상징적·문화적인 히에라르키를 무효화해버린 것일까. 즉 예술과 일상의 경계선을 없애버리는 새로운 감성은 새로운 문화자본으로 생겨나고 있는 것일까. 그렇다면 포스트모더니즘의 진행이란 일상생활 속에서 심미적인 감각이 확산되고 미적 생활이나 미적 공간에 대한 희구가 높아지는 것을 의미한다고 할 수 있다. 따라서 저자는 그러한 징후가 현재 이미 우리들의 일상생활에서도 확산되어 가고 있다고 생각했는데, 이에 대해서는 새로운 조사 데이터를 준비하고 있기 때문에 원고를 고치고 싶다.

포스트모더니즘과 새로운 문화자본이라는 질문에 대해 이 책에서 검토하는 자료나 데이터는 반드시 적절한 것이 아니라는 점은 미리 양해를 구해야만 할 것이다. 대부분의 조사 데이터들이 1995년부터 2000년 사이에 수집된 것이기 때문이다. 따라서 이 책의 데이터와 분석에는 SNS가 보급된 이후의 현대 문화자본에 대해서는 답할 수 없지만 뒤에서 약간 새로운 동향에 대해 논하고 있다.

저자는 1990년대가 일본 대중문화의 예술성이 가장 높은 시대였다고 생각한다. 광고나 포스터라는 상업주의적인 문화 안에서도 예술성이 열려 어떤 의미에서는 예술과 일상과의 경계가 희미해지고 생활과 대중문화 속에 많은 미가 발견되기 시작한 시대였다고 생각한다. 어떤 의미에서 이 시대는 문화적으로 행복한 시대였을지도 모른다. 일본경제가 호조를 띠어 광고나 포스터 선전에도 많은 경비를 할애할 수 있었던 시대였고, 상업적인 문화 안에서 예술가들이 활약하는 장소도 많이 있었기 때문이다.

문화와 사회의 관계성은 사회 전체의 경제 상황과 계층 구조의 변용에 의해 크게 좌우된다. 일본의 계층 상황은 1995년 전후에는 아직 일억 총 중류[2]라는 말에서 어느 정도 리얼리티를 느낄 수 있을지도 모를 만큼 현재와 같이 격차가 큰 것은 아니었다. 야마다 마사히로山田昌弘, 2004가 논한 것처럼 2000년 전후를 경계로 비정규직과 프리터freeter[3]가 증가하였고 희망 격차 사회라고 일컬어지게 된 것은 그 이후부터였다. 신자유주의neo-liberalism의 영향은 1995년 당시에는 오늘날만큼 아직 결정적이지 않았다. 특히 구조개혁이 진행된 2000년 이후부터 사회는 서서히 변질되기 시작했으며 2008년 리먼쇼크 이후에 결정적이게 되어 오늘날로 이어지고 있기 때문이다.

2000년 이후부터 약 20년간은 경제적으로 불황의 시대였는데 한편으로 글로벌한 문화가 일본에도 널리 침투하여 일반 사람들이 세계의 다양한 문화에 접근하는 것도 쉬워졌다. '유튜브'나 인터넷, '트위터' 등의 SNS처럼 정보화의 진전에 의해서도 우리들의 일상생활과 문화와의 관여방식은 가장 크게 변화된 시기였다.

---

2) '일억 총 중류'라는 말은 일본 사회의 높은 평준화와 일본인의 두터운 중류귀속을 자랑하는 말로서 널리 회자되었다.
3) 프리터란 프리 아르바이트(free + Arbeiter, 독일어)의 준말로 아르바이트로 생계를 유지하는 사람을 일컫는다.

문화와 사회의 새로운 상황에 대해서는 금후의 과제로 남긴다. 이 책에서는 1990년대 후반부터 2000년 무렵까지를 분석범위로 삼아 일본 사회에서의 문화 양태를 프랑스의 이론과 개념을 이용하여 어디까지 이해할 수 있는가를 중심으로 검토한다. 이를 위해 다음과 같은 시점으로 분석한다.

5. 분석 시점과 과제

1995년부터 2000년무렵까지 일본의 문화와 사회계층의 관련을 읽어내는 것이 이 책의 과제이다. 특히 문화의 문제를 다룬 부르디외의 『구별 짓기』^{사회적 취미 판단 분석}와 부르디외에 의한 프랑스의 문화자본 개념을 일본 사회의 계층분석에 어떻게 적용할 수 있는지가 중요한 과제이다. 부르디외가 지적한 것처럼 사회계급과 사회계층을 소여所與의 것으로 다루는 것이 아니라, 사람들을 구분하는 차이의 원리로서 젠더와 계층을 중심으로 사회 공간과 상징 공간이 어떻게 구성되는지를 해명한다.

또한 서장에서도 제시한 바와 같이 문화의 불평등이나 문화와 계층의 문제에 대한 시선이 왜 일본에서는 약해지거나 은폐되어버리는가에 대해서도 논의해보고 싶다. 그리고 현대의 일본 사회에 대해 다음과 같은 시점에서 해명해가기로 한다.

① 일본의 문화 대중화 상황은 어떠한 계층론적 의미를 가지고 있는 것일까.

② 문화의 대중화에 따라 진정으로 사람들의 문화적 소비와 문화 취향에 계층적인 경계는 없어진 것일까. 일본의 차이화 원리를 밝히기 위해

문화 소비의 구조를 검토하고 문화와 계층^{사회적 지위}과의 대응관계를 실증적으로 분석한다.

③ 포스트모던문화에의 이행은 문화면에서의 계층적 경계를 융합해버리게 되고 문화에 의한 차이화 전략은 유효하지 않게 되는 것일까.

④ 엘리트문화와 정통문화만을 소비하는 문화 귀족의 존재감은 희박해지고 있지만 이와 같은 문화적 상황 속에서 현대의 '문화자본'이란 도대체 무엇일까.

⑤ 지위 달성 연구에 문화자본의 효과를 도입한 모델을 사용하고 문화자본이 지위 형성에 미치는 영향을 젠더 시점을 원용하여 밝히기로 한다. 즉 일본에서는 젠더 차이에 의해 문화가 수행하는 역할과 사회적 의미가 다른 점, 즉 '문화 선발의 젠더 구조'를 밝히기로 한다.

⑥ 일본인의 지위 형성에서 가족의 문화 투자와 사교육 투자 중 어느 쪽이 효과를 거두어왔는지를 역사적 변용의 시점을 반영하면서 계층·교육·문화 3개 요인의 상호 관련 메커니즘을 밝힌다.

⑦ 문화 실천의 기반이 되는 문화의 분류 작용, 즉 사람들이 문화 실천을 평가하는 지각·인식 도식, 바꾸어 말하면 문화변별력이라는 아비투스의 사회적 규정성을 밝히고자 한다. 계급이 다르면 문화 평가 방법이 다른 아비투스가 존재하는 것일까. 그리고 계급마다 스스로를 우위로 분류하는 문화 평가 시스템을 가지고 있는지의 여부를 실증적으로 검토한다.

6. 부르디외의 의의와
포스트부르디외의 문화사회학

문화자본, 정통문화로 보는 문화의 자의성과 오인

과제 분석에 들어가기에 앞서 부르디외의 저서『구별 짓기』를 비롯한 문화에 관한 일련의 연구 의의에 대해 정리해보기로 한다.

부르디외 사회학의 중요한 개념 중 하나가 '문화자본'이다. 문화자본이란 원래 프랑스에서 대학 진학기회의 계급적 불평등의 원인이 무엇인가라는 물음에서 부르디외가 만들어낸 새로운 개념이다. 1960대 프랑스에서는 학비가 거의 무료였기 때문에 대학에 재적할 수 있었다. 대학 진학에서 경제적 장벽이 없음에도 불구하고 왜 대학생 대부분의 부모들이 전문직이나 관료직이고 노동자계급 출신자가 적은 것일까. 아이들의 불평등한 학업 달성이나 학교 안에서 얻을 수 있는 이익에 계급간의 차이가 있는 것은 왜일까라는 물음에 대해 부르디외는 문화자본의 배분이 계급간에 다르기 때문이라고 논한다. 그리고 그는 '**능력이나 재능** 자체가 **시간과 문화자본에 대한 투자의 산물**이다'라는 것이 간과되어왔다고 생각했다.^{부르디외, 1986} 즉 그는 학교에서의 성공과 실패를 타고난 소질^{지능} 탓이라고 간주하지 않고 능력의 배경에 사회적인 요인의 영향력^{능력의 사회적 구성}으로 보았는데 경제학자들처럼 그것을 경제적 요인에서만 찾지는 않았다.

그리고 부르디외는 1점 차이로 '꼴찌 합격자'와 '톱 불합격자'로 나누는 학교의 경쟁 시험을 예로 들면서 학교라는 제도가 이 두 명의 대수롭지 않은 차이를 사회적으로 결정적인 능력 차이로 제도적으로 승인함으로써 **사회적 경계선**을 만들어내고 있다고 말한다. 즉 제도란 경계선을 긋고 반영구적인 사회적 차이를 만들어내는 사회적 연금술이라는 것이다.

이것과 마찬가지로 '고상한 행동방식'을 하는 사람은 본인에게 그런 의도가 없더라도 자신을 타자와는 다른 훌륭한 존재로서 차별화·탁월화되어 버린다. 이러한 행위는 마치 그것이 '타고난 탁월성'인 것처럼 사람들이 착각·이해하게 만든다. 이 '타고난 ○○우월성 또는 미와 고상함 등'라는 환상은 그 사회의 역사 속에서 지배자가 자신의 존재 자체에 의해 우월성이라는 정의를 다른 계급의 사람들에게 강요하는 권력 위에서 성립되고 있다고 부르디외는 말한다. 확실히 미의 기준은 서구와 그 밖에 아시아나 아프리카지역과는 다른 경우도 많다. 이처럼 부르디외가 우리들에게 보여준 것은 탁월한 문화란 보편적인 것이 아니라 자의적인 것이라는 점이다. '문화의 자의성'을 사람들의 권력관계, 지배·피지배관계, 바꾸어 말하면 관계성에서 읽어내려는 문화의 정치학적 시점을 가지고 있는 것이 부르디외 사회학에서 가장 주목할 만한 점이라고 할 수 있다.

이 파악 방법 안에서 자주 나오는 말이 '오인'이다. 문화의 서열성, 특히 정통적인 문화의 기능으로서 지배자층은 계급의 우월성이나 차이를 문화적으로 나타냄으로써 다른 사람들이나 집단 사이에 보이지 않는 경계선을 긋고 집단적인 동질성의 확보나 다른 것을 배제하는 경우가 있다. 그 과정 속에서 많은 피지배층일반 서민은 그것을 극복하기 어려운 본질적인 차이인 것처럼 착각＝오인한다는 것이다. 즉 '문화적 정통성이란 지배관계 속에서 계층화되고 차별화된 문화자본을 둘러싼 강요의 효과에 의해 마치 자연적 차이라고 오인하기 쉬운 사회적 차이'라고 부르디외는 말한다.

부르디외의 지적 중 일본에서도 가장 심하게 '오인'하여 믿고 있는 것은 '지능의 우수성'이라는 문제이다. 따라서 이 책에서도 일본의 교육 달성의 메커니즘에 대해 문화자본의 관점을 포함하여 분석한 논고를 수록했다.

시험에 의해 선발하는 교육 시스템은 공정·공평한 시험을 실시하는 조직으로서 점점 독립성을 높이고 선발의 중립성을 드러낸다. 그러나 교육 시스템 속에서 누가 성공하는가 하면 역시 지배적인 사람들의 자식이 유리하고 가정의 문화자본이 풍부한 층인 그들은 공평한 시험에서도 최대의 이익을 끌어낼 수 있다. 그리고 학교는 이 '공평한' 선발방식을 통해 '지능의 우수성'에 바탕을 두는 선발이라는 사람들의 오인을 확대시키고 사회의 재생산에 은밀하게 공헌하고 있다. 학교에서 잘 안 된 것은 '자기 능력의 문제이다머리가 나쁘다' 등으로 이해시키며 실패를 개인화하는 생각실패의 개인화을 갖게 할 수 있다는 점이다. 이것은 자기책임의 논리이기도 하기 때문에 사람들은 학교나 사회가 재생산에 도움을 주고 있다는 시점을 갖기 어렵다. 그리고 불평등의 재생산 메커니즘에 대한 서민들의 관심이나 불평불만은 생기기 어려워지고 은폐된 사회적인 재생산 메커니즘을 탐구하려는 의욕을 꺾어 사람들에게 사회의 불평등을 정당화시킬 수 있다.

현대 사회에서는 편차가 높은 고등학교나 대학을 목표로 노력하는 사람들이 늘어남에 따라 교육이나 학교가 점점 중요하다고 여겨져 왔다. 학교에서의 시험 결과가 신의 판단인 것처럼 되었다. 선발 결과는 '머리가 좋고 나쁨'이라는 인식 자체가 부르디외가 말하는 '오인'이라고 논하더라도 교육조직이나 시험제도가 정하는 룰에 따르지 않으면 안 된다. 또한 다른 무언가를 얻기 위해 다른 방법을 생각해낼 수도 없거나 다른 방법을 선택할 수 없다고 믿는 현대의 사회가 있는 것은 아닐까. 그것을 생각하면 부르디외가 말하는 '문화의 자의성'과 '오인'이라는 시점은 매우 중요하다.[5]

또한 『구별 짓기』에서 부르디외는 문화적 실천이나 일상적 실천의 사회학이 어떻게 중요한 영역으로 성립할 수 있는지를 제시해 주었다. 부르디외가 문화 분석에서 계급을 지나치게 강조한다는 비판도 있지만, 그것을 아무리 깎아내려도 부르디외가 20세기를 대표하는 사회학자 중 한 명이라는 평가는 변함이 없을 것이다. 부르디외이론의 중요성은 제2장에서도 자세히 소개하고 있다.

포스트부르디외의 문화사회학

부르디외의 저서 『구별 짓기』의 중요한 논점에 대해서는 토니 베넷Tony Bennett 등이 세 가지로 정리하고 있다.베넷 외, 2009[2017] 첫 번째는 문화자본의 의의와 그 기능에 대한 논점이다. 이것은 제2장에서 설명한다. 두 번째가 경계의 상동성이다. 다른 문화의 경계예를 들면 문학, 음악, 미술, 스포츠 등가 있고 각각의 시스템은 고유의 역학으로 작동하고 있는데, 그럼에도 불구하고 우위성과 특권성을 특징짓는 구조화의 원리에 유사성이 있고 그것들의 상동성이 겹쳐서 우위성이 축적되어 간다는 논점이다. 그리고 베넷 등은 영국에서 7개의 다른 경계의 구조화 원리를 검증했다. 세 번째 논점은 세대 간의 재생산과 문화 상속 메커니즘, 그리고 그것을 매개로 하는 아비투스 개념이다. 이 책에서는 경계에 대해 별로 다루지 않지만 생활양식 공간에 대한 분석이 하나의 해답이 될 것이다.

문화사회학에서는 부르디외의 연구가 계기가 되어 그 후 다음과 같은 중요한 연구가 나타나기 시작했다. 하나는 미국의 사회학자들에 의한 연구의 전개이다. 그중에서도 가장 대표적인 연구는 리처드 피터슨Richard Peterson에 의한 문화적 잡식이라는 사고방식이다.피터슨, 1992; 피터슨·컨, 1996 즉 문화적 잡식은 옴니보어Omnivore라는 말을 해석한 것으로 고급문화부터 대중문화까지 다양한 문화적 기호를 가진 것을 의미하고 있다. 미국에서는 부르디외가 1960년대 프랑스에서 발견한 고급문화를 좋아하는 엘리트계급과 대중문화를 좋아하는 노동자계급이라는 문화의 분단이 생기지 않았다. 오히려 중간계급은 고급문화와 대중문화 양쪽으로 연결되는 문화적 잡식이 되었다는 것이다. 문화적 잡식은 다른 나라에서도 차츰 검증되어 문화사회학 하나의 조류가 되었다. 이 책에서는 일본에서 검증한 논고가타오카, 2000b를 수록하고 있다.

미국의 문화사회학에 대한 공헌으로서 중요한 것은 폴 디마지오Paul DiMaggio와 미셸 라몽Michèle Lamont의 연구이다. 디마지오는 부르디외를 미국 사회학에서 가장 이른 단계에서 응용하고 문화와 제도화 연구를 전개한 후, 예술에 대한 참가율이 인종과 에스니시티ethnicity에 의해 규정됨을 밝혔다.디마지오·프란시 오스트로어(Francie Ostrower), 1992 라몽은 저서『돈, 도덕, 예절Money, Morals and Manners』에서 프랑스와 미국의 중상류계급에 대한 인터뷰를 통해 상징적 경계Symbolic Boundary의 복수複數의 기준을 찾아내고 있다. 라몽은 사람들을 갈라놓는 경계선의 기준으로서 경제적 경계, 도덕적 경계, 문화적 경계를 조사하고 부르디외가 문화적 경계를 지나치게 강조했다고 비판한다. 미국에서는 문화적으로 탁월할 뿐만 아니라 경제적인 성공에 의해서도 정평을 받았는데 이유는 미국과 프랑스와의 차이를 찾아냈기 때문이다.라몽, 1992 일본에서의 상징적 경계에 대해서는 저자도 이른 단계에서 조사했기 때문에 이 책의 제10장「바운더리 워크로서 친구 선택과 아비투스-친구 선택 기준으로 보는 상징적 경계와 라이프 스타일의 여러 유형들」에 수록하고 있다. 일본에서는 중류계급의 사람들에게는 문화적 경계가 심하지만, 계급과는 관련이 약하고 오히려 젠더적인 차원을 반영하고 있는 다른 기준으로서 대중적 경계를 분석하고 있다.가타오카, 2016 또한 라몽은 그 후 미국의 노동자계급에 대한 인터뷰에서 노동자계급의 위엄 문제와 지식사회학의 영역으로 연구의 폭을 넓히고 있다.라몽, 2009

베서니 브라이슨Bethany Bryson은 문화적 배제에 대해 음악 취향의 폭넓은 취미를 문화적 관용성이라고 파악하며 현대의 문화자본이라고 논한다. 그러나 동시에 고지위자의 문화적 배타성이 헤비메탈과 같은 하층계급적 장르에 대한 혐오로 나타났음을 밝혔다.브라이슨, 1996 또한 라몽과 비라그 몰나르Virág Molnár는 음악적 기호가 어떻게 학생 집단 내의 인종 아이덴티티를 보완하는 상징적 경계가 되었는지를 찾아냈다.라몽·몰나르, 2002

문화에 의한 배제 연구를 표방한 영국과 미국, 유럽 연구자들의 연구 교류로 인해 문화에 의한 배제라는 테마는 사회학에서 하나의 중요한 영역이 되었다. 토니 베넷과 마이크 세비지Mike Savage를 중심으로 한 연구 그룹은 『문화·계급·탁월화』에서 7개의 경계로 다중 대응 분석을 구사하여 영국 사회의 문화 조사를 실시하고, 성과 연령에 의한 분단화의 의의를 찾아냈다.베넷 외, 2009[2017] 또한 그들은 부르디외가 '정통문화, 아비투스, 칸트 미학의 연결고리를 지나치게 강조했다'라고 말하며 부르디외의 문화자본 개념을 비판적으로 검토했다. 그들은 다양한 자본 개념 장치에 대해서는 평가하지만 문화자본 3가지의 형태 이외에, 즉 부르디외가 제안한 '기술자본' 이외에도 감정적 문화자본과 내셔널적인 문화자본, 하위문화자본을 새롭게 문화자본으로 추가해야만 한다고 논한다.

또한 세비지 등은 영국 BBC의 지원을 받아 대규모적인 문화 조사를 실시하고 사회적 자본Social Capital과 문화자본의 관련에 대해서도 언급했다.세비지 외, 2015 그 밖에도 세비지를 중심으로 한 연구 그룹으로서 앨런 워드, 데이비드 라이트David Wright, 엘리자베스 실바Elizabeth Silva 등은 많은 논고를 산출했다. 일련의 문화 연구는 주로 잡지 『포에틱스Poetics』를 중심으로 부르디외와 피터슨 등에 의해 촉발된 문화사회학의 논고들이 게재되어 있으며 이 영역의 세계적 전개에 괄목할 만한 것들이 있다.

포스트부르디외의 사회학으로서 잊어서는 안 되는 것이 아비투스의 복수성, 다원성을 주장하는 프랑스의 베르나르 라이르Bernard Lahire이다. 부르디외는 아비투스란 개인과 집단에 있어서 어느 정도 일관되고 통합된 행위를 만들어내는 심적 구조행동 원리로 상정하고 있다. 라이르는 부르디외의 아비투스론이 단일 아비투스를 상정하고 있다고 비판했다. 라이르의 공적은 개인의 아비투스를 만들어내는 맥락의 복수성, 다층성에 착목하여 아비투스는 동일인물 안에 복수 존재하는 것을 질적 데이터로 제시한 점이다. 일본에서는 그 저서의 일부가 번역되었다.라이르, 1998[2013]·2012[2016] 아비투스의 복수성에 대해서는 이 책에서도 약간 다루고 있지만 금후의 중요한 과제이다.

그리고 현대의 새로운 문화자본이란 무엇인가는 SNS의 발전과 유동성의 고조와 함께 지금까지 의문시되고 있다. 세비지 등의 연구세비지, 2015가 참고가 될 수 있을 것이다. 사람, 물건, 정보의 유동화는 새로운 아이덴티티를 만들어내면서 코스모폴리탄도 만들어내고 있다. 예를 들면 국가의 틀을 넘어 트랜스내셔널하게 이동하면서 동시에 탈월화된 라이프 스타일을 사는 사람들에게서 코스모폴리탄 문화자본을 엿볼 수 있다고 일컬어진다. 예를 들면 창조계급creative class이라 불리는 사람들리처드 플로리다(Richard Florida), 2002[2008]이나 가산 하지Ghassan Hage, 1998가 그린 「백인세계시민」을 들 수 있다.

이처럼 이동모빌리티을 매개로 한 공간의 이동이나 장소의 문제가 금후에는 문화자본으로서 중요해지고 있다고 저자는 생각한다. 사회의 변화, 즉 문화나 정보 본연의 모습과 계급이나 사회적 위치와의 연결 방법이 최근 크게 변화되고 있기 때문이다. 그로 인해 부르디외가 문화자본으로 이용한 문화적 재화[4]와 문화활동, 그리고 예술활동을 문화자본의 연구대상으로 삼는 것만으로는 충분하지가 않고 새로운 문화자본의 개념과 그 내용을 시대에 맞게 검토하고 확대시키는 것도 필요해질 때이다.

문화자본이나 탁월화와의 관련으로 인종과 에스니시티의 문제를 피해갈 수는 없는데 이 시점에서의 문화사회학은 일본에서는 그다지 개척되지 않았다. 이 또한 금후의 과제이다.

---

4) 문화와 경제가 결합되어 산업적 생산이나 소비의 대상물로 나타나는 모든 산물. 도서, 신문, 잡지, 음반, 라디오, 텔레비전, 영화, 새로운 시청각 제품과 서비스, 사진, 미술품 등이 있다.

제2장

문화자본, 아비투스, 실천

　본장에서는 기본적인 용어와 분석 틀에 대해 소개하기로 한다. 부르디외가 제시한 문화의 이론체계는 문화적 재생산론이라고 불리는데 재생산 그 자체보다도 분석 속에서 사용되고 있는 상징 투쟁, 문화자본, 아비투스, 실천 등의 키워드를 이해하는 것이 무엇보다도 중요하다. 인간 개개의 행위와 집단이나 사회와의 관계, 바꾸어 말하면 마이크로와 매크로의 관계를 어떻게 이해하면 좋은가라는 사회학적으로 중요한 이론적 문제를 아는 데 있어서도 꼭 깊이 이해해 주었으면 한다.

　부르디외의 기본적인 사유방식은 문화의 재생산과 사회적 재생산을 구별하고 있는 점에 있는데 문화의 재생산과 사회의 재생산이 서로 보완적 혹은 '공범'관계에 있다는 것이다.

　본장에서는 부르디외이론에 특정하여 논의를 진행하겠지만 일부 복수의 아비투스에 대해 베르나르 라이르의 이론도 검토의 도마 위에 올린다.

1. 상징 투쟁으로서 취미·취향과 문화의 계층성

취미에 의한 차이화·탁월화

취향 혹은 기호와 취미란 과연 무엇일까. 일찍이 소스타인 베블런Thorstein Veblen은 유럽 귀족들유한계급의 여가는 '과시적 소비'를 하는 시간이라고 말했다.베블런, 1899[1961] 어떠한 취미를 갖는지는 무엇을 소비하고 무엇을 소유하고 싶다고 생각하는 인간인지를 드러내는 활동이라고 말할 수 있다. 바꾸어 말하면 취미란 사적인 만족을 무엇으로 얻고 있으며 자신은 어떠한 인간인지를 나타내는 하나의 수단이기도 하다. 그것은 베블런이 말하는 낭비에 의한 과시적인 것이 되는 경우도 있을 것이고 동료들끼리 영화나 애니메이션의 이야기로 흥이 돋는 경우도 있을 것이다.

부르디외에 따르면 취미란 미학적인 입장 결정이다. 취미에는 '모든 결정은 즉 부정이다. 그리고 취미란 아마 무엇보다도 우선 (타인의 취미에 대한) 혐오이다'부르디외, 1979a[1989]라고 말한다. 타인의 취미에 대한 혐오나 견디기 어려운 반응이란 미학상 불관용을 나타내는 것이고 삶의 차이를 정당화할 때 나타나는 꽤 폭력적인 성질을 가진다고 논한다.부르디외, 1979a 그 중에서도 예술의 정통성을 둘러싼 투쟁은 미적 감각을 둘러싼 가장 현저한 투쟁이고 이러한 탁월화 게임에 참가할 수 있는 사람은 당연히 한정되어 있다. 그러나 미용이나 패션 센스, 음악이라는 취미를 통해 이러한 미적 센스의 경쟁이나 입장 결정, 타자의 취미에 대한 혐오감을 느낄 때 우리도 취미의 탁월화 게임에 참가하고 있는 것이다.

예를 들면 '바이올린을 켤 수 있다'는 친구의 말에 대해 일정한 선망이나 경의 혹은 다가가기 어려움이나 친근감 등 몇 가지 타입의 반응이 보인다. 이것을 어떻게 설명하면 좋을까. 하나는 바이올린을 켠다는 행위가 사회 안에서 '정통'이라고 간주되는 예술이라는 장르나 작품클래식 음악과 관련되어 있기 때문에 다른 사람들과의 차이화를 꾀하는 기능을 하고 있음을 깨닫게 될 것이다. 바이올린은 문화적인 우위성을 나타내는 기호로 이해되어 탁월화나 차이화가 행해졌다는 것이다.

부르디외에 따르면 '정통적'인 예술 장르와 작품일수록 이 차이화 기능은 강하다. '취미는 계급을 각인시킨다'라고 부르디외가 말한 것도 '정통'적인 예술을 이해하고 감상한다거나 소유한다거나 할 수 있는 것은 풍요로운 계층의 사람들인 경우가 많았기 때문에 '바이올린을 켠다'는 언명은 그 행위자의 사회적인 지위가 높음 또는 풍요로움을 다른 사람에게 알릴 수 있는 기능, 즉 차이화 기능, 탁월한 기능을 달성한 것을 의미한다.

이 예에서는 바이올린이라는 악기가 상징재로서 그것을 소유·소비하는 행위자에게 '문화 귀족'이라는 칭호를 부여하는 상징적 이익과 탁월화 이익을 가져왔다고 해석할 수 있다. 이 인물과는 친구가 될 것 같지 않다고 생각한 사람도 무의식 중에 문화적 정통성을 승인하고 가치 서열을 받아들이고 있다. 바꾸어 말하면 문화적 정통성을 지배계급으로부터 강요받고 있다고 할 수 있다. 자기 자신이 상징재인 '바이올린'에 어떻게 반응할까로서 정통문화에 대한 자신의 거리와 관계를 맺는 방법, 문화적 능력도 동시에 나타난다는 것이다.

계급의 취미·취향

부르디외는 문화 히에라르키와 그 소비자들의 사회적 히에라르키가 대응하는 것을 1960~1970년대 프랑스 사회의 데이터를 바탕으로 밝혔다.부르디외, 1979a 사회 공간상의 위치구체적으로는 계급이나 집단에 따라 라이프 스타일이나 취미, 취향이 다르다는 의미이다. 단순히 취미가 다를 뿐만 아니라 학자풍이나 사교가 타입 같은 인간의 행동방식의 차이, 바꾸어 말하면 성향의 차이를 예를 들어 고찰했다. 성향 또는 아비투스의 차이란 문화의 획득 방법, 소유 방법의 차이이기도 하고 계급과 사회적 여러 조건에 의해 영향을 받으며 그것들의 관계성 속에서 생겨나고 있다고 논한다.

그리고 부르디외는 취미나 행동방식, 라이프 스타일에서 나타나는 문화적 취향의 계층성에 착목하고 취향을 크게 3가지로 분류하고 있다. 그것은 문화의 정통성을 통해 정의되는 것으로 정통성이 가장 높은 문화가 **정통문화**이고 정통성에서 가장 벗어난 문화가 **대중문화**이다. 그 사이에 **중간문화**를 상정하고 있었다.

부르디외가 제시한 것은 사람들의 취향 차이는 사회적 여러 조건에 의해 규정되고 있다구조의 영향을 받고 있다는 점과 함께 과거 세대로부터의 사회적 이력사회적 궤도, 즉 개인이나 가족의 역사, 즉 세대에 걸친 사회적·문화적 경험의 이력에 의해서도 달라진다고 한다.

취향의 차이, 특히 미적 성향은 음악이나 회화의 기호, 좋아하는 음식, 쇼핑 방법 등의 관습 행동pratique으로 나타난다. 그리고 취향의 차이는 학력이나 수입의 분포 상황, 바꾸어 말하면 각각의 사회계급이 가지고 있는 객관적 조건자산 구조과 대응하고 있다고 한다.

○○취미라는 한 줄의 명확한 경계선으로 사람들을 분류할 수 있다는 것이 아니라 연속적인 세계이지만 그럼에도 불구하고 통계학적으로 동질적인 집합을 분석하는 것을 통해 부르디외는 차이 체계를 논해간다. 그리고 양적 조사나 인터뷰 조사를 실시하고 프랑스에서는 계급[1]과 취미가 다음과 같이 대응하는 것을 상세하게 나타냈다. 계급의 파악 방법은 어디까지나 관계성 속에서 파악되고 있다. 부르디외가 『구별 짓기』에서 제시

한 1960~1970년대 프랑스 사회에서의 계급과 취미의 관계, 바꾸어 말하면 계급의 상징 투쟁을 간단히 요약하면 다음과 같다.

①지배계급이 좋아하는 것은 클래식 음악이나 미술 등의 정통 취미이다. 그들은 다른 계급의 사람들과 비교하여 미적 성향이 강하고 미학적인 판단이 강하다. 그리고 탁월화의 감각과 함께 여유로운 에토스를 보인다.

진짜 부르주아계급은 '화려한' 과시, '남의 이목을 끄는' 듯한 소비 방법을 '천박함'의 일종이라고 간주하여 거부하고 그들은 자연스러운 우아함과 고상함을 탁월화의 전략이라고 평가하고 있다. 마치 '타고난 탁월성'을 몸에 익히고 있는 것처럼 자연스럽게 오인하도록 행동하는 것을 지향하는 상징 투쟁이 여기에 존재하고 있다. 따라서 생활양식의 모든 장면에서 탁월성 = 고상함이나 상류성을 소유화해야만 하고 상징 투쟁^{문화 투쟁}이 전개되고 있다. 그들은 '통속적'·'대중적'인 것을 싫어하고 '진짜'·'진정한' 문화를 추구하는 게임에 휘말리고 있다고도 할 수 있을 것이다.

이러한 노력을 하는 지배계급이란 부르디외가 말하는 탁월성의 승인을 목표로 하는 상승 지향을 가진 사람들이다. 그러나 그들에게는 자신의 실체에 대해 절대적인 자신감이 있기 때문에 중류계급처럼 외관에 사로잡히거나 사람들의 평가를 신경 쓸 필요는 없다. 오히려 외관이나 다른 사람으로부터의 평가에는 관심이 없고 무사무욕無私無欲, 자유롭고 활동적이며 순수하게 있을 수 있는 것이 부르주아계급의 강점이다. 불안이 없고 걱정이 없음은 여유로 나타나며 필요성으로부터의 거리가 크기^{많은 자본을 가지고 있어서 필요성에 대한 강요는 없다는 의미} 때문에 소유물에 대해서도 소유욕이 아니라 미학적인 입장에서 안이한 것을 거부하는 태도로 응대하는 것이다.

그런데 문제는 가장 격렬한 상징 투쟁으로서 이 지배계급 내부에서 정통문화의 정의를 둘러싸고 전개되고 있는 점이다. 즉 지배계급 그 자체가 상징 투쟁의 장이고 그 때문에 그들의 취미는 동일한 것이 아니다. 지배계급 내에서 전개되는 상징 투쟁은 상대적으로 자립적인 생활양식 공간을 구성하고 있는데 계급 내부에서는 다른 취향이 대립하는 듯한 양상을 드러낸다. 다시 말해서 어떠한 권력을 많이 갖고 있느냐에 따라 게임의 판돈이나 목표는 다른 것이다. 가장 현저하게 다른 2개의 층으로서 경제자본이 가장 풍부한 층과 문화자본이 가장 풍부한 층은 취향에 따라 다르다. 보유하는 자산 구조가 다른 이 2개의 집단은 다른 성향 체계^{아비투스}를 가지고 있으며 다음과 같은 상징 투쟁을 행하고 있다.

전자에 해당하는 실업가와 대상인大商人, 경영자와 같은 부르주아계급 사람들의 경우 수입은 최대이지만 문화자본이 상대적으로 적은 층^{적어도 1960년대의 프랑스 상인이나 경영자층}이다. 그들은 클래식 음악작품이나 작곡가를 별로 알지 못하고 양심적인 친구를 좋아하며 누구나 알 수 있는 통속화된 취향^{예를 들면 회화의 경우 라파엘로 산티(Raffaello Santi)를 좋아하고, 음악의 경우 〈아름답고 푸른 도나우(Donau)〉나 〈아를의 연인(L'Arlésienne)〉이라는 알기 쉽고 통속화된 작품을 좋아하는 경향}을 드러낸다. 그들은 사치적 취미를 보여주고 욕망을 긍정하는 측에 서기 때문에 관극觀劇 후에는 호화로운 외식을 하러 나가고 낭비와 그 과시, 식사를 통한 사교자본^{사회관계자본}의 축적을 통해 상류 사회에 소속되어 있음을 서로 확인하는 것이다. 그들은 낭비와 자유나 물질적 만족을 구가한다. 이 부르주아 취미는 사교가社交家 취미임과 동시에 전통 취미이기도 하다. 문화적 능력은 평균에 가깝고 중간문화에 가깝다. 친구도 실제적인 사람이나 온건한 쾌락주의자를 좋아하는 점에서 다음의 예술가·대학교원 그룹과는 대립적이다.

후자인 예술가나 대학교원처럼 수입은 그 정도는 아니지만 문화자본이 높은 층에서는 (경제자본에 제한이 있기 때문에) 물질적 만족의 비속함을 주장하고 금욕적이며 돈이 들지 않는 **인텔리 취미**로 문화적 탁월성을 지향한다. 그들은 클래식 음악작품이나 작곡가의 지식도 풍부하고 요한 제바스티안 바흐Johann Sebastian Bach의《평균율 클라비어 곡집》을 좋아하거나 추상화나 현대미술에 관심을 드러내고 '친구가 예술가 기질이다'라고 대답하는 사람들이다. 가장 미적 성향에 주목하는 사람들이지만 경제적인 제한으로 인해 미술품을 사적으로 소유하는 것이 아니라, 미술관에서 감상하고 최소의 경제적 비용으로 문화자본에서 최대의 상징적 이익을 창출하는 전략을 취한다. 예를 들면 미술 해독의 즐거움에 대한 논문을 쓰거나 작품의 지식은 강의나 저작에서 살려 소유화한다.

② 중간계급의 사람들은 정통문화의 경험과 지식은 적지만 정통적인 문화에 경외심을 가지고 호의적으로 승인·칭찬하는 '**문화적 선의**'의 특징을 가진다. 정통문화에 관여할 여유는 부족하기 때문에 상승을 지향하는 중간계급은 자신들의 소비를 제한하여겸약정신 경제자본이나 문화자본을 축적하려고 한다. 그러나 그 축적의 전략 안에는 금욕주의겸약정신나 엄격주의성실함이나 일에 대한 열성, 법률만능주의 등의 프티부르프티부르주아(petit bourgeois)의 아비투스가 엿보인다고 한다. 학교적인 전략에 가장 투자하는 층이기도 하다.

③ 서민계급에서 보이는 대중 취미는 필요 = 궁핍에 처한 가운데에서의 선택이다. 깔끔하고 청결한 피부나 심플함을 좋아하고 유행을 쫓지 않는 등 실용적·경제적인 것을 선택하는 경향이 있다. 즉 "모든 현실주의적 선택—어차피 손에 넣을 수 없는 **상징적 이익은 체념**, 다양한 관습 행동이나 대상물을 그 기술적 기능으로 환원해버리는 것 같은 선택"부르디외,

1979a[1990] : 199을 한다. 부르디외는 이것을 필요 취미라고 부르는 동시에 노동자계급의 사람들이 지배적 가치 체계를 승인하여 종속시키고 있고 회화는 아름답지만 어렵다, 동시에 그들이 주어진 환경에 순종하는 것도 포함하여 '순응의 원리'를 실천하고 있다고 한다.

지배계급에서 볼 수 있는 특징적인 정통 취미를 이해하기 위해서는 학교에서 문화를 배우는 것만으로는 충분하지 않다고 부르디외는 말한다. 어렸을 때부터 집에 회화가 있거나 부모도 정통문화를 실천하고 있는 등 문화의 축적획득에는 경제적인 여유가 필요함과 동시에 축적을 위한 시간이 걸리는 것을 나타내고 있다. 이 여유의 크기를 **'필요성으로부터의 거리'**라고 부르는데 필요성으로부터의 거리가 클수록 정통문화의 축적에는 유리하다. 그리고 대중 취미는 〈표 2-2〉에 나타나듯이 문화자본을 별로 필요로 하지 않기 때문에 필요성으로부터의 거리는 작다는 특징을 가지고 있다.부르디외, 1979a[1989]

취향의 차이에 대해 부르디외는 주로 '미적 성향', '일상성에 대한 거리 두기심미적 거리화', '필요성으로부터의 거리' 등의 관점에서 구별하고 있으며 〈표 2-1·2〉에 그 특징을 각각 정리하고 있다.

부르디외가 강조하여 말한 계급과 취미의 관계는 생활양식 공간 안에서 변화하는 것으로 객관적이고 고정적인 것은 아니다. 즉 다시 말해서 분석 결과가 나타내는 경계선이나 기술 대상은 어느 한 시점에서의 투쟁 상태를 나타내는 것에 불과하기 때문이다. 예를 들면 생활양식 공간에 나타난 차이나 경계선을 초래하는 모든 요소를 사물처럼 사회적 사실로 다루는 것을 경고하고 있다. 즉 다시 말해서 변별적인 가치를 갖는 것클래식 음악 감상이나 회화 등을 어떤 계급에 특징적인 실체로서 객관적으로 파악하는 것이 아니라, 그것을 소유하거나 소비하는 방식이 그 시점에서의 투쟁 목표

〈표 2-1〉 정통적 취미의 특징

· 기능에 대한 형식의 절대적 우위.
내용과는 관계가 없고 형식으로 평가하려고 한다.
형식상의 탐구는 다른 것을 나누는 성격이 나타난다.
· 예술과 일상성과의 거리를 두는 '미적 이화(異化) 효과'.
습관에 대한 거리를 두는 미적 이화 효과.
집단적 열광에 '상스럽게' 몸을 맡기는 것에 대한 거부.
순진하고 안이한 참가 거부, 통속적 자기 동화 거부.
인간적인 정열과 감정 등 '평범한' 사람들이 '일상'생활 속에서 느끼는 것을 거부하는 태도.
· 필요성에 대한 거리를 둔다.
실제상 필요성에 거리를 두는 능력.
예술과 생활과의 연속성을 부정, 심미적 거리화.

출처 : 부르디외(1979a[1989])의 내용을 요약한 표(가타오카, 1991a : 265)를 일부 수정.

〈표 2-2〉 대중 취미의 특징

· 형식화, 완곡화의 정도는 낮다.
기능에서 평가한다(모든 이미지가 하나의 기능을 하는 것을 기대하고 있고 판단에 있어서 도덕이나 즐거움이라는 규범에의 참조를 표명한다).
형식보다도 내용을 평가한다.
직접적인 미의 표현 방법을 좋아한다.
· 예술과 생활(일상성)과의 연속성을 긍정.
순진한 일체화(예 : 작품의 등장인물에 일체화하여 감상).
안심하고 볼 수 있는 것, 친밀한 감정이 솟는 것을 좋아한다.
윤리적·도덕적으로 평가한다.
직접적인 만족을 좋아한다.
집단적 감정 표현이나 마쓰리(祭り) 또는 술자리에서 예의가 없고 시끄럽게 떠드는 기호.
· 필요성에 대한 거리는 두기 어렵다.
예 : 질보다 양을 중시.

출처 : 부르디외(1979a[1989])의 내용을 요약한 표(가타오카, 1991a : 265)를 일부 수정.

나 무기였기 때문에 경계에서의 권력관계 또는 대립관계 속에서 의미를 파악할 필요가 있다. 행위자의 취향은 관계의 구조 안에서 읽어낼 필요가 있음을 논하고 있다.

또한 부르디외는 구조주의자라는 오해도 당초에는 있었는데, 이 점에 대해서는 다음의 아비투스의 설명에서도 나타내듯이 계급^{이것도 관계적인 것이}

다이 취향이나 활동을 결정한다는 측면과 함께 취향은 행위자의 아비투스에 의해 그때마다 주체적으로 추려내고 있음을 함의하고 있다.

2. 아비투스와 실천pratique

취미나 라이프 스타일처럼 사람들의 주관적 선택에 의해 결정된다고 생각하는 미시적인 행위 혹은 실천과 거시적인 레벨의 사회 구조를 부르디외는 아비투스 개념에 따라 결부시켜나간다.

실천pratique 개념은 주체의 의식적·의도적인 행위만을 가리키는 것이 아니라 무의적으로 행해지고 있는 일상적인 행위를 포함하는 폭넓은 의미를 가지고 있다. 대화나 인사 방법, 취미활동, 그리고 타고난 자연스러운 행위인 것처럼 생각할 수 있는 행동방식이나 몸짓 등 다양한 영역에서 사람들이 일상적으로 행하는 행위 전반을 가리킨다. 따라서 'pratique'는 관습 행동이라고 번역되는 경우도 있고 실천이라고 번역되는 경우도 있다. 그리고 실천은 아비투스에 의해 방향이 결정된다.

아비투스habitus란 우리 행위의 기초에 있는 지속적인 성향disposition이고 다양한 행위, 즉 실천을 결정짓는 성향 체계이다.부르디외, 1979a[1990] 버릇이나 성질이라는 말로도 통하지만 일상적인 행위, 즉 실천을 결정짓거나 규정하는 심적 구조 또는 마음의 습관을 의미한다. 바꾸어 말하면 아비투스는 구체적인 사회 상황의 장면에서 다양한 방법을 만들어내는 게임의 센스 같은 것이다.부르디외, 1987 아비투스는 일상적인 장면인 상황에 딱 맞는 행위실천를 만들어낼 수 있다. 그것은 마치 재즈의 피아노 연주와 같은 것이라고 비유할 수 있다.이시이 요지로(石井洋二郎), 1993 재즈의 애드리브나 즉흥연

주가 실천이라고 하면 재즈의 코드 진행 규칙이 아비투스에 해당된다. 그러나 재즈 연주는 늘 규칙대로 행해지는 것이 아니라 애드리브를 특징으로 하고 있다. 아비투스도 새로운 상황에 맞게 변화하고 자기 수정하면서 매일 갱신되는 살아있는 시스템이다. 즉 아비투스는 생성되고 변용하며 자율적이다. 단순히 사회 구조에 따라 재생산되는 것뿐인 경직된 시스템이 아니다. 따라서 초기의 부르디외 비판에서 볼 수 있듯이 부르디외를 구조주의자라고 이해하면 그의 이론의 일면밖에 못 보게 된다.

아비투스란 한마디로 말하면 성향 체계이다. 부르디외에 따르면 아비투스는 사회적 여러 조건의 소산임과 동시에 학습의 산물, 즉 획득되는 것이다. 또한 아비투스란 '소유propriete하는 것이 아니라 개인적인 동시에 계급적으로 영유appropriation되는 것'이다.야마모토 데쓰지(山本哲士), 1994 즉 다시 말해서 개인의 아비투스는 계급마다 그 생성 조건이 유사하기 때문에 아비투스가 비슷한 사람들끼리는 계급이 같은 경우가 많다. 이것을 계급 아비투스라고도 부른다. 아비투스가 같으면 일상적인 관습 행동, 즉 실천도 비슷해진다.

부르디외에 따르면 '아비투스란 어떤 위치에 구비된 내재적인 특징 또는 관계적인 특징을 통일적인 생활양식라이프 스타일으로서, 다시 말해 인간이나 재화나 실천에 관한 일련의 선택의 통일적인 전체로서 구체화된 그 생성·통일 원리'부르디외, 1979a라고 한다. 아비투스는 자신의 집단 특성과 다른 집단의 특성에 대한 모든 판단을 만들어내는 생성 원리, 생성방식이다. 게다가 아비투스는 그 실천 측면에서 다른 장르로 전위 가능한 것이다. 이에 대해서는 뒤에서 설명하기로 한다. 그리고 아비투스는 뒤에서 밝혀진 것처럼 '장소'에 의해 규제를 받는다.

'구조화된 구조'·'구조화하는 구조'로서의 아비투스

부르디외의 말로 하면 아비투스란 '구조화된 구조이고 구조화하는 구조이다'. 즉 아비투스는 실천의 생성 원리임과 동시에 실천의 분류 시스템이다. 이해하기 어렵기 때문에 좀 더 설명을 덧붙이기로 한다.

아비투스라는 추상 개념은 우리들 각각이 신체화하여 가지고 있는 심적 구조를 가리킨다. 버릇이나 성질이라고 말해도 좋을지도 모른다. 아비투스란 이론적으로는 구조^{마이크로}와 미크로인 행위, 즉 실천을 매개로 하는 중간적 위치에 있다. 예를 들면 꼼꼼하고 빈틈 없는 사람은 어떠한 장면에서도 맥락에서도 꼼꼼한 아비투스를 드러내고 그것이 다양한 행위로 나타난다. 그러한 의미에서 아비투스는 통일적인 모순이 없는 단일 시스템, 말하자면 '만들어내는 방법'으로 상정되고 있다.[2]

개개의 아비투스는 개인에게 신체화되어 있기 때문에 획득의 역사가 각기 다르다. 어느 지역에서 자랐는가 또는 어떠한 교육을 받았는가 등 행위자가 포함된 구조에 따라 아비투스는 달라진다. 즉 아비투스는 사회 계층^{계급}의 영향, 가정 환경이나 학교 등의 영향을 받으며 성장하고 하나의 시스템이 된 살아있는 심적 구조인 것이다. '구조화된 구조'로서의 아비투스라는 표현은 관습 행동 = 실천을 만들어내는 방법이고 작품을 낳는 능력이다.

이에 대해 '구조화하는 구조'로서의 아비투스는 우리들 안에 있는 개개의 아비투스가 매일 만들어내는 분류 행위^{즉 등급 분류} 시스템을 가리킨다. 바꾸어 말하면 우리들은 아비투스를 사용하여 수많은 선택지 중에서 어느 것이 가장 바람직할까, 또는 어느 것이 가장 자신에게 맞는 행위인가를 선택하고 동시에 다른 사람의 행위를 분류^{등급 분류}도 하고 있다. 자신의 신체에 내면화된 아비투스가 매일 경험을 통해 대상이 되는 세계와 다른 집단을 의미 부여하거나 평가·차이화하거나, 즉 분류하고 있는^{예를 들}것이다. 구조화한다는 능동체로 나타나는 아비투스의 기능^{면 '좋다-싫다'처럼} 것이다. 구조화한다는 능동체로 나타나는 아비투스의 기능은 매일 변화하고 수정되는 살아있는 시스템으로서 실천이나 작품을 차이화, 식별하고 분류한다는 분류 작용의 측면을 가리킨다. 즉 아비투스란 우리의 '눈으로 보는 지각 = 평가 도식'이라는 하나의 시스템이라고 부르디외는 생각하고 있다.

부르디외는 같은 의미를 다른 표현으로 "생활양식^{라이프 스타일} 공간이 구성되는 것은 **아비투스를 정의하는 2개의 역량, 즉 분류 가능한 실천 또는 작품을 생산하는 역량과 이들 실천이나 생산물**^{기호}**을 차이화하고 평가하는 역량** 사이의 관계에서이다"^{부르디외, 1979a[1989] : 261}라고 서술하고 있다. 후자의 '차이화하고 평가하는 역량'인 분류 시스템이란 간단히 말하면 사물의 가치를 식별할 수 있는가 어떤가라는 인식 지각의 틀이다. 이것이 없으면 예술적으로 가치가 있다고 여겨지는 음악작품도 '우이독경'밖에 안 된다. 분류 시스템이란 다양한 실천, 예를 들면 취미활동을 차이화 = 식별하고 평가하는 능력 = 분류 작용^{즉 취미}이다. 아비투스로서의 지각·평가 도식을 우리들은 가지고 있는 것이다. 다시 말해서 구조화하는 아비투스란 사람들이 사물을 판단하는 '안목'이 아비투스가 된 평가·분류 도식이다.

좀 더 구체적으로 말하면 행위자는 그 지각·평가 도식을 통해 각각의 실천^{좋아하는 스포츠나 음악 장르, 작품 등}에 의미를 부여하고 평가한다. 행위자의 아비투스가 다르면 당연히 같은 행위가 다른 의미를 가진다. 미술관에서 자신의 미적 욕구가 충족되어 문화자본을 축적하는 것에서 기쁨을 찾아내는 사람과, 같은 그림을 봐도 즐기지 못하고 그림의 가치를 모르는 사람도 있을 것이다. 이 경우 판단의 기준이 된 판단력 = '사물을 보는 안목'이 지각·분류 도식이고 아비투스는 여러 가지로 다른 '눈^{취미 판단을 뒷받침하는}

지각·분류 도식'으로 존재한다. "행위자는 자신의 아비투스의 지각·평가 도식을 통해 대상을 파악한다"부르디외, 1979a[1989] : 319는 것이다. 다시 말해서 대상에게 기대하는 것 또는 의미에 대한 해석이 계급이나 개인에 따라 다르고 거기서 끌어낼 수 있는 이익도 다른 것이다. 욕망의 차이를 만들어내는 것이 아비투스라고 할 수 있다. 이러한 다양한 차이화를 행하는 아비투스의 집합이 상징적 체계를 구성하고 있는 것이다.

저자는 개인이나 계급이 문화를 식별하는 아비투스의 힘분류 시스템을 '문화변별력'가타오카, 1996c의 문제로 다루었는데 그 계급적 성질이나 재생산의 특징에 대해 분석했다. 이에 대해서는 제11장에서 논한다.

3. 전략과 아비투스

모든 계급은 재생산을 둘러싸고 전략이나 차이화의 전략을 그들이 보유한 자본, 즉 문화자본이나 경제자본, 사회관계자본에 따라 끊임없이 새롭게 만들어 간다. 부르디외에게 계급이라는 것은 정해진 실체적인 존재가 아니기 때문에 정확하게 말하면 다른 종류의 자본을 가진 사람행위자이 차지하고 있는 사회 공간상의 위치 그 자체가 "이 공간을 보수保守 또는 변혁시키기 위한 투쟁에서 인간이 행하는 입장 결정을 지배하고 있다"부르디외, 가토 편, 1990 : 80는 것이다. 그 입장 결정 시에 행위자가 여러 가지 다양한 전략을 만들어내기 때문에 객관 구조와 주관적 구축은 동시에 작용하고 있다고 말할 수 있다.

행위자 자신은 이 전략을 의식하고 있을 필요는 없다. 일상적으로 행하여 거의 대부분 관습화되어 있는 행동 혹은 가족을 통해 전해져 온 익숙한 방식으로서 무의식적으로 전략은 선택할 수 있다. 그렇다기 보다도 행위자의 자산 구조예를 들면 문화자본과 경제자본을 얼마만큼 보유하고 있는가의 차이에 따라 취할 수 있는 선택이나 입장 결정은 어느 정도 구속받을 수 있다. 그리고 길러져 온 아비투스에 의해서도 행동하는 버릇이나 선택의 폭이 결정된다고 한다면 선택의 자유라는 사고방식은 환상임을 알 수 있다. 우리들의 주관적 행위나 선택도 계급 아비투스에 의한 제약으로부터 완전히 자유롭지 못하다. 그리고 '재생산 전략이란 실천의 총체'이고 아비투스로서 하나의 시스템을 이루고 있는 것이다.

4. 아비투스는 단수인가 복수인가

부르디외의 단일 아비투스론

부르디외의 행위이론에서 '실천'은 '아비투스 + 자본'이 '장소'에 투입됨으로써 실천은 장소에서 이익을 얻을 수 있다.

[아비투스·자본] + [장소] = [실천]

아비투스란 부르디외에 따르면 '구조화하는 구조, 즉 실천과 실천의 지각을 조직하는 구조임과 동시에 구조화된 구조'이고 '아비투스란 지속적으로 이조移調 가능한 심적 모든 경향 체계이다.'부르디외, 1979a 또는 아비투스란 신체화된 심적 구조, 관습 행동을 생성하는 지각 = 평가 도식임과 동시에 관습 행동의 의미를 지각할 수 있는 인식 도식이라고 바꾸어 말할 수도 있다. '분류하는 구조'이고 동시에 '분류되는 구조'라고도 한다.

간단한 예를 들면 금욕적인 아비투스를 가지고 있는 사람은 행위의 모든 면에서 그 금욕주의를 발휘하고 있다. 즉 아비투스는 역사적으로 형성되기 때문에 개인이나 집단에서 내면화되고 다른 분야장소로 전이 가능하며 일관성을 띠는 심적 성향이다.

아비투스의 전이 가능성 또는 이조 가능성을 전제로 하는 것이 부르디외이론의 특징이기도 하다. '세 살 적 버릇이 여든까지 간다'라는 속담도 있듯이 생육 과정에서 각인된 문화자본의 획득양식가정계에서 획득된 제1차 아비투스 등이 그 후 성인이 된 이후의 문화자본성향 시스템으로 지속적으로 전이 또는 이조된다는 도식이다.

이처럼 부르디외는 아비투스란 다른 '장소'로의 전이가 가능한 것, 단일 아비투스로서 개인뿐만 아니라 계급에 특징적인 것으로 제시했다. 예를 들면 부르주아계급의 탁월화 전략이나 중간계급의 문화적 선의 등은 계급 아비투스로 그려지고 있다.

같은 계급 내에서도 상승 경향에 있는 직종이나 몰락 경향에 있는 직종의 사람들의 아비투스는 상당히 다름을 부르디외도 자세히 분석하여 제시하고 있기 때문에 가질 수 있는 자본문화자본과 경제자본의 질과 양뿐만 아니라, 사회적 위치에 따라서도 아비투스는 변화하고 달라지는 셈이다.부르디외, 1979a

이러한 의미에서 아동기 가정 환경의 효과독서 문화자본과 예술 문화자본가 성인기의 문화자본에 영향을 주고 있다는 연구는 모두 이 아비투스의 전이 가능성을 증명하려는 것이다.예를 들면 가타오카, 1992·1996b·1998f 또는 교육사회학의 맥락에서는 문화자본을 약간 부분적인 이해로 파악해온 경향이 있다. 어린 시절의 문화자본이 고학력으로 연결된다는 상관성을 제시한 가리야 다케히코苅谷剛彦, 1995의 연구도, 교육 달성 메커니즘을 상세하게 분석한 가타오키2001a나 나카자와 와타루中澤渉, 2010의 연구도 문화자본이 학력

學力으로 전환되는 전이 효과의 존재를 밝혔다.[3] 그러나 대부분의 교육사회학적인 연구들은 문화가 어떻게 학력이라는 메리트merit로 전환되는지를 살펴보고 있을 뿐이다.

이 책에 수록한 저자의 일련의 문화 연구에서는 여성의 경우 아비투스의 전이 가능성 또는 지속 가능성이 강하다는 결과를 제시했다. 그러나 남성의 경우 아동기 가정 환경에서 문화자본의 획득특히 미적 성향에 관한 제1차적인 아비투스는 그 후 문화자본으로 이전하는 사람도 있지만, 확률적으로 남성의 경우에는 전이율도 지속성도 상당히 나쁘다. 이 점에 대해서는 제5장 「사진으로 보는 미적 성향」과 제8장 「교육 달성 과정에서 가족의 교육 전략과 젠더─문화자본 효과와 사교육 투자 효과의 젠더 차이를 중심으로」에서 실증적으로 밝히고 있다.

제11장은 문화변별력으로서 아비투스문화의 지각 평가 도식를 측정했다. 지견을 미리 말하면 세대 간의 지위 이동, 특히 아버지 쪽 계층에서 현재 계층으로 지위 이동이 하강 이동이었던 경우에는 출신계층에서 특징적이었던 문화변별력고급문화와 대중문화를 강하게 식별하는 능력이 강하다. 여성의 경우에는 결혼으로 인해 지위가 내려가도 유지되지만 남성의 경우에는 사라져버린다.가타오카, 1996c

남성이 가진 아비투스는 1세대 내에서는 다른 장소에서 이조 또는 전이되고 있을지도 모르지만 남성의 아동기 문화자본어린 시절 가정에서 가족에 의해 부여된 문화 환경이나 문화적 경험의 지표로서 유년기 문화자본이라고 한다에 관해서는 남성의 그 후 인생의 맥락, 예를 들면 학력 경쟁이나 직장환경 등의 장소에서 전환도 전이도 하기 어렵다.가타오카, 1998g

게다가 사진에 관한 미적 성향을 부르디외와 유사한 방법으로 검토한 조사 결과가와사키시(川崎市) 조사에서 미적 성향이 남성에서만 계급 차이를 보이지 않으면 학력도 낮았다.제5장 참조 여성에서는 이 지위의 차이가 존재했다. 사진 취미에서 밝혀진 남성의 미적 성향은 여성과 비교하면 낮고 계급 차이도 거의 찾아낼 수 없다는 사실이 조사를 통해 밝혀졌다.가타오카 편, 2000

다만 고베시神戸市 조사 데이터1990에서는 남성의 정통문화 소비를 종속 변수로서 공분산共分散 구조 분석을 이용하면 계층적인 배경이 학력을 통해 정통문화 소비로 이어지는 루트가 명확하고 아비투스의 전이 가능성을 시사하는 결과가 도출되었다.가타오카, 1992

또한 분류와의 관계에서 말하면 예를 들어 클래식 음악은 고상한 음악이고 엔카와 같은 대중적인 장르는 고상하지 않다는 인식 틀지각 = 분류 도식, 바꾸어 말하면 아비투스를 가지는 것이 분류 행위이고 차이화이기도 하다. 따라서 클래식 음악을 취미로 하고 있는 부르주아계급은 취미로 타자와 자신을 차이화하는 동시에 분류도 하고 있다클래식을 좋아하는 것은 부르주아계급이라는 통념 등.

그리고 어떤 취미로 차이화하고 분류하는 아비투스를 가진 사람들은 타자의 취미에 대해서도 같은 문화 서열을 적용분류하지만 동시에 그 분류 도식에 의해 스스로도 분류된다. 예를 들면 '재즈 이외의 음악, J-POP이나 아이돌의 악곡은 음악이라고는 할 수 없다'라는 취미에 집착을 가지고 배제적인 감각에 의해 문화적으로 탁월해지려는 사람들이 있다. 그러나 특정 정통적인 취미에 집착하여 다른 일반적·서민적인 취미를 배제한다는 문화적 배타성을 드러내는 사람들은 일본의 조사 결과를 살펴본 것에 한해 부르주아조차도 많다고는 할 수 없다.

그 후 이 책에서 제시하듯이 일본의 경영자나 전문직층에는 클래식 음악 취미가 상대적으로 많다는 대응관계는 존재하지만, 다른 계급의 사람들도 클래식 음악을 청취하고 있고 반드시 클래식 음악 취미가 명확한 계급 차이를 나타내는 기호라고는 강력하게 말할 수 없다. 일본 남성을 여성과 비교하면 남성의 취미는 사회계층과는 강하게 연결되지 않는 경향이 있다.

라이르의 부르디외 비판 단일 아비투스에서 복수의 아비투스로

프랑스의 사회학자 베르나르 라이르는 부르디외의 아비투스 개념을 비판적으로 검토하고 복수의 아비투스 또는 다원적 아비투스에 관한 연구로 잘 알려져 있다.라이르, 1998·2012; 스즈키 도모유키(鈴木智之), 2007; 무라이 시게키(村井重樹), 2010·2012

라이르는 사람들의 행위를 이해하는 데 있어서 부르디외가 말하는 '계급 아비투스'로 모든 것을 환원할 수 없다고 말하며 다른 맥락을 경험한 '모든 개인의 아비투스'가 중요하다고 생각한다. 바꾸어 말하면 부르디외가 말하듯이 단일적인 계급 아비투스를 가지는 '단수적 인간'이 아니다. 그리고 그 자신의 경험적 연구를 통해 다른 아비투스가 한 개인 안에 존재하는 사례를 통해 '개인화된 사회학'이나 복수의 다원적 아비투스를 가지는 '복수적 인간'이라는 관점을 제창하고 있다. 그 이유로서 라이르에 의하면 '행위자는 다원적으로 사회화되고 다원적으로 결정된다'라이르, 2012[2016]고 논한다.

라이르에 따르면 사람들은 다른 아비투스를 맥락에 따라 전환[4]하면서 실천하고 있다고 한다. 맥락이라는 개념을 라이르가 사용할 경우 그것은 다른 사회화 경험이 다른 성향을 형성하지만 복수화되고 있기 때문에 부르디외가 말한 단일 계급 아비투스로 환원할 수 없음을 강조한다. 즉 '동일한 행위자가 이질적이고 모순되는 성향을 공존시키는 내적 복수성[a] Pluralitè interne을 갖춘다'라이르, 2012[2016]는 것이다.

그리고 맥락이 중요하다고 말한다. 예를 들면 높은 문화자본을 가지고 있어도 이민으로서 다른 나라로 이주한 경우, 그 문화자본을 발현할 수 있는 맥락예를 들면 일이 없으면 그 자본은 실천으로서는 사용할 수 없는 채로 끝난다고 라이르는 해석한다.

라이르의 실천이론은 다음과 같이 정식화되고 있다.

[신체화된 과거의 성향] + [현재의 맥락] = [관찰 가능한 실천]

다른 용어로 치환하면 다음과 같이 표현된다.

[성향 또는 능력capacitès] + [맥락] = [실천]
[행위 맥락의 과거의 왕래를 내면화한 소산] + [현재의 맥락] = [관찰 가능한 실천]

라이르에 의하면 부르디외의 장소이론은 '마이크로사회학의 이론이고 장소의 행위자agents끼리의 특수한 자본의 영유나 (재)정의를 둘러싼 다양한 투쟁에 전심하는 것'이라고 한다. 그리고 행위자의 모든 실천과 모든 표상을 설명하기 위해서는 장소가 아니라 '맥락화'의 조작이 중요하다고 논한다.라이르, 2012[2016]

맥락과 실천의 관계

라이르가 말하는 맥락이란 무엇이고 맥락과 문화 실천의 관계란 어떠한 것일까. 그리고 조사에서는 이것을 어떻게 파악하면 좋을까.

라이르에 따르면 "행위자들은 항상 자신의 행위를 전체적이든 국소적이든 특수한 맥락으로 기입한다"라이르, 2012[2016] : 19고 서술한다. 그리고 맥락이란 라이르에 의하면 다음 2개를 의미하고 있다.라이르, 1998·2012

① 행위자를 사회화하는 틀과거
② 신체화된 성향을 시동시키는 틀현재

①은 아비투스성향를 형성하는 틀로서의 맥락이고 과거의 경험으로서 사회화를 중시한다. 여기에는 부르디외가 말하는 '문화의 획득양식' 문제가 많이 내포되어 있다. 그러나 라이르에게 사회화 경험은 다차원적이고 복잡한 것으로 파악되기 때문에 다양한 형태에서의 문화 획득의 이력현상을 포함하는 개념이다. 그리고 이 의미에서의 맥락은 행위자에게 요청된 것이고 행위자를 구속하는 성질을 가지는 '맥락적인 구속'라이르, 2012이다. 따라서 '성향'은 행위자의 과거에 의해 형성된다고 본다.

②의 맥락의 의미는 보다 개인화되고 있는 현재 개인의 맥락을 살펴보는 것이다. 능력 내지 역량이 된 복수의 아비투스는 '잠재적으로 동원 가능할 수밖에 없고 여러 상황이 요청될 때에만 실제로 행위자에 의해 동원된다'.라이르, 2012[2016] : 28

다만 연구자가 무엇을 맥락으로 설정하느냐에 따라 맥락은 달라진다는 점에 대해 라이르는 "맥락의 정의란 사회 공간 내부에서 작용하고 있고, 상대적으로 분리된 특수한 여러 영역의 분화라는 역사에 의존하는 것임과 동시에 연구자들의 인식 관심에도 의존한다"라이르, 2012[2016] : 19고 말한다.[5] 그리고 구체적으로 맥락이란 예를 들면 학교세계이고 직장환경이며 정치 상황이기도 하다.

복수의 아비투스에 대한 의문

부르디외가 아비투스의 다른 맥락으로의 전환 가능성이라고 논할 때 복수의 아비투스가 아니라 어디까지나 단일 아비투스를 전제로 하고 있다. 예를 들면 언뜻 보아 아비투스가 모순되고 복수의 아비투스가 아닐까 하는 사례가 있다고 가정하자. 정통적 예술을 애호하면서도 대중음악을 좋아하는 것처럼 다른 취향의 문화를 동시에 즐기고 있어도, 아티스트를 좋아하게 되는 기준이나 대상에 대한 몰입 방법이 늘 비슷한 경우에는 같은 단일 아비투스로 실천하고 있다고 말할 수 있다. 다른 예를 들어 보면 전문적 직업으로 보통은 전문서적을 읽고 있는 사람이 도박이나 술집 순례의 달인인 경우 이질적인 장르를 즐기고 있는 복수 아비투스의 소유자가 아닐까 생각하기 쉽다. 그렇지만 예를 들어 좋아하는 장르가 이질적이어도 늘 단일 아비투스가 행동 원리가 되어 얼굴을 내미는 것은 예상 이상으로 많은 것이 아닐까.

또한 저자가 인터뷰한 청년의 예에는 아이돌 팬으로서 누구를 응원할까라는 기준은 이질적인 장르를 복수 동시에 애호하고 있어도 늘 그룹의 센터를 좋아한다는 사례 또는 반대로 별로 인기는 없지만 분발하고 있는 아티스트를 응원해버리는 사례 등 단일 아비투스로 설명할 수 있는 경우가 많았다. 취미의 장르는 달라도 사물을 선택하는 기준, 바꾸어 말하면 대상에 대한 관여 방법이 유사한 사례가 그렇다.

그러나 라이르가 밝힌 것처럼 복수 아비투스의 사람도 존재한다. 저자는 개인 레벨에서 볼 때 단일 아비투스로 행위를 행하는 사람과 복수 아비투스가 동일인물 속에 존재하는 사람이 둘 다 있다고 생각한다. 그러한 점에서 라이르를 지지하지만 실천이 맥락이나 사회화의 차이만으로 초래된다는 라이르의 설명 도식에 대해서는 약간의 의문을 가지고 있다.

저자가 보기에 복수 아비투스에는 2종류가 있는데 하나는 다원적 아이덴티티를 가지고 다른 페르소나persona가 맥락에 따라 말과 행동으로 나타나는 인물이다. 다원적 자아라기보다는 약간 병적인 증상으로서 인격의 분열이 생기는 사람도 포함된다. 다른 하나는 행위의 기준을 전환할 수 있는 사람이고 어떤 의미에서는 변화의 폭이 큰 인간이라고 생각한다. 연령도 높고 조직의 톱으로서 경영자의 아비투스를 가지면서도 다른 장면에서는 젊은 사람과 세대나 입장 차이를 느끼지 않고 녹아들 수 있는 사람처럼 복수의 아비투스를 다른 장면으로 전환하여 무리 없이 적응하는 사람들이 있다. 그 사람은 동시에 다른 얼굴을 갖고 있지만 결코 그것은 의도적인 전환도 아니고 가면도 아니다. 그것은 신체와 정신의 사용법의 복수성을 가지고 복수의 아비투스를 능숙하게 전환할 수 있기 때문이다. 한 가지 일에 집착하는 사람이나 완고한 타입이라는 것과는 대척점에 있는 행위 기준의 유연성과 전환을 가져오는 심적 구조야말로 복수 아비투스의 진정한 의미가 아닐까 생각한다.

그것은 라이르가 말하듯이 단적으로 다른 환경을 체험한 이민에서 많이 엿볼 수 있을지도 모르지만 경험한 맥락의 다양성이나 사회화의 문제로만 환원할 수 없는 것은 아닐까. 좀 더 사례를 들어보자. 예를 들면 언뜻 보기에 다른 취미 장르를 동일인물이 좋아하여 행할 경우 문화적 잡식자문화적 옴니보어라고 말할 수 있지만, 그것이 복수 아비투스를 나타내고 있는지는 판가름하기 어렵다. 즉 문학이나 소설을 읽고 동시에 코미디세계에도 정통한 사람 또는 클래식도 좋아하지만 디즈니랜드도 좋아하는 사람일 경우 표면적으로는 정통문화와 대중문화에 집착하지 않는다. 문화적 잡식자문화적 옴니보어로서 상위문화와 대중적인 문화 양쪽으로 연결된다고 해도 그것을 그대로 복수 아비투스라고 말할 수는 없다. 즉 다시 말해서 문화적 잡식을 복수 아비투스로 설명하는 것은 사실 어려운 일이 아닐까 생각된다.

테리 이글턴이 말하듯이 문화의 고저를 일관하는 상업주의적인 문화의 힘은 점점 강력해지고 있는데 모든 장르에서 진정한 것과 그렇지 않은 것이 서로 뒤섞여 있기 때문이다. 장르가 의미를 갖지 않게 되었다는 것도 개개의 장르가 일찍이 가지고 있었던 특정 상징적 의미를 잃고 특정 아비투스를 가진 사람들을 끌어들이는 것이 아니었기 때문은 아닐까. 문화는 단편화되고 있는 것이다.

5. 문화자본이란

부르디외이론에서 아비투스는 개인이나 집단에 영유·축적되는 것으로서 혹은 개인에게 신체화된다는 성질을 가짐으로써 **문화자본**으로 개념화되고 있다.

부르디외는 계급 구조의 재생산과 지위의 정치로 경제자본, 사회관계자본, 문화자본 3개의 자본이 중요하다고 지적했다. 그는 특히 문화적 재생산의 입장에서 문화자본의 작용이 현대의 불평등의 재생산을 읽어내는 데 있어서 중요하다고 제시했다.

문화자본이란 사회적 세계에서 혹은 어느 시장이나 장소에서 자본으로서 차이화와 탁월화 작용을 가지고 약간의 수익을 올릴 수 있는 문화적 '능력'을 의미한다. 그렇지만 엄밀히 말하면 능력이라는 말의 사용은 적절하지가 않다. '능력' 개념은 '보편적인 성질'을 이미지화시키기 때문이다. 오히려 어떠한 문화적 능력이나 문화적 행동 또는 자격이 사회에서 유리하게 작용하고 이익을 올리는지는 매일 사회의 여러 집단 사이에서의 투쟁에 달려 있고 사회나 시대, 더 나아가서는 '장소'에 따라 변화한다.[6] 예를 들면 IT혁명이 진행되는 현대 사회에서는 정보기기를 잘 다룰 수 있는 것이 비즈니스계에서의 문화자본이 된다. 그러나 부르주아계급의 여성에게 문화자본은 아직 예술적인 소양일 것이다. 또한 에도江戸 시대에 서민이 즐겼던 가부키가 현대에는 예술로 보호되고 높은 문화 위신을 갖게 되었다. 이와 같은 사고방식에 입각하면 무엇이 문화자본이 되느냐의 기준 자체가 자의적인 것이고, 종종 지배계급상류계층이 가진 문화적 기준에 의해 문화 히에라르키가 결정되는 경향이 있다.부르디외, 1979a[1989]

어떤 사회가 문화자본을 갖기 위해서는 특정 상징재의 가격을 정하는 제도와 그것을 평가할 수 있는 사회 집단이 필요하다.디마지오, 1987 또한 엘리트의 집합적 행위가 없으면 문화자본은 구성되지 않는다. 예를 들면 유럽에서 상위문화는 궁정문화에서 출현한 것이 많다. 즉 어떤 종류의 문화자본을 지지하고 그것을 탁월한 것으로 승인하는 힘을 가진 사회 집단귀족 등이 존재하는 것, 그리고 그 문화의 탁월성을 승인하는 사람들과의 권력 정치power politics 등이 배후에 있다.

부르디외 등이 문화자본 개념을 제창한 것은 고등 교육에서 진학률의 계급 차이를 경제적인 장애로만 환원할 수 없는 사실을 설명하기 위함이었다. 경제적 불평등의 영향을 넘은 부분에서 문화적 상속유산문화자본이 수행하고 있는 역할에 대해 논한 『유산 상속자들』부르디외·장 클로드 파스롱(Jean-Claude Passeron), 1964에는 계급 문화와 교육 시스템이 불평등 재생산의 메커니즘과 공범관계에 있다고 한다. 즉 학교문화와 계급문화에는 친화성이 있고 학교문화는 교양 있는 계급의 문화적 세습 재산인 지식이나 습관, 노하우, 취미, 회화술 등을 전제로 하고 있다. 따라서 혜택을 받은 출신 가정으로부터 물려받은 문화자산은 학교적 지식을 몸에 익히는 것을 쉽게 만든다. 문화적으로 혜택을 받은 가정 환경의 자제일수록 학교로부터의 수익좋은 성적을 얻기 쉽다. 게다가 학교에서의 성공은 '타고난 재능머리가 좋다' 또는 학교에서 '낙오되는' 것은 타고난 재능의 결여라는 본질주의적인 사고방식이 형성됨으로써 학교에서의 불평등이 사회적 차이에 근거한다는 부분이 은폐되고 문화적 불평등이 정당화된다.

문화자본의 세 가지 형태

그 후 부르디외는 문화자본 개념을 체계적으로 분석하고부르디외, 1986 문화자본을 세 가지 형태, 신체화된 형태, 객체화된 형태, 제도화된 형태로 구별했다.⟨표 2-3⟩

'신체화된 문화자본'이란 개인에게 신체화된 문화적 능력이고 비의도적 학습에 의해서도 의도적 학습에 의해서도 몸에 익힐 수 있다. 좀 더 구체적으로 말하면 말투나 몸짓, 교양, 센스나 고상한 취미 등 관습 행동에 나타나는 취향이나 문화적 능력 등을 가리키는데 그것은 특정 장소에서 실천됨으로써또는 투자됨으로써 타자보다 탁월해지거나 차이화될 수 있다.

'객체화된 문화자본'은 문화적 재화로서 존재하는 회화, 서적, 악기, 도구 등을 가리킨다. 이것들은 돈으로 입수·보유할 수 있지만 그것을 감상하는 능력이나 사용하는 능력, 즉 신체화된 문화자본이 없으면 문화적 실천이 될 수 없다. 또한 가정에 있는 장서藏書나 피아노, 미술품 등의 객체화된 문화자본은 애로우 효과Arrow effect : 존재하는 것만으로 효과를 가져온다에 의해 문화적 가정 환경을 형성한다.

'제도화된 문화자본'의 대표는 학력이나 자격증이고 교육 시스템이나 제도에 의한 능력 증명서이다. 학교 등의 제도에 의해 제도적 승인을 받

	존재 예	특징	지속성	획득 방법	사용 조건과 수익
신체화된 형태	탁월화된 태도·행동방식·말투·미적 성향, 고상한 취미, 교양 등	개인에게 신체화·내면화되어 있지만 계층 집단에 점유되면 계층문화가 된다.	생물학적 한계	가르침, 학습, 체득적 습득, 비가시적	적절한 '장소(場)'에 투자함으로써 다양한 수익을 올리고 아비투스로서 행위자의 실천을 결정짓는다.
객체화된 형태	회화, 서적, 도구, 피아노 등의 문화적 재화	사물로 존재하는 문화적 재화	물리적 한계	구입(경제자본을 전환), 교환, 가시적	신체화된 문화자본을 이용하여 사용·감상하고 탁월해진다. 또는 수집품(collection)으로서 가치를 가진다.
제도화된 형태	학력 자격, 자격증 등	개인에게 부여하지만 자율적인 시장가치를 가진다.	생물학적 한계가 있지만 제도에 의한 보증이 전제	제도(학교 등)가 개인의 문화자본을 승인, 가시적	노동 시장에의 참가, 직업 결정 등에 사용되고 지위 형성이나 경제적 수익에 효과를 거두는 것 이외에 상징적 가치로서 탁월해진다.

주석 : 부르디외 문헌을 참고하여 작성한 가타오카(1991a : 260) 표의 수정판이다.

은 문화자본은 화폐가치로 환산하는 것이 가능해지는데 예를 들면 학력은 노동 시장에서 인적 자본으로서 가격이 매겨진다.

　여기서 신체화된 문화자본에 대해 보충설명하면 요컨대 신체화된 문화자본의 근본에 있는 것은 사물을 지각하는 양식이고 문화를 평가하는 '안목'이거나 혹은 문화를 이해하는 코드라고 할 수 있다. 예전에 TV에 자주 나왔던 인스턴트커피 광고에서 소설가나 연출가^{고도의 문화자본 보유자}가 커피를 마시고 있는 장면에 흐르는 카피^{copy}가 '차이를 아는 남자의 커피' 였던 것에서 상징되듯이 '차이를 안다'는 것은 문화자본 보유의 근저에 있다고 할 수 있을 것이다. 문화의 차이를 식별하는 능력^{지각·평가 도식}, 이것을 저자는 '문화변별력'^{가타오카, 1996c}이라 부르고 있는데, 이 문화변별력이 (아비투스로서) 신체화되어 있지 않으면 다양한 문화 중 특정한 것을 선택해서 차이화나 탁월화의 상징으로 사용할 수 없다.

　그리고 신체화된 문화자본인 '취향 또는 기호'나 '취미'란 '차이화하고 평가하는 획득된 성향^{disposition}이고 (…중략…) 구별 짓기의 조작에 의해 차이를 설정하고 또는 표시하려는 성향'^{부르디외, 1979a}이라고 정의할 수 있다. '구별 짓기'에는 차이화, 탁월화라는 의미가 담겨 있다. 즉 다시 말해서 탁월화에는 문화자본이 중요한 위치를 차지하고 있다.

6. 문화자본의 획득양식과 축적성

문화자본을 획득하는 주요한 장소는 가정과 학교이다. 가정과 학교에서는 문화의 획득양식은 다르다. 문화자본을 부르디외는 획득양식의 차이에 따라 상속자본과 획득자본으로 나누어 고찰하고 있다. 다음에서 설명하도록 하겠다.

가정 내에서의 문화 획득양식을 상속 문화자본이라 부르는데 어릴 적부터 가정의 문화적 환경을 통해 행해진 체험적 습득양식을 의미한다. 회화나 미술품에 둘러싸여 성장한 사람은 일찍부터 정통적 문화를 손에 쥐고 있다는 자신감과 여유, 그리고 정통문화를 평가하는 힘이 자연스럽게 몸에 밴다는 것이다. 예술의 감상안이나 물건을 고를 때의 센스가 좋다는 것은 경제적인 풍요로움만 있다고 해서 몸에 배는 것은 아니다. 또한 예의작법이나 말투 혹은 일석일조一朝一夕로는 신체화되지 않는다. 거기에는 유년기부터의 체험적 습득, 특히 부모나 가정 환경의 영향이 인정되고 오랜 시간에 걸쳐 문화의 획득 효과가 나타난다. 이것은 기본적으로 출신계층의 객관적 여러 조건의 차이에서 생기는 것이고 학교 교육의 차이나 경제적 풍요만으로는 설명이 안 되는 것이다.

이에 대해서는 제7장 「계층 재생산과 문화적 재생산의 젠더 구조—지위 형성에 미치는 독서문화와 예술문화의 효과」에서 분석하듯이 가정의 문화 환경부모의 학력을 포함한 상속자본에 해당한다을 통해 문화자본은 부모로부터 자식에게로 전달, 혹은 형태를 바꾸며 상속되어 간다. 형태를 바꾼다는 것은 가치나 문화의 변동이 큰 사회에서는 시대에 따라 문화자본의 내용은 변화하기 때문이다. 이미 서술한 바와 같이 문화자본이란 차이화·탁월화의 감각 아래에 있고 문화를 평가하는 지각 = 평가 도식차이를 인식하고 평가하여 분류하는 등급 매기기의 인식 틀이기도 하다.

따라서 전후 일본처럼 변동이 심한 사회에서는 시대와 함께 표면적으로는 문화자본이라 불리는 행위나 취미는 변화해도 아비투스로서 문화에 대한 관여양식이나 지각 평가 도식은 부모로부터 자식에게 전달되는 경우가 많다. 그러므로 문화자본의 내용은 시대에 따라 보편적인 것도 있고 크게 변화하는 것도 있다고 생각된다. 물론 사회나 지역에 따라서도 무엇이 정통적이고 변별적인 문화인가는 다르다.

다른 한편 학교에서의 주요한 문화 획득양식은 획득자본이라 불리며 계통적·체계적이고 시간적으로 가속화된 학습양식이다. 이 계통적이고 가속화된 습득형태에 요구되는 성향은 공부에만 에너지를 집중하는 근면한 노력이나 끈기, 성실함이고 쾌락과 함께 형성되기보다는 대상에 대한 금욕주의적인 경향이 동반된다. 이 방식에서의 문화자본 획득은 프티부르나 벼락출세의 밑천이 되는 문화자본이 적은 층에서 종종 볼 수 있다.부르디외, 1979a[1990] 그리고 이 2개의 획득양식 차이는 예를 들면 가구나 복장의 스타일을 선택하는 것처럼 일상생활에서 다양한 선택을 할 때에도 나타난다.

중요한 것은 상속 문화자본이 단순히 부모로부터 물려받았다는 의미가 아니라 거기에는 신체화 작업을 통해 늘 획득이라는 작업이 포함되어 있는 점이다. 즉 '문화자본이라는 것은 타고난 재산이 갖는 위신과 획득이라는 장점을 잘 누적해 버린다'.부르디외, 1979b·1986

즉 문화자본은 획득되는 것이며 축적 가능하다^{획득과 축적}. 특히 밑천이 되는 문화자본을 가지고 있는 사람은 문화자본의 획득에 한층 더 유리하다. 말하자면 마태 효과^{Matthew effect}이다. 축적 가능하다는 점에서는 경제 자본과 비슷한 성질을 갖지만 대부분의 문화자본은 개인에게 신체화되어 축적된다. 신체화되기 위해서는 많은 시간이 필요하다. 즉 경제자본과 달리 신체화된 문화자본은 증여나 구입 등으로 바로 그 자리에서 전달될 수는 없다. 대부분의 문화자본은 의도적 또는 비의도적인 사회화와 객관적인 여러 조건에 의해 시간을 할애함으로써 획득된다. 그 결과 특히 가정 내에서 행해지는 문화자본의 상속은 외부에서는 잘 보이지 않는다. 바꾸어 말하면 문화자본의 재생산은 시간이 걸리는 은폐된 상속에 의해 달성된다. 예를 들면 음악적 지식과 소양을 몸에 익히고 피아노나 바이올린 악기로 클래식 음악을 연주할 수 있기 위해서는 어릴 적부터 오랫동안 배우는 것이 필요하게 된다.

그렇다면 세상에서 어떠한 문화가 자본이 되어 계층 재생산 전략으로서 도움이 될 수 있을까. 이것은 시대나 사회에 따라 당연히 달라진다. 따라서 문화자본의 재생산이라는 경우에도 부모와 자식이 같은 취미를 갖거나 같은 문화활동을 하는 것이라고는 반드시 말할 수 없다. 그것은 하나의 재생산 형태에 불과하다. 문화자본으로서 어느 시대에나 유효한 문화의 내용은 사회 변동에 따라 변화하는 부분도 많기 때문에 문화자본이 부모 자식 사이에 재생산된다 하더라도, 실천하는 문화의 내용은 부모와 자식이 다를 수 있다. 오히려 가족이나 가정을 통해 계승되고 상속되는 **구별 짓기**^{차이화·탁월화}**의 감각**이야말로 다양한 재생산 전략을 만들어내는 바탕에 있는 문화자본이라고 할 수 있을 것이다.

7. 문화자본과 학력자본 남녀 차이

학교는 문화자본의 생산을 독점하는 것이 아니라 상속자본에 대해 제도적인 승인을 해주고 상속자본을 학력자본으로 전환하는 장치로 기능하고 있다. 그러나 상속자본은 모두가 학력으로 전환되는 것이 아니라 그 전환 효과는 균일하지가 않다.부르디외, 1979a 즉 이 말은 같은 학력이라 하더라도 혹은 같은 학교를 졸업했다 하더라도 실제로 소유하고 있는 문화자본의 양은 사람에 따라 다르고 동일 학력 내의 분산이 크다는 의미이다. 게다가 같은 수업을 받았다 하더라도 밑천이 되는 상속자본을 가지고 있는 사람 쪽이 내용의 이해가 쉬운 등 학교에서의 문화 획득에도 차이가 난다.

〈그림 2-1〉은 부르디외가 제시한 상속 문화자본과 학력자본의 관계를 다케우치 요우의 일련의 연구에서 시사를 받아 개정한 것이다.부르디외, 1979a [1989] : 127; 다케우치, 1995

A~D는 상속 문화자본이 높다 / 낮다 및 학력자본이 높다 / 낮다라는 이분법에 의해 문화자본의 보유형태 4개의 패턴으로 분류한 것이다. A는 학력자본도 상속 문화자본도 가지고 있지 않는 사람들이고 상대적인 의미에서 '문화자본 빈곤자'이다. C는 높은 학력자본을 가진 것과 동시에 가정에서도 문화에 친숙하게 자란 상속 문화자본이 높은 사람들이기 때문에 부르디외에게 배운 '문화 귀족'이라고 부를 수 있다. B는 높은 상속 문화자본을 가지면서도 학력자본이 낮은 사람들이고 문화자본이 학력으로 전환되지 않고 교양인인 채로 끝나는 '문화자본 정체자'이다. D는 부모로부터의 문화 상속은 적고 문화 획득을 오로지 학교에서 행하는 사람들이고 다케우치가 말하는 '교양 없는 학력 엘리트'가 이에 해당된다.

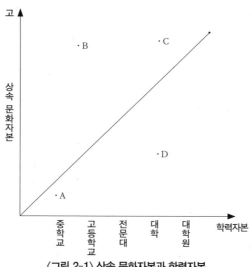

〈그림 2-1〉 상속 문화자본과 학력자본

일본에서는 노력이나 각고면려하여 높은 학력을 갖는 것이 입신출세의 정통적인 수단으로서 역사적으로도 장려되어 왔다.다케우치, 1978·1995·2005 이 와 같은 방식의 문화 획득양식은 부르디외가 말하는 획득자본이다. 공부 벌레처럼 학교 공부만을 열심히 하는 것으로 높은 학력을 획득하는 자는 전술한 타입에서는 D교양 없는 학력 엘리트에 해당된다. 교양 없는 학력 엘리트란 원래 가지고 있는 자원이 적기 때문에 다면적인 방향으로 투자할 수 없고 공부에만 집중형 투자를 하는 자이다. 이 경우 집중 투자란 학교 공부 혹은 시험공부이다. 놀이나 취미에 시간을 소비할 여유가 없는 시험공부만 하 면서 학교생활을 보내고 대학생이 된 경우에는 같은 고학력이더라도 그 내실을 살펴보면, 문화교양이 동반되지 않는 경우가 많다. 혹은 지식뿐인 교양으로 한정된다. 같은 대학생이라도 교양문화의 아비투스를 몸에 익힌 자인지 획득형으로 학력 자격을 얻었느냐에 따라 엘리트층이 2가지로 나 뉘어져 있음을 다케우치1999는 전전의 고등전문학교 엘리트와 군사학교 엘리트의 아비투스의 차이를 통해 역사적인 측면에서도 밝히고 있다.

학력 지표와 아비투스나 교양은 일치하지 않는다는 점이 일본의 학력보유자의 특징이기도 한데다케우치, 1999 그것은 특히 다케우치가 '교양의 몰락'이라고 부른 것처럼 전후의 대학생에게도 현저하게 발생하고 있다.다케우치, 2003 따라서 상속 문화자본을 부모의 학력으로 측정하는 것은 일본에서는 신중하게 행할 필요가 있다. 문화교양이 동반되지 않는 학력 지표라는 것이 이 책에서도 드러나듯이 남성에게 일정 비율로 나타나기 때문이다.

그러나 여성의 경우 이와 같은 D타입의 지위 형성은 역사적으로 보더라도 주요한 지위 형성 루트는 아니었다. '교양 없는 학력 엘리트'란 남성에게 해당되는 전형적인 입신출세의 이야기로서 이해되어 왔다고 해도 과언은 아니다. 지금까지 일본 여성의 지위 형성의 메인 루트에는 학력에 의한 입신출세는 해당되지 않고원래 전전의 대학에서는 여성의 입학이 인정되지 않았다 오히려 그 대부분은 혼인을 통한 지위 형성에 있다. 또는 문화자본을 살린 직업에 취업하는 것이다. 구체적으로는 다도, 꽃꽂이 사범, 디자이너나 교사 등 센스나 교양을 살릴 수 있는 일에 여성의 비율이 많다.

지금까지 대부분의 여성들은 높은 지위에 있는 남성과 결혼함으로써 높은 지위나 높은 생활 수준을 취하는 방법을 채택해왔다. 그러나 현대에는 여성도 높은 학력을 희망하며 직업을 갖게 되었다. 만약 여성의 지위가 결혼 상대에 의해 결정된다면 혼인 전략에서의 문화 역할에 대해 고찰해볼 필요가 있다.

제7장에서는 여성이 이른 시기부터 가정을 통해 교양적인 상속 문화자본을 몸에 익히는 것이 과연 여성의 혼인에 의한 지위 형성을 성공시키는 효과를 거두는지 여부를 밝히고자 한다. 높은 교양 문화자본을 가진 여성은 높은 사회 경제적 지위의 남성과 결혼할 수 있었을까. 그렇지 않으면 학력이 지위의 주요한 형성요인인 걸까. 만약 후자라면 가정에서

정통문화와 친해질 기회가 없어도 학교 공부만 열심히 하여 높은 학력을 손에 넣기만 하면교양 없는 학력 엘리트, 학력을 통한 동류혼에 의해 그 후 여성의 사회 경제적 지위는 보증될 수 있을 것이다. 그러나 문화자본이 배우자 선택에 효과를 거둔다면 같은 학력이하 하더라도 상속 문화자본이 높은 여성은 그렇지 않은 여성과 비교하여 높은 지위의 남성과 결혼할 가능성이 높아지는 셈이다.

8. 문화자본과 계층·계급

그렇다면 부르디외이론에서 문화자본은 사회계층·계급과의 관련에서 어떠한 특징을 가지고 어떠한 기능을 하는 자본일까.

문화자본 개념의 사회계층론에 대한 공헌은 문화자본이 사회에서 수행한 역할, 특히 그 동태적인 기능이 명확해진 일이다. 이 점에서는 종래 계층론에서의 '문화적 자원' 개념과는 다르다. 문화자본의 특성은 다음과 같이 정리할 수 있다.

첫째, 탁월화와 함께 문화적 배제의 기능이 있다. 문화자본을 특정 계급이 독점적으로 소유하는 것에 대한 유효성은 크고 결과적으로 다른 계급을 배제할 수 있는 구조가 되고 있다. 부르디외는 막스 베버의 영향을 받았기 때문에 폐쇄나 배제이론 부분에서 공통적이다.

둘째, 교양 있는 계급의 문화와 학교문화와는 친화성이 존재한다. 학교적 지식을 획득하기 용이함은 계급의 높이에 비례한다. 부르주아계급의 자제가 출신 가정에서 물려받은 것은 그 문화적 연속성에서 학교에서의 이익수익을 쉽게 창출해낼 수 있기 때문이다.

셋째, 문화자본은 투자와 수익이라는 시점을 제공한다투자와 수익. 문화자본은 적합한 시장장소에 투자함으로써 다양한 수익을 올린다. 수익에는 경제적 수익과 사회관계 측면에서의 수익, 그리고 상징적 수익이 있다. 예를 들면 고도로 희소한 지식이나 기술을 가진 사람은 '좋은 직업'에 취업하여 경제적으로 성공하거나 존경이라는 상징적 이익을 얻을 수 있다. 다시 말해서 문화적 능력이나 지식의 보유는 그것이 적절한 장소에 투자받으면 자본처럼 작용한다. 예를 들면 학교 성적도 학교 교육에 대한 문화자본의 투자의 산물수익이라고 말할 수 있다. 특히 문화적 향상심이 강한 프티부르층에서는 자신들의 문화자본의 결여를 자식에 대한 문화 투자나 교육 투자로 커버하려고 한다.부르디외, 1979a

넷째, 문화자본은 축적되기 때문에 밑천이 되는 문화자본이 있으면 (다음 세대는) 점점 많은 문화자본을 손에 넣을 수 있다.

다섯째, 문화자본은 다른 자본으로 전환될 수 있다자본 전환. 문화자본의 효용은 사회관계자본이나 경제자본 등으로 전환됨으로써 수익을 올리는 것이다. 예를 들면 취미가 맞는 사람같은 종류의 문화자본 보유자과 친구 네트워크나 사회관계를 맺음으로써 생활기회life chances가 넓어지는 경우가 있다. 공통적 취미문화자본의 출현가 결혼의 인연을 주선하는 경우도 많다. 혹은 회화력이나 설득력이라는 언어능력(이라는 문화자본)은 상담商談을 성공시켜 급여의 상승과 승진으로 이어지게 될 것이다. EQ 등과 같이 어떤 종류의 가치관이나 성향을 가지고 있는 것은 사회적 성공으로 이어지는 문화자본이라고도 할 수 있다.

이처럼 문화자본은 경제적 수익이나 상징적 수익 등을 가져오고 지위 형성이나 지위 표시의 기능을 수행하고 있다. 즉 사회 이동과의 관련에서 말하면 부르디외의 문화자본 개념의 공헌은 사회 이동으로 문화적 능력의 시장이 존재함을 명확화한 점과 베버적 시점을 현대에 되살린 점일 것이다. 특히 지위 달성이나 사회 이동 연구에서는 교육학력의 기능주의적인 인적 자본의 측면만을 강조해왔는데 학력 효과 속에 내장되어 있던 문화의 효과에 관심을 갖게 되었다.

9. 문화자본은 측정 가능한가

실증적인 조사 연구는 문화자본이나 아비투스라는 이론적 개념을 경험적으로 추출하기 어렵고 한계가 있는 것도 사실이다. 그러나 실천을 결정짓는 것이 아비투스라면 실천의 잠재 개념으로서 문화자본이나 아비투스를 상정하는 것은 방법론적으로 가능하다. 마치 지능 인자가 몇 가지의 질문 항목에서 구성 개념 또는 잠재 개념으로 추출되듯이 다양한 문화적 실천의 데이터를 통해 인자 패턴으로서 혹은 잠재변수로서 문화자본이나 아비투스를 추출하는 것은 가능하다. 부르디외도 다중 대응 분석에 의해 실천의 배후에 있는 잠재적인 요인으로서 아비투스를 추출하고 있다.

통계적으로는 공분산 구조 분석의 측정 모델이나 구조방정식 모델 속에서 잠재변수의 측정으로서 잠재적인 개념이나 요인을 측정하고 추출할 수 있다. 이 책에서도 다양한 기법으로 측정하고 개념과 지표와의 대응관계를 통해 사회적 의미를 추구하고 있다.

아동기에 획득한 문화자본의 측정과 그 배경

문화자본은 예를 들면 몇 가지 지표로 이루어진 복합적인 구성 개념으로서 측정할 수 있다. 저자는 아동기에 획득하는 문화자본을 예술 문화자

본과 독서 문화자본으로 제시해왔다.가타오카, 1998g

그 이전에는 문화에 관한 최초의 조사인 1989년 고베神戸 조사에서 회답자가 아동기에 획득한 문화자본[7]을 측정하고 그것이 지위 형성이나 문화적 지위에 독자적으로 강한 영향을 주고 있음을 발견했다.가타오카, 1991a·1991b 그 당시 공동 연구자[8]와 함께 최초로 개발한 질문 항목은 다음과 같이 5가지이다. 회답은 '자주 있었다', '가끔 있었다', '전혀 없었다' 3단계로 했다.

① 초등학교 시절에 가정에서 클래식 음악의 레코드 감상을 했습니까.예술 문화자본
② 초등학교 시절에 가족과 함께 미술관이나 박물관에 갔습니까.예술 문화자본
③ 유년기에 가족이 책을 읽어주었습니까.독서 문화자본
④ 초등학교 시절에 가정에서 도감이나 어린이용 문학전집이 있었습니까.
⑤ 유년기에 나무 쌓기 놀이를 했습니까.

그러나 어린 시절의 경험도 시대와 함께 변용되기 때문에 ④와 ⑤를 그대로 현대의 청년을 대상으로 하는 조사에 사용하는 것은 다소 부적절할지도 모른다. 저자가 2017년과 2018년에 실시한 대학생 조사에서는 ①, ②, ③의 지표를 아동기에 획득한 문화자본으로 구성한 결과 현재 청년들의 문화 취향의 차이가 잘 설명되어 있었다.[9] 저자가 1995년 SSM 조사에서 이 지표를 사용하여 분석가타오카 편, 1998; 가타오카, 1998f했는데, 가타세 가즈오片瀬一男는 같은 예술 문화자본과 독서 문화자본 개념을 사용하여 고등학생을 대상으로 검증했다.가타세, 2004

클래식 음악 등의 서양문화적인 교양은 모두가 일본의 메이지기明治期 이후부터 전후에 걸쳐 상류계급이나 중류계급이 요구하는 계급문화의

요소가 되었다.우타가와 고이치(歌川光一), 2019 예를 들면 메이지기에 설립된 미션계 스쿨에서는 선교사를 초빙하여 영어나 피아노 교육을 실시하고, 상류계급의 자제가 서양적 생활습관의 습득을 목표로 입학하고 있었음을 밝혔다.쓰가미 모토미(津上智実), 2010; 야마다 미호코(山田美穂子), 2015 게다가 전후 1960년대 전반부터 시작된 피아노 붐은 중류계급의 상징재가 되었다.다카하시 이치로(高橋一郎), 2001; 이노우에 요시토(井上好人), 2008 이 문화 행동들은 일본에서의 계급문화나 문화자본의 중요한 구성요소가 되었는데 그 상세한 설명은 역사 연구에 맡기기로 한다.

10. 가정의 문화 환경과 문화적 재생산

가정에서의 문화 환경의 중요성

토마스 로렌Thomas Rohlen은 일본 교육의 에스노그라피ethnography, 민족지학 중 '지금까지 일본에서는 재능과 노력이 학업 달성을 좌우하는 결정적인 요인이었는데, 이제는 부모를 중심으로 하는 가정 환경에 의해 아이가 노력하느냐 안 하느냐가 좌우하게 되었다', '일본에서는 국민이 동질적이고 각 가정 사이에도 비교적 작은 격차만 존재함에도 불구하고, 어떠한 가정 환경 아래에서 자랐는가가 각 개인의 교육 달성에 여전히 중대한 영향을 주고 있다'로렌, 1983라고 서술하며 학업 성적이나 교육 달성에 미치는 가정 환경의 중요성을 지적했다. 이것을 현대의 연구 수준에서 생각하면 부르디외가 말하는 문화자본이 일본의 가정 환경 속에서 어떠한 형태로 존재하고, 문화적인 선발이 작동하고 있는지를 살펴보는 것은 매우 중요한 과제가 됨을 의미하고 있다.

부르디외가 말하듯이 학력 획득이나 학력 달성에 밑천이 되고 자본이 되는 문화자본 혹은 계층문화는 일본에서도 존재하고 효과를 거두고 있는 것일까. 문화자본에도 시험지식이나 근면노력과 같은 '학교적인 문화자본'과 미적 감성이나 매너, 말투처럼 '계층문화에 기반을 가진 문화자본'이 있다. 그것들은 일치하는 경우도 있고 반드시 일치하지 않는 경우도 있다. 특히 교육가치의 유효성 감각, 즉 교육이 어떻게 인생이나 지위 달성에 도움이 될까라는 의식이나 부모의 교육기대는 가정에서 역사적으로 축적되는 문화자본의 하나이고, 계층문화의 한 종류로서 신체화되기 쉬운 것이라고 생각된다.

이 책에서 '유년기 문화자본', '상속 문화자본' 혹은 '어린 시절의 문화자본'이라 부르는 개념의 내용은 '가정에서의 문화적 경험'을 측정하고 있고 서구 문화적 교양을 중심으로 하는 항목클래식 음악이나 미술 감상과 독서 경험으로 구성된다. 즉 클래식 음악이나 미술 감상은 근대화와 함께 수입된 문화교양임과 동시에 학교 교육 커리큘럼의 일부로서도 채택되어 온 학교문화에 친화적인 문화특성을 측정하고 있다. 그러한 의미에서 여기서 이용한 지표는 신흥 부르주아에 유리한 문화 항목이 되고 있다.

본장에서는 가정의 문화 환경이 가진 사회적 기반을 밝히는 것을 목적으로 하고 있다. 가정의 문화적 환경과 사회적 지위관계를 밝히고 가족의 교육 전략의 계층적 기반을 검토하기로 한다.

11. 상속 문화자본과 가정의 문화적 환경에 관한 선행 연구

가정의 문화 환경을 측정하는 방법에는 '어린 시절 가정에서의 문화적 경험신체화된 문화자본'을 측정하는 방법과 '가정이 보유하는 문화적 재화객체화된 문화자본'를 측정하는 방법, '부모의 학력제도화된 문화자본'을 지표로 하는 방법 이외에 '현재 부모의 문화활동'을 측정하는 방법, '부모의 가치관이나 가치 지향'을 측정하는 방법 등 실증 연구에서는 다양한 지표가 지금까지 개발되어 사용되어 왔다. 이러한 문제의 관심은 주로 교육사회학 분야에서는 오래전부터 존재하고 있었고, 과거의 '계층과 교육'에 관한 수많은 선행 연구 안에 문화자본이라는 개념을 사용하지 않아도 다양한 형태로 나타났다. 가정의 문화적 환경에 초점을 맞춰 체계적으로 다룬 연구는 그리 많지는 않지만 가정 배경의 영향을 조사할 경우에 그 요인의 하나로서 문화적 요인으로 언급한 연구는 수없이 많다. 여기서 그 모든 것을 망라할 수는 없지만, 그중에서도 우시오기 모리카즈・사토 도모미潮木守一・佐藤智美, 1979의 연구는 진학 행동에 미치는 가정의 문화 환경을 다룬 초기의 실증 연구이다.

부르디외의 문화자본 개념이 일본에 소개된 이후 그와 같은 맥락에서 일본에서도 가정의 문화 환경이나 문화계층에 대해 몇 개의 실증 연구가 탐색적으로 축적되어 왔다. 학생을 조사 대상으로 한 실증적인 선행 연구에서는 여자 고등학생을 대상으로 가정의 문화 환경과 진학 향상심 관련에 대해 언급한 미야지마 다카시・다나카 유코宮島喬・田中祐子, 1984나 후지타 히데노리藤田英典 이외1987・1992의 대학생 문화에 관한 실증 연구가 있다. 후지타 등 일련의 연구에서는 '부모의 현재 문화활동'을 가정의 문화 환경으로 간주하고 그것이 가정의 언어자본의 높이를 나타내는 지표라고 생각하고 있다. 모두 이론 면에서는 부르디외에 의거하는 일본에서의 선구적 연구로 평가할 수 있다.

그러나 어느 연구도 후지타 등도 서술한 바와 같이 변수 간 단순 상관관계 레벨의 분석이기 때문에 문화적 재생산의 메커니즘까지는 해명하지 못하고 있다.가타오카, 1991c; 후지타 외, 1992 또한 학생 조사라는 점에서 샘플의 대표성 문제도 있기 때문에 결과를 확대시켜 성인에게까지 일반화하는 것은 어렵다고 할 수 있다.

문화적 재생산 메커니즘의 해명

일본에서의 문화적 재생산론의 실증 연구는 초기에는 지극히 문화 변수와 계층 변수의 대응관계를 보여주는 데 머무는 원시적인 것이었는데, 마침내 문화적 재생산의 인과 메커니즘을 해명하려는 방향으로 전개되었다. 가타오카는 문화적 재생산의 인과 메커니즘을 모델화하여 밝힌 실증적 연구를 실시해왔다. 가타오카1991b·1992·1996b 외는 성인 남녀를 대상으로 한 1989년 제1회 고베 조사에서 무작위 추출 샘플링에 의한 개별 면접 조사, 게다가 그 후 계속해서 패널 조사[1]를 1992년에 실시하고 문화적 재생산의 인과 모델을 구축하여 지금까지 밝혀진 적이 없었던 문화계층의 재생산 메커니즘을 해명했다. 그 결과 부모의 학력 이외에 어린 시절 가정에서의 문화적 경험상속 문화자본 또는 유년기 문화자본이 그 후 교육 달성 이외에 지위 달성이나 문화계층의 소속에 큰 영향력을 가지고 있음을 밝히게 되었다. 즉 사회의 상층 사람들이 가진 정통문화는 학교라는 교육

---

1) 소비자 조사 방법의 한 가지로서 무작위로 선출한 대상 집단의 소비 행동·구매 실태 등을 장기간 계속적으로 조사하는 방법을 말한다.

시스템의 사회화 효과로서 존재한다기보다는 오히려 가정의 문화 환경에서 유래하는 것임을 드러냈다.

또한 여성의 혼인을 통한 지위 상승에 상속 문화자본이 효과를 거두게되었는데 특히 배우자의 경제자본으로 자본이 전환됨을 발견해냈다.[가타오카, 1996b] 데이터에 지역성이라는 제약은 있지만 확률표본에 근거하고 있기 때문에 결과의 일반화는 가능한 연구가 되고 있다. 게다가 후지타 이외[1992]의 두 번째 대학생 조사나 몇 개의 실증 연구도 등장하게 되었다. 예를 들면 시라쿠라[1994·1997·1998b·2000], 가타오카[1996b·1996c·1997a·1997b·2001a], 가타오카 편[1998], 마쓰카 료지松岡 亮二 외[2014] 등이 있다. 그중에는 문화적인 재생산 메커니즘에 다가가려는 연구도 있고 부분적인 변수 간의 상관관계에서 문화적 재생산을 추측하려는 확장적 해석 연구도 있다.

유년기 문화자본으로서 '가정의 문화 환경'

어린 시절에 가정을 통해 상속 또는 전달되는 문화자본은 부르디외가 말했듯이 세 가지 형태로 존재한다. 부르디외[1986]에 의하면 문화자본은 '신체화된 형태', '객체화된 형태', '제도화된 형태'로 나눌 수 있다.

'신체화된 형태의 문화자본'이란 예술을 이해하는 감성이나 가치관, 품성, 지식이나 기능技能, 말투, '고상한' 취미 등과 같이 개인에게 부수적으로 신체화된 문화적 능력이다. 바꾸어 말하면 '아비투스'로서의 문화자본이다. 예를 들면 예술이나 미학적인 분야에서 능력을 가진다는 것은 예술이나 미를 이해하여 즐기거나 감동하거나 할 수 있는 미적인 코드를 가지고 있는 것임에 틀림없다. 그리고 신체화된 문화자본이란 예술이나 언어뿐만 아니라 일상생활에서의 행동방식이나 태도에도 나타나 틀림없이 피가 되고 살이 된 문화적 '능력'을 의미하고 있다.

이에 대해 '객체화된 형태의 문화자본'이란 회화나 책처럼 사물로서 구체적으로 존재하고 금전 등의 대가를 지불함으로써 소유할 수 있다. 문화적인 재화를 가까이 접함으로써 감상안이 길러지거나 (아비투스화되지 않은) 지식이 아니라, 아비투스로서의 문화적 교양이 몸에 배기 때문에 문화자본의 축적이 진행된다고 생각할 수 있다.

'제도화된 형태의 문화자본'이란 학력이나 자격증명서처럼 제도가 보장하는 문화적 능력이고 문화적 자원이다. 부모의 학력이나 가치관도 문화적인 자본이 되어 자식에게 전달된다고 생각할 수 있다. 예를 들면 학력의 세대 간 재생산에 대한 실증 연구 등도 문화적 재생산의 맥락과 통저하면서 꽤 이전부터 실시해왔다.다케우치, 1983; 가타오카, 1988·1990 또한 가정에서의 부모 학력은 자식의 교육 달성의 중요한 모델이 되어 진학 열망aspiration을 규정하는나카야마 요시코(中山慶子)·고지마 히데오(小島秀夫), 1979; 이와나가(岩永), 1990; 아이자와(相澤), 2011 등 이외에도 다수의 연구가 축적되어 있는데, 가정의 문화적 조건을 구성하는 중요한 요소이다. 부모의 학력은 가정의 문화 환경의 중요한 부분을 구성하고 있다.

12. 가정의 문화자본 측정

본장에서는 1995년 SSM 전국 조사 데이터를 사용하여 분석하기 때문에 가정의 문화자본을 측정하는 지표에 대해 설명하고자 한다. 1995년 SSM 조사의 조사표 중에서 가정의 문화자본으로 사용할 수 있는 변수는 문화자본의 형태에 따라 〈표 2-4〉와 같이 3종류로 나눌 수 있다. 각각에 대해 그 이론적 배경과 조사 표현법wording 배경을 먼저 설명하기로 한다.

〈표 2-4〉 가정의 문화자본의 측정 지표(상속 문화자본의 측정)

가정의 상속 문화자본	개념 혹은 변수
신체화 레벨	어린 시절 가정에서의 문화적 경험
객체화 레벨	15세 때 가정의 문화적 재화
제도화 레벨	부모의 학력자본

신체화된 유년기 문화자본 어린 시절 가정에서의 문화적 경험^{신체화 레벨}

가정의 문화 환경을 측정했던 1995년 SSM 조사 A표에는 어린 시절에 경험한 가정의 문화 환경의 질문 항목이 처음으로 채용되었다. 구체적으로는 다음 3개의 질문으로 구성되어 있다. 유년기에 가정을 통해 획득된 문화자본을 측정하고 있어서 유년기 문화자본이라고 부른다.

a. 어린 시절 가족의 누군가가 당신에게 책을 읽어주었습니까.^{예술 문화자본}

b. 초등학교 시절 집에서 클래식 음악 레코드를 듣거나 가족과 클래식 음악 콘서트에 간 적이 있습니까.^{예술 문화자본}

c. 초등학교 시절 가족을 따라 미술전이나 박물관에 간 적이 있습니까.^{독서 문화자본}

이 질문 항목들의 토대가 된 표현법은 1989년 고베 조사 그룹^{효고현(兵庫縣) 교육위원회, 1990·1991; 가타오카, 1992}에 의해 가정의 문화 환경, 즉 **상속 문화자본**을 측정할 목적으로 작성된 질문군의 일부이다. SSM 조사에서는 질문수의 제약도 있었고 위의 3개 항목이 채용되었지만 **이른 시기에 신체화된 문화자본**을 측정하고 있다. 다음의 문화적 재화나 부모 학력과 함께 다면적으로 가정의 문화자본을 측정하는 것은 가능하다.

이 3개의 항목을 상속 문화자본이라 부르면 상속 문화자본^{유년기 문화자본}은 a의 **독서 문화자본**과 b 및 c의 **예술 문화자본**으로 나눌 수 있다. 이것들이 지위 달성 과정에서 어떠한 효과를 거두는가에 대해서는 다음 장에서 상세히 검토한다.

가정의 문화적 재화객체화 레벨

둘째, 가정의 문화 환경은 객체화된 것으로서 문화적 재화의 보유로 측정할 수 있다. 1995년 SSM 조사 A표에는 '15세 때의 보유 재산'이라는 항목이 있고 그중에서 문화적 재화로 예상되는 것에 '피아노', '문학전집·도감', '미술품·골동품'이라는 3개의 항목이 있다. 물론 시대에 따라서는 TV가 중요한 문화적 재화로 기능한 적도 있지만, 여기서는 이 3개를 문화적 재화로서 사회적 의미의 변동이 작은 것으로 상정하여 지표로 사용한다.

아버지 학력·어머니 학력제도화 레벨

셋째, 제도화 레벨에서 출신 가정의 문화자본을 나타내는 지표는 아버지 학력과 어머니 학력이다. 양적 변수를 사용하는 분석에는 교육 연수年數로 환산하여 지표화하고 있다. 부모의 교육 수준은 부르디외의 연구 속에서도 상속 문화자본으로 해석되고 있다. 그러나 일본의 학력이 반드시 계급이나 계층에서 기인한 문화자본이라고는 말할 수 없는 부분이 있다는 지적도 다케우치의 역사적인 연구를 통해 추측할 수 있기 때문에 학력의 취급에는 신중할 필요가 있다. 따라서 처음에 제시한 신체화 레벨에서의 문화자본이 중요해진다.

13. 가정의 문화적 환경과 사회계층

상속 문화자본

가정의 문화 환경, 바꾸어 말하면 상속 문화자본은 어느 정도의 계층 차이를 보이는 것일까. 다음은 1995년 SSM 전국 조사에서 저자 등의 문화반가타오카 편, 1998이 제안한 '가정의 문화적 환경'을 구성하는 변수의 기초 집계를 나타낸다.

〈표 2-5〉에서 '어린 시절 가족 중 누군가가 당신에게 책을 읽어주었습니까'라는 독서 문화자본은 전체의 48.8%가 '자주 있었다', '가끔 있었다'라고 대답하고 있는 점에서 상당히 대중화되어 있다. 특히 20~34세 코호트cohort[2]에서는 68.8%가 경험하고 풍요로운 사회가 되어 널리 확대된 훈육 행위임을 알 수 있다. 부모가 고등 교육을 받고 있는 층에서는 75% 정도가 독서 문화자본을 자식에게 전달하고 있다. 부모가 중등 교육을 받은 경우에도 약 60%가 훈육을 실시하고 있는 것에서 문화자본이라는 점에서는 그만큼 풍족하지 못한 중류계층에서 독서문화가 육아의 중요한 과제로 되고 있음을 알 수 있다. 아마 독서 자본을 이른 시기부터 몸에 익힘으로써 초등학교라는 출발선에서 공부가 뒤처지지 않도록 배려하고 있는 것이다. 독서 자본의 조기 축적은 중류계층의 자제가 학력을 이용하여 상승 이동할 때 필요불가결한 능력이다. 중류계층에서는 자식세대가 학교에서 성공하여 상승 이동하는 것이 가장 실현 가능성이 높은 전략이기 때문에 시험경쟁에 참가하는 데 유리한 문화적 능력을 아이에게 축적시키려고 하고 있다.

---

[2] 특정 기간 동안 공통된 특성이나 경험을 가지는 사용자 집단을 말한다.

	어린 시절 가정에서의 문화적 경험 (신체화된 상속 문화자본)			15세 때의 문화적 재화(보유율) (객체화된 상속 문화자본)		
	독서 문화자본	예술 문화자본		문화적 재화		
	가족이 책을 읽어주었다	집에서 클래식 음악의 레코드나 콘서트	가족과 미술전이나 박물관에 간다	피아노 있음	문학전집·도감	미술품·골동품
전체	48.8	12.9	19.5	11.0	38.3	16.2
50~70세	41.4	8.9	11.9	1.7	23.3	16.4
35~49세	45.3	11.6	17.2	10.3	40.8	15.3
20~34세	68.8	19.1	37.9	29.7	63.0	17.3
아버지 의무 교육	39.7	6.5	11.3	4.5	27.3	11.5
아버지 중등 교육	60.4	18.1	29.7	17.9	55.3	22.2
아버지 고등 교육	75.8	32.9	45.7	33.2	73.2	31.7
어머니 의무 교육	40.0	7.2	11.3	4.5	27.9	12.5
어머니 중등 교육	66.2	20.3	33.1	21.8	59.5	23.4
어머니 고등 교육	74.4	38.6	54.5	42.6	79.2	36.6
아버지 전문직	71.2	27.9	48.2	27.3	67.9	32.1
아버지 관리직	67.4	29.2	36.7	27.7	71.9	31.9
아버지 사무직	65.7	19.7	32.4	18.3	53.0	18.7
아버지 판매직	49.8	12.7	16.5	11.8	40.5	20.7
아버지 숙련공	44.4	8.4	17.9	7.0	32.9	11.9
아버지 반숙련공	47.0	9.0	19.7	10.3	39.1	11.4
아버지 비숙련공	42.4	9.1	13.3	4.0	24.2	8.1
아버지 농업	33.7	3.2	4.4	1.5	17.4	11.9
본인 중학교 졸업	30.5	3.4	5.2	0.7	10.3	7.0
본인 고등학교 졸업	48.9	9.5	18.7	7.5	38.5	16.2
본인 대학교 졸업	65.9	26.1	35.0	28.1	64.7	25.3

주석 1 : 어린 시절의 문화적 경험은 '자주 있었다'와 '가끔 있었다'라고 대답한 자의 비율(%).
주석 2 : 문화적 재화의 수치는 가정에서의 보유율(%).

또한 독서 자본의 경우 부친의 주요 직업계층에서는 전문직, 관리직, 사무직, 소위 화이트칼라의 특징적인 훈육 행위가 되었다. 그러나 중등 교육의 부모에서도 60% 이상 실천을 행하고 아버지 판매직에서는 49.8%, 아버지 농업층에서 33.7%가 실천하고 있기 때문에 상층에서 중층, 블루칼라층에까지 꽤 확대된 문화 실천이다. 따라서 아동기의 독서 문화자본에서 볼 수 있는 계층 격차는 큰 것이 아니라, 다른 항목과 비교하면 '아이에게 책을 읽어주는' 것은 상당히 대중화된 훈육 행위임을 알 수 있다.

그러나 예술 문화자본은 직접적으로 학교 공부와 관련성이 희박하기 때문에 문화자본과 경제자본이 부족하기 쉬운 중류계층에서는 육아 전략으로 되기 어렵다. 예를 들면 예술 문화자본의 가정 내 사회화 전략으로서 클래식 음악 경험이 있다. '초등학생 시절 집에서 클래식 음악 레코드를 듣거나 가족과 클래식 음악 콘서트에 간' 적이 있는 층은 20~34세 층에서 19.1%로 가장 많다. 부모 학력의 격차가 크고 아버지 고등 교육에서는 32.9%, 어머니 고등 교육에서는 38.6%가 경험하고 있는데 부모가 중등 교육인 경우에는 약 20%로 감소하고 부모가 의무 교육 이하인 경우에는 남녀 모두 5~8%로 낮다.(표 2-6) 부친의 주요 직업에서는 전문직과 관리직에서 특징적인 훈육 행위임을 알 수 있다.

게다가 예술 문화자본 중 미술에 관한 경험에서 '초등학생 시절 가족을 따라 미술전이나 박물관에 간 적이 있는' 사람은 전체의 19.5%이었는데 20~34세 층에서 37.9%로 많다. 또한 아버지 고등 교육에서 45.7%, 어머니 고등 교육에서 54.5%로 고학력 가정에 많다. 그러나 부모가 의무 교육인 경우 약 11%의 비율로 격차는 존재한다. 특히 아버지가 전문직인 가정에서는 48.2%의 아이가 미술관이나 박물관에 간 경험이 있어 높은 수치를 나타낸다.

전체적으로 '어린 시절 가정에서의 문화적 경험'은 전문·관리직을 중심으로 하는 지배계층의 가정에서 특징적인 훈육 행위로 되어 있어 고학력화와 함께 고학력층을 중심으로 사회로 확산되고 있다. 가정의 계층 격차를 가장 많이 드러내는 것이 '클래식 음악'이고 그다음으로 '미술관·박물관', 그리고 '동화 구연'이다. 그리고 독서보다도 예술 문화자본을 아이에게 전달하는 행위일수록 계층 차이가 크다고 할 수 있다.

〈표 2-6〉 남녀별로 본 출신 가정에서의 문화적 경험

| | 어린 시절 가정에서의 문화적 경험(신체화된 상속 문화자본) | | | | | |
| | a. 가족이 책을 읽어주었다 | | b. 집에서 클래식 음악의 레코드나 콘서트 | | c. 가족과 미술전이나 박물관에 간다 | |
	남성	여성	남성	여성	남성	여성
	45.1	52.1	9.7	14.3	17.9	21.0
50~70세	37.9	44.8	7.5	10.3	12.3	11.4
35~49세	43.1	47.2	9.2	13.6	15.7	18.4
20~34세	63.3	73.4	14.9	22.5	32.7	42.2
아버지 의무 교육	36.2	43.1	6.0	7.0	10.6	12.0
아버지 중등 교육	55.4	64.1	14.3	20.9	27.6	31.3
아버지 고등 교육	71.3	80.1	23.9	41.8	35.8	55.4
어머니 의무 교육	36.3	43.3	5.4	8.8	9.9	12.5
어머니 중등 교육	61.1	70.0	17.0	22.8	29.5	35.8
어머니 고등 교육	71.7	77.1	28.3	50.0	50.9	58.3
아버지 전문직	68.0	74.1	21.5	33.7	46.8	49.4
아버지 관리직	63.6	70.8	20.7	36.7	30.8	41.7
아버지 사무직	58.1	71.4	21.3	18.4	27.5	36.2
아버지 판매직	44.0	54.8	7.3	17.3	12.7	19.8
아버지 숙련공	43.9	44.9	7.7	9.1	16.8	18.9
아버지 반숙련공	40.6	53.5	5.8	12.3	15.8	23.8
아버지 비숙련공	45.2	40.4	7.1	10.5	12.2	14.0
아버지 농업	30.2	37.0	3.2	3.2	5.1	3.8
본인 중학교 졸업	29.6	31.3	4.0	3.0	7.2	3.6
본인 고등학교 졸업	43.5	53.0	6.3	11.8	16.3	20.5
본인 대학교 졸업	59.2	74.8	19.2	35.5	28.3	43.8

주석 1 : 어린 시절의 문화적 경험은 '자주 있었다'와 '가끔 있었다'라고 대답한 자의 비율(%).
주석 2 : 문화적 재화의 수치는 가정에서의 보유율(%).

다음으로 〈표 2-5〉에서 본인의 학력별 가정의 문화자본 항목을 비교해보면 독서 문화자본에서는 본인 학력 차가 작지만 예술 문화자본에서는 학력 차가 큼을 알 수 있다. 예술적인 문화 경험을 유년기부터 제공하려고 교육적으로 배려하는 가정의 아이일수록 결과적으로 높은 학력을 손에 넣는 것을 알 수 있다.

또한 〈표 2-5〉의 우측 15세 때의 문화적 재화의 보유율을 살펴보면 '피아노', '문학전집·도감', '미술품·골동품'의 보유는 아버지나 어머니가 고학력층일수록 높고, 또한 부친이 전문·관리직인 경우 보유율이 높다. 예를 들면 15세 때 피아노가 가정에 있었던 자는 젊은 연령층일수록 많아졌는데, 어머니 학력만으로 살펴보면 모친이 대졸·전문대졸 이상인 경우 42.6%가 보유하고 있었다고 회답한다.

〈표 2-5〉에서 명백한 것처럼 1995년 시점의 조사에서 본인이 대졸자인 가정의 피아노 보유율은 28.1%였는데, 현대의 대학생은 어떤가 하면 2018년에 저자가 실시한 대학생 조사[10]에서는 초등학생 때 피아노 보유율은 48.6%까지 상승했다.

15세 때 출신 가정에서 미술품·골동품의 문화적 재화를 보유하고 있었다고 회답한 자는 20~34세에서는 17.3%이고 35~49세에서는 15.3%로 세대에 따른 차이는 가장 작은 지표이다. 그러나 부친이 고졸 또는 전문직·관리직에서 30%를 넘는 높은 보유율을 보였다. 출신 가정이 미술품·골동품을 소유하고 있다는 것은 높은 출신계층임을 나타내는 상징이 되었다.

2018년 대학생 조사에서 '초등학생 때 집에 미술품이나 골동품이 있었습니까'라고 질문했는데, 전체적으로는 8.1%의 보유율로 부친이 4년제 대졸 이상의 고학력이라 하더라도 10.4%의 보유율밖에 보이지 않았다. 이를 통해 질문 시기는 다르지만[15세 때], SSM 1995년의 조사 데이터는 현실보다도 회답에 편향이 큰 것이 아닐까 생각된다.

가정의 문화 환경에 대해 특히 남녀별로 집계해보자. 남녀가 어느 정도 다를까. 〈표 2-6〉에서 알 수 있는 것은 거의 모든 문화 경험 항목에서 남성보다 여성 쪽의 더 많은 사람들이 문화 경험을 부여받고 있는 점이다.

예를 들면 '클래식 음악'에 대해서는 20~24세 남성 경험자는 14.9%였는데 여성은 22.5%이다. 이 차이는 출신계층에 의해 더욱 벌어지고 아버지 고등 교육 남성이 23.9%에 비해 아버지 고등 교육 여성은 41.8%로 2배 가까운 차이를 보인다. 중요한 것은 계층 차이가 남녀 차이를 더욱 벌어지게 하는 점이다. 이와 같은 경향은 독서자본보다도 특히 예술자본에서 현저하게 나타나고 있다.

일본에서는 어린 시절부터 지배자층을 중심으로 여자아이에게 예술적인 소양을 신체화시키려는 교육적 의도가 강하게 보인다. 여성에게 문화자본은 계층이 높을수록 부모로부터 자식에게 전달해야 할 중요한 요소가 되었다고 할 수 있을 것이다.

그리고 남성과 여성의 차이는 모든 계층에서 생기고 있는 점에서 여성에게 문화자본을 더 많이 요청한다는 것은 국민적인 문화로 확대되고 있다고 말할 수 있다. 이미 앞에서 지적했듯이 일본에서는 젠더에 의해 문화의 수용방식이 다르고 문화 소비에서 젠더 구조를 보이는 것도 이와 같은 문화적 배경이 있기 때문이다. 좀 더 자세한 내용은 제9장에서 논하기로 한다.

상속 문화자본의 스코어화

다음으로는 가정의 문화적 환경을 3개의 지표로 파악하고 다음 분석에서 사용한다. 즉 이것은 상속 문화자본의 지표화이다.

첫째, 신체화된 상속 문화자본으로서 어린 시절 가정에서의 문화적 경험을 측정한 a, b, c를 수치화하여 각 회답 카테고리에서 빈도가 높은 순으로 3-0점을 부여한 다음에 총합을 구했다. 또한 a만의 득점을 독서 문화자본, b와 c의 합계득점을 예술 문화자본의 지표로 사용한다.

둘째, 객체화된 상속 문화자본으로서 15세 때 가정의 문화적 재화를 이용하여 3개 재화의 보유점수의 총합을 구했다.

셋째, 제도화된 상속 문화자본으로서 부모의 학력을 이용하여 각각 교육 연수로 전환하여 사용한다.

각각의 지표는 본인의 연령이나 부모의 계층적 지위와도 강한 관련을 갖는다. 거꾸로 말하면 사회계층에 따라 다를 뿐만 아니라 시대나 사회배경의 영향도 강하게 받고 있는 지표이기 때문에 이것들을 충분히 컨트롤하여 사용할 필요가 있을 것이다.

지표 간 관련성

가정의 문화적 조건인 아버지 학력과 어머니 학력, 어린 시절 가정에서의 문화적 경험, 15세 때 문화적 재화 4개 지표의 상관계수를 구하면 〈그림 2-2〉와 같은 결과를 얻을 수 있다. 이들 변수 간에는 강한 상관관계가 있다고 할 수 있다. 더욱 확실히 해두기 위해 연령과 어린 시절 거주 지역_{의무 교육 종료시점의 인구(사람 수)를 대리 지표로 한다}의 영향을 제거하기 위해 편 상관계수를 구한 결과 상관계수는 오히려 미미하지만 값이 작아졌다. 연령이나 거주지의 영향은 별로 고려하지 않아도 될 정도로 이 3개의 지표 간 관련성은 강하다. 출신 가정의 문화적 조건의 지표는 모두 서로에게 강한 관련성을 가지면서 아이의 사회화에 영향을 주고 있다고 생각된다.

가정의 문화 환경으로 보는 화이트칼라와 블루칼라의 단층

일본에서도 직업에 따라 지적 유연성이나 퍼스널리티가 다르다는 지견_{멜빈 콘(Melvin Kohn), 1983; 시라쿠라, 1993} 또는 부모의 자식에 대한 가치 기대나 훈육 방법이 다르다는 지견_{가타오카, 1987·2018d; 나카이(中井), 1991}이 존재한다. 직업

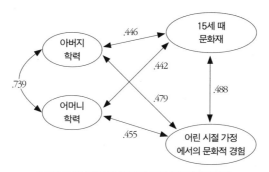

〈그림 2-2〉 가정의 문화적 조건 간의 상관관계
주석 : 상관관계는 모두 p〈.0001. 결손값 데이터는 리스트 와이즈에서 제거(N = 1940).

은 일정한 직업과 결부된 문화를 가정에 도입하는 매체가 되었다. 부모가 사회에서 어떠한 직업적 위치를 차지하고 있는가라는 것은 가정의 문화 자본을 좌우하는 요인이 되고 있을까.

부친의 직업 위신 스코어와 가정에서의 문화적 경험 스코어신체화된 문화자본와의 상관은 0.360p〈0.0001이고, 또한 아버지 직업 위신과 15세 때 문화적 재화객체화된 문화자본와의 상관은 0.375p〈0.0001로 약간 강한 상관이 있었다. 역시 본인 연령과 의무 교육 종료지 인구로 통제한 편상관계수를 구해도 값은 거의 변하지 않았다. 여기서 SSM 직업 8분류별 상속 문화자본의 득점을 〈그림 2-3〉으로 나타냈다.

그 결과 사무직 이상의 화이트칼라층과 그 이외의 블루칼라층 사이에는 자식의 문화적 환경상속 문화자본에 큰 단층이 있음을 알 수 있었다. 아버지의 직업이 전문직·관리직인 상급 화이트칼라에서 특히 문화적 경험 스코어가 높고 전문직의 값은 농업층의 약 3.1배, 판매직의 1.8배의 값을 나타냈다. 가정에서의 문화적 경험 스코어는 사무직과 판매직을 경계로 그 사이에 단층이 생기고 있음을 알 수 있다. 또한 문화적 재화의 스코어에서도 전문직·관리직의 값이 가장 높고 관리직은 농업층의 약 4.2배, 판매직의 1.7배의 값을 보였다. 여기서도 부친의 직업에 따른 가정의 문

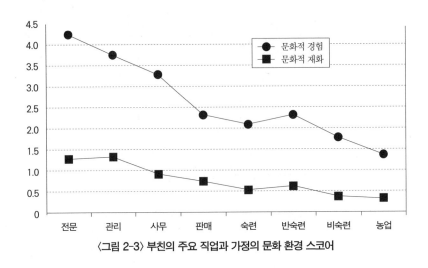

〈그림 2-3〉 부친의 주요 직업과 가정의 문화 환경 스코어

〈표 2-7〉 가정에서의 문화적 경험의 분산 분석

설명 변수	자유도(df)	평균	F값	Pr 〉F
아버지의 주요 직업 8분류	7	280.3	69.01	0.0001
의무 교육 종료지	3	213.1	52.46	0.0001
아버지 직업 × 종료지	21	0.0	0.00	1.0000

화자본의 차이가 명확히 존재하고 있음을 알 수 있다. 즉 가족이 아이에게 어느 정도 문화적인 경험을 전달하고 있는가 혹은 제공하는가라는 문제는 계층적인 편향을 가진 현상임을 알 수 있다.

도시의 문화적 기회를 이용하는 층과 이용할 수 없는 층

가정의 문화자본이 기회 구조opportunity structure의 영향을 받고 있는 것은 전술한 분석 결과를 통해 명확하지만 그중 하나로 지역에 따른 생활기회의 차이를 예로 들 수 있을 것이다. 부르디외는 파리와 지방 학생의 언어자본의 분포에 대해 파리라는 주거지의 문화적 유리함을 지적했다. 그러나 일본 전국으로 살펴볼 경우 예를 들면 과소지過疎地에서는 클래식 음악 콘서트가 열리는 홀이 근처에 없기도 한다. 게다가 문화산업이 번성한 지역과 그렇지 않은 지역에서는 주민의 문화적 경험에도 차이가 생겨날 것이다. 여기서 출신지의 도시인가 벽지인가에 따라 4개의 지역으로 분류하고 아버지 직업별 가정의 문화 환경을 측정했다. 출신지의 도시 혹은 벽지는 의무 교육 종료시점에 거주했던 지역의 시정촌구市町村區의 인구로 하고 지역을 4단계로 구분했다. 인구 3만 명 미만, 3~20만 명 미만, 20~100만 명 미만, 100만 명 이상의 도시라는 4가지로 나누었다.

어린 시절 가정에서의 문화적 경험의 스코어를 분산 분석한 결과 아버지 직업과 의무 교육 종료지가 독립적으로 영향을 주고 있는데 교호작용항은 유의하다고는 인정할 수 없었다.(표 2-7)

그러나 〈그림 2-4〉에 나타나듯이 도시부 쪽 가정의 문화 환경은 분명히 풍요로울 것이다.

〈그림 2-4〉는 어린 시절 가정에서의 문화적 경험의 스코어를 그래프화한 것인데 다음과 같은 것을 알 수 있다. 부친이 전문직, 관리직, 사무직, 반숙련직 가정에서는 인구가 많은 지역일수록 아이의 문화적 경험은 높다. 도시의 화이트칼라층의 부모는 시골의 화이트칼라층보다도 아이에게 클래식 음악을 듣게 하거나 미술관에 데리고 가거나 책을 읽게 하는 빈도가 높다. 대도시의 화이트칼라층은 도시의 문화적 메리트를 적극적으로 이용하여 아이에게 풍부한 문화적 환경을 제공해 주고 있다. 그러나 숙련직, 비숙련직, 농업의 블루칼라층에서는 예를 들어 도시부에 살고 있어도 아이의 문화적 경험은 높지 않다. 따라서 대부분의 블루칼라층 부모는 도시의 문화적 기회를 별로 이용하지 않는 것으로 판단할 수 있다.

그 이유는 첫째, 블루칼라층 부모에게는 문화자본이 적기 때문에 문화적 기회의 이용 가능성이 낮다는 것이다. 그 결과 블루칼라층은 아이에게

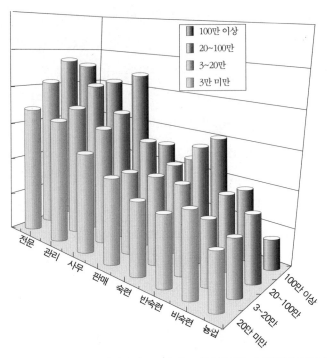

<그림 2-4> 아버지의 주요 직업과 의무 교육 종료지의 인구별 가정에서의 문화적 경험

문화적 경험을 별로 제공하려고 하지 않는다는 해석이다. 둘째, 도시에
산다는 것에 대한 기회비용의 높이를 올릴 수 있다. 주택비, 식비 등 생활
필요경비가 도시부일수록 비싸기 때문에 아이의 문화적 환경에까지 손
이 미치지 못한다는 해석도 가능하다. 모두 타당하지 않을까 생각된다.
결과적으로 블루칼라층 아이의 가정 환경문화 환경에는 지역에 따른 영향은
작다고 할 수 있다.

　이처럼 도시의 시설이나 문화적 기회를 이용할 수 있는 층과 이용할
수 없는 층이 존재하고 있다. 문화적 기회의 이용 가능성에 직업계층에
의한 차이가 있기 때문에 아이의 문화 환경에도 차이가 생겨난다. 그 결
과 지역별로 살펴보면 아이의 문화적 경험의 계층 격차는 도시부일수록

크고 군부郡部 등 소위 시골 쪽이 상대적으로 작아진다. 도시의 계층 격차는 이처럼 아이의 문화적 경험의 차이로 나타나고 가정의 문화 환경은 도시부일수록 명확한 계층 차이가 나타남을 알 수 있다.

이상으로 도시의 규모에 따라 문화적 시설의 이용기회가 규정되고 있다는 주디스 블라우Judith Blau의 매크로 데이터의 분석과 일치하는 결과를 얻었다.블라우, 1986

신체화된 문화자본과 사회적 조건

여기서는 출신 가정의 문화자본 중에서도 신체화 레벨의 문화적 경험을 다루어 그 사회적 기반을 밝히기로 한다. 〈그림 2-5〉에서는 어린 시절 가정의 문화적 경험이 여러 속성과 어떠한 관련성을 가지고 있는지에 대해 중회귀重回歸 분석을 실시했다. 〈그림 2-5〉의 분석 모델에는 '어린 시절 가정에서의 문화적 경험 스코어'를 피설명 변수로 하고 설명 변수로서 '아버지 직업 위신', '아버지 교육 연수', '어머니 교육 연수', '연령', '의무 교육 종료지 인구도시 인구 규모'라는 5개의 변수를 이용하여 중회귀 분석을 실시했다.

전체의 샘플에는 이 5개의 변수로 전분산全分散의 28.1%를 설명할 수 있다$R^2 = .281$. 아버지 직업, 아버지 학력, 어머니 학력은 모두 강한 설명 효과를 가지고 있다. 즉 출신 가정 부모의 사회계층적 지위는 가정의 문화 환경과 강한 관련을 가지고 있다. 다시 말해서 출신 가정의 계층적 조건은 높은 확률로 아이의 유년기 문화자본으로 전환된다. 특히 아버지 직업보다도 아버지 학력이나 어머니 학력의 효과가 강하다는 것은 부모의 학력으로 대표되는 가정의 문화자본이 아이의 문화적 경험의 차이를 낳는 것임을 드러내고 있다. 아이에게 있어서 가정의 문화 환경은 경제요인으

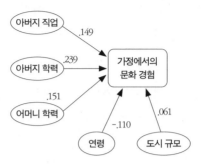

〈그림 2-5〉 가정의 문화적 환경의 규정요인 : 전체

N = 1814, R^2 = .281 모두 1% 수준으로 유의.

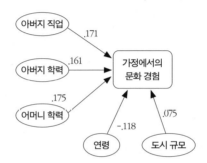

〈그림 2-6〉 가정의 문화적 환경의 규정요인 : 남성

N = 868, R^2 = .253 모두 1% 수준으로 유의.

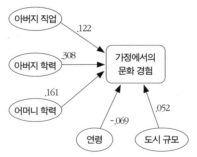

〈그림 2-7〉 가정의 문화적 환경의 규정요인 : 여성

N = 945, R^2 = .361 모두 1% 수준으로 유의.

로 환원될 수 있는 것이 아님을 시사한다. 문화자본의 세대 간 상속을 상정할 수 있다. 또한 부모의 연령이 높을수록 아이의 가정에서의 문화 경험은 적다. 의무 교육 종료지 인구가 많은 도시화된 지역 출신자일수록 가정에서의 문화 경험 스코어는 높다.

역시 노동자계급의 가정과 중류계급의 가정 양쪽에 대해 학교와의 관계를 조사한 미국 아네트 라루Annette Lareau의 연구에 따르면라루, 1987·2011 노동자계급의 가정에서는 학교가 기대하는 가정에서의 학습에 부모가 협력하지 않거나 혹은 할 수 없음을 밝히고 있다. 또한 중류계급의 가정에서는 부모가 아이의 공식적인 과외활동수영교실, 가라테(空手)교실, 미술교실, 체조교실의 송영送迎 등을 하는 경우가 많다. 반면 노동자계급의 아이는 비공식적인 과외활동뱀 사냥, 자전거 타기, TV 시청, 이웃집 아이와의 놀이, 부모님 돕기을 하는 등 가정에서의 문화적 경험이 계급에 따라 현저하게 다른 것도 지적되고 있다.

다음은 남성과 여성으로 나누어 분석했다.(그림 2-6·7)

모델의 설명력을 나타내는 결정계수R^2는 남성이 0.253이고 여성이 0.361로 여성 쪽이 높고 일본에서는 출신 가정에서의 문화적 경험은 남자아이보다도 여자아이 쪽이 계층과의 관련이 강함을 재확인할 수 있었다. 바꾸어 말하면 가정을 통한 문화의 상속을 보다 강하게 받고 있는 것은 남자보다도 여자 쪽이다.

여성 쪽이 가정에서의 문화 환경이 계층요인에 따라 결정된다는 것은 일본에서는 남녀 간에 가정에서의 교육 전략이 다소 다름을 시사하고 있다. 예를 들면 남자아이에게는 공부를 질타 격려하는 부모가 여자아이에게는 게이코고토稽古事나 문화적 소양을 몸에 익히도록 만드는 약간 고전적이라고도 할 수 있는 육아 목표에서 남녀 차이를 나타내고 있는지도 모른다.제9장 참조 여기서 게이코고토나 문화적 교양이 여성의 지위 형성에 어떠한 기능과 의미를 지니는지를 생각할 필요가 있다. 또한 이 연구의 현대적 의미를 생각하는 것은 매우 중요하다.

14. 초기 경험적 연구를 통한 문화자본 측정

여기서는 초기의 문화적 재생산 연구에서 그 밖에 어떠한 변수가 문화 자본으로 측정되고 있었는지 또한 어떠한 분석틀로 경험적 연구가 실시되어 왔는지를 정리해보기로 한다. 〈표 2-8〉은 문화자본이나 문화적 재생산을 둘러싼 초기의 경험적 선행 연구이다.

해외의 초기 연구에서 공통적인 것은 문화자본을 사회적 재생산·교육적 재생산의 매개항으로 이해하는 점이다. 예를 들면 폴 디마지오나 존 캐실리스John Katsillis 등은 교육 달성과 가족 배경을 매개로 하는 변수로서 문화자본에 주목하고 있다. 캐실리스 등이 사용하는 '문화적 재생산 과정'이란 배경 효과가족 배경이 문화자본을 규정, 문화자본 효과문화자본은 교육 달성을 직접적으로 규정, 전환관계가족 배경은 문화자본을 매개로 간접적으로 교육 달성을 규정라는 3개의 서브 과정으로 구성된다.캐실리스·루빈슨, 1990 그러나 캐실리스 등의 연구 모델은 일본의 교육사회학에서도 많이 사용되고 있는데 문화를 매개로 한 교육적·사회적 재생산을 강조하는 모델이다. 부르디외이론은 사회적 재생산과 문화적 재생산의 역학관계나 문화 투쟁을 문제 삼고 있기 때문에 표에서 예로 든 많은 연구는 부르디외이론의 부분적 검증에 머물러 있다.

〈표 2-8〉을 살펴보면 문화자본의 양에 따른 수익의 차이가 미국에서는 이미 고등학교 단계에서 생겨나고 있다.디마지오, 1982 예를 들면 디마지오는 문화자본의 측도測度로서 미술관에 가는 것 또는 문학, 교향악 등 상류문

<표 2-8> 문화자본에 대한 초기의 경험적 연구

	디마지오 (1982)	캐실리스·루빈슨 (1990)	미야지마·후지타 (1991)	가타오카 (1991c)	가타오카 (1992)
대상국	미국	그리스	일본	일본(고베시)	일본(고베시)
샘플의 랜덤성	없음	없음	없음	있음	있음
대상자	고등학생	고등학교 최상급생	대학생	성인 여성	성인 남녀
문화자본의 경험적 척도	미술관 등의 상류 문화적 활동 참가	디마지오에 준한다.	피아노, 백과사전 등 문화재 소유	아동기 가정에서의 문화 경험	아동기 가정에서의 문화 경험
가족 배경 → 문화 자본에의 효과	유의성 없음 (상관)	유의성 있음 (회귀)	유의성 있음 (상관)	유의성 있음 (회귀)	유의성 있음(회귀와 구조방정식 모델)
문화자본 → 학력에의 효과	유의성 있음 (회귀)	유의성 없음 (회귀)	-	-	유의성 있음(회귀와 구조방정식 모델)
문화자본 → 정통 문화에의 효과	-	-	유의성 있음 (상관)	있음(회귀)	있음(회귀와 구조방정식 모델)

주석 : 괄호 안은 분석 방법을 나타낸다. 회귀 = 중회귀 분석, 구조방정식 모델 = 공분산 구조 분석.

화에 대한 관여를 이용하여 학업 성적에의 영향력을 밝혔다. 그 결과 부모의 교육과 문화자본과의 상관은 낮지만 남녀 모두 문화자본에 의한 성적은 강하게 규정된다.

즉 문화자본은 문화적 이동 과정의 일부임을 밝히고 있다. 특히 흥미로운 것은 문화자본이 가진 의미는 남녀마다 다르고 '문화적 관심과 문화적 활동은 10대 소녀에게는 명확히 규정되어 있는 것에 반해 청춘기 소년에게는 그 정도로 강하게 규정되어 있지 않다. 상류문화에 대한 관여는 높은 계층 출신의 성적이 좋은 소녀의 아이덴티티 키트[Identity Kit]의 일부이지만 성적이 좋은 소년에게는 그렇지가 않다'[디마지오, 1982]는 점이다.

이것은 로즈 코저[Rose Coser]가 지적한 것처럼 여성의 문화적 활동이 남성과의 관계 속에서 결정된다는 사실을 반영하고 있다.[코저, 1990] 10대 소녀에게 문화적 자본이 필요한 이유는 '높은 지위를 가진 남자의 가능한 파트너'로서 인정받는 조건이기 때문이다. 또한 결혼 후에는 남편의 지휘 향상에 공헌하기 위해 아내는 높은 문화적 활동을 실시한다. 요컨대 현대 사회에서 적어도 미국에서는 남녀의 문화적 활동이 반드시 대칭적인 것은 아니다. 이것을 저자 나름대로 정리하면 현재에도 사회계층상 지위는 기본적으로는 디마지오가 소년들은 '문화를 평가하게 될 여성'에 대한 취미를 발달시키는 반면, 소녀들은 상류문화를 몸에 익히는 것이 중요하다고 한 점을 통해서도 방증될 수 있다. 부르디외는 이와 같은 맥락에서의 남녀 차이를 밝히지 않았다. 일본에서의 남녀 차이에 대한 저자의 분석은 뒷장에서 밝히기로 한다.

〈표 2-8〉에서 드러나듯이 캐실리스는 그리스의 고등학생 데이터에서 디마지오와는 다른 결론을 도출해내고 있다. 문화자본은 성적에 독자적인 효과를 거두지 못하고 출신계층의 효과에 흡수됨으로써 문화자본을 매개로 한 교육적 재생산 과정이 생겨나고 있다. 이처럼 문화자본의 효과에 대해서는 각국마다 매우 다르다. 프랑스에서도 문화자본은 계급 재생산에 효과를 거두지 못한다는 결과가 보고되어 부르디외이론과 모순된 결론을 얻었다.로빈슨·모리스 가르니에(Maurice Garnier), 1985

일본에서는 미야지마·후지타 등[1991]이 대학생 조사에서 부르디외이론을 실증하고 부모의 문화적 활동과 자식의 문화적 활동의 재생산관계와 유년기 문화적 재화 보유의 상관관계를 밝혔다. 분석 방법은 상관관계이며 대학생이라는 점도 있고 부분적으로 증명되었다. 또한 대학생이라는 것은 출신계층에서 일시적으로 분리된 상태인 동시에 소속계층도 미정이다. 대학생의 경험이 출신계층의 상속 문화자본의 차이를 축소시키는 문화자본의 달성기라는 연구도 있다.오마에 아쓰미(大前敦巳), 2002 저자의 2017년 대학생 조사에서도 학생의 문화적 기호성의 출신계층 차이는 아주 작은지 거의 찾을 수 없었다. 어떤 의미에서 대학이라는 장소는 특히 도시부의 대학에서는 출신계층의 제약을 떠나 현대적인 문화를 획득하는 장소가 되었을 가능성이 높다.

성인을 대상으로 하는 조사를 실시한 가타오카[1991b]는 고베시 성인을 대상으로 하는 무작위 조사에 의한 회귀 분석에서 여성의 상속 문화자본_{아동기에 획득한 문화자본}이 정통문화적 활동을 촉진시킴을 찾아냈다. 게다가 같은 고베시 조사의 남성 데이터에서 학력은 부모의 학력을 통제해도 아동기의 문화자본에 의해 규정되는 것, 특히 정통문화활동은 출신계층에 따라 규정되는데, 그 내역은 아동기의 상속 문화자본_{부모 학력 + 아동기 문화자본}이 강하고 그다음으로 소속계층의 효과도 있다. 그렇지만 본인의 학력 효과는 가장 약했다._{가타오카 1992 : 46~47} 또한 가타오카[1992]의 연구에서는 성인에서의 문화적 재생산 메커니즘이 일본에서 처음으로 공분산 구조 분석에 따른 구조방정식 모델에 의해 밝혀졌다. 이 책에 게재하는 연구도 그 연장선상에 있다.

제3장

계급 · 계층에서 차이의 공간으로

1. 부르디외의 발생론적 구조주의와 계급·계층

우리들은 매일 실천과 입장 결정을 통해 히에라르키나 지위관계의 구조를 끊임없이 갱신하고 있다. 부르디외와 같은 발생론적 구조주의의 입장에서 계급·계층을 분석하는 것은 종래의 계층 연구에서는 거의 실시되지 않았다.

저자는 지위 달성 연구의 흐름 속에서 문화자본을 다루어왔는데, 지위 달성 모델 분석에는 통계 분석에서 사용하는 계층 변수는 일차원적 방향키를 전제로 한 직업 위신 스코어나 종래의 직업 분류로 한정되어버린다. '계층 분류'에 사전에 도입된 이론 전제는 분석 결과의 해석에 큰 한계를 초래했다. 이러한 제약 속에서 문화의 차이를 검토하는 것에 모순을 느끼면서도 종래 계층 연구의 틀 속에 문화자본 개념을 도입하는 의의를 추구해왔다. 부르디외의 계급론에 따르면 이것을 문제로 생각하는 연구자는 당연히 있을 것이고 저자도 그 지적에 이론의 여지는 없다. 여기서는 부르디외의 발생론적 구조주의의 입장에서 충실하게 차이 공간을 통해 본계급 집단 분석을 실시하기로 한다.가타오카, 2002·2003

역시 여기서 사용하는 데이터는 1995년 SSM 전국 조사와 1999년 가와사키시川崎市 조사이다. 2005년 SSM 조사 데이터도 사용 가능[1]하지만 문화 변수의 미비가 많기 때문에 결과를 비교하기에는 부적절하다. 또한 현재 변수가 모여 최신 데이터2019년 전국 조사를 분석 중이라서 새로운 데이터에 대한 분석은 금후의 연구논문을 봐주었으면 한다.

곤도 히로유키近藤博之, 2011는 2005년 SSM 조사를 사용한 문화의 다중 대응 분석MCA을 실시했는데, 이것은 부르디외가 『구별 짓기』에서 실시한 대응 분석과는 목적도 공간 구성 방법도 다르고 저자의 분석과도 다른 종류의 것이다. 그러나 그것을 부르디외와 같은 분석에서의 검증이라고 오해하여 소개하는 논문들도 많다. 부르디외의 방법을 정확하게 모방할 필요는 없을지도 모르지만 차이[2]를 이해한 다음에 규정할 필요가 있을 것이다.

계급·계층의 개념

사회계급이나 사회계층이라는 개념은 사회적 불평등을 설명할 때 사회적 구분을 나타내는 개념으로 사용된다. 사회적 이론에는 계급이나 계층이론과 측정 또는 계급 집단의 성격을 둘러싸고 다양한 견해가 존재한다. 여기서는 카를 마르크스, 베버, 그리고 기능주의적 계층론과의 대비를 위해 부르디외 계급 개념의 특징에 대해 살펴보기로 하자.

실재론적인 계급론을 전개한 마르크스는 생산수단의 소유·비소유에 의해 부르주아지자본가계급와 프롤레타리아노동자계급 2대 계급으로 나누어 계급간의 이해 대립을 통해 계급을 규정했다. 즉 마르크스가 말하는 계급이란 생산관계에서 같은 상황에 놓여 있으며 이해관계를 공유하는 사람들을 의미했다. 그리고 마르크스의 계급론에는 계급 투쟁과 계급의식이 필연적으로 내장되어 있다. 즉 경제적이고 집단적인 이해나 계급 이데올로기를 자각하고 그것에 근거하여 대립하는 주체나 집단을 실체론적인 '계급'으로 파악하고 있다. 계급이 생산관계상 결정된다는 이론이기 때문에 계급 실천 또는 계급 투쟁은 구조적으로 결정되어 있다.

이에 대해 베버는 마르크스처럼 계급 집단을 실재 또는 실체적인 것으로 파악하거나 특정 목표를 추구하는 주체로 파악하는 것에는 반대의 입장을 취하고 있었다. 베버는 '계급 상황'이 비슷한 사람들의 집합에 주목한다. 즉 베버는 계급을 유사한 생활기회를 가진 사람들의 집합체라고 간주했다. 그리고 그는 실재로서의 계급이 아니라 생활기회를 둘러싼 확률이나 기회의 양상으로써 계급을 분석했다. 또한 생활기회는 재산계급이나 신분계급에 속하는지 어떤지에 따라 다르다.

특히 베버는 재산계급과 신분 집단을 구별함으로써 계급과 다른 차원인 '지위status'의 중요성을 지적했다. 신분 집단은 '특정 라이프 스타일이 그 집단에 종속되어 있는 모든 자에게 기대 받고 있다는 사실에 의해 표현되는'베버, 1922[1978] 것으로 종종 비정형적인 것이기도 하다. 예를 들면 자격 집단, 남녀 집단, 인종, 종교 집단 등이다.레이먼드 머피(Raymond Murphy), 1988 베버의 계급 분석에는 '객관적인 사회계급 상황과 그 상황에서 지위를 유지하고 있는 자들의 의식적인 집합 행위가 구별되어 있다'머피, 1988는 것이다.

계급에 대해 사회계층사회적 성층 : social stratification이라는 개념을 만들어낸 것은 미국 기능주의이론의 계보이다. 사회적 성층이론사회계층론에서 지위 체계는 서열적인 '등급 매기기ranking' 사상에 의해 구성된다.

탈코트 파슨스Talcott Parsons의 정의에서 단적으로 드러나듯이 사회계층이란 '소여의 사회 시스템을 구성하는 개개인에게 차별적으로 등급을 매기고, 어느 정도 사회적으로 중요한 측면에서 모든 개인을 상대적인 우열의 차이를 두고 처우하는 것'을 말한다. 그리고 직업이나 학력, 수입 등 각 측면에서 예를 들면 5단계 평가에서 지위의 고저가 개별적으로 측정된다. 여기서 지위는 다차원적으로 측정되기 때문에 개인이 특정 계층으로 나누어질지는 연구자의 측정과 계층의 구분 방법에 따라 다양하게 달라진다.

대별하면 계급을 실재實體로 파악하는 이론과 이론적 구성물로 파악하는 2가지 이론이 있다. 그리고 계급 또는 계층을 구분하는 원리나 현상이 무엇인지가 각각 다르다.

부르디외의 계급 분석

부르디외는 마르크스로부터는 자본 개념을, 그리고 내용적으로는 베버의 계급론의 영향을 강하게 받았다. 그러나 부르디외가 계급에 대해 논할 때 베버와는 달리, 계급이란 **차이의 체계**로 이루어진 사회 공간상 상대적인 위치를 가리키고 있어 **관계적 개념**으로 계급을 파악해야만 한다고 논한다.[3]

부르디외는 계급을 소여의 것개인이나 집단의 속성, 예를 들면 직업을 지표로 분류된 계층이나 계급으로 보지 않고 차이의 체계로 구성된 생활양식 공간과, 자본의 양과 구조에 따라 결정되는 사회 공간 속에서 관계적으로 언급한다. 즉 '차이의 체계에 의해 분리된 여러 집단'으로서 **계급 분파**fraction를 파악하려고 한다. 계급 분파란 계급 내 계급으로 바꾸어 말할 수도 있다. 그리고 부르디외의 계급 개념은 개연적인 계급으로서 '존재하려고 하는 지향指向'이 있음을 나타내고 있는데 계급에 대해 다음과 같이 해설하고 있다.

"소위 사회계급은 존재하지 않는 것입니다. (…중략…) 존재하는 것은 사회 공간이고 차이의 공간이어서 거기서는 모든 계급이 잠재적 상태입니다. 즉 하나의 소여가 아니라 말하자면 뭔가 지금부터 **만들어야 할 것으**로서 존재하는 것입니다."_{부르디외, 가토 편, 1990 : 79~80}

따라서 계급과 취미, 그리고 실천과의 대응관계를 그 개인이나 집단이 본질적으로 가지고 있는 특성인 것처럼 실체론적으로 해석하는 것을 부르디외는 신랄하게 비판한다. 예를 들면 부르디외는 클래식 음악을 듣는 실천과 부르주아계급이 고정적인 관계로 이해되어 보편적인 관계인 것처럼 실체화되어버리는 것을 '실체론적 사고'라고 부르며 비판하고 있다.

그게 아니라 어떤 장르가 가지고 있는 상징적 경계 그 자체가 상징 투쟁의 판돈으로서 지키거나 탈취되는 것처럼 역사 속에서 가려진 결과인 것이다. 그리고 다양한 활동이나 재화, 직업 등의 사회적 위치도 그 자체의 가치에 의해서가 아니라 각각의 상호관계에서 연결되고 관계적으로 특징지어진다. 우리들은 매일 실천과 입장 결정을 통해 히에라르키나 지위의 관계 구조를 끊임없이 갱신하고 있기 때문이다. 따라서 부르디외의 계급론은 발생론적 구조주의라고 불리며 종래의 계층·계급 연구에서는 찾아볼 수 없는 새로운 시점을 제공하고 있다.

실천과 계급의 관계 구조를 분석하기 위해 부르디외는 다중 대응 분석 Multiple Correspondence Analysis : MCA라 약칭이라는 통계적 기법을 이용하여 '생활양식 공간'을 석출하고, 그것과는 별개로 '사회적 위치의 공간사회 공간'을 통계적 분포 구조로 그려냈다. 생활양식 공간은 문화에 관련된 활동이나 지식, 기호성을 나타내는 각 항목이 2차원 이상의 공간 속에서 어떠한 상대적 관계에 있는가를 가리키는 분포로 나타내고 라이프 스타일을 도면적으로 표시하며 서로의 상대적 거리를 통해 알 수 있다. 각 항목의 관계성의 원근은 항목 간의 거리에 따라 표시되며 가까운 거리에 있으면 유사성이 높고 먼 거리에 있으면 이질적임을 나타내는 기법으로 표시된다. 마찬가지로 사회 공간이란 직종이나 수입, 학력, 연령 등의 사회적 지위를 나타내는 변수가 생활양식 공간 속에서 어떻게 분포하고 있는지를 거리와 분포로 나타내고 공간상 위치관계의 가깝고 멀음이 의미를 갖는 평면에 그려진다. 부르디외의 분석 결과는 뒤에서 제시하겠지만, 프랑스의 상세한 조사 데이터를 이용하여 라이프 스타일의 차이 공간이 어떻게 구축되어 있는지를 발생론적 구조주의의 입장에서 밝힌 것이다.^{부르디외, 1979a}

부르디외가 관계성을 분석함으로써 밝힌 것은 주로 다음 3가지이다. 첫째, 사회적 위치 공간^{사회 공간이라고도 한다}, 둘째 성향 체계^{즉 아비투스}, 셋째 행위자의 선택이 나타내는 입장 결정, 바꾸어 말하면 모든 **실천**이다. 이것은 예를 들면 음악 취향이나 정당 지지 등을 둘러싼 선택이다. 이 3가지 사이에 있는 관계를 데이터로 분석하고 사회적인 차이의 공간을 실증적·구조적으로 분석하는 것을 계급 분석의 과제로 삼고 있다.

사회 공간이란

부르디외가 말하는 **사회 공간**이란 **자본의 양과 구조에 따라 결정되는 공간**이다. 그리고 사회 공간을 차이화하는 가장 큰 원리는 경제자본과 문화자본이라고 한다.

따라서 부르디외가 계급을 소여의 것으로 다루는 것은 아니다. 미리 상류계급이나 중간계급을 상정하는 것이 아니라 존재하는 것은 '**차이의 체계에 의해 분리된 여러 그룹**'^{부르디외, 1979a}이고 이것을 계급 분파라 부른다. 그러나 각 분파는 분단되어 있는 것이 아니라 실제로는 연속적인 세계라고 한다. 그리고 사회 공간상의 위치, 바꾸어 말하면 자산 구조의 차이가 아비투스의 차이나 사회적 궤도의 차이와 연결되어 사람들의 모든 실천의 차이를 만들어 간다고 한다.

즉 다른 계급이라는 것은 차이의 공간이나 사회 공간에서 먼 거리의 위치관계에 있는 집단의 차이이고 실제로 라이프 스타일 등과 접점은 적다. 이처럼 계급을 사회 공간상의 위치관계, 즉 상호관계적인 특성으로 파악한다. 따라서 기능주의적 계층론처럼 '직업 위신의 높이가 중위이기 때문에 중간계급'으로 분류되는 것이 아니라, 사회 공간 속에서 어떤 직종이 부르주아와 노동자의 정확히 중간적 위치를 차지하고 부르주아를 지향하며 상승하려고 노력이나 근면을 중시하듯이 부르주아와도 노동자와도 주관적으로도 객관적으로도 동일화할 수 없는 특성의 아비투스나 실천을 나타내기 위해 중간계급으로 간주되는 것이다. 모든 것은 관계적으로 파악된다.

따라서 부르디외의 사회학에서는 '개인'이나 '역할'이라는 개념은 있을 수 없다. 상호작용에서조차도 그 배경에 은폐되어 있는 구조눈에 보이지 않는 객관적 관계의 집합체가 규정되어 있어서 개인과 개인의 상호작용으로 파악하는 것에 부정적인 입장을 취하고 있다.부르디외, 1979a

생활양식 공간이란

행위자의 모든 실천, 예를 들면 '고상한' 행동방식이나 태도와 같은 신체화된 행동, 좋아하는 음식이나 음악 취미, 가구를 사는 방법, 손님 접대 방법, 스포츠 등 일상생활에서의 다양한 실천이 차이나 간격을 나타내고 있다. 이 차이들은 어디까지나 다른 여러 특성과의 관계에서 의미를 지니고 있다. 즉 일상생활에서의 행위 선택을 통해 나타나는 실천은 관계성 속에 의미를 가지는 **차이의 공간 = 생활양식 공간**을 구성한다.

이 차이의 공간인 **'생활양식 공간'**이란 표상화된 사회계이고 아비투스를 규정하는 2가지 능력에 의해 형성된다.부르디외, 1979a[1989] : 261 아비투스를 규정하는 2가지 능력이란 ① 실천을 생성하는 능력과, ② 실천을 차이 화 = 식별하고 평가하는 능력즉 분류 작용인 지각·인식 틀, 바꾸어 말하면 사물을 식별하는 안목 이다. 바꾸어 말하면 부르디외의 생활양식 공간 속에서 먼 거리에 있는 집단은 아비투스와는 거리가 있는 집단이고 서로의 취미나 감성, 행동양 식 등에서 공통되는 바가 적다.

사회 공간 구조에서의 경제자본과 문화자본

사람들은 생활양식 공간의 통계적 분포 구조 속에서 다양한 아비투스 를 가진 집단으로서 다른 위치에 배치된다. 또한 부르디외는 경제자본과 문화자본이 사회 공간을 지배하는 2개의 중요한 원리라고 지적한다.부르 디외, 1979a 다시 말해서 사회 공간을 구성하는 것은 경제자본과 문화자본 2 개의 자원 배분으로 그 보유 구조자산 구조와 자본의 전체량자본 총량의 차이이 다. 그렇다면 문화자본과 경제자본은 생활양식 공간과 어떻게 관련되는 것일까. 다음은 부르디외에 의한 프랑스 사회의 분석에서 얻은 견해를 요 약하고 있다. 차이의 사회 공간에 관한 일본에서의 분석 결과는 뒤에서 제시하기로 한다.

생활양식 속 문화 소비에 관한 주요 대립은 다음 2종류이다. 첫 번째 대립은 경제자본과 문화자본의 총 자산량이 많고 적음에 의해 결정된다. 경제자본도 문화자본도 풍족한 계층의 소비는 '탁월한 것·고상한 것'으 로 간주되지만 경제자본도 문화자본도 풍족하지 못한 계층의 소비는 '통 속적·천박하다'고 인식된다. 이와 같은 취미의 차이로서 부르주아의 **사 치 취미**와 노동자계급의 **필요 취미**, 그리고 중간계급이 나타내는 **문화적 선의**의 차이 등이 있다. 이 취미는 뒤에서 언급하듯이 계급의 수직 방향 의 대립으로 나타난다. 그러나 부르디외도 지적하듯이 계급에 의한 소비의 차이를 수입의 영향으로만 환원시켜버리는 사고방식에는 같은 수입의 사람들끼리도 전혀 다른 소비 행동을 한다는 차이를 설명할 수 없다. 여기서 다음 두 번째 대립 원리가 나온다.

두 번째 대립은 경제자본과 문화자본의 자산 구조의 차이에서 생겨난다. 경제자본과 문화자본 중 어느 쪽을 많이 가졌느냐의 차이이다. 예를 들면 부르디외는 지배계급 멤버의 데이터를 분석하고 자본 총량이 높은 상태에 있는 지배계급이 '경제자본은 풍부하지만 문화자본이 상대적으로 적은 대기업 경영자와 같은 부르주아계급'과 '경제자본은 상대적으로 적지만, 문화자본이 풍부한 지식인이나 예술가'로서 생활양식 공간상으로 나뉘어져 대립 상태에 있음을 드러냈다. 부르주아와 지식인은 노동자계급에 반해 정통문화를 점유함으로써 탁월해지고 있지만, 지배자층 내부에서 생활양식이나 소비를 둘러싼 입장 결정 등 가치관이나 라이프 스타일이 크게 다르기 때문에 다른 사회적 위치에 놓여 있다고 할 수 있다.

부르디외에 의한 분석에서 이미 제1장에서도 요약한 것처럼 부르주아계급은 돈을 들여서 노는 (요트, 호텔에서의 바캉스, 승마 등의) **'사치 취미'**나 저명한 회화를 구입·소유함으로써 과시하는 소비를 한다. 경제자본이 많지는 않지만 문화자본이 풍부한 지식인층은 금욕적인 **'인텔리 취미'**로서 돈이 별로 들지 않으면서 차이화 할 수 있는 취미를 선택한다.^{금욕적 귀족주의} 예를 들면 미술관에 간다거나 등산이나 캠프, 워킹이라는 취미로 향하는 빈도가 높다. 부르주아의 사치 취미는 사교적인 의미에서 행해지는 경우도 많고 인간관계를 만들어 '신용을 얻는 수단'으로서 리셉션이나 파티, 골프 등의 스포츠에 참가하고 인망^{人望}자본을 축적함으로써 일에 이익을 될 만한 '풍요의 과시'를 하는 것이다.^{부르디외, 1979a[1990] : 48}

그에 반해 지식인층은 문화자본을 축적하는 경향이 높다. 지식인층은

부르주아계급^{경제자본}〉문화자본보다도 초등학교교원이나 사무노동자와 자산

구조가 비슷하기 때문에^{문화자본}〉경제자본 차이의 공간 속에서 거리가 가깝고

비슷한 취미나 실천 경향을 나타낸다. 지식인과 부르주아 두 계급 분파

는 사회 공간 내에서의 거리도 크고 그 라이프 스타일과 아비투스는 매

우 다르다. 계급 분파라 불리는 이 사회 공간상의 집단은 상징적인 경계

를 둘러싼 투쟁 상태에 있고 서로를 외부로 인식하고 있다. 즉 부르디외

가 제시한 생활양식 공간이라는 도식은 실제 사회에서 사람들의 거리관

계를 표시하고 있다.^{부르디외, 1979a[1989] : 260} 예를 들어 생활양식 공간상 먼 거

리로 표시될수록 사람들을 서로 외부로 인식하는 차이화의 원리가 강하

게 작동된다.

부르디외의 계급 개념의 특징은 차이의 체계로 이루어진 생활양식 공

간과, 자본의 양과 구조에 따라 결정하는 사회 공간 속에서 관계적으로

이야기된다는 점이다. 그리고 사회 공간에서 가까운 집단은 어디까지나

개연성으로서의 계급, 즉 잠재적인 상태에서 계급이 존재하고 있다는 것

이다. 바꾸어 말하면 마르크스가 말하듯이 같은 자산 구조이면 자동적으

로 연대나 일체성이 생겨나는 것이 아니라, 부르디외의 경우에는 **"개연적**

인 계급으로서 '존재하려는 지향'이 있음을 드러내는 것에 불과하"고 계급이란

"앞으로 만들어야만 하는 것으로 존재한다 (…중략…) 구축해야만 하는 것"^{부르디}

^{외, 가토 편, 1990 : 77~80}이다. 그리고 생활양식의 차이 공간 속에서 우리들은 매

일 실천과 입장 결정을 통해 히에라르키를 끊임없이 갱신해가는 것이다.

그렇다면 일본은 과연 어떨까. 여기서는 1995년 SSM 전국 조사 데이

터를 사용하여 부르디외와 같은 대응 분석기법으로 데이터 분석을 실시

하고 생활양식 공간을 나타내보기로 한다.

2. 일본에서의 차이 체계와 취미 발리언트

생활양식 공간의 양태

여기서는 부르디외가 저서 『구별 짓기』에서 분석했듯이 취미 발리언트[valiant]를 다중 대응 분석을 이용하여 밝히고자 한다. 부르디외에 따르면 모든 계급은 '상대적으로 자율성을 가진 하나의 공간을 구성하고, 그 구조는 다양한 종류의 자본이 지배계급 멤버들에게 어떻게 분배되고 있는가'라는 분포 상황에 의해 결정되는' 것임을 실증적으로 드러냈다.[4]

부르디외의 대응 분석 결과[부르디외, 1979a[1989] : 192~193]를 통해 경제자본과 문화자본의 생산량의 차이가 세로축에 나타나고 취미나 생활양식이 자산 총량에 의해 대립하고 있음을 알 수 있다. 게다가 가로축의 분포를 통해 지배계급이 경제자본은 풍부하지만 문화자본이 적은 경영자 집단과, 문화자본은 풍부하지만 경제자본이 적은 인텔리・예술가 집단으로 나뉘어짐을 알 수 있다. 그렇다면 일본에서도 이와 같은 차이의 구조가 나타나는가가 문제가 된다.

저자는 1995년 SSM 전국 조사 A표 데이터를 이용하여 부르디외와 같은 기법으로 생활양식 공간을 통계적으로 분석하고 사회 공간과의 대조를 시도했다. SSM 조사표에는 취미나 문화활동의 질문수가 한정되어 사용할 수 있는 변수의 수가 적다. 그러나 기본적인 설명 변수 세트는 갖추어져 있기 때문에 이것을 분석에 사용했다. 부르디외와 마찬가지로 변별적이지 않은 변수는 제외하고 분석했다. 그 결과 사용한 설명 변수는 현재의 문화활동[10항목], 15세 때 가정에서 보유하고 있던 재화[6항목 : 자가, 피아노, 문학전집・도감, 주식・채권, 미술품・골동품, 별장], 어린 시절에 가족으로부터 제공받은 문화적 경험[유년기 문화자본의 3항목], 소유재[9항목 : VTR, 식기세척기, PC 워드프로세서, 피아노, 응접 세트, 스포츠회원권, 별장, 주식·채권, 미술품·골동품, 자가의 유무 등이다. 이 분석에 학력이나 세대 연 수입, 현재의 직업은 포함시키지 않고 보조 변수로 취급했다.

이 생활양식 공간과 사회 공간의 다중 대응 분석 결과는 〈그림 3-1〉 및 〈그림 3-2〉에서 제시한 바와 같다.[5] 〈그림 3-2〉에 나타낸 직업 카테고리는 보조 변수로서 사회 공간의 일부이기 때문에 이것을 〈그림 3-1〉에 중첩시킴으로써 사회 공간을 보완한다. 생활양식 공간의 첫 번째 인자^{세로축}의 기여율은 9.9%, 두 번째 인자^{가로축}는 5.2%이다. 세로의 제1축은 자산량이 많음을 나타냄과 동시에 **부르주아계급에 대한 고참성**^{古參性}을 나타내고 있다. 세로축의 플러스 방향에 공헌하는 항목은 '별장 있음', '가족과 클래식^{초등학생 때}', '15세 때 가정에 미술품·골동품 있음', '클래식 음악회에 간다', '미술전에 간다', '피아노 있음', '단가·하이쿠', '가부키·노·분라쿠를 보러 간다' 등이다. 마이너스 방향에는 '피아노 없음', 'VTR 없음', 'PC 워드프로세서 없음' 등이 있다. 세로축은 학력과의 대응도 강하다.

다음으로 제2축은 경제자본과 문화자본^{특히 학력자본}의 배분 상황을 나타내는데 플러스 방향은 '경제자본 + / 학력자본 –', 마이너스 방향은 '경제자본 – / 학력자본 +'을 나타내고 있다고 해석할 수 있다. 세대 연 수입의 위치를 살펴보면 제III상한에서 제I상한으로 라인이 말끔하게 연결되어 있다. 연 수입 1,600만 엔 이상의 사람들 근처에는 스포츠회원권, 미술품·골동품, 별장 있음, 주식, 가부키·노를 보러 가는 등이 위치하고 있다. 또한 수입 라인과 교차하는 것은 학력 라인이다.

학력은 제IV상한의 중학교 졸업에서 제II상한의 대학원으로 이어지고 특히 지배계급이 위치하는 제I·II상한에서 학력은 제2축^{가로축}을 따라 뻗어 있다. 즉 제2축의 경우 플러스 방향은 경제자본이 풍부함을, 마이너스 방향은 문화자본이 풍부함을 나타내고 문화자본과 경제자본은 **교차 배열**

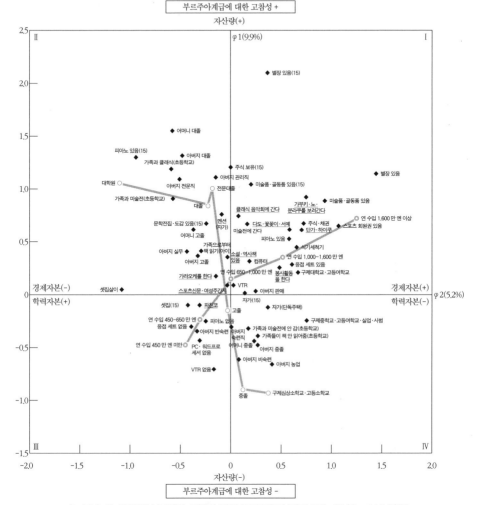

〈그림 3-1〉 생활양식 공간과 사회적 위치 공간(일본)(가타오카, 2003 : 112 인용)

주석 1 : 밑줄은 현재 문화활동을 '1년에 한 번 이상' 행하는 자를 가리킨다.

주석 2 : 15세 때의 상태는 '15', 초등학생 때는 '초등학교', 어린 시절은 '아이'로 표기했다.

주석 3 : 가족으로부터 책읽기(아이) = '어린 시절 가족 중 누군가가 책을 읽어주었다'가 '자주 있었다'·'가끔
있었던' 자.
가족과 클래식(초등학교) = '초등학생 때 집에서 클래식 음악 레코드를 듣거나 가족과 클래식 음악
콘서트에 간' 적이 '자주 있었다'·'가끔 있었던' 자.
가족과 미술관(초등학교) = '초등학생 때 가족을 따라 미술관이나 박물관에 간' 적이 '자주 있었
다'·'가끔 있었던' 자.

주석 4 : 학력 구성은 A표 전체 중 중학교 16.4%, 고등학교 47.2%, 전문대학·고등전문학교 6.7%, 대학·대
학원 16.5%, 구제심상소학교 2.0%, 구제고등소학교 5.2%, 구제중학교·고등여학교 3.7%, 실업학교
1.1%, 사범학교 0.2%, 구제고등학교·전문고등사범학교 0.8%, 구제대학 0.3%이다.

주석 5 : 연 수입은 세대 연 수입을 채용했다.

주석 6 : 비활동 및 비보유 표시가 없는 자는 원점에 가까운 Ⅲ·Ⅳ 상한에 집중되어 있다.

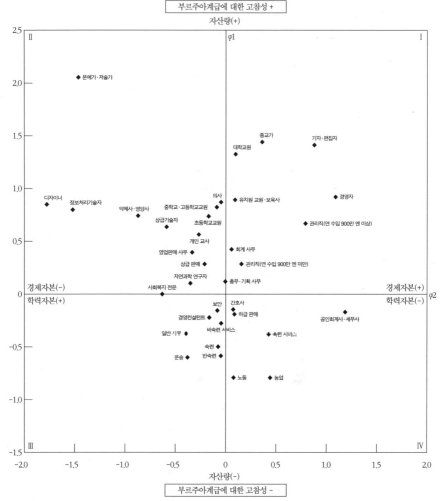

<그림 3-2> 사회적 위치 공간의 지속(일본)(가타오카, 2003 : 113 인용)

구조를 이루고 있음을 알 수 있다. 특히 문화자본의 풍부함은 교육 수준의 높이에 따라 초래되는 학력자본이라는 '제도화된 문화자본'에 의해 영향 받는다는 특징을 지니고 있는데, 출신 가정의 문화적 풍부함에 의해서도 특징지어진다. 〈그림 3-1〉을 보면 문화 소비와 학력의 대응이 프랑스만큼 명확하지는 않은 것 같다.

그러나 이 생활양식 공간이 부르디외가 프랑스의 1960~1970년대를 분석한 결과와 기본적인 구조는 매우 비슷하다. 축의 성질도 거의 같다. 즉 생활양식 공간은 경제자본과 문화자본의 자산량과 그 배분 상황에 따라 결정된다는 부르디외의 분석 결과는 일본에도 적합한 구조라고 할 수 있을 것이다. 문화자본과 경제자본의 **교차 배열 구조**는 사회의 차이를 넘어 매우 보편적인 구조일 가능성이 있다.

그러나 일본의 특징은 문화자본이라는 경우 제도화된 문화자본인 학력자본에 의해 차이화되고 있는 부분이 많다고 생각할 수 있다. 일본의 대응 분석 결과에서는 이미 서술한 바와 같이 학력자본과 문화 소비 사이의 대응관계가 명료하지 않기 때문에 부르디외가 제시한 것과 축의 이름이 같을지라도 생활양식 공간이 같다는 의미는 아니다. 특히 문화자본 본연의 양상에 대해서는 꽤 이질적인 부분도 있는 것 같다. 다음으로는 취미의 분화에 대해 자세히 살펴보기로 한다.

3개의 취미양식과 사회적 위치 공간

문화활동의 분포는 〈그림 3-1〉의 2축 플러스 방향에 일본의 전통예술이 중앙 부근에서 마이너스 방향에 걸쳐 서양문화 취미라는 문화활동이 늘어서 있다. 이 2개의 취미는 〈그림 3-1〉의 제I상한과 제II상한 상에서 볼 수 있다. 제I상한의 **전통예술 취미**에는 일본의 전통적 예능에 관련된 취미활동인 '가부키·노', '다도·꽃꽂이·서예', '단가·하이쿠'가 가까운 거리에서 출현한다. 그런데 이 취미들은 높은 경제자본을 배경으로 하여 성립된 취미임을 알 수 있다. 미술품·골동품의 소유가 많은 것도 특징이다. 이 취미들은 단가나 하이쿠는 그렇다 치더라도, 상대적으로 경제자본을 상당히 필요로 하는 취미라는 점에서 프랑스 경영자층의 사치 취미와 통하는 부분이 있다.

또한 제I상한의 왼쪽에서 제II상한을 중심으로 위치하는 **서양문화 취미**에는 '클래식 음악회에 간다' 또는 '미술전에 간다', '15세 때 피아노 보유', '초등학생 때 가족과 미술전에 갔다', '초등학생 때 가족과 클래식 음악 콘서트에 갔다', '15세 때 가정에 미술전집이나 도감이 있었다' 등이 늘어선다. 그리고 서양문화 취미와 '고학력'인 것, '부모가 지배계층^{아버지 전문직, 아버지 관리직}'인 것 사이에 강한 관련이 있음을 알 수 있다. 또한 그림의 원점 중앙 부분에는 '가라오케', '파친코', '스포츠신문·여성주간지'가 늘어서 있다. 이것들은 **대중문화 취미**라고 부를 수 있을 것이다.

부르디외의 대응 분석에서 부르주아의 **사치 취미**와 같은 위치에 있는 것은 전통예술 취미이고 인텔리 취미에 해당하는 것은 서양문화 취미라고 할 수 있다. 그러나 서양문화 취미는 어느 쪽인가 하면 중앙에서 전통예술 취미 쪽 가까운 곳에 현재의 문화활동으로서 많이 집중되어 있는데 가로축의 사치 취미와 크게 대립하는 것은 아니다.

다음으로 사회적 위치 공간에 대해 설명해보자. 〈그림 3-1〉의 생활양식 공간 도상圖上에 학력이나 연령, 수입 이외에 각 직업 카테고리 별로 I축과 II축의 평균 스코어를 구해서 그 중심重心을 플롯한 것이 사회적 위치 공간이다. 〈그림 3-1〉과 〈그림 3-2〉의 축은 같고 각 직업 카테고리는 어디까지나 분석의 보조 변수이기 때문에 각 직업이 생활양식 공간의 어디에 위치하는지를 알 수 있다. 〈그림 3-1〉의 생활양식 공간상에 〈그림 3-2〉의 각 카테고리를 중첩시켜 표시해야만 하지만 보기 쉽게 하는 것을 우선으로 하여 그림을 둘로 나누었다. 직업의 위치는 어디까지나 상대적인 위치관계가 중요해진다. 도면 상의 거리가 크다는 것은 그만큼 다른 생활양식을 가지고 있음을 나타내고 있다. 예를 들면 디자이너와 경영자는 보유하는 자본 구조가 매우 다르고 라이프 스타일도 매우 다르기 때문에 공간상으로는 먼 위치관계에 있음을 알 수 있다. 마찬가지로 경영자와 농업이나 노동, 문예가와의 거리도 크고 이들 거리는 사회적인 거리이기도 하다.

〈그림 3-1〉에 〈그림 3-2〉를 중첩시켜보면 가장 경제자본이 풍부한 경영자층이나 연 수입 900만 엔 이상의 관리직이 전통예술 취미를 가지고 있음을 알 수 있다. 아마 연령적으로도 높은 쪽에 위치할 것이다. 전통예술 취미는 일종의 사치 취미로서 '경제자본은 많지만 문화자본특히 학력자본이 훨씬 적은 집단', 즉 경영자층이 담당하고 있는 문화임을 알 수 있다. 또한 대학교원이나 종교가, 문예가 등은 그림의 중앙 상부에 위치하고 있는 것에서 경제자본도 문화자본도 보유하는 자산 총량이 많은 집단이고 부르주아계급에 대한 고찰성이 오래된 집단이라고 생각된다.

또한 디자이너, 문예가·저술가처럼 문화자본은 풍부하지만 경제자본이 적은 집단은 제II상한에 위치한다. 게다가 정보처리기술자나 상급기술자, 약제사 등 이과계 전문직은 제II상한에 집중되어 있다. 부모는 대졸 또는 전문직이 많고 본인도 대학원 수료가 많다. 출신 가정으로부터 문화자본을 상속 받아 주로 서양문화적인 동시에 학교적인 문화 취득이 유년기부터 행해지고 있다. 예를 들면 '초등학생 때 가정에서 클래식 음악 레코드를 듣거나 가족과 클래식 음악 콘서트에 간 적이 있다', '초등학생 때 가족을 따라 미술전이나 박물관에 간 적이 있는', 자가 이들 이과계 고학력 취득자나 디자이너에는 많다. 이 문화들은 전통예술과 달리 복잡한 사제관계는 적고 동시에 학교에서의 커리큘럼에도 받아들여지고 있는 점에서 학교문화와 친화적이다. 고학력에 의한 지배계층에의 참가를 달성하려는 집단에서는 서양문화적인 문화자본을 중심으로 획득 혹은 상속되어 왔음을 알 수 있다.

이렇게 보면 일본에서 **서양문화 취미**의 중요한 담당자란 '본인의 학력'과 '가정의 문화자본부모의 신분문화'을 통해 지배계급에 참가하려는 그룹임을 알 수 있다. 이에 대해 학력은 그만큼 높지 않은 경영자층은 사회관계자본이나 경제자본이 말하는 전통예술세계에서 취미를 찾음으로써 지위를 표시하고 있다고 생각된다.

전통예술세계는 '도道'를 지극히 자격 취득하는 것에 연고나 돈이 드는 것과 경영자끼리 폐쇄적인 사교장에서의 접대에 이러한 문화적 소양을 사용하고 있다. 예를 들면 성공한 자영업자나 경영자는 자택 부지 내에 다실을 마련함으로써 거래처나 라이온스 클럽 등 자신이 소속된 경영자 클럽의 동료를 대접하는 일이 종종 있다. 또는 차 마시는 모임 자리에 초대받는 경우도 많다. 그들은 다실에서도 대접함으로써 사회관계자본을 강화시키거나 풍부한 재화를 과시함으로써 신용을 높일 수 있고 그것은 접대에 간접적으로 도움이 되는 것이다. 여기서 다도나 꽃꽂이에 대한 지식과 경험이 생긴다.

이러한 경영자층의 놀이는 전통적인 '남편' 놀이의 전통을 물려받는 것이고 과시할 수 있는 사교의 장을 전제로 하고 있기 때문에 노나 춤, 나가우타長唄[1]나 다도·꽃꽂이·시음詩吟[2]이라는 소양이 필요하게 된다. 그러한 장소에서 서양문화적 소양은 오히려 역효과일지도 모른다. 또한 골프 등의 스포츠회원권도 역시 마찬가지로 사회관계자본을 구축하는 일에 사용되는 스포츠가 되고 있기 때문에 스포츠회원권을 보유하는 것은 경영자나 고급관리직의 지위의 상징status symbol이 되었다.

이에 대해 고학력층은 경제자본이나 사교의 장을 특별히 필요로 하지 않기 때문에 보다 개인화되어 있는 서양문화 취미를 가지는 경우가 많다. 소위 **인텔리 취미**이다. 그들은 전통적인 지배계급이기도 하는 대상인 또는 경영자층과의 차이화를 꾀하기 위해서라도 새로운 문화를 자신의 지위 표시에 사용할 필요가 있었다. 로쿠메이칸鹿鳴館시대[3]의 서양문화 취미로 시작되는 근대화를 추진해온 신흥세력은 학력과 서양문화 취미에 의해 구지배계급과의 문화적 차이화를 꾀해온 것이라고 생각된다. 그러한 흐름 속에서 일본의 서양문화 취미가 존재한다고 추측할 수 있다.

미술이라는 취미를 가진 경제자본이 많은 경영자층이라면 직접 구입함으로써 충족되고 그것은 미술품·골동품의 소유로서 실현되고 있다.(그림 3-1) 그러나 경영자본이 그다지 풍족하지 못하고 학력에 의해 전문직이나 화이트칼라로서 조직에 편입된 중류계층의 사람들에게 미술품은 구입하는 것이 아니라 미술관에서 볼 수밖에 없다. 문화자본은 있어도 경제자본의 부족이 이와 같은 취미를 만들어내는 기반이기 때문이다. 피아노는 구입할 수 있는 가격이기 때문에 고학력층은 이것에 의해 차이화를 꾀하는 것이 가능해진다.

따라서 1960년 전후부터 고도경제성장기에 들어서자 중류 이상이라는 증거로서 딸에게 피아노를 사주거나 배우게 하는 것이 유행했다. 피아노를 구입할 수 없는 층은 오르간이라는 대체품으로 감당할 수밖에 없었다. 따라서 1960년 전후부터 70년 전후에 걸쳐 도시 교외의 주택지에서 오르간교실마저도 성황을 이루었다. 그러나 거기서 피아노로 이행하는 자는 적었다.

역시 노동자계층의 취미에 대한 SSM 조사에서 조사 항목의 한계도 있었기 때문에 부르디외가 말하는 필요 취미를 석출할 수는 없었다. 그러나

---

1) 에도시대에 유행한 긴 속요(俗謠)로서 샤미센(三味線)·피리를 반주로 하며 길고 우아하며 품위가 있다.
2) 한시에 가락을 붙여 읊는 것을 말한다.
3) 로쿠메이칸에서 서양식 야회(夜會) 등이 개최되던 구화주의시대(1883~1887년)를 가리킨다.

전체적으로 사치 취미에 해당되는 전통예술 취미, 인텔리 층의 서양문화 취미, 중류 이하 계층의 대중문화 취미라는 3개의 취미가 석출되었는데, 특히 상위문화에는 서양문화 취미와 전통문화 취미가 다른 사회적 맥락에 있음이 밝혀졌다. 그리고 무엇보다도 부르디외가 말하는 경제자본과 문화자본의 교차 배열 구조에 따라 생활양식 공간이 구성됨을 일본의 데이터에서도 입증할 수 있었음이 중요한 지견일 것이다.

흥미로운 것은 일본에서의 생활양식 공간과 사회적 위치 공간이 부르디외가 제시한 결과와 비슷한 구조라는 점이다. 즉 경영자층과 예술가문예가와 디자이너의 대립관계는 일본에서도 마찬가지라고 볼 수 있다. 일반 사무직의 위치와 농업층, 노동 등의 위치관계도 프랑스와 거의 마찬가지이다. 프랑스의 그림과 다른 위치에 있다고 판단할 수 있는 직종은 대학교원이나 고등학교·중학교교원, 초등학교교원, 그리고 상급기술자나 정보처리기술자와 같은 이과계 기술직의 위치이다. 게다가 부르디외의 문화매개자에 해당되는 기자·편집자의 위치는 프랑스와는 다르다.

일본의 교원층은 프랑스의 경우와 비교하여 2축가로축에 경제적으로 프랑스 방향에 있다. 특히 초등학교교원의 상대적 위치는 일본에서 높고 고등학교·중학교교원과의 차이는 거의 없다고 해도 좋을 것이다. 그에 대해 상급기술자, 정보처리기술자 등의 이과계 기술자는 2축의 마이너스 방향에 위치하고 경제자본은 교원층보다도 뒤떨어질 가능성이 있다. 아마 이들 층이 일본에서는 아직 연령적으로 젊고 고학력에 의해서만 문화자본의 형성이 영위되고 있을 가능성이 높다.

문제는 2축의 '경제자본- / 학력자본+'이라는 해석으로 부르디외는 '경제자본+ / 문화자본-'이 되고 학력과 문화 소비가 대응하고 있었다. 반면 일본의 2축 '경제자본- / 학력자본+'이라는 것은 오로지 대학원이나 유년기 문화 획득 항목으로 굳어진 학력과 출신 가정의 문화자본에 의해 구성되고 있는 점이다. 현재 상위문화의 활동은 2축 중앙에서 플러스로부터 제I상한에 들어가 있어 상급기술자는 이쪽과 약간 거리가 있기 때문이다.

일본의 학력 엘리트는 문화 엘리트가 아니라고 할 때 무엇을 근거로 삼을까이다. 그런데 전체적으로 대응 분석이라는 기법으로 검토하면 역시 일본에서도 학력 엘리트는 출신 가정의 문화 수준이 풍족한 층에서 생겨난 문화 엘리트일 확률이 높다. 다만 이과계 기술자를 중심으로 학력과 현재의 문화 소비 레벨신체화된 문화자본이 대응하지 않는 생활을 보내고 있을 가능성이 높다고 할 수 있다. 그리고 대학교원이나 종교가 등 생산량이 가장 많은 집단만 학력과 문화 소비신체화된 문화자본가 대응하는 문화 귀족이 되고 있을 가능성이 높다. 이에 대해서는 특히 제4장「문화적 옴니보어와 상징적 경계 — 현대의 문화자본이란 무엇인가」에서 상세히 검토하기로 한다.

3. 문화의 이입 구조 프랑스와의 차이점

부르디외가 프랑스에서 발견해낸 것은 사람들이 생활양식 공간의 통계적 분포 구조 속에서 다른 아비투스를 가진 집단으로 분석되는 점과 사회 공간을 구성하는 것은 경제자본과 문화자본의 교차 배열 구조라는 점이다. 앞 절에서 나타낸 것처럼 부르디외가 제시한 프랑스의 결과와 비교하여 일본의 차이 공간은 다음과 같은 유사점 ①과 차이점 ②를 가지고 있다.

① 유사점 : 일본의 생활양식 공간은 학력자본과 경제자본이 교차 배열한다. 문화자본학력자본과 경제자본은 부르디외가 프랑스에서 발견해낸 것

처럼 일본에서도 교차 배열 구조를 나타냈다. 학력자본이 많고 경제자본이 상대적으로 적은 전문직층과 경제자본은 많고 학력자본이 적은 부르주아층이 생활양식에서 대립적으로 분포하는 것이 밝혀졌다. 그러나 그 대립의 내용은 프랑스와 일본에서 각기 다르게 나타났다.

②차이점 : 대중문화 취미를 공통문화로 하는 '문화의 이입 구조'가 석출되었다. 프랑스에서는 부르주아경영자층의 '사치 취미', 문화자본이 풍족한 지식인층의 '인텔리 취미', 노동자계급의 '필요 취미'가 석출되었다. 이에 대해 일본에서는 경영자 또는 연 수입 900만 엔 이상의 관리직을 중심으로 하는 부르주아층의 '전통예술 취미'가부키·노, 다도·꽃꽂이, 단가·하이쿠 등', 그리고 부르주아와 비교하여 학력자본은 높지만 경제자본이 적은 전문직층의 '서양문화 취미'피아노, 클래식 음악, 미술전 등와 원점 중앙부분의 '대중문화 취미' 3개가 석출되었다. 대중문화가 원점 부근에 분포하는 것은 대중문화가 계층적 지위임에도 불구하고 누구나 접근할 수 있는 공통문화임을 시사하고 있다. 이에 대해서는 제5장에서 밝히기로 한다.

이처럼 다중 대응 분석을 이용하여 생활양식 공간과 사회적 위치 공간사회 공간의 통계적 분포 구조를 그려내자 프랑스와 일본의 차이는 명확했다. 프랑스와의 차이를 살펴보면 일본의 데이터에서 노동자계층의 취미는 잘 석출되지 않았지만 대중문화 취미는 공통문화로 석출되었다. 즉 일본에서는 상위문화 소비자가 대중문화도 섭취하는 문화적 옴니보어문화적 잡식로서 존재한다. 요약해서 그림으로 나타내면(그림 3-3) 대중문화가 공통문화로서 전통문화 취미와 서양문화 취미가 돌출하는 하트 모양이 된다. 이것을 '문화의 이입 구조'라고 부르기로 한다.가타오카, 2002

또한 대학교수의 경우 부르주아와 전문직의 중간쯤에 위치하는 점도 프랑스와는 다르다. 상위문화 소비자가 전통예술 취미와 서양문화 취미

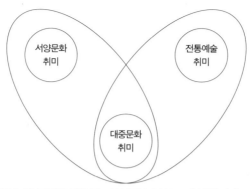

〈그림 3-3〉 문화의 이입 구조(1995년 SSM 조사 분석 결과 요약)

두 개로 분화되고 다른 아비투스를 가진 계층 집단으로 석출되는 특징을 가지고 있다. 게다가 가타오카[2000b]가 밝힌 '문화적 옴니보어'가 실은 다른 취미를 가진 두 개의 계층 집단으로 분화되는 것도 알 수 있다.

4. 도시의 생활양식 공간과 사회 공간의 상동성

지금까지 살펴본 것은 전국 조사 데이터였는데 다음으로는 비교적 가까운 시기에 실시된 가와사키시의 성인 조사에서 MCA를 이용하여 분석한 결과를 나타내보기로 한다. 전국 조사와 도시부 조사에서 차이 공간은 다른 것이 아닐까.

사용한 조사 데이터는 1999년에 가나가와현神奈川県 가와사키시에서 4,000샘플을 대상으로 실시한 가와사키시 시민 조사문화와 라이프 스타일 조사[6]이다. 다중 대응 분석을 실시함에 있어서 문화적 실천뿐만 아니라 어떠한 친구를 좋아하는가 등도 포함하여 분석했다.[7] 문화 항목만으로 분석한 결과가 〈그림 3-4〉이고, 라이프 스타일 공간생활양식 공간을 MCA를 사용하여 분석한 결과가 〈그림 3-5〉인데 가정에 있는 회화나 건축물에 대한 홍

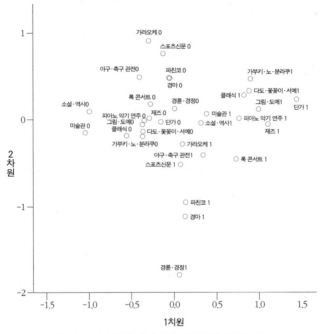

〈그림 3-4〉 문화의 차이 공간(가와사키 시민 조사)

주석 : 1은 활동 있음, 0은 활동 없음.

미 관심, 좋아하는 친구도 포함한 분석 결과이다.

생활양식 공간에 대한 분석에 사용한 변수는 다음과 같다. 가와사키시 조사에서는 전부 합쳐 26개 항목의 문화활동에 대해 그 빈도를 질문하고 있다. 그중 변별력이 없는 항목을 제외하고 최종적으로 16개 항목의 문화활동으로 범위를 좁혀 관여·비관여 데이터로 전환했다. 게다가 부르디외와 같은 방법으로 다중 대응 분석 MCA를 실시했다.[가타오카, 2018a]

〈그림 3-4〉는 문화활동만을 변수로 분석하고 있기 때문에 문화의 차이 공간이라 부르기로 한다. 그림에서 각각의 도트 모양 카테고리 이름 맨 마지막에 부가되어 있는 수치[0과 1]의 의미는 그 활동에 관여하고 있으면 1, 비관여 카테고리는 0으로 표기했다. 예를 들면 '클래식1'이란 클래

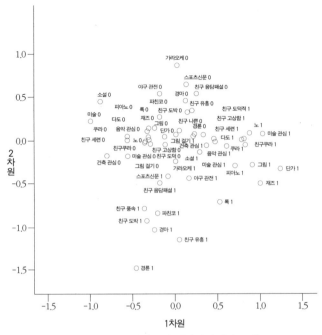

〈그림 3-5〉 생활양식 공간(가와사키 시민 조사)

주석 : 1은 활동 있음, 0은 활동 없음.

식 음악 콘서트에 간관여한 사람들이 카테고리 각 축차원에서 평균점인 2차
원 위에 위치하고 있음을 나타내고 있다. 〈그림 3-5〉에서의 친구 항목에
대해서 설명하면 각 카테고리 끝부분에 넣은 1은 '친구로 사귀고 싶다', 0
은 '친구로는 사귀고 싶지 않다'를 의미한다.

　문화 항목으로 사용한 변수는 클래식 음악회에 간다, 미술관이나 미
술전에 간다, 가부키·노·분라쿠·교겐을 보러 간다, 다도·꽃꽂이·서예
를 한다, 단가나 하이쿠를 짓는다, 그림을 그리거나 도예를 한다, 소설이
나 역사책을 읽는다, 피아노나 악기를 연주한다, 재즈 콘서트나 라이브에
간다, 록 음악 콘서트나 라이브에 간다, 프로야구나 J리그 등 스포츠 관전
을 하러 간다, 가라오케를 한다, 파친코를 한다, 스포츠신문을 읽는다, 경

마를 한다마권(馬券)을 산다, 경륜·경정競艇·자동차 경주에 간다 16개의 항목
이다. 〈그림 3-5〉에서는 친구의 기호로서 클래식 음악이나 예술에 관한
이야기를 자주 하는 사람, 취미가 세련된 사람, 말투나 태도가 고상한 사
람, 도덕적인 사람, 도박을 좋아하는 사람, 나쁜 일도 아무렇지 않게 할 수
있는 사람, 음담패설 등의 농담을 곧잘 하는 사람, 유흥 관련 업소에 가는
사람 8개 항목에 대해 친구로 사귀고 싶은지 아닌지 2가지로 이분화하고
있다. 게다가 〈그림 3-5〉에서는 집에 그림이 걸려 있는지 여부를 묻는 질
문과 여행지에서 그 토지의 건축물에 흥미를 가지고 보는지 여부를 묻는
질문도 추가되어 있다.

〈그림 3-4〉에 분명하게 나와 있듯이 문화의 차이 공간은 정통·중간문
화의 1축가로축과 대중문화의 2축세로축에서 전분산의 35%가 설명되어 있
다. 이 모델의 통계치는 가타오카2018a : 44를 참조하기 바란다. 그 결과를 통
해 2개의 축에서 문화 항목이 매우 선명하게 나뉘어져 있음을 알 수 있다.

1축의 플러스 방향은 정통문화 또는 중간문화를 나타내는데 여기에
는 단가를 짓는다, 피아노를 친다, 노·가부키·분라쿠를 본다, 클래식 음
악 콘서트에 간다, 재즈 콘서트에 간다 등이 출현한다. 그리고 마이너스
방향은 그 활동들에 관여하지 않음을 알 수 있다. 세로의 2축을 살펴보면
마이너스 방향은 대중문화를 나타내는데 경륜, 경마, 파친코, 스포츠신문
등 대중적인 활동에 관여하는 것을 알 수 있다. 플러스 방향은 이 대중적
인 활동들에 관여하지 않는 사람들을 나타냈다.

〈그림 3-4〉 문화의 차이 공간에 관한 상세한 분석 결과에 대해서는 가
타오카2018a에서 제시하고 있기 때문에 다음으로는 보다 많은 라이프 스타
일 변수로 구성된 〈그림 3-5〉의 생활양식 공간에 대해 검토하기로 한다.

결론부터 말하자면 가와사키시에서 생활양식 공간은 정통문화와 대중

문화로 명료하게 분화되어 있었다. 게다가 이 생활양식 공간 속에 경제자본과 문화자본학력과의 교차 배열은 찾아볼 수 없었다. 〈그림 3-6〉과 〈그림 3-9〉에서 나타내듯이 오히려 경제자본과 학력의 고저는 매우 강력한 관련을 가지고 있는 것으로 나타나며 자본 총량이 높으면 정통문화로 향함을 알 수 있다.

〈그림 3-4〉와 〈그림 3-5〉를 통해 문화의 차이 공간도 생활양식 공간도 1축은 정통문화를 나타내고 2축은 대중문화를 나타내고 있음을 알 수 있다. 성별, 연령과 학력을 생활양식 공간에 위치시킨 〈그림 3-6〉에서 분명하듯이 가장 현저한 차이는 성별과 학력, 그리고 연령 카테고리에 따라 취미가 명료하게 다르다는 점이다. 이들 인구통계학demography의 요인이 라이프 스타일을 분화시키는 가장 큰 요인이다. 이것은 영국에서 베넷 등 2010이 밝힌 결과와 마찬가지인데 일본의 그것은 더욱 현저하게 나타난다.

〈그림 3-6〉에서 알 수 있듯이 도시부의 남성은 대체적으로 대중 취미를 나타내고 있는데 학력이 높을수록 정통문화를 섭취하고 있다. 그렇지만 여성의 같은 학력 수준의 카테고리와는 다르고 정통문화 취미는 남성의 경우 전체적으로 매우 약하다. 이에 반해 여성은 대중문화적이지 않고 학력의 높이에 비례해서 정통문화 취미가 강해진다. 그리고 남녀 모두 연령 효과는 대중문화에만 영향을 주고 있는데 연령이 젊을수록 대중문화 취미를 갖는 것이 분명하다.〈그림 3-7〉 특히 남성의 경우 20~30대에서 대중문화가 명확하게 나타났다. 일본의 대중문화, 특히 도박 등은 직업과도 관련이 있지만 연령과 성별 효과도 크다는 것을 알 수 있다. 여성은 대중문화를 싫어하는 경향이 있는 것도 분명하다.

〈그림 3-9〉를 살펴보면 정통문화의 고저에 따라 세대 연 수입이 병렬로 위치하고 있음을 알 수 있다. 이것은 문화자본과 경제자본이 도시부

사람들 사이에는 상관관계가 강하다는 것을 의미한다. 부르디외가 말하는 교차 배열은 SSM 전국 조사에서 발견할 수 있었는데 도시부에서는 발견하지 못했다. 도시 이외의 지역에서는 경제자본과 문화자본의 관련이 약함을 의미하고 있는지도 모른다.

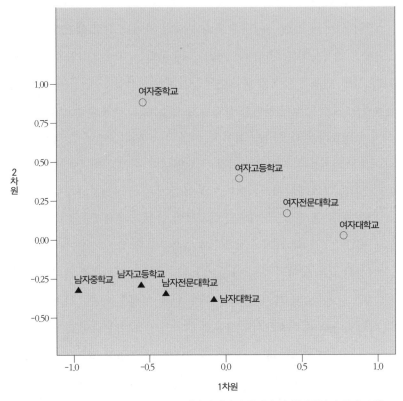

〈그림 3-6〉 생활양식 공간(〈그림 3-5〉)에서의 성별과 학력의 위치(가와사키 시민 조사)

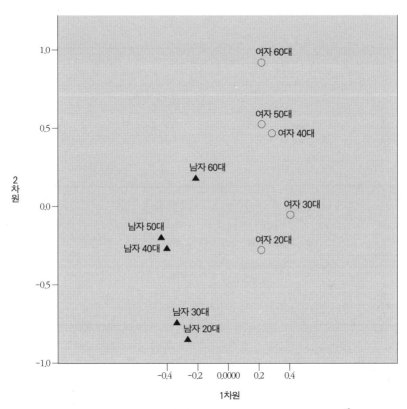

〈그림 3-7〉 생활양식 공간(〈그림 3-5〉)에서의 성 · 연령별 코호트(cohort)[4] 위치
(가와사키 시민 조사)

---

4) 같은 시기에 출생한 사람들의 집단을 가리킨다.

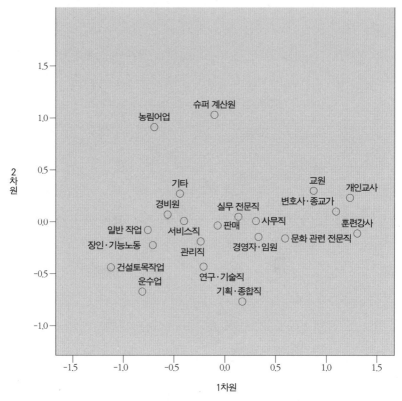

〈그림 3-8〉 생활양식 공간에서의 직업 카테고리의 위치(〈그림 3-5〉에 대응)

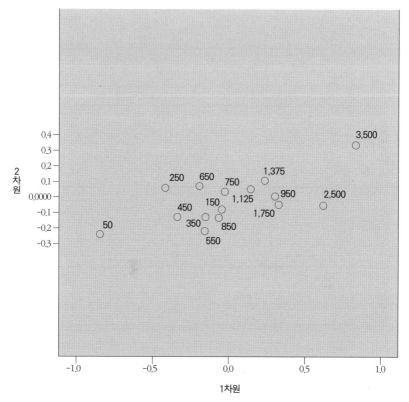

〈그림 3-9〉 생활양식 공간에서의 세대 연 수입 카테고리의 분포(단위 : 만 엔)
(〈그림 3-5〉에 대응)

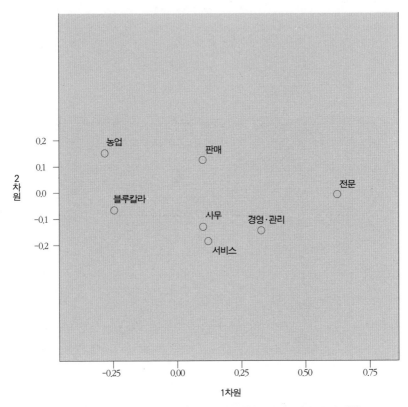

〈그림 3-10〉 생활양식 공간에서의 아버지 직업의 효과(〈그림 3-5〉에 대응)

제4장

문화적 옴니보어와 상징적 경계

현대의 문화자본이란 무엇인가

　본장에서는 '문화적 배제'나 '상징적 배제', 그리고 그것과 반대인 '문화적 관용성cultural torelance'이라는 관점에서 현대의 문화와 계층[1]의 관계를 검토하고 포스트모던 사회에서의 새로운 계층화 원리를 탐색해 보고자 한다. 그리고 대중화되고 경계의 융합으로 보이는 부분이야말로 문화의 차이화 전략이 작용하고 있음을 해명해나간다. 분석에 사용하는 데이터는 1995년 SSM 조사 때의 A표와 위신표이다.

1. 문화적인 배타성 혹은 관용성

문화와 사회 구조

　문화와 사회 구조의 대응을 이해하는 데 있어서 다른 3개의 시점이 존재한다. 맨 처음 2개의 시점은 문화와 사회의 대응관계에 관한 가설이고 문화를 생산하거나 소비하거나 하는 행위자 개인 또는 그 사람이 소속된 계급·계층에서 특유의 기호를 문제 삼는다. 또한 문화를 정의할 때 계급 혹은 계층 집단이라는 전제가 깔려 있다. 따라서 문화 소비 패턴은 사회적 지위나 속성 등 개인적 속성으로 설명할 수 있다는 방향성이다. 그리고 세번째 시점은 개인을 넘는 거시적인 사회적 요인으로서 조직을 문제 삼는다.

먼저 첫 번째 시점은 '엘리트문화 대 대중문화'라는 분극分極 구조를 상정하고 문화 히에라르키와 사회 히에라르키가 일대일 대응한다는 전제 하에 성립되는 **문화적 배타성 가설**cultural exclusion hypothesis이다. 이 가설은 '취미가 계급의 표식'이라는 이론 가설에 근거를 두고 있다. 이것은 문화의 고전적인 이론인 소스타인 베블런Thorstein Veblen이나 막스 베버1922[1978], 그리고 피에르 부르디외의 시점이다. 즉 엘리트문화란 정통 취미이고 엘리트는 대중 취미를 배제함으로써 다른 계급과의 사회적 경계를 나타낸다. 즉 높은 지위에 있는 사람들은 스스로 지배를 지속하여 그것을 자식에게도 물려주기 위해 문화에 의해 자신의 사회적 우위를 과시하거나베블런, 1899[1973] : 189 스테이터스 컬처Status Culture의 경계선을 유지하면서 다른 계급을 문화적으로 배제하려고 한다.

또한 상승 이동하려 하는 사람들은 상승계급에 접근하기 위해 상층문화 스타일을 받아들여 몸에 익히려고 한다. 문화의 상징적 경계를 유지하는 것이 계급 지배의 중요한 수단이 된다는 이론이다.[2] 정통문화가 특정 엘리트 집단에 의해 배타적으로 전유되고 있는부르디외, 1979a 사회에서는 정통 취미가 스테이터스 심벌이 된다. 이것은 프랭크 파킨Frank Parkin의 사회적 배제이론과도 관련된다.파킨, 1979

두 번째 시점은 **문화적 옴니보어 가설**cultural omnivore hypothesis이다. 이것은 **문화적 잡식 가설**이라고도 소개되는 경우도 있다. 여기서는 문화적 옴니보어를 '위신이 높은 상위문화부터 위신이 낮은 대중문화까지 폭넓은 문화 취미를 가진 개방적인 지향성'이라고 정의·사용한다. 또한 특정 문화 취미만을 가진 배타적인 지향성을 '문화적 유니보어cultural univore'라고 부른다.

문화적 옴니보어문화적 잡식는 리처드 피터슨이 처음 사용한 개념인데피터

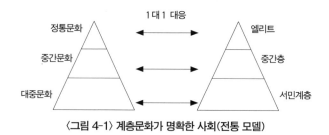

〈그림 4-1〉 계층문화가 명확한 사회(전통 모델)

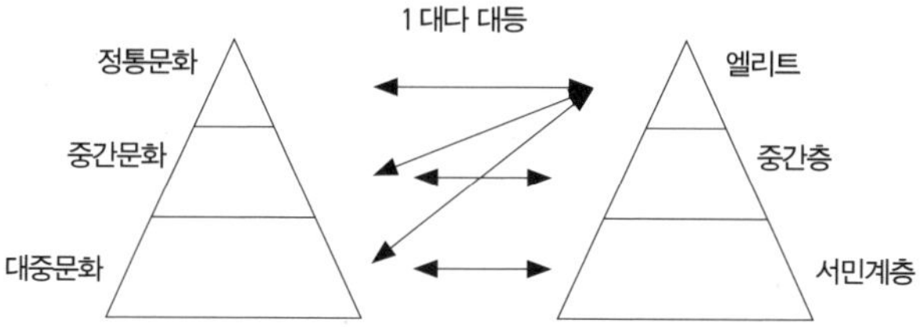

〈그림 4-2〉 문화적 옴니보어의 사회문화 모델

슨,1992 미국과 영국을 중심으로 침투해갔다. 이 개념은 사람들이 고급문화를 좋아하는 사람과 대중문화를 좋아하는 사람처럼 계급별로 분리하는 것이 아니라, 문화 소비 측면에서 잡식이 되는 것을 의미하고 있다. 문화자본이 높은 사람일수록 문화적 잡식자가 되기 때문에 현대의 문화자본이란 문화적으로 배타적인 것이 아니라, 문화적인 다양성이나 관용성을 나타내는 것이라는 의미를 가진 가설이다.피터슨,1992; 피터슨·앨버트 심커스(Albert Simkus), 1992; 피터슨·컨, 1996; 베서니 브라이스, 1996; 가타오카, 1997c·1998c·2000b·2018a 여기서 엘리트는 문화적으로 배타적이 아니라 위신이 높고 문화도 낮고 문화도 다면적으로 소비하는 폭넓은 취미를 가진 문화적 옴니보어가 된다.브라이스, 1996 엘리트들에게 민주적 태도와 정치적 관용성이 요구되는 사회에서는 자신들과 다른 사회 집단의 문화에 배타적이지 않고 '문화적 관용성'을 나타내는 것이 엘리트의 요건이 되기 때문이다. 따라서 문화적 히에라르키는 사회적 히에라르키와 일대일로 대응하지 않는다.

첫 번째와 두 번째 가설을 그림으로 나타내면 〈그림 4-1〉과 〈그림 4-2〉이 된다.

세 번째 시점은 거시적인 사회적 요인으로서 문화산업 등의 기업corporate을 문제 삼는다. 거시사회학적 시점이 필요하게 된 상위문화 담당자가 되는 문화 엘리트가 오늘날에는 옛날 전통 사회에서의 귀족이 아니라 교육 시스템이나 근대조직에 의해 생겨났기 때문이다. 문화적 우월, 문화적 지배 컨트롤의 중심이 정부·지방자치체나 기업, 기업에 입각한 위원회로 옮겨가고 있다. 정부나 자치체의 문화진흥책이나 기업 메세나mécénat,[1] 비영리단체·문화단체의 행사 등 문화사업에 대한 조성금도 최근 증가하고 있다. 이러한 문화의 기업 지배디마지오·마이클 유심(Michael Useem), 1982는 사람들의 문화 소비 패턴에도 영향을 주고 있다. 여기서 사람들의 문화 소비가 조직문화와 같은 '장소'의 문화로 규정된다는 **문화의 기업corporate 지배 가설**을 설정할 수 있다.디마지오·유심, 1982 또는 문화자본이 높은 사람들은 문화산업이나 매스컴, 교육 등 발전적이고 문화자본을 필요로 하는 분야에 취직한다는 산업계에서의 수로 설정 효과존 메이어(John Meyer), 1972·1977를 가정할 수 있다.가타오카, 1991b

위의 3개 가설 중 본장에서는 첫 번째의 문화적 배타성 가설과 두 번째의 문화적 옴니보어 가설 중 어느 것이 일본의 계층과 문화의 관련성을 가장 잘 설명하는지를 검토해보기로 한다. 세 번째의 기업 지배 가설은 제6장에서 논하기로 한다.

다음은 논의의 이해를 돕기 위해 문화 소비 패턴을 단순화하여 상위문

---

1) 문화 지원. 기업이 문화·예술활동에 후원과 자금 지원을 하는 일. 메세나는 고대 로마의 아우구스투스황제시대의 정치가로 예술·문화를 비호했던 마에케나스의 이름에서 유래된 말이다.

화정통문화와 대중문화하위문화(low culture)로 분류한 조감도를 표시해보자. 〈그림 4-3〉에서 문화 소비는 4개의 패턴으로 이해할 수 있다. 제I상한은 상위문화와 대중문화 양쪽에 관여하는 문화적 관용성이 높은 문화적 옴니보어, 제II상한은 대중문화에만 관여하는 대중문화 유니보어, 제III상한은 어느 문화활동에도 비관여적인 문화적 비활발층, 제IV상한은 상위문화에만 관여하는 상위문화 유니보어문화적 배타주의이며 부르디외가 말하는 문화 귀족에 해당된다.

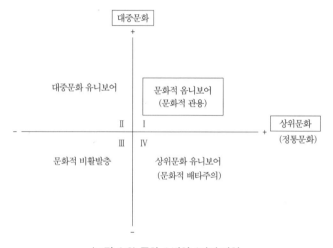

〈그림 4-3〉 문화 소비의 4가지 타입

선행 연구와 분석과제

고지위자는 예를 들면 클래식 음악만 듣는 인텔리이며 배타적인 취미를 가진 사람들일까. 부르디외이론에는 고지위자일수록 저지위자가 좋아하는 대중문화low-status culture를 거절하고 문화적인 배제성이 높다는 의미가 되는데, 일본이나 미국에서는 반드시 그렇지 않은 측면들이 발견되고 있다.

선행 연구로서 이미 저자 등이 성인을 대상으로 실시한 제1회 고베 조사1989에서는 클래식 음악이나 미술, 노·가부키라는 정통 취미를 가진 대부분의 남성들이 파친코나 가라오케 등 대중 취미의 문화활동도 동시에 실시하고 문화적인 차이화와 함께 대중화라는 이중의 문화 전략을 탐색한 바 있다.가타오카, 1992 미국에서는 리처드 피터슨 등이 인텔리적인 문화 소비를 하는 사람들 중에서 중간문화나 대중문화의 다종다양한 문화 소비를 하는 문화적 옴니보어가 이 10년 사이에 증가한 반면, 고급문화만을 배타적으로 소비하는 문화적 유니보어가 감소하고 있는 사실을 지적했다.피터슨, 1992; 피터슨·심커스, 1992; 피터슨·컨, 1996

또한 브라이슨1996은 음악의 기호 분석에서 폭넓은 장르를 싫어하지 않는 점, 즉 문화적 관용성은 현대 미국인의 문화자본의 일부가 되고 있는 점, 그 한편으로 고지위자는 특정 사회 집단을 담당자로 하는 음악 장르예를 들면 헤비메탈에 배타적이게 되고 자신과의 사이에 있는 상징적 경계를 강화하기 위해 문화적음악적 취향을 사용하는 점을 실증적으로 고찰했다.[3] 일본에서도 음악 취미의 분석에서 음악 취미에 상징적 경계는 있지만 고학력화와 함께 옴니보어화가 진행되고 있음이 밝혀졌다.가타오카, 1997c 일본의 고학력층 대부분이 클래식뿐만 아니라 대중음악, 록, 재즈 등 다양한 서양음악을 듣는 문화적 옴니보어가 되고 있다. 즉 문화적 옴니보어가 되는 것은 현대 문화자본의 일부가 되었다. 그와 동시에 문화적 옴니보어가 대부분의 고지위자들은 학력이 낮은 사람들이 좋아하는 엔카나 민요는 듣지 않는다는 문화적 배타성을 보이는 점도 밝혀졌다.가타오카, 1997c·1999

일본에서도 미국에서도 고지위자나 문화자본이 높은 고학력자는 폭넓은 문화적 취향을 보이고 문화적 옴니보어라는 형태로 문화적 관용성을 보이는데, 특정 부분에서 상징적 경계를 설정하여 상징적 배제도 행하고 있다고 말할 수 있다.[4] 그렇다면 일본의 전국 조사에서는 과연 어떠한 결과가 도출되었을까. 다음으로는 본장에서의 분석 결과를 다루기로 한다.

첫째, 문화 소비에서의 폭넓은 취미, 바꾸어 말하면 문화적 관용성[5]은 현대의 문화자본이 되고 있는 것일까. 둘째, 일본에서는 '문화적 옴니보어'가 증가하고 있는지에 대해 검토한다. 셋째, 문화 소비의 상징적 경계는 존재하는 걸까. 특히 상위문화에의 참가자와 비참가자 사이에 있는 경계는 계층적 경계인가 아니면 문화적 경계인가 혹은 완전히 비계층적인 현상인가를 밝히기로 한다. 넷째, 상위문화 소비를 하는 문화 엘리트가 대중문화도 섭취하여 옴니보어화되는 것은 왜일까. 그 규정요인을 해명하기로 한다. 다섯째, 문화적 배타성은 일본에서 사회적 배제로서 존립하고 있는지 아니면 대중문화를 배제하는 사람이란 어떠한 사람인지, 그리고 대중문화의 기능이란 어떠한 것인지를 검토하기로 한다.

2. 문화 위신 스코어와 지표

문화 위신 스코어와 문화활동 경험자율

근대에서 포스트모던 사회로의 이행이 '분리에서 융합으로'라는 방향성이 특징지어진다면 고급이라든가 저급이라는 문화의 서열적 판단 기준 그 자체도 융해된다. 그렇게 되면 클래식 음악의 소비가 정통문화나 고지위의 상징이라는 의미는 사라지고 장 보드리야르Jean Baudrillard가 말하듯이 문화의 표상성은 상실될 것이다.보드리야르, 1970 여기서 사람들의 문화에 대한 위신 평가를 측정했는데 데이터는 1995년 SSM 조사 A표의 전체 샘플 2,653명 남자 1,248명, 여자 1,405명과 위신표 데이터전체 1,214명 : 남자 566명, 여자 648명를 사용했다.

문화 위신 스코어란 기본적으로는 하시모토 겐지橋本健二, 1990의 기법에 준하는데, 직업 위신 스코어나오이 아쓰지(直井優), 1979와 마찬가지의 수순으로 측정된 척도이고 문화 위신의 고저를 나타내며 조작적操作的으로 정의된 개념이다.하시모토, 1990; 미야지마·후지타·시미즈 고키치(志水宏吉), 1991; 가타오카, 1996c·1998g

〈표 4-1〉은 12종류의 문화활동에 대한 사람들의 위신 평가를 '가장 높다', '약간 높다', '보통', '약간 낮다', '가장 낮다' 5단계로 측정하고 수치화하여 0~100점 등급으로 문화 위신 스코어로 나타낸 결과이다.[6] 문화 위신 스코어를 보면 한 대부분의 사람들에게 문화활동의 서열성은 공통인식으로 되어 있는 것 같다.[7] 예를 들면 '높다'고 평가된 상위는 '사회적 활동'68.4, '가부키·노·분라쿠'65.9, '클래식 음악회·콘서트'64.5이다. 반면 낮다고 평가된 것으로 '파친코를 하다'27.7, '스포츠신문이나 여성주간지를 읽는다'39.1, '가라오케를 한다'39.8가 있다. 표준 편차는 모두 20 전후이다.

또한 경험자율을 살펴보면 문화활동에서의 성차가 현저하게 나타난다. 경향으로서는 여성 쪽에서 상위문화 기호가 강하고 남성 쪽에서 대중문화 기호가 강하다.

문화 지표

모든 문화활동은 문화 위신 스코어의 고저에 따라 '상위문화', '중간문화', '대중문화' 3가지로 분류할 수 있다. 분석에 사용하는 문화 지표로서 **상위문화**를 구성하는 것은 문화 위신 스코어가 60점 이상의 '클래식 음악의 음악회·콘서트에 간다', '미술전이나 박물관에 간다', '가부키나 노 또는 분라쿠를 보러 간다', '단가·하이쿠를 짓는다', '꽃꽂이·다도·서예를 한다' 5개의 항목이다.[8] **중간문화**는 '골프·스키·테니스를 한다', '소설이나 역사책을 읽는다' 2개의 항목이고 문화 위신은 45점 이상 60점 미만

〈표 4-1〉 문화 위신 스코어와 문화활동 경험자율(전체)

문화활동	문화 위신 스코어(a)	표준 편차	N	경험자율 (b)	경험자율 남자	경험자율 여자	x^2검정 (c)
사회적 활동에 참가한다(d).	68.4	20.0	1180	28.6	29.1	28.2	-
가부키나 노 또는 분라쿠를 보러 간다.	65.9	19.3	1145	12.6	8.1	16.6	**
클래식 음악회·콘서트에 간다.	64.5	19.1	1163	30.7	22.1	38.2	**
미술전이나 박물관에 간다.	64.1	17.5	1172	50.2	46.8	53.1	**
단가나 하이쿠를 짓는다.	61.9	18.9	1158	5.6	5.5	5.6	-
꽃꽂이·다도·서예를 한다.	60.6	17.5	1162	16.6	5.6	26.1	**
소설이나 역사책을 읽는다.	55.6	16.7	1177	63.1	62.1	64.1	-
골프·스키·테니스를 한다.	52.1	14.6	1158	37.5	48.8	27.6	**
손수 빵이나 과자를 만든다.	50.4	15.7	1168	33.2	6.3	55.9	**
가라오케를 한다.	39.8	22.9	1133	64.8	71.6	58.7	**
스포츠신문이나 여성주간지를 읽는다.	39.1	22.8	1135	73.6	73.0	74.4	**
파친코를 한다.	27.7	27.0	946	29.7	44.2	16.8	**

(a) 문화 위신 스코어는 1995년 SSM 전국 조사 위신표 데이터에 의거한다.
(b) 경험자율은 최근 5, 6년에 1번 이상 활동 경험이 있는 자의 비율, 1995년 SSM 전국 조사 A표 데이터에 의거한다.
(c) 남녀 차이의 x^2검정에서 **는 유의 수준 1% 미만으로 유의차가 있다. -는 5% 수준으로 유의차가 없다.
(d) 봉사활동, 소비자운동 등.

이다. 대중문화는 문화 위신이 45점 미만의 '가라오케를 한다', '파친코를 한다', '스포츠신문이나 여성주간지를 읽는다' 3개의 항목이다.

또한 〈표 4-1〉에서 12개의 문화활동 항목 중 과거 몇 년간 1회 이상 경험한 활동 항목의 총합을 '문화적 관용성 스코어'로 작성했다.[9] 문화적 관용성 스코어는 득점이 높을수록 많은 장르활동에 참가하고 있음을 드러내기 때문에 문화 취향의 폭이 넓음을 나타내는 지표이다. 문화적 관용성은 문화적 옴니보어와 꽤 비슷한 개념인데 다음의 옴니보어 척도와는 구별된다. 활동하고 있는 종류수가 많고 취미가 폭넓을 뿐, 엄밀히 말하면 옴니보어화되었다고는 말할 수 없기 때문이다. 스코어 등급은 0~12점이 된다.

본장에서는 문화적 옴니보어화를 측정하는 '문화적 옴니보어·스코어'를 새로 작성했다. 이것은 상위문화 소비자의 대중문화화를 측정하는 지표이고 '상위문화 경험자가 대중문화활동을 경험하고 있는 정도'로 측정한다. 구체적으로는 3개의 대중문화활동 중 무슨 종류의 활동에 관여하고 있는지 합계치를 스코어화했다. 스코어 등급은 0~3점이 된다.

다음으로 문화적 배제 개념을 명확히 하기 위해 **'대중문화 배제 스코어'**를 작성했다. 이것은 대중문화활동파친코, 가라오케, 스포츠신문·여성주간지 각각에 대해 '요 몇 년간 한 적이 없다'고 대답한 자를 1로 카운트하고 '1주일에 1회 이상'부터 '몇 년에 한 번 정도'의 경험자는 0으로 한다. 그 합계치를 산출하면 스코어 등급은 0~3점이 된다.

3. 문화적 관용성은 현대의 문화자본인가?

문화적 관용상과 배타성

브라이슨1996은 문화 취향의 폭이 넓다는 것을 '폭넓은 취미broad taste 또는 cultural breath'라고 표현하며 문화적 관용성을 나타낸다고 정의하고 있다. 여기서는 브라이슨의 문화적 관용성의 개념을 사용하여 문화 취미의 폭이 넓음broad taste이 현대 일본에서 어떠한 사회적 의미를 가지는지를 검토한다.

즉 본장에서는 문화적 관용성을 '경험한 문화활동 수의 총합이 많을수록 폭넓은 문화적 취미를 가지고 있으며 문화적 관용성은 높다'고 조작적으로 정의하여 사용한다. 문화적 배타성 가설에 따르면 가설 1이 설정될 수 있다. 그러나 문화적 옴니보어 가설에 따르면 가설 2가 설정될 수 있다.

가설 1 : 고지위자일수록 문화적 배타성은 높고 관여하는 장르 수는 적다.
가설 2 : 고지위자일수록 문화적 관용성은 높고 관여하는 장르 수는 많다.

그렇다면 교육이나 문화자본은 문화적 관용성과 어떤 관계가 있을까. 교육은 정치적 관용성을 높인다는 테오도르 아도르노Theodor Adorno 등의 지견을 문화적 관용성으로 확장브라이슨, 1996시키면 학력이 높은 자일수록 문화적으로 관용적이고, 상위문화부터 대중문화까지 폭넓은 취미를 가지고 있다고 예상할 수 있다. 따라서 고학력층일수록 문화적 관용성은 높고가설 3 마찬가지로 상속 문화자본을 많이 보유하는 자일수록 문화적 관용성은 높다는 가설을 설정한다가설 4.

가설 3 : 고학력층일수록 문화적 관용성은 높다.
가설 4 : 상속 문화자본이 높은 사람일수록 문화적 관용성은 높다.

가설 4는 어린 시절에 클래식 음악이나 미술 감상 등의 상위문화를 가정에서 접하고 있었던 상속 문화자본이 높은 자는 문화적 관용성이 높아진다는 가설이다. 다시 말하면 수입이나 직업 위신 등의 지위 변수를 컨트롤해도 문화자본은 문화적 취향의 폭을 넓히고 활동하는 장르 수가 많아진다고 가정한다. 옴니보어 가설에 따르면 현대의 문화자본은 문화적 취향의 폭이 넓음과 관용성을 특징으로 하고 있기 때문이다.

문화적 관용성Broad Taste의 규정요인

중회귀 분석을 사용하여 문화적 관용성 스코어를 피설명 변수로 하는 6개의 모델을 작성했다.〈표 4-2〉 분석 모델의 설명력을 나타내는 결정계수R^2는 모두 높고 모델의 적합성은 좋다. 설명 변수의 '상속 문화자본'이란 유년기부터 초등학생 시절에 걸쳐 가정에서 경험한 문화적 활동의 스코어이고 가정 경유의 '신체화된 문화자본'을 측정하고 있다.[10] 역시 상속 문화자본에는 부모 학력의 영향이 많이 포함되기 때문에[11] 여기서는 아동기에 **신체화된 상속 문화자본**만을 상속 문화자본 효과의 측정에 사용되는 것이 적절하다고 판단했다.

또한 '일 중심주의'부터 '센스가 좋음'까지 5개의 변수는 모두 라이프 스타일을 나타내는 변수이다. 라이프 스타일이 정통문화활동을 규정하는 것은 시라쿠라 유키오[1997 · 1998a · 2000]에 의해 이미 밝혀졌기 때문에 이들 변수의 효과를 검토했다.

〈표 4-2〉의 분석 결과를 살펴보면 모델 1에서 교육, 직업, 연 수입 3개의 변수가 높을수록 문화적 관용성이 높음을 알 수 있다. 가설 1은 부정되고 가설 2와 가설 3은 채택된다. 고지위자 즉, 수입이나 직업 위신이 높은 자일수록 문화적 관용성은 높고 폭 넓은 장르를 실천하고 있다. 또한 고학력일수록 문화적 관용성은 높고 '제도화된 문화자본[학력]'과 문화적 관용성 사이에 강한 관련성이 시사된다. 게다가 연령, 성별, 거주지 인구를 추가하면 모델의 설명력은 상승했다[모델 2]. 즉 연령이 젊을수록 문화적 관용성은 높고 또한 여성 쪽이 남성보다도 문화적 관용성은 높다. 거주지의 도시 혹은 벽지는 일관되게 효과를 거두지 못하고 살고 있는 지역과 문화적 관용성은 관계가 없음을 알 수 있었다.

게다가 소유재, 상속 문화자본, 자유 시간 3개의 설명 변수를 추가 투입한 결과[모델 3-5], 모든 변수도 효과를 거두고 특히 상속 문화자본이 높으면 문화적 관용성도 높아진다. 모델의 설명력도 증가했다. 어린 시절 가정으로부터 상속 받은 문화자본은 소유재나 연 수입 등의 경제자본, 더 나아가 학력자본과도 독립된 효과로서 문화적 관용성을 높이는 강력한 효과를 가지고 있어 가설 4는 지지를 받는다. 또한 자유 시간이 많은 사람일수록 문화적 관용성은 높다.

<표 4-2> 문화적 관용성(취미의 폭이 넓음)의 규정요인(중회귀 분석)

설명 변수	모델 1	모델 2	모델 3	모델 4	모델 5	모델 6
본인 연령	–	-.118**	-.156**	-.117**	-.134**	-.134**
성별 더미 a	–	-.163**	-.149**	-.114**	-.113**	-.137**
거주지 인구 b	–	.030	.036	.021	.019	.009
본인 교육	.333**	.294**	.256**	.194**	.197**	.210**
직업 위신 c	.079**	.096**	.080**	.055*	.051*	.050*
가족 연 수입	.143**	.168**	.104**	.110**	.116**	.099**
소유재 d			.178**	.167**	.163**	.130**
상속 문화자본 e				.234**	.230**	.191**
자유 시간 f					.097**	.076**
일 중심주의 g						.058**
라이프 워크 h						.193**
인생을 즐긴다 i						.008
교제 확대 지향 j						.040*
센스가 좋음 k						.069**
R^2	.181	.222	.245	.289	.297	.355
Adjusted R^2	.179	.220	.242	.286	.293	.349
사례 수	1757	1757	1755	1715	1712	1692
F 검정	$p < .0001$	$p < .0001$	$p < .0001$	$p < .0001$	$p < .0001$	$p < .0001$

주석 : 수치는 표준화 편회귀 계수. **$p < .01$, *$p < .05$.
(a) 성별 더미 : 남자 = 1, 여자 = 0.
(b) 거주지 인구 : 1995년 국세(國勢) 조사 데이터에 의거하여 작성.
(c) 직업 위신 : 1995년 판 직업 위신 스코어를 사용했다. 여성 무직의 경우에는 남편의 직업 위신을 차용했다.
(d) 소유재 : SSM 조사 A표의 문제 3의 재화 중 소유율 50% 이하의 재화 보유점수를 합계.
(e) 상속 문화자본 : 유년기에 부모로부터 가정을 통해 상속된 문화자본으로 신체화 레벨의 지표(제2장).
1995년 SSM 조사 A표의 문제 41의 빈도를 스코어화하여 그 총합을 구했다.
(f) 자유 시간 : '많이 있다', '어느 정도 있다', '별로 없다', '전혀 없다' 4단계를 스코어화했다.
(g) 일 중심주의 : 자신의 일을 위해 가정이나 사생활을 희생하는 경우가 많다(5단계 척도).
(h) 라이프 워크 : 일·가정 이외에 마음의 의지가 될 만한 라이프 워크나 취미를 가지고 있다(5단계 척도).
(i) 인생을 즐긴다 : 장래를 위해 절약·노력하기보다 현재 자신의 인생을 즐기려고 하고 있다(5단계 척도).
(j) 교제 확대 지향 : 사람과의 교제나 인간관계를 넓히려고 하고 있다(5단계 척도).
(k) 센스가 좋음 : 센스가 좋은 취미나 행동에 유의하고 있다(5단계 척도).

모델 6은 라이프 스타일 변수를 투입시킨 모델이다. 문화적 관용성에 효과를 가지는 것은 일 중심주의자, 라이프 워크나 취미를 갖고 있는 사람, 교제나 인간관계를 확대하려는 사람, 센스가 좋음을 유의하고 있는 사람이다.

폭넓은 문화 취미라는 의미에서의 문화적 관용성 분석에서 밝혀진 내용을 정리하면 다음과 같다. 첫째, 취미의 폭이 넓음은 현대 일본의 사회 경제적 지위가 높은 사람들의 특징이 되고 있다. 둘째, 취미의 폭이 넓음에 나타나는 문화적 관용성의 높이는 현대의 문화자본이 되고 있다. 셋째, 문화적 관용성은 라이프 스타일 변수와도 강한 관련을 가지고 있다. 라이프 워크나 센스가 좋은 취미 등 '사생활중심지향'시라쿠라, 1997·2000의 라이프 스타일을 가진 사람은 문화적 관용성이 높고 취미활동도 폭넓다. 게다가 일 중심주의자로 인간관계를 넓히려는 사람일수록 문화적 관용성이 높다는 결과는 문화적 다원성이나 복잡성을 다룰 수 있는 '개방적이고 유연한 아비투스'가 현대 사회에 요구되고 있음을 시사하고 있다.페더스톤, 1991

4. 진행되는 문화적 옴니보어화

현대의 문화자본이 문화적 관용성폭넓은 취미을 나타낸다면 그 전형인 문화적 옴니보어문화적 잡식는 일본에서 어느 정도 있는 것일까. 문화적 옴니보어화가 사회 전체적으로 진행되고 있다고 한다면 젊은 연령층일수록 대중문화 기호도 강하고 동시에 상위문화 기호도 강한 것은 아닐까. 그리고 높은 연령일수록 반대로 문화적 옴니보어가 되는 것은 아닐까. 또한 사회적 지위와 문화적 옴니보어는 어떤 관련이 있는 것일까.

가설 5 : 연령이 젊을수록 상위문화 기호자가 많다.
가설 6 : 연령이 젊을수록 대중문화 기호자가 많다.
가설 7 : 연령이 젊을수록 문화적 유니보어는 적고 문화적 옴니보어는 많다.
가설 8 : 학력이 높을수록 문화적 옴니보어가 많다.
가설 9 : 직업이 화이트칼라인 자에게 문화적 옴니보어가 많다.

문화의 소비 패턴은 〈표 4-3〉에 제시된 7개의 층으로 분류할 수 있다. 〈표 4-3〉에는 우선 상위문화만을 소비하는 층 1 상위문화 유니보어을 생각할 수 있다. 그다음으로 상위문화와 중간문화에만 관여하는 층 2, 상위문화부터 대중문화의 폭넓은 영역에까지 관여하는 층 3 문화적 옴니보어, 중간문화만을 소비하는 중간문화 유니보어인 층 4, 중간문화와 대중문화를 소비하는 층 5, 대중문화만을 소비하는 층 6 대중문화 유니보어, 문화활동에 전혀 관여하지 않는 문화적 비활발층인 층 7, 합계 7가지 타입이다. 모두 과거 몇 년간 활동 경험자율을 산출했다.

상위문화를 과거 몇 년간 한 개 이상 경험한 자층 1 + 층 2 + 층 3는 전체의 59.8%로 약 60%이다. 일본에서 상위문화는 사람들 사이에서 폭넓게 받아들여져 상위문화 기호의 대중화가 일어나고 있다. 연령별로는 55.7% 50~70세 → 62.6% 35~49세 → 62.7% 20~34세와 젊은 연령일수록 상위문화 기호는 약간 많아지고 가설 5는 지지를 받는다. 남녀별로는 남성 53.6%, 여성 65.1%로 여성 쪽이 상위문화 기호가 강하다는 특징을 가진다.

또한 대중문화를 경험한 자층 3 + 층 5 + 층 6는 전체의 86.3%로 매우 많다. 파친코, 가라오케, 스포츠신문·여성주간지라는 대중문화는 많은 사람들에게 받아들여져 널리 침투되고 있음을 알 수 있다. 대중문화 기호는 남성 쪽이 강하고 남성의 89.2%가 한 개 이상의 대중문화를 경험한 반면 여성은 83.7%이다. 또한 대중문화 기호는 젊은 연령층일수록 강하고 고연령층일수록 약하다. 〈표 4-3〉에서 대중문화 경험자는 77.6% 50~70세 → 90.3% 35~49세 → 96.2% 20~34세로 젊은 세대일수록 증가하고 있다. 가설 6은 지지를 받는다.

문화적 관용성이 가장 높은 것은 층 3의 문화적 옴니보어층이다. 옴니보어층은 양적으로 가장 많고 전체의 54.0%를 차지하고 있다. 일본인의

〈표 4-3〉 문화 소비 패턴

문화 소비 패턴	상위문화	중간문화	대중문화	전체 N=2449	남성 N=1139	여성 N=1310	20~34세 N=541	35~49세 N=885	50~69세 N=1023
층 1 상위문화·유니보어	○	×	×	1.9	1.1	2.6	0.2	1.2	3.3
층 2 상위문화+중간문화	○	○	×	3.9	3.4	4.3	1.3	3.4	5.7
층 3 문화적 옴니보어	○	-	○	54.0	49.1	58.2	61.2	58.0	46.7
층 4 중간문화 유니보어	×	○	×	1.6	1.6	1.6	0.5	1.6	2.2
층 5 중간문화+대중문화	×	○	○	19.6	25.9	14.1	27.2	20.8	14.6
층 6 대중문화 유니보어	×	×	○	12.7	14.2	11.4	7.8	11.5	16.3
층 7 문화적 비활발층	×	×	×	6.4	4.7	7.8	1.8	3.5	11.2
합계(%)				100	100	100	100	100	100

주석 1 : ○ = 관여, × = 비관여, - = 관여 또는 비관여.

문화 소비 패턴	학력			현재 직업							
	대졸 N=602	고졸 N=1274	중졸 N=573	전문 N=223	관리 N=119	사무 N=444	판매 N=267	숙련 N=280	반숙련 N=238	비숙련 N=79	농업 N=115
층 1 상위문화·유니보어	0.8	2.0	2.8	1.3	1.7	1.6	1.1	1.1	1.7	2.5	3.5
층 2 상위문화+중간문화	6.5	3.6	1.7	6.3	1.7	2.0	2.6	1.1	2.1	5.1	3.5
층 3 문화적 옴니보어	71.6	54.8	33.7	73.5	65.5	68.2	49.4	39.6	45.4	40.5	27.0
층 4 중간문화 유니보어	1.8	1.2	2.1	0.9	5.0	0.9	1.5	0.7	1.3	1.3	1.7
층 5 중간문화+대중문화	14.6	23.9	15.2	14.3	21.0	19.8	24.0	26.4	23.9	16.5	20.9
층 6 대중문화 유니보어	2.3	11.0	27.4	2.2	3.4	5.9	17.2	26.1	18.9	21.5	24.3
층 7 문화적 비활발층	2.3	3.5	17.1	1.3	1.7	1.6	4.1	5.0	6.7	12.6	19.1
합계(%)	99.9	100	100	99.8	100	100	99.9	100	100	100	100

주석 2 : 1995년 SSM 전국 조사, 20~69세 남녀 데이터.
주석 3 : 대졸에는 전문대를 포함.
주석 4 : 직업은 SSM 직업 8분류.

약 반수는 상위문화부터 대중문화까지 다면적인 문화 소비를 하는 문화
적 옴니보어라고 할 수 있을 것이다. 특히 여성이 옴니보어화되고 있다[여

성 58.2%, 남성 49.1%].

그리고 중간문화와 대중문화에만 관여하는 층 5는 19.6%이고 남성이 25.9%로 높은 비율을 보이고 있다. 상위문화에만 배타적인 문화 소비자인 층 1은 겨우 1.9%로 소수였다. 또한 상위문화와 중간문화인 층 2도 3.9%로 적다. 그러나 대중문화 유니보어는 12.7%로 수가 많지만 젊은 층일수록 감소하고 있다.

〈표 4-3〉에서 문화적 유니보어와 문화적 옴니보어를 비교하면 연령이 높을수록 문화적 유니보어가 많고 문화적 옴니보어가 적음을 알 수 있다. 요컨대 상위문화, 중간문화, 대중문화 3개의 유니보어의 구성 비율을 합쳐$^{층 1 + 층 4 + 층 6}$, 문화적 유니보어가 전체적으로 차지하는 비율을 산출했다. 문화적 유니보어는 21.8%$^{50~69세}$ → 14.3%$^{35~49세}$ → 8.5%$^{20~34세}$로 연령이 젊을수록 감소한다. 그와 반대로 층 3의 문화적 옴니보어는 46.7%$^{50~69세}$ → 58.0%$^{35~49세}$ → 61.2%$^{20~34세}$로 연령이 젊을수록 증가하는 경향이 있어 가설 5는 지지를 받는다. 이와 같은 결과가 연령 효과인 것인지 아니면 시대 효과인 것인지 구별할 수는 없지만 어쨌든 양쪽의 영향이 있다고 생각된다. 사회 전체적으로 문화적 옴니보어화가 진행되고 있어 가설 7의 문화적 옴니보어 확대 가설은 지지를 받는다.

또한 〈표 4-3〉의 하단을 보면 학력이 높은 쪽이 옴니보어화되고 있어 대졸인 71.6%가 문화적 옴니보어이다. 그에 반해 고졸이 54.8%, 중졸이 33.7%로 학력과 문화적 옴니보어는 강력한 관계가 있다. 가설 8은 지지를 받는다. 게다가 가설 9도 지지를 받고 문화적 옴니보어의 비율은 전문직이 73.5%로 가장 높고 사무직 68.2%, 관리직 65.5%로 화이트칼라에서 높았다. 농업의 옴니보어 비율은 27.0%로 가장 낮았다.

5. 상위문화와 대중문화의 상징적 경계

문화 소비의 4가지 패턴 중 상위문화 소비와 대중문화 소비로 범위를 좁혀 검토해보자. 먼저 문화 귀족에 해당되는 상위문화 유니보어는 일본에서는 겨우 1.9%로 극히 소수였다. 전체의 약 반수는 옴니보어화된 상위문화 소비자이다. 그렇다면 일본에서는 클래식 취미 등의 상위문화는 계층과는 전혀 관계가 없는 대중화된 문화 영역인 것일까. 그렇지 않으면 상위문화에도 참가 장벽이 있는 것일까. 그리고 상위문화 소비자가 대중문화를 섭취하여 옴니보어화하는 것은 왜일까.

일본인 전체의 약 86.3%가 몇 가지의 형태로 대중문화에 관여하고 있는데 이것은 도대체 어떠한 사회적 의미를 지니는 것일까. 또한 이 정도로 일반화된 대중문화를 배제하는 사람들이란 어떠한 사람들일까. 우선 첫 번째로 학력자본과 직업에 의해 문화 소비 패턴이 어떻게 다른지를 확인해보자.

학력자본과 문화활동의 관련을 검토하면 〈표 4-4〉에서 보는 것처럼 학력이 높음은 문화 소비와 큰 관련성을 보였다. 특히 상위문화와 중간문화의 애호자는 고학력층일수록 많다. 예를 들면 클래식 콘서트에 간 자는 대졸 47.2%, 고졸 30.4%, 중졸 13.6%이고, 미술전이나 박물관에 간 자는 대졸 70.6%, 고졸 50.0%, 중졸 28.5%로 학력 차가 크다. 중간문화의 '소설·역사책을 읽는다'라는 독서문화나 '골프·스키·테니스'도 대졸자를 중심으로 하고 있다. 또한 대중문화에서도 고학력층 쪽이 약간 높은 값을 보인다. 이것은 문화적 관용성이 문화자본의 일부라는 좀 전의 논의와도 합치된다. 다시 말해서 사회의 고학력화는 문화 소비를 전체적으로 높이고 특히 상위문화나 중간문화에 대한 기호를 높이는 방향으로 작용하고 있다.

〈표 4-4〉 문화활동 경험자율의 학력 차

	문화활동	최종 학력			x^2검정
		대졸	고졸	중졸	
상위문화	가부키나 노 또는 분라쿠를 보러 간다.	19.6	11.7	7.4	**
	클래식 음악의 음악회·콘서트에 간다.	47.2	30.4	13.6	**
	미술전이나 박물관에 간다.	70.6	50.0	28.5	**
	단가나 하이쿠를 짓는다.	7.3	5.9	3.0	**
	꽃꽂이·다도·서예를 한다.	20.9	18.0	9.1	**
중간문화	소설이나 역사책을 읽는다.	84.5	65.6	34.8	**
	골프·스키·테니스를 한다.	63.8	36.9	10.7	**
대중문화	가라오케를 한다.	73.2	67.0	50.7	**
	스포츠신문이나 여성주간지를 읽는다.	75.7	78.3	60.7	**
	파친코를 한다.	33.3	30.6	24.1	**

주석 : **는 독립성의 검정으로 x^2 값이 1% 수준으로 유의차가 있다.

직업 효과에 대해서는 18개의 카테고리로 이루어진 직업 분류를 작성했다.(그림 4-4)[12] 상위문화 소비가 많은 직종은 예술가, 상급문화적 전문직, 일반문화적 전문직이었다. 같은 전문직이라도 기술계 전문직은 상위문화에 대한 관여는 많지 않다. 역시 이 〈그림 4-4〉는 견취도를 가리키지만 부르디외가 말하는 문화의 상징 투쟁을 관계적으로 나타내는 것은 아니다. 부르디외에 입각한 분석은 제3장 다중 대응 분석을 참조하기 바란다.

〈그림 4-4〉의 타입 IV는 상위문화만을 배타적으로 소비하는 문화 귀족 집단이고 구체적으로는 변호사, 종교가, 대학교수로 구성된 상급문화적 전문직과 예술가뿐이다. 다른 전문직층은 문화적 관용으로 상위문화와 대중문화 양쪽 모두 실천하는 문화적 옴니보어가 되었다. 즉 전문직층은 문화 소비를 둘러싸고 '문화적 관용 대 문화적 배타성문화 귀족' 두 그룹으로 나뉘어 있다. 게다가 대부분의 화이트칼라관리직, 사무직 등는 문화적 옴니보어이고 블루칼라 직종은 대중문화 유니보어 또는 문화적 비활발층에 속하는 경우가 많다. 그러나 이와 같은 분석에서는 겉보기의 상관이나 복잡한 요인 사이의 상호작용을 엄밀히 말해서 처리할 수 없다. 다음은

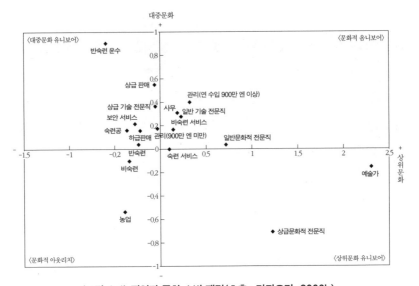

<그림 4-4> 직업과 문화 소비 패턴(초출 : 가타오카, 2000b)

다변량多變量[2] 해석을 실시한다.

상위문화에의 참가 장벽과 상징적 경계

상위문화 소비는 계층적 지위의 상징이 되고 있는 것일까. 만약 상위문화가 스테이터스 컬처라면 다른 문화와의 상징적 경계로서 사회적인 참가 장벽이 있을 것이다. 여기서는 상위문화에의 참가·비참가를 나누는 요인을 검토하고 상위문화에의 참가 장벽의 존재와 문화적 차이가 사회적인 차이에 의해 유지되고 있는지를 밝히기로 한다. 상위문화에의 참가·비참가라는 문화적 경계는 직업계층에 따라 유지되고 있는 것인지 아니면 경제자본경제계층에 의한 것인지 문화자본문화계층에 의한 것인지 혹은 성 또는 연령이라는 데모그래픽한 요인에 의한 것인지를 검토해보자.

---

2) 도수 분포에서 자료가 둘 이상의 변수를 가지는 경우를 일컫는다.

가설 10 : 상위문화에의 참가 장벽은 직업계층에 의해 유지된다.

가설 11 : 상위문화에의 참가 장벽은 경제자본에 의해 유지된다.

가설 12 : 상위문화에의 참가 장벽은 문화자본에 의해 유지된다.

가설 13 : 상위문화에의 참가 장벽은 성 또는 연령 등 데모그래픽한 요인에 의해 유지된다.

〈표 4-5〉는 상위문화인 5개 활동에 과거 몇 년간 1번이라도 참가했다면 1로 표시하고 참가한 경험이 없는 자를 0으로 표시한 피설명 변수를 작성하여 2항 로지스틱 회귀로 분석한 결과이다. 최대치를 1로 하는 수정결정계수Max-rescaled R²로 살펴보면 사회 경제적 지위SES 모델 1의 설명력은 0.119로 그다지 크지는 않다. 설명요인 중에서도 교육의 규정력은 매우 강하고 상위문화에의 참가요인은 학력이 높음과 크게 관련되어 있다. SES 모델을 확장한 모델 2에서는 설명력도 상승했다. 성별과 연령에 의한 차이가 크고 연령이 높을수록 또는 여성 쪽이 상위문화에 관여할 확률이 높다. 젊은 연령층과 남성은 상위문화에서 멀어진다.

모델 3에서 상속 문화자본을 추가하자 수정결정계수는 더욱 상승했다. 어린 시절에 획득한 문화자본은 상위문화와 강한 관련을 가진다. 본인 교육의 효과가 유의한 상태이므로 교육과는 다른 차원에서 상속 문화자본의 강한 효과가 작용하고 있다. 즉 어린 시절부터 클래식 음악이나 미술 감상 등을 경험하는 가정문화에서 자란 사람은 어른이 되어서도 상위문화를 행하지만, 그렇지 않은 사람은 상위문화에의 참가 장벽이 있다는 이야기가 된다. 그리고 같은 학력이라도 상속 문화자본이 높은 사람 쪽이 상위문화에 관여하기 쉽다.

또한 모든 모델에서 가족 연 수입과 소유재 2개의 변수가 긍정적인 효

〈표 4-5〉 상위문화의 상징적 경계의 규정요인(로지스틱(Logistic) 회귀)

설명 변수	모델 1	모델 2	모델 3	모델 4	모델 5	모델 6
연령	-	.088**	.139**	.114**	.124**	.122**
성별	-	-.247**	-.223**	-.224**	-.249**	-.242**
거주지 인구	-	.065*	.057	.055	.041	.042
본인 교육	.265**	.322**	.268**	.273**	.306**	.305**
직업 위신	.088**	.089**	.058	.057	.059	.056
가족 연 수입	.154**	.102**	.137**	.148**	.143**	.145**
소유재		.154**	.137**	.134**	.095*	.097*
상속 문화자본			.290**	.291**	.249**	.248**
자유 시간				.133**	.104**	.95**
일 중심주의					.018	-
라이프 워크					.219**	.221**
인생을 즐긴다					-.016	-
교제 확대 지향					.032	-
센스가 좋음					.145**	.151**
R^2	.088	.140	.176	.184	.226	.225
Max-rescaled R^2	.119	.190	.239	.249	.307	.306
N	1814	1812	1772	1768	1746	1753

주석 : 수치는 표준화해(解) **p〈.01, *p〈.05. 각 변수의 설명은 〈표 4-2〉의 주석과 같다.

과를 가지며 많은 경제자본을 가진 사람일수록 상위문화 소비로 향하는 것을 알 수 있다. 그리고 모델 4-6은 자유 시간이 많은 사람 쪽이 상위문화를 실시하고 있음을 알 수 있다. 게다가 모델 5, 6에서 라이프 스타일 변수를 투입하자 수정결정계수는 0.30을 상회하여 설명력이 높은 모델이 되었다. 그 결과 '일이나 가정 이외에 마음의 의지가 될 만한 라이프 워크나 취미를 가지고 있는' 사람과 '센스가 좋은 취미나 행동에 유의하고 있는' 사람이 상위문화에 참가하기 쉬움을 알 수 있다. 여기서도 교육과 상속 문화자본은 매우 강한 효과를 보였다.

이상과 같은 결과를 가설 10~13에 비추어 정리해보면 가설 10은 부정되고 직업의 효과는 없다고 할 수 있다. 반면 가설 11·가설 12·가설 13은 지지를 받는다. 즉 상위문화에 참가하기 위해서는 높은 문화자본과 경제자본이 필요한데 일본에서는 상위문화에의 참가·비참가를 둘러싼 문화적 차이가 사회적 차이를 나타내는 상징적인 경계가 되고 있다. 또한 성 또는 연령이 상위문화에 대한 관여를 크게 좌우하고 있어 가설 13은 지지를 받는다. 여성은 연령이 높을수록 상위문화에 참가하기 쉬움을 알 수 있다.

정리하면 **상위문화에의 참가 장벽을 유지하고 있는 것은 직업계층이 아니라 문화자본과 경제자본, 그리고 성과 연령이다.** 흥미로운 것은 사회 경제적 지위 변수에는 직업 위신이 전혀 효과를 내지 못하고 수입이나 재화의 경제자본이 효과를 갖는 점이다. 그러나 경제자본의 효과도 문화적 변수와 비교하면 약하다. 상위문화에의 참가는 풍부한 문화자본을 가지고 있는 것이 특히 강하게 요구된다. 문화자본의 효과는 '어린 시절에 가정 경유로 상속된 문화자본'과 '제도화된 문화자본인 교육' 효과 두 개를 합하면 매우 크다. 특히 상속 문화자본의 효과에 대해 말하면, 클래식 음악이나 미술 등 그것을 이해하고 해독할 수 있는 문화적 코드를 이른 시기에 획득한 사람일수록 어른이 되고 나서도 상위문화를 소비하고 있어 가지고 있지 않으면 그러한 활동에는 적합하지가 않다. 그리고 그 문화코드는 여기서 측정된 어린 시절에 가정에서 전달된 문화자본에 의해 강하게 방향이 설정되어 있다. 또한 학교 교육에 의해서도 강하게 규정되고 학교의 커리큘럼 효과를 예상할 수 있다.가타오카, 2008

계층 변수의 대표와 일반적으로 생각할 수 있는 직업 위신이 상위문화에의 관여에 효과를 갖지 못한 것은 일본에서 문화계층의 경계는 위신 같은 노동세계의 1차원적인 히에라르키에 의해 결정되는 것이 아님을 시사하고 있다. 즉 직업 위신의 높이는 문화자본 보유의 대리 변수가 되지 않는다. 그런 의미에서 **탁월화된 문화 취향은 문화자본과 경제자본에 의해 유지되고 있다는 부르디외의 기본 도식이 새롭게 확인되었다고 할 수 있다.**

또한 젠더와 연령이 상위문화에의 관여를 크게 좌우하고 있기 때문에 **젠더와 연령이 문화의 상징적 경계를 형성하는 중요한 요인**이라는 점도 알 수 있었다. 특히 연령이 높고 학력자본과 상속 문화자본을 많이 가지고 있는 여성일수록 상위문화에 참가하기 쉽다. 그리고 젊은 연령층이나 남성, 상속 문화자본이나 학력자본이 적으면 대중문화로 향할 확률이 높다. 이러한 의미에서 일본은 젠더나 세대에 의한 문화적 취향의 차이가 크고 데모그래픽적인 요인에 의한 문화적 구분이 강한 사회라고도 할 수 있을 것이다.

상위문화 소비자의 대중문화화

일본에서는 59.8%가 상위문화 소비자이고 그중 약 90%가 대중문화에도 관여하는 문화적 옴니보어이다. 상위문화에의 참가에는 계층적인 장벽이 있고 문화의 상징적 경계는 유지되고 있음에도 불구하고 상위문화 소비자가 왜 옴니보어화되는 것일까. 즉 상위문화 소비자의 대중문화화라는 문제로서 옴니보어화되는 사람들의 특성을 밝히고자 한다. 여기서의 분석 대상자는 상위문화 소비자 전체이고 과거 몇 년간 한 개 이상의 상위문화활동을 경험한 자로 정한다. 〈표 4-6〉은 관여한 대중문화활동의 장르 수를 합친 합계를 나타내는 옴니보어 스코어를 피설명 변수로 하고 5개의 모델로 중회귀 분석을 실시한 결과이다. 각 설명 변수의 효과를 나타내는 계수를 살펴보면 옴니보어화와 관련이 있었던 변수는 연령, 성, 라이프 스타일 선택에 관련된 변수였다.

요약컨대 상위문화 소비자 중 많은 대중문화활동을 실시하여 옴니보어화하기 쉬운 사람들의 가장 큰 특징은 남성이고 연령이 젊다는 점이다. 또한 라이프 스타일 선택에서는 '자신의 일을 위해 가정이나 사생활을 희생으로 삼고 있는 경우가 많은' 일 중심주의자 또는 '장래를 위해 절약·노력하기보다도 현재의 인생을 즐기려는' 사람일수록 보다 많은 장르의 대중문화로 향한다.

중요한 것은 문화적 옴니보어가 상위문화 소비자 전체의 90%에도 못 미치기 때문에 옴니보어화의 요인이 계층적 지위 변수와는 전혀 관련을 갖지 못한다는 점이다. 즉 상위문화 소비자가 대중화되는 것은 계층적 지위의 맥락에서가 아니라 성 또는 연령이라는 기본 속성이나 라이프 스타일 선택에서 나타나는 아비투스에 의해서이다. 바꾸어 말하면 대중문화가 상층으로 확산되고 있는 것은 일 중심적인 라이프 스타일을 취하면서도 현재의 인생을 즐기려는 젊은 남성층이 중심이기 때문에 직업계층적인 현상은 아니다. 세대나 성에 따라 대중문화의 수용성이 다른 점 또는 라이프 스타일 요인에 의해 대중문화의 수용 방법이 다르다고 생각된다.

문제는 왜 대부분의 상위문화 소비자들이 옴니보어화되는가라는 점이다. 첫 번째 이유는 일본에서 현대의 엘리트가 대중화 전략을 취하고 문화적인 관용성을 드러내는 것에 상징적 이익이 있기 때문이다. 그것은 평등 지향과 노력신앙이 강하고 계층 그 자체에 대한 인식이 희박해지고 있는 일본 사회에서 계층적인 우위성을 문화적 기호에 의해 나타내는 것에 대한 기피관의 강도와도 관련되어 있다. 다시 말하면 문화적 재생산의 원리는 일본에 널리 침투되어 있는 '열심히 노력하면 성공할 수 있다'는 노력신앙^{다케우치, 1995}에 저촉되는 것이다. 일본 사회는 학력 차에 의한 불평등은 받아들여도 (노력의 차이라고 정당화될 수 있기 때문에) 업적적이지도 기능적이지도 않다고 믿고 있는 문화자본의 차이^{문화적 우위}에 근거하는 지배는 정당화되기 어려운 사회라고 할 수 있다.

따라서 출신의 지위가 높은 문화 엘리트는 대중화 전략을 찾음으로써 계층적인 르상티망^{상위자에 대한} 질투을 회피하고 있다고 생각된다. 특히 회사

〈표 4-6〉 문화적 옴니보어화(상위문화 소비자의 대중문화 섭취)의 규정요인

설명 변수	모델 1	모델 2	모델 3	모델 4	모델 5
연령	-.363**	-.375**	-.381**	-.382**	-.391**
성별 a	.256**	.259**	.263**	.265**	.238**
거주지 인구 b	-.051	-.049	-.051	-.051	-.049
본인 교육	-.035	-.046	-.047	-.047	-.044
직업 위신 c	-.028	-.032	-.031	-.032	-.029
가족 연 수입	-.021	.001	-.000	.001	-.009
소유재 d		.057	.058	.058	.055
상속 문화자본 e			-.022	-.002	-.020
자유 시간 f				.015	.032
일 중심 g					.084**
라이프 워크 h					-.040
인생을 즐긴다 i					.090**
교제 확대 j					-.007
센스가 좋음 k					-.007
R^2	.177	.178	.180	.180	.193
Adjusted R^2	.172	.173	.174	.173	.182
사례 수	1101	1100	1074	1073	1066
F 검정	p < .0001	p < .0001	p < .0001	p < .0000	p < .0001

주석 : 수치는 표준화 편회귀 계수. **p < .01, *p < .05. 각 변수의 설명은 〈표 4-2〉의 주석과 같다.

조직 같은 다양한 인간관계 속에서 성공하기 위해서는 상위문화를 드러
내는 것이 아니라 어떻게 하면 대중문화적으로 될 수 있는가연회 예능이나 가라
오케가 오히려 요구된다. 일 중심주의 남성 상위문화 소비자일수록 대중문
화 섭취가 많다는 결과는 이것과 결코 무관하지가 않다.

사회 전체의 레벨에서 보면 문화 엘리트가 옴니보어화되는 것은 상위
문화가 지위의 상징이 되고 문화의 상징적 경계가 존재한다는 현실을 은
폐하는 기능을 하고 있다. 그 결과 문화적 재생산이나 사회적 재생산에
대한 사람들의 시선은 약해지게 되었다.[13]

상위문화 기호자가 잡식화옴니보어화되는 두 번째 이유는 옴니보어화되
는 것에 사회적인 메리트, 말하자면 상징적인 이익이 존재하기 때문이라

고 생각된다. 옴니보어화된 문화 엘리트층은 자신과는 이질적인 문화 집단과도 교류할 수 있고 다양한 사회적 장면에서 문화의 장벽을 넘어 활동하는 것을 가능하게 하기 때문이다.그리스월드(Griswold), 1994 게다가 포스트모던 사회에서는 문화적 복잡성을 다룰 수 있는 아비투스가 엘리트들에게 점점 요구되었기 때문이다.페더스톤, 1991

대중문화 배타성이 초래하는 것

문화적 배타성 가설에 따르면 대중문화를 싫어하는 것이 지위의 경계를 나타내게 되고 고지위자일수록 지위가 낮은 사람들이 좋아하는 대중문화를 싫어한다배제한다는 것이다가설 14. 또한 학력이나 문화자본은 대중문화를 배제하도록 작동하는 것이 아닐까가설 15·16. 그러나 문화적 옴니보어 가설이 적절하다면 고지위자일수록 대중문화에도 관여할 것이고 가설 14, 15, 16은 모두 부정될 것이다. 그렇지 않으면 대중문화 배제는 계층으로 규정되지 않는 성 또는 연령에 의해 선택되는 현상일까가설 17. 혹은 라이프 스타일 선택이 대중문화를 배제하는 요인이 되고 있는 것일까가설 18.

> 가설 14 : 사회 경제적 지위가 높은 자일수록 대중문화에 대한 배타성이 강하다.
> 가설 15 : 고학력층일수록 대중문화에 대한 배타성이 강하다.
> 가설 16 : 문화자본이 높은 사람일수록 대중문화에 대한 배타성이 강하다.
> 가설 17 : 대중문화 배제는 성 또는 연령의 데모그래픽적인 요인에 의해 생긴다.
> 가설 18 : 대중문화 배제는 라이프 스타일 선택에 의해 생긴다.

〈표 4-7〉은 대중문화 배타성 스케일을 이용하여 규정요인을 중회귀 분석으로 밝힌 결과이다. 대중문화 배타성 스케일은 수식이 클수록 비참가 대중문화활동의 장르 수가 많다. 모델 1은 모델 전체의 설명력R² 이 0.037로 낮기 때문에 적절하지가 않다. 그리하여 모델 2에 속성 변수를 투입했다. 연령과 성별이 강한 효과를 가지고 연령이 높을수록 또는 여성일수록 대중문화에 관여하지 않는 자가 많아 가설 17은 지지를 받는다.

〈표 4-7〉의 모델 2-4의 결과에서 대중문화에 배타적이게 되는 요인은 높은 연령인 점, 여성인 점, 직업 위신이 높은 점, 연 수입이나 소유재가 적은 점이다. 가장 강한 요인이 성 또는 연령이라는 점에서 대중문화 배제는 계층적인 맥락에서 생기는 것이 아니라 주로 세대 또는 성에 의한 문화적인 구분에 의해 생긴다고 할 수 있을 것이다. 이러한 점에서 사회계층을 원인으로 하는 문화의 배타성 가설은 일본에 적합하기 어렵다고 할 수 있다.

또한 '직업 위신'이 긍정적인 효과를 나타낸 것에 대해 '소유재'나 '가족 연 수입'이라는 경제자본의 효과는 부호가 부정적으로 정반대이다. 따라서 가설은 직업계층에서는 지지를 받지만 경제계층에서는 반대로 부정되었다. 다시 말하면 전문직이나 화이트칼라 등 위신이 높은 직업에 취업하고 있는 사람인 동시에 경제자본이 적은 사람일수록 대중문화를 싫어하는 경향이 있다. 반대로 경제자본이 많으면 대중문화를 좋아하는 경향이 있다. 이것은 〈그림 4-4〉의 직업별 문화 소비 패턴에서 알 수 있겠지만, 고지위자가 상급문화 전문직인 문화 귀족_{문화자본이 높고 상위문화만을 소비}과 화이트칼라를 중심으로 하는 기업인_{문화자본보다는 경제자본이 높고 옴니보어가 되기 쉽다}으로 분해됨으로써 발생하고 있다고 생각된다.[14] 이러한 점에서 일본에서도 문화적 기호로 본 사회적 위치 공간은 부르디외^{1979a}가 제시했듯이 경제자본과 문화자본에 관해 교차적 배열을 이루고 있다고 생각된다. 그

<표 4-7> 대중문화 배타성의 규정요인 분석 : 전체의 데이터

설명 변수	모델 1	모델 2	모델 3	모델 4	모델 5
연령	-	.346**	.354**	.358**	.374**
성별 더미	-	-.260**	-.267**	-.267**	-.241**
거주지 인구	-	.009	.009	.010	.014
본인 교육	-.199**	-.004	.015	.014	.011
직업 위신	.063*	.050*	.063**	.064**	.058*
가족 연 수입	-.042	-.070**	-.046	-.049*	-.032
소유재			-.064**	-.062*	-.046
상속 문화자본			-.023	-.022	-.004
자유 시간				-.029	-.041
일 중심주의					-.102**
라이프 워크					-.020
인생을 즐긴다					-.086**
교제 확대 지향					-.048*
센스가 좋음					-.042
R^2	.037	.182	.182	.182	.202
Adjusted R^2	.035	.180	.178	.178	.196
사례 수	1866	1866	1821	1817	1795
F 검정	p 〈 .0001	p 〈 .0001	p 〈 .0001	p 〈 .0001	p 〈 .0001

주석 : 수치는 표준화 편회귀 계수. **p〈.01, *p〈.05. 각 변수의 설명은 〈표 4-2〉의 주석과 같다.

리고 이에 대해서는 제3장에서 나타낸 바와 같고 전국 조사에서는 문화 자본과 경제자본의 교차적 배열이 확인되었다.가타오카, 2003

교육이나 상속 문화자본은 대중문화를 배제하는 원인이 되지 않고모델 2-5 가설 15와 가설 16은 부정된다. 즉 사회의 고학력화가 대중문화에 대한 배타성을 증대시킨다는 사실을 여기서는 발견할 수가 없다. 오히려 반대로 젊은 연령의 대졸층은 대중문화에 적극적으로 관여하고 있다.

마지막으로 모델 5에 라이프 스타일 변수를 투입하면 가족 연 수입이나 소유재 효과가 없어지는 대신에 라이프 스타일 변수가 강한 효과를 가졌다. 라이프 스타일 선택에서 일 중심주의자나 인생을 즐긴다거나 교제 또는 인간관계를 확대하려는 사람은 대중문화를 배제하지 않는다. 오히려 반대로 대중문화에 참가하고 있다. 가설 18은 지지를 받는다.

이상으로 일본에서 대중문화 배제의 전략은 일반적으로는 사회적 경계나 문화적 경계를 나타내는 것으로 되기 어렵고 **문화의 배타성 가설은 부정된다.** 요약하면 젊은 남성은 직업 위신이 낮지만, 경제자본이 있고 일 중심의 생활을 보내면서도 인생을 즐기고 교제 또는 인간관계를 확대하려는 사람들일수록 대중문화에 대한 배타성은 약하고 대중문화를 섭취하고 있다. 이것은 일본에서의 대중문화가 현재의 생활을 즐기고 일에 몰두하는 남성의 '**공통문화**' 또는 '**교제문화**'로서 사회생활 속에서 기능하고 있음을 시사하고 있다.

특히 가라오케로 대표되는 일본의 대중문화는 일과 사회생활 속에서 사회관계자본을 축적하려고 할 때 사용되고 있다고 생각된다. 다른 한편 고령자나 여성은 역으로 대중문화에 배타적이게 됨으로써 문화 귀족이 되기 쉽다. 문화 소비 측면에서 여성은 남성과는 다른 문화 소비의 구조와 의미 부여를 가지고 있다.^{가타오카, 1992} 이처럼 대중문화의 배제를 둘러싸고 **세대나 젠더에 의한 문화의 세분화**^{segmentation}의 존재를 밝혀왔다. 이것은 나중에 토니 베넷과 마이크 세비지 등의 연구^{2015[2017]}에서 영국에도 적합하다는 점이 지적되었다.

또한 대중문화 배제는 어느 쪽인가 하면 비계층적인 사회현상이다. 대중문화는 주로 남성에게 있어서의 '공통문화' 혹은 '교제문화'로서 널리 대중에게 받아들여진 것이라고 생각된다. 가라오케 등의 대중문화의 확산이 어떤 의미에서는 문화와 사회계층과의 대응관계를 무너뜨리고 상징적 경계를 보이지 않게 만드는 것이다.

그러한 상세^{詳勢} 속에서 유일하게 대중문화 배제에 의해 차이화 전략을 이용하고 있는 것이 지극히 소수에 해당되는 상급문화 전문직층이나 일부의 여성이다. 특히 여성의 대중문화에의 관여는 전체적으로 낮기 때문에 대중문화활동을 **하지 않는 것**이 여성의 지위 유지에 큰 의미를 가진다고 생각된다. 이미 남녀별 문화 분석을 따로 실시하고 문화 소비의 사회적 의미나 구조, 지위 형성 기능이 남녀가 다름을 밝히고 있다.^{가타오카,}

1996b·1997a·1998e·1998f·2003

6. 대중화 사회의 문화 전략과 문화적 재생산

일본에서 상위문화에 관여하는 사람은 전체의 59.8%이고 대중문화활동에 관여하는 사람은 86.3%였다. '**상위문화의 대중화**'와 '**대중문화의 공통문화화**'가 현대의 문화적 특징이 되었다.

문화 귀족이 되어 문화적 배타성을 드러내는 사람은 매우 적고 직업상으로는 상층 문화적 전문직과 예술가뿐이고 그 밖에 여성 중 일부분이 이에 해당된다.

대부분의 화이트칼라는 상위문화와 대중문화 양쪽에 관여하는 문화적 옴니보어가 되고 있다. 일본에서는 문화적 옴니보어가 54.0%를 차지한다. 젊은 연령층일수록 옴니보어화되고 있고, 특히 앞으로는 사회 전체적으로 문화적 옴니보어화가 진행될 것이라고 생각한다.

또한 현대 일본에서는 폭넓은 취미를 가진다는 의미에서 일종의 문화적 관용성을 나타내는 것이 사회 경제적 지위가 높은 사람들의 특징이 되고 있다. 그중에서도 신체화된 상속 문화자본을 많이 가지고 있으며 고학력인 사람일수록 문화적 관용성은 높다. 즉 문화적 관용성은 현대 문화자본의 한 형태로서 중간층에서 상층에 걸쳐 퍼져 있다.

그렇다면 왜 사람들은 문화적 관용성을 높이고 옴니보어화하는 걸까.

남성 엘리트층에서는 동화를 강제하는 샐러리맨 조직문화 속에서 계층적 르상티망을 회피할 필요가 있다.[15] 일본의 일반적인 회사조직 속에서 남성이 탁월화된 취미를 드러내는 것은 출세에 도움이 되지 않는 것이 아닐까. 그러나 그 파트너인 상층 출신의 여성에게 탁월화된 문화는 지위의 유지에도 육아에도 필요불가결한 아이템이다. 또한 중간층 여성은 문화적 향상심^{문화적 선의}을 나타내고 문화자본이나 경제자본의 조건이 맞으면 상위문화로 향하지만 화이트칼라 남성은 옴니보어화됨으로써 일본의 회사문화에 적합되어 갔다고 생각된다. 그것이 조직문화의 효과임과 동시에 글로벌화되는 현대 사회에서는 문화적 다원성과 복잡성을 다루는 아비투스나 이질적인 문화에의 관용성이 필요해지기 때문이다.

문화의 잡식화는 라이프 스타일 변수와도 강하게 관련되고 계층을 넘은 확산을 드러내고 있다. 마음의 의지가 되는 라이프 워크를 가지는 등 사생활 지향의 아비투스를 가진 자일수록 문화적 관용성은 높고 또는 일 중심의 라이프 스타일을 취하는 사람도 문화적 취미의 폭을 넓히고 있다. 연령적으로 젊은 사람일수록 또는 여성일수록 문화적 옴니보어가 많다.

이와 같은 문화적 상황 속에서 문화적 배타성 가설은 일본의 문화와 사회의 관계를 설명하는 이론으로서 유효성은 낮다. 상위문화가 대중화되고 중간층으로도 침투하여 문화적 배타성 전략을 채용·차이화하는 것에 대한 상징적 이익이 적기 때문이다. 실제로 문화적 배타성 전략을 채용하는 문화 귀족은 전체의 1.9%로 극소수였다. 또한 문화자본이 높은 자일수록 문화적으로 관용적이기 때문에 문화적 배타성 가설보다는 오히려 문화적 옴니보어 가설이 지지를 받는다. 문화적 옴니보어 가설이 말하듯이 현대의 문화자본은 폭넓은 문화 취미를 드러내고 문화적으로 관용적이게 된다.

그러나 이것은 일본에서 상위문화가 비계층적이고 누구나 접근할 수 있는 취미가 되었다는 의미는 아니다. 본장에서도 제시했듯이 상위문화에는 계층적인 참가 장벽이 있기 때문이다. 그러나 그것은 직업적인 계층의 장벽은 아니었다. 즉 일본 고급문화의 경계는 직업계층문화가 '잘 보이도록' 유지되고 있지 않다.

상위문화에 대한 문화적 경계를 유지하고 있는 것은 문화자본과 경제자본, 그리고 성과 연령이다. 특히 가정으로부터의 상속 문화자본이 높고 고학력의 여성일수록 상위문화에 참가하기 쉽다. 즉 다시 말해서 상위문화에 대해서는 가정문화나 학교가 효과를 가지며 어린 시절부터 신체화되고, 축적된 문화자본이 그 장벽이 되어 사람들을 문화적으로 분단시킨다.

고지위자는 상위문화 기호자이지만 그것은 문화자본이 높다는 것 혹은 경제자본이 높다는 것에 대한 표시 기호이며 직업 위신의 높이를 표시하는 것은 아니다. 따라서 같은 직업이라 하더라도 문화자본이나 교육의 높이, 그리고 그것을 지지하는 경제자본의 풍부함에 따라 상위문화의 관여는 좌우된다. 직업적 지위는 문화적 지위와 일치하는 것은 아니라고 할 수 있다. 즉 문화의 상징적 경계는 부르디외가 말하듯이 문화자본과 경제자본에 의해 유지되고 직업적 위신의 지위와 같은 1차원적 히에라르키와는 반드시 연동되지 않는다.

그렇다면 상위문화 소비자 중에서도 대중문화에 친숙한 자와 그렇지 않은 자의 차이는 어디에서 오는 것일까. 상위문화 소비자 중 대중문화화되는 층이란 젊은 남성을 중심으로 일 중심의 라이프 스타일을 취하면서 인생을 즐기려는 자이다. 예컨대 문화 엘리트가 옴니보어화되는 것은 라이프 스타일의 차이로 나타나고 있다.

일본의 대중문화는 특정 계층 집단에 의해 담당되고 있는 계층문화가 아니라 오히려 누구나 참가할 수 있는 매스 컬처^{대중문화, mass culture}이고, 직장생활이나 인간관계를 원만하게 하고 인생을 즐기기 위한 '공통문화'로 되고 있다고 할 수 있다. 즉 일본에서는 위신이 낮은 대중적인 문화가 모든 계층의 사람들에게 계층 횡단적인 '공통문화' 혹은 '교제문화'로 되고 있는 것이 특징이다. 대중문화는 비계층적인 맥락에서 확산된 결과, 일본에서는 엘리트가 위신이 낮은 대중문화를 배제하는 것이 아니라 관용적인 것이 요구되는 사회가 되었다. 그리고 대중문화가 공통문화가 된 일본문화의 특징은 '엘리트의 대중화^{도쿄대학생이 만화를 읽는다}'라는 맥락에서 파악한 결과, '계층문화는 없다'는 계층문화 부재설로 비약하며 바꿔치기 되는 것이다.^{가타오카, 1998b}

중요한 것은 일본의 대중문화가 문화의 상징적 경계의 존재를 은폐시키는 기능을 하고 있는 점이다. 특히 문화적 우위에 의한 지배가 정당화되지 않는 조직문화를 가진 샐러리맨 사회에서 남성의 문화 엘리트는 대중문화를 드러냄으로써 계층적 샐러리맨을 회피하는 전략을 취하고 있다. 그 결과 일본에서는 극히 일부의 문화 엘리트를 제외하고 부르주아도 중간계층도 차이화와 대중화라는 상반되는 문화의 이중 전략[16]을 이용하여 문화적 옴니보어가 되었다. 따라서 문화적 재생산 메커니즘은 사람들이 의식하기 어려운 메커니즘으로 은폐되어 잘 보이지 않게 되었다. 그러한 의미에서 문화적 지배는 성공하고 있다고도 말할 수 있다. 그리고 마치 일본은 문화적으로 평등한 것 같은 담론이 유포되고 있다.[17]

문화적 재생산의 관점에서 말하면 문화의 상징적 경계는 학력뿐만 아니라 문화자본의 세대 간 재생산에 의해서도 강하게 유지되고 있다. 학력의 효과와는 다른 차원에서 가정문화의 효과^{상속 문화자본}가 상위문화에의 참가·비참가를 규정하고 있었기 때문이다. 부모로부터 문화자본의 세대 간 전달, 즉 유년기 문화자본으로서 어린 시절에 클래식 음악이나 미술 감상, 독서습관을 획득·경험한 자는 미적 성향의 아비투스를 형성한다. 그런데 그것은 어른이 되고나서부터 상위문화 소비에 이르기까지 영향을 주고 있었다.가타오카, 1992·1997b·1998d·1998f 문화계층은 세대 간에 재생산되고 문화자본의 가정 전달이 문화의 상징적 경계를 유지하도록 작동하고 있다. 그러나 문화적 재생산만으로 결정되는 것이 아니라 경제자본의 보유에 따라서도 문화적 경계가 유지되고 있다. 문화자본을 보충하는 요소로서 경제자본이 유효하게 된 사회이기도 한 것이다.

마지막으로 상위문화 소비나 문화자본을 보유하는 것에 대한 상징적 이익은 남녀가 다르다. 남성은 문화자본이 지위 형성이나 출세와 별로 관련이 없지만 여성은 어린 시절부터 게이코고토에서 시작하여 세련된 문화교양을 몸에 익히는 일, 즉 문화자본은 지위 생산적이고 라이프 찬스를 높이는 중요한 전략이 되었다.가타오카, 1992·1996b·1997b·1998f 그 결과 남성 쪽이 대중문화 기호가 더욱 강하고 여성은 상위문화 기호자이며 성과 연령에 따른 문화적 구분이 있다. 문화자본과 경제자본이 높은 여성에게는 상위문화가, 남성에게는 대중문화도 행하는 옴니보어가 되는 것이 요구되는 사회로 되고 있다.

이와 같은 문화적 기호의 젠더 차이는 무엇을 의미하는가 하면 일본에서는 젠더를 이용한 문화적 재생산과 사회적 재생산이 제휴連携하는 복잡한 재생산 메커니즘이 작동하고 있음을 의미하고 있다. 이것을 '문화적 재생산과 사회적 재생산의 젠더 구조'라고 부르기로 하자.가타오카, 2003 즉 문화자본은 여성을 매개로 세대 간 재생산되고 고지위의 남성은 높은 문화자본을 배우자에게 요구하면서 혼인을 통해 차세대에게 문화자본 전달과 사회적 재생산을 이루려고 해왔다. 이 점에 관해서는 제6장과 제7장에서 자세하게 밝히기로 한 결과를 미리 말하면 여성은 혼인 후까지 계속되는 지위 달성 과정에서 문화자본이 지위 생산적이지만, 남성은 지위 달성과 거의 관련을 가지지 않고 남녀에게 문화자본이 가진 사회적 의미와 기능이 다름을 이미 밝혔다.가타오카, 2001a · 1998a · 1998f · 1998h 젠더를 이용한 문화적 재생산은 일본의 특징임과 동시에 일본의 계층 재생산의 특징을 이해하는 데 있어서 중요한 의미를 지니고 있다.

제5장

사진으로 보는 미적 성향

1. 중간예술로서 사진과 아비투스

문화사회학에서 부르디외의 공적 중 하나로 사진예술에 관한 연구가 있다.부르디외외, 1965 사진은 클래식 음악이나 미술과 비교하면 문화로서의 정통성이 높지는 않고 예술 장르로 묶이는 경우가 적은 분야이다. 문화적 정통성이 높은 장르는 '예술'로 불려 제도화된 형태를 갖추고 있다. 예를 들면 학술적 연구의 대상이 될 뿐만 아니라, 전문학회의 조직을 가지고 있다거나 대학의 학부나 대학원에서 정식 커리큘럼으로 가르치고 있으며 자격증이 필요한 경우도 많다.

이와 같은 문화의 정통성을 충분히 확보하기에는 부족한 중간예술로서 사진이 있다. 사진은 사진가라고 불리는 프로 전문기술을 가진 사람부터 아마추어 카메라맨, 그리고 이제는 누구든지 스마트폰이나 카메라로 마음대로 사진을 찍을 수 있어서 폭넓은 형태로 애호를 받고 있다. 사진 찍은 경험이 없는 사람은 현대에는 극소수라고 생각된다. 그러나 사진을 어떻게 찍을 것인지 무엇을 즐겨 찍을 것인지라는 사진의 실천은 집단에 따라 상당히 다른 차이를 보이게 된다고 부르디외는 말한다.

어떤 실천을 하기 위해서는 신체화된 아비투스가 작동할 필요가 있고 그 아비투스는 각자 소속 집단의 영향을 강하게 받아 역사적으로 형성 내지는 축적되어 온 지각인식 도식임에 틀림없기 때문이다. 즉 사진 실천에는 사진을 찍은 사람의 의도뿐만 아니라 집단에 공통되는 지각인식 도식이 반영되어 있다.

클래식 음악 같은 문화적 정통성이 높은 장르의 경우에는 예술이라는 것만으로 문화적인 정통성을 사람들에게 강요하는 효과를 갖게 된다. 여기서는 정통성으로 중간에 위치하는 사진이라는 장르를 살펴봄으로써 사람들의 취미 판단을 확인해보기로 한다.

2. 조사 방법

1999년에 실시한 가와사키 시민 조사에서는 질문지 조사 중에 사진에 대해 다음과 질문을 했다.

'다음과 같은 테마로 사진을 찍은 경우 어떠한 사진을 찍을 수 있다고 생각합니까. 각각에 대해 한 개의 번호를 선택하여 ○를 달아주세요'

사진의 테마는 부르디외[1979a]에 준하여 풍경, 임산부, 공사 현장의 철골, 양배추, 바다 석양, 민족 무용, 나무껍질 7종류이다. 회답 선택지로서 '아름다운 사진', '재미있는 사진', '시시한 사진', '보기 흉한 사진' 4가지 선택지를 준비한 다음 그중 하나를 선택하게 했다.

사진으로 찍기에 '시시하다'와 '보기 흉하다'라는 회답은 그 대상으로 미적으로 구성할 수 없다는 판단을 한 것을 의미하고 있다. 그리고 '아름답다'와 '재미있다'는 그 사람의 예술적 의도나 미적 감성의 방향성을 나타내고 있다고 이해할 수 있을 것이다.

이와 같은 조사의 시도는 이미 부르디외가 실시하고 있어서 그 유효성이 인증되었다. 즉 실제로 사진으로 찍었을 경우사진 실천의 반응과 이 질문처럼 이미지가 일으킨 반응대상에 어떠한 가치를 부여하는가과의 사이에 차이가 없음을 알 수 있다.부르디외, 1979a

피사체로 선택된 소재는 '풍경'이나 '바다 석양'처럼 '대중이 훌륭하다고 생각되는 평범한 피사체'였거나 또는 '공사 현장의 철골'이나 '나무껍질'처럼 '사회적으로 무의미하다고 여겨지는 피사체', '양배추'처럼 '특히 시시한 것의 대표'로 간주되는 소재, '임산부'처럼 '피사체로 하기에는 예의가 없다고 여겨지는 것'을 부르디외는 제시하고 있다. 본장에서도 부르디외의 조사법에 준거하고 있다.

3. 사진으로 보는 미적 성향

〈그림 5-1〉은 조사 전체의 집계 결과이다. '아름다운' 사진을 찍을 수 있다고 회답한 비율이 가장 많은 것은 '바다 석양'이 92.8%, '풍경'이 90.9%, '민족 무용'이 48.3%, '임산부'가 38.2%, '나무껍질'이 12.2%, '양배추'가 11.7%, '공사 현장의 철골'이 8.9%였다. 또한 '재미있는' 사진을 찍었다고 판단된 소재는 '나무껍질'이 64.0%로 가장 많았고, 그다음으로 '양배추'가 61.3%, '공사 현장의 철골'이 59.0%, '민족 무용'이 41.3%, '임산부'가 36.2%, '풍경'이 5.8%, '바다 석양'이 4.6%였다.

반응 패턴으로서 비슷한 것은 첫째, '바다 석양'과 '풍경'이고 많은 사람들이 이 소재로 '아름다운' 사진을 찍을 수 있다고 생각하고 있었다. 둘째, '민족 무용'과 '임산부'는 '아름답다'와 '재미있다'가 거의 같은 수인데 이

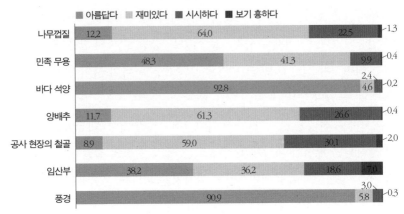

■ 아름답다 ▨ 재미있다 ■ 시시하다 ■ 보기 흉하다

나무껍질	12.2	64.0	22.5	┐1.3
민족 무용	48.3	41.3	9.9	┐0.4
바다 석양	92.8		2.4 / 4.6	┐0.2
양배추	11.7	61.3	26.6	┐0.4
공사 현장의 철골	8.9	59.0	30.1	┐2.0
임산부	38.2	36.2	18.6	┐7.0
풍경	90.9		3.0 / 5.8	┐0.3

〈그림 5-1〉 사진과 미적 성향

〈표 5-1〉 사진으로 보는 미적 성향의 남녀 차이

사진의 소재		아름답다	재미있다	시시하다	보기 흉하다	합계	n
풍경*	남	88.7	7.5	3.8	0.0	100%	n = 425
	여	92.7	4.3	2.4	0.6	100%	n = 506
바다 석양*	남	89.2	7.8	3.1	0.0	100%	n = 425
	여	95.8	2.0	1.8	0.4	100%	n = 506
민족 무용*	남	41.1	44.9	13.6	0.5	100%	n = 419
	여	54.4	38.4	6.8	0.4	100%	n = 498
임산부*	남	31.3	33.2	27.4	8.2	100%	n = 416
	여	43.9	39.0	11.1	6.0	100%	n = 485
공사 현장의 철골	남	10.3	57.5	30.5	1.7	100%	n = 419
	여	7.6	60.4	29.8	2.2	100%	n = 497
양배추*	남	10.1	54.7	34.8	0.5	100%	n = 417
	여	12.9	66.9	19.8	0.4	100%	n = 496
나무껍질*	남	12.6	56.7	29.0	1.7	100%	n = 420
	여	11.6	70.5	16.9	1.0	100%	n = 498

*p < .05

2개의 반응만으로 80% 전후를 차지해버린다. 셋째, '양배추', '나무껍질', '공사 현장의 철골'은 '재미있는' 사진을 찍을 수 있다고 생각하는 사람이 약 반수 있었는데 '시시하다'와 '보기 흉하다'라는 반응도 강했다.

4. 남녀에 의한 미적 성향의 차이

여기서는 사진에 대한 미적 판단력이 성별에 따라 어느 정도 다른지를 살펴보도록 하자. 지금까지의 장에서 이미 밝혀온 것처럼 일본인의 문화활동은 여성 쪽이 남성보다도 상위문화 기호자이다. 또한 문화자본의 경우 어머니에서 딸에게의 전달이 대부분이라는 결과를 얻었다.가타오카, 1996b·1997a 그렇다면 사진에서도 미적 감성은 남녀 차이를 보이는 것은 아닐까.

〈표 5-1〉을 살펴보면 '공사 현장의 철골'을 제외한 모든 항목에서 남녀 사이에 카이제곱 검정Chi-square test[1]에서 유의한 차이5% 수준가 있음을 알았다. 이에 대해 구체적으로 살펴보도록 하자.

먼저 '풍경'과 '바다 석양'에서 아름다운 사진을 찍을 수 있다는 비율은 남성보다도 여성 쪽에서 약간 많다. 즉 풍경 같은 통속적인 소재에 대해 솔직하게 감정 표현을 하는 것은 여성 쪽이 좀 더 많다.

다음으로 '민족 무용', '임산부'와 같은 소재에서도 여성은 '아름다운' 사진을 찍을 수 있다고 판단하는 자가 남성보다도 10% 이상 많아지고 있다. 반대로 '시시하다', '보기 흉하다'라는 반응은 남성 쪽에서 많았다. 특히 '임산부'에 대해 남성은 생리적으로 반응하여 혐오감을 가지고 있는 것처럼 보기 흉하다는 회답이 27.4%로 여성의 11.1%보다도 높았다.

그리고 '양배추'와 '나무껍질'이라는 사회적으로 의미가 없는 것, 시시한 것에 대해서는 여성일수록 '재미있는' 사진을 찍을 수 있다고 생각하는 자가 남성보다도 유의하게 많았다. 부르디외에 따르면 사회적으로 의

---

1)　명목 척도로 측정된 두 변수들 간에 관계가 있는지를 파악하여 두 변수 간의 독립성 여부를 검정하거나 빈도 분포의 차이를 검정하는 것을 말한다.

미가 없는 것에 미적인 판단을 할 수 있는 자는 미적 성향이 높음을 의미한다. 특히 '공사 현장의 철골'에 관해서는 남녀 차이를 찾을 수 없었다. 이들 결과에 대한 의미 해석은 고찰한 부분에서 실시하기로 한다.

5. 학력자본과 미적 성향의 관련성

사진의 반응이 각자의 최종 학력에 따라 어떻게 다른지를 검토해보자. 학력은 제도화된 문화자본의 한 형태이고 문화자본을 나타내는 대표적인 지표가 되고 있다.

최종 학력을 3개의 카테고리로 나누어 사진과의 크로스 합계를 실시했다. 카이제곱 검정양측 검정에서 유의한 차이가 있었던 항목[1]은 '임산부', '나무껍질', '공사 현장의 철골' 3개이고 나머지 항목 4개에는 차이가 나지 않았다. 학력과 미적 감성 사이에 몇 가지 관련은 있지만 학력이 큰 편차 요인이 되고 있다고는 말할 수 없다. 〈표 5-2〉는 학력별 결과를 나타내고 있기 때문에 개별적으로 살펴보자.

학력에 의한 유의한 차이를 나타낸 '임산부'를 소재로 한 사진에 대해 '시시하다', '보기 흉하다'라고 회답하는 비율이 가장 많았던 것은 중졸층이고 이 2개의 회답 카테고리를 합치면 41.4%가 되었다. 이 합계는 고졸층에서 25.4%, 대학·전문대졸층에서 22.5%로 고학력이 될수록 적다. 임산부를 피사체로 선택하는 것은 예의가 없다고 생각하는 소재에 대해 오히려 그러한 소재라 하더라도 아름다운 사진 또는 재미있는 사진을 찍을 수 있다고 생각하는 사람은 학력 수준이 높을수록 많다. 대학·전문대졸층에서 가장 많았는데 '아름답다'가 41.1%, '재미있다'가 36.4%로 모

사진의 소재	학력	아름답다	재미있다	시시하다	보기 흉하다	합계	n
풍경	중졸	90.4	6.4	1.1	2.1	100%	n = 94
	고졸	91.7	5.1	3.1	0.0	100%	n = 245
	대졸	90.7	5.9	3.2	0.2	100%	n = 560
바다 석양	중졸	92.4	5.4	0.0	2.2	100%	n = 92
	고졸	90.5	7.1	2.4	0.0	100%	n = 253
	대졸	93.9	3.2	2.9	0.0	100%	n = 559
민족 무용	중졸	49.5	41.8	6.6	2.2	100%	n = 91
	고졸	47.6	39.7	12.7	0.0	100%	n = 252
	대졸	48.1	42.1	9.4	0.4	100%	n = 553
임산부**	중졸	28.7	29.9	25.3	16.1	100%	n = 87
	고졸	35.7	38.9	17.2	8.2	100%	n = 244
	대졸	41.1	36.4	17.6	4.9	100%	n = 550
공사 현장의 철골*	중졸	10.9	46.7	38.0	4.3	100%	n = 92
	고졸	6.4	62.5	29.5	1.6	100%	n = 251
	대졸	9.9	59.3	29.1	1.6	100%	n = 553
양배추	중졸	13.5	57.3	25.8	3.4	100%	n = 89
	고졸	10.4	62.4	26.8	0.4	100%	n = 250
	대졸	11.9	62.0	26.0	0.0	100%	n = 553
나무껍질**	중졸	7.6	59.8	28.3	4.3	100%	n = 92
	고졸	10.0	62.2	26.3	1.6	100%	n = 251
	대졸	14.3	65.2	20.0	0.5	100%	n = 554

**p〈.05, *p.10

두 합치면 77.5%였다. 고졸층에서는 '아름답다'가 35.7%, '재미있다'가 38.9%로 재미있다는 쪽이 약간 많지만 모두 합치면 74.6%로 대졸·전문대와 같은 레벨이다. 이에 대해 중졸층에서는 '아름답다'가 28.7%, '재미있다'가 29.9%로 적지만 모두 합치면 58.6%였다. 이와 같은 학력 차의 배경에는 세대 차이나 연령 차이도 포함되어 있기 때문에 일괄적으로 학력만의 효과라고는 말할 수 없지만 이 점에 대해서는 뒤에서 밝히기로 한다.

마찬가지로 '나무껍질'처럼 일반적으로는 사진의 소재가 되기 어렵다. 이처럼 일상적이어서 사회적으로는 시시한 것이라고 생각되는 소재에 대해서는 고학력자일수록 '아름다운' 사진을 찍을 수 있다고 대답하는 비율이 높다. 대졸 학력층에서는 '아름답다'고 답하는 비율이 14.3%이고 중졸층에서는 7.6%였다. '양배추' 소재에 대해서는 중졸층에서 13.5%로 적지만 다른 층보다도 높아지고 있고 부르디외가 프랑스에서 조사한 결과와는 다르게 학력 차는 거의 생기지 않는다.

또한 '공사 현장의 철골'을 '시시하다'고 판단한 층은 중졸층으로 가장 높은 38.0%이고 학력 차가 생긴 항목이다. 특히 중졸 여성 사이에서 공사 현장의 철골에 대해 '시시하다'고 회답하는 자가 약 44%로 많았다.(표 5-5)

부르디외가 프랑스에서 실시한 조사 결과와 비교하면 본 조사에서 알 수 있는 특징적인 것은 사진에서의 학력 차가 예상과는 달리 작다는 점이다.

다음으로는 젠더와 학력에 의한 차이를 밝히도록 하겠다.

6. 사진으로 보는 미적 성향에서 남성의 균질화

7개의 사진 소재에 대해 특히 남녀별·학력별 집계를 실시한 결과 흥미로운 것이 밝혀졌다. 즉 사진에 관한 모든 항목에서 남성은 학력에 따른 판단 분포에 유의한 차이는 없지만 여성은 모든 항목에서 유의한 학력 차를 보였던 점이다.(표 5-3~9)

예를 들면 '풍경', '임산부', '양배추', '바다 석양', '나무껍질'에서는 고학력 여성 쪽에서 '아름다운 사진을 찍을 수 있다'고 대답하는 비율이 증가한다. 특히 '임산부'라는 테마에 대해서는 '아름다운' 사진을 찍을 수 있다는 회답은 중졸 여성에서 29.5%, 대학·전문대졸 여성에서 47.7%로 큰 차이를 보인다.(표 5-4) '나무껍질'에 대해 '아름다운' 사진을 찍을 수 있다는 회답도 중졸 여성에서는 6.4%, 대학·전문대졸 여성에서는 14.2%로 두 배 이상의 차이를 보였다.(표 5-9)

또한 '재미있는 사진을 찍을 수 있다'는 회답에 착목하면 여성은 '임산부', '공사 현장의 철골', '양배추', '민족 무용', '나무껍질'에서 학력에 의한 차이가 생기고 있었다. 모두 고학력 여성일수록 이 소재들에서 '재미있는' 사진을 찍을 수 있다고 생각하는 비율이 높았다. 예를 들면 '임산부'에서 재미있는 사진을 찍을 수 있다고 회답한 여성은 중졸 27.3%, 대학·전문대졸 40.3%였다. '공사 현장의 철골'에서는 중졸 여성 40.4%, 대학·전문대졸 여성 60.4%였다. '양배추'에서는 중졸 여성 58.7%, 대학·전문대졸 여성 68.2%로 역시 고학력 여성 쪽이 사회적으로 의미 없는 소재로 재미있는 사진을 찍을 수 있다고 판단하는 비율이 높다. 시시한 소재로 재미있는 사진을 찍을 수 있다는 판단 그 자체가 문화자본에 뒷받침된 미적 성향이고 더욱 감도感度가 높은 취미 판단이라고 부르디외는 말한다.

그리고 '민족 무용'에서 재미있는 사진을 찍을 수 있다고 판단한 비율은 중졸 여성이 32.6%, 대학·전문대졸 여성이 41.3%로 고학력층 쪽이 높아지는 점은 부르디외의 분석 결과와는 다르다. 또한 '나무껍질'로 재미있는 사진을 찍을 수 있는 소재라고 생각하는가에서도 중졸 여성이 63.8%, 대학·전문대졸 여성이 70.2%로 차이가 생기고 있다.

이상과 같은 결과에서 첫째, 사진으로 보는 미적 감성이 학력자본에 의해 차이를 보이는 것은 여성뿐이어서 남성에서는 학력과 미적 감성이 전혀 관련이 없다고 할 수 있다. 이것은 부르디외가 프랑스 사회에서 발견해낸 결과와는 다르다. 프랑스에서는 고학력층일수록 양배추나 나무껍질, 공사 현장의 철골과 같은 시시한 것 또는 사회적으로 의미가 없는 것

<h2 align="center">〈표 5-3〉 성별 · 학력별 '풍경'</h2>

성별	학력	아름답다	재미있다	시시하다	보기 흉하다	합계	n
남자	중졸	93.3%	6.7%	0.0%	0.0%	100%	n = 45
	고졸	85.3%	8.8%	5.9%	0.0%	100%	n = 102
	대졸	89.9%	6.7%	3.4%	0.0%	100%	n = 267
여자**	중졸	87.8%	6.1%	2.0%	4.1%	100%	n = 49
	고졸	96.1%	2.6%	1.3%	0.0%	100%	n = 152
	대졸	91.4%	5.1%	3.1%	0.3%	100%	n = 292

주석 : 대학 · 전문대 이상(고등학교 졸업 후 전문학교 포함). **p〈.05.

<h2 align="center">〈표 5-4〉 성별 · 학력별 '임산부'</h2>

성별	학력	아름답다	재미있다	시시하다	보기 흉하다	합계	n
남자	중졸	27.9%	32.6%	25.6%	14.0%	100%	n = 43
	고졸	26.5%	35.7%	28.6%	9.2%	100%	n = 93
	대졸	33.8%	32.3%	26.7%	7.1%	100%	n = 266
여자**	중졸	29.5%	27.3%	25.0%	18.2%	100%	n = 44
	고졸	41.8%	41.1%	9.6%	7.5%	100%	n = 146
	대졸	47.7%	40.3%	9.2%	2.8%	100%	n = 283

주석 : 대학 · 전문대 이상(고등학교 졸업 후 전문학교 포함). **p〈.05.

<h2 align="center">〈표 5-5〉 성별 · 학력별 '공사 현장의 철골'</h2>

성별	학력	아름답다	재미있다	시시하다	보기 흉하다	합계	n
남자	중졸	13.3%	53.3%	31.1%	2.2%	100%	n = 45
	고졸	7.0%	56.0%	35.0%	2.0%	100%	n = 100
	대졸	11.4%	58.0%	29.2%	1.5%	100%	n = 264
여자**	중졸	8.5%	40.4%	44.7%	6.4%	100%	n = 47
	고졸	6.0%	66.9%	25.8%	1.3%	100%	n = 151
	대졸	8.7%	60.4%	29.2%	1.7%	100%	n = 288

주석 : 대학 · 전문대 이상(고등학교 졸업 후 전문학교 포함). **p〈.05.

<h2 align="center">〈표 5-6〉 성별 · 학력별 '양배추'</h2>

성별	학력	아름답다	재미있다	시시하다	보기 흉하다	합계	n
남자	중졸	16.3%	55.8%	25.6%	2.3%	100%	n = 43
	고졸	9.8%	52.9%	36.3%	1.0%	100%	n = 102
	대졸	9.5%	55.1%	35.4%	0.0%	100%	n = 263

성별	학력	아름답다	재미있다	시시하다	보기 흉하다	합계	n
여자**	중졸	10.9%	58.7%	26.1%	4.3%	100%	n = 46
	고졸	10.8%	68.9%	20.3%	0.0%	100%	n = 148
	대졸	14.2%	68.2%	17.6%	0.0%	100%	n = 289

주석 : 대학 · 전문대 이상(고등학교 졸업 후 전문학교 포함). **p〈.05.

〈표 5-7〉 성별 · 학력별 '바다 석양'

성별	학력	아름답다	재미있다	시시하다	보기 흉하다	합계	n
남자	중졸	91.1%	8.9%	0.0%	0.0%	100%	n = 45
	고졸	84.5%	12.6%	2.9%	0.0%	100%	n = 103
	대졸	91.0%	5.2%	3.7%	0.0%	100%	n = 268
여자**	중졸	93.6%	2.1%	0.0%	4.3%	100%	n = 47
	고졸	94.7%	3.3%	2.0%	0.0%	100%	n = 150
	대졸	96.6%	1.4%	2.1%	0.0%	100%	n = 290

주석 : 대학 · 전문대 이상(고등학교 졸업 후 전문학교 포함). **p〈.05.

〈표 5-8〉 성별 · 학력별 '민족 무용'

성별	학력	아름답다	재미있다	시시하다	보기 흉하다	합계	n
남자	중졸	40.0%	51.1%	8.9%	0.0%	100%	n = 45
	고졸	36.6%	45.5%	17.8%	0.0%	100%	n = 101
	대졸	43.2%	42.8%	13.3%	0.8%	100%	n = 264
여자**	중졸	58.7%	32.6%	4.3%	4.3%	100%	n = 46
	고졸	55.0%	35.8%	9.3%	0.0%	100%	n = 151
	대졸	52.8%	41.3%	5.9%	0.0%	100%	n = 288

주석 : 대학 · 전문대 이상(고등학교 졸업 후 전문학교 포함). **p〈.05.

〈표 5-9〉 성별 · 학력별 '나무껍질'

성별	학력	아름답다	재미있다	시시하다	보기 흉하다	합계	n
남자	중졸	8.9%	55.6%	31.1%	4.4%	100%	n = 45
	고졸	10.8%	47.1%	40.2%	2.0%	100%	n = 102
	대졸	14.4%	59.8%	24.6%	1.1%	100%	n = 264
여자**	중졸	6.4%	63.8%	25.5%	4.3%	100%	n = 47
	고졸	9.4%	72.5%	16.8%	1.3%	100%	n = 149
	대졸	14.2%	70.2%	15.6%	0.0%	100%	n = 289

주석 : 대학 · 전문대 이상(고등학교 졸업 후 전문학교 포함). **p〈.05.

이라도 아름다운 사진이나 재미있는 사진의 소재가 된다고 판단하고 있어 이것이 생활의 필요성으로부터의 거리를 나타내는 정통 취미라고 해석되었기 때문이다. 만약 이와 같은 미적 판단이 정통 취미이고 문화자본을 나타내는 취향이라고 한다면 일본의 고학력 남성은 미적 성향과 학력이 일치하지 않음을 의미하고 있다. 즉 다시 말해서 남성의 고학력은 탁월화된 취미나 취향의 지표가 아니라는 의미가 된다.

실제로 가타오카의 일련의 실증적 연구의 데이터가 나타내듯이 일본에서의 문화자본의 담당자는 주로 여성이고 남성의 문화적 취향은 학력이나 지위와의 관련이 약하다는 것이 지적되어 왔다. 그것을 뒷받침하는 결과가 여기서 밝혀진 것처럼 사진의 소재를 이용한 취미 판단에서도 추인되었다고 할 수 있을 것이다.

취향의 차이가 일본의 남성에서는 학력이 높아도 저위低位로 균질화되어 더욱 세련된 취향이 되지 않을까하는 문제는 일본의 문화를 생각하는데 있어서 중요한 점일 것이다.

7. 직업과 미적 성향

현재의 직업적 지위와 미적 성향과의 관련성은 찾아낼 수 있을까. 〈표 5-10〉에 나타나듯이 직업 카테고리를 크게 3가지로 분류하여상승 화이트, 하층 화이트, 블루칼라 사진의 판단 기준의 차이를 검토한 결과, 민족 무용과 나무껍질에서만 직업에 의한 유의한 차이를 보인다. 민족 무용은 중간층인 하층 화이트에서 '아름다운' 사진을 찍을 수 있다는 회답이 많아서 중간 취미임을 나타내고 있다. 또한 블루칼라층에서 '재미있는' 사진을 찍을 수

<표 5-10> 현재의 직업과 '민족 무용', '나무껍질'

사진의 소재	현재 직업	아름답다	재미있다	시시하다	합계	n
민족 무용 p 〈 .01	상층 화이트	48.9%	41.1%	9.9%	100%	n = 282
	하층 화이트	50.3%	38.1%	11.5%	100%	n = 286
	블루칼라	30.6%	57.1%	12.2%	100%	n = 98
나무껍질 p 〈 .05	상층 화이트	15.4%	60.4%	24.3%	100%	n = 280
	하층 화이트	10.2%	67.8%	21.9%	100%	n = 283
	블루칼라	6.2%	62.9%	30.9%	100%	n = 97

주석 : 회답 선택지 중 '보기 흉하다'는 회답 수가 적었기 때문에 삭제하고 검정했다.

있다는 반응이 가장 많은 57.1%인데 하층 화이트 38.1% 또는 상층 화이트 41.1%와 비교해도 차이가 생긴다.

나무껍질에 대해서는 상층 화이트에서 '아름다운' 사진을 찍을 수 있다고 회답하는 비율이 다른 계층보다도 높은 15.4%였다. 그러나 모든 계층에서 나무껍질에 대해 '재미있는' 사진을 찍을 수 있다는 반응이 60%를 넘어 많았기 때문에 나무껍질에 대한 직업 차이는 거의 없다고 말해도 좋을 것이다. 그러나 나무껍질에서 '시시한' 사진을 찍을 수 있다고 회답한 자는 블루칼라층에서 가장 많은 30.9%여서 하층 화이트 21.9% 또는 상층 화이트 24.3%와 비교해도 높은 수치였다. 이것은 나무껍질에 대해서는 프랑스의 데이터와 부합하는 결과이다.

다음으로 남녀별·직업별로 집계했는데 결론부터 말하면 대부분의 사진 소재의 항목에서 남녀 각각 중에는 직업에 의한 차이는 거의 생기지 않았다. 유일하게 남성에서 민족 무용에 대한 반응이 유의한 차이를 보였는데 전술한 <표 5-10>과 같은 경향이었다. 즉 사진 판단에 대해 남녀 각각의 집단에서 직업 차이는 거의 없었던 점에서 <표 5-10>에 나타낸 결과도 대부분 직업에 의한 남성과 여성의 구성비 차이에서 오는 것이라고 판단해도 좋을 것이다.

8. 고찰

사진에서 미적 감성의 차이를 만들어내는 속성요인으로서 성별, 학력, 직업에 대해 조사한 결과 첫째, 성별이 가장 큰 규정요인이 되고 있음이 분명했다. 직업 효과는 남녀 모두 작고 학력 차는 남성에서는 전혀 효과를 갖지 못하고 여성에서만 학력 차가 보이는 것을 알았다.

여성은 풍경이나 바다 석양처럼 통속적인 소재에도 적극적으로 미를 표현할 수 있다고 생각하고 있을 뿐만 아니라, 양배추나 나무껍질처럼 시시한 것 혹은 임산부처럼 피사체로 하는 것은 예의가 없다고 여겨지는 것을 소재로 해도 남성보다도 훨씬 더 아름다운 사진 또는 재미있는 사진을 찍을 수 있다는 회답을 보내왔다. 이와 같은 여성의 미학적 판단방식이 어떤 의미에서는 남성보다도 자유롭고 제한을 받지 않는다고 생각할 수 있다. 특히 양배추나 나무껍질처럼 '시시한 것'이라고 생각되는 것을 격상시키는 능력은 남성보다도 여성 쪽이 더 잘한다. 게다가 여성 중에서도 고학력 여성 쪽이더 잘한다. 이것은 문화자본과 관계가 있다고 생각된다. 여성의 학력자본은 미적 감성과 같은 신체화된 문화자본과 관련이 높고 고학력 여성은 아비투스로서 높은 미적 성향을 가지고 있음을 의미한다.

그러나 남성에서는 이와 같은 관계가 성립되지 않고 학력이 높다 하더라도, 위신이 높은 직업에 취업해 있다 하더라도 그다지 미적 감성에 차이가 보이지 않는다. 즉 남성의 학력자본제도화된 문화자본은 신체화된 문화자본과의 관련이 약한데, 일본에서는 남성의 미적 성향이 여성과는 상당히 다른 균질화된 양태로 존재하고 있다고 말할 수 있다.

문화와 계층, 그리고 젠더는 어떠한 관계에 있는 것일까. 생활양식의 차이 공간의 대응 분석제3장이나 문화적 옴니보어제4장의 분석 결과를 통해 차이화의 기본 원리로서 경제자본과 문화자본의 중요성이 밝혀졌다. 그러나 일본에서는 남녀 모두 문화 소비에 분명한 차이가 보인다. 일본은 성별에 따른 문화 구분이 큰 사회이고 문화의 기능도 남녀가 각기 다르다고 생각된다. 본장에서는 특히 남녀에 의한 문화 소비의 차이에 주목하고 문화 소비가 어느 정도 계층 규정적인지 또는 탈계층화되고 있는지를 남녀별로 비교해보자. 여성 쪽이 상위문화 지향이 강하다는 것은 문화적 지위가 여성계층에게 중요함을 시사하고 있기 때문이다. 또한 문화가 지위의 중요한 원천이 되는 여성으로 대중문화에의 지향성이 높은 여성이란 과연 어떠한 여성일까.

특히 일본의 학력 엘리트가 문화 엘리트인지에 대해서도 남녀별로 검토해보자. 같은 학력 엘리트라도 문화적 지위의 중요성은 남녀가 각기 다름을 예상할 수 있기 때문이다. 그리고 학교 교육을 통한 문화적 벼락출세는 어느 정도 가능한지에 대해서도 검토한다.

마지막으로 정통문화 소비를 규정하는 메커니즘을 남녀별로 밝히고 문화적 재생산 과정의 구조적인 파악을 진행한다. 그리고 제4장에서 제시한 '문화의 기업 지배'에 대해서도 검토한다.

1. 성과 나이에 따른 문화 구분

여성의 정통문화 기호와 남성의 대중문화 기호

〈표 6-1〉은 1995년 SSM 전국 조사와 2005년 SSM 전국 조사에서 밝혀진 문화활동의 활동 빈도이다.

2005년 SSM 조사에서 조사 항목이 적었기 때문에 전체적인 비교는 어렵지만 상위문화 항목에서 문화활동의 활동 빈도가 2005년이 되면 약간 저하되고 있음을 알 수 있다. 예를 들면 과거 몇 년간 한 번 이상 클래식 음악회에 간 경험이 있는 자가 1995년에는 29.9% 존재했는데 2005년에는 21.5%로 내려가고 있다. 마찬가지로 미술관에 간 경험이 있는 자의 비율도 1995년에는 49%였는데 2005년에는 44.8%로 약간 감소했다. 그러나 가라오케와 같은 대중문화의 경험률은 1995년과 2005년에 거의 같아서 변화는 보이지 않았다.

다음은 1995년 조사에 근거하여 분석해나가기로 한다.

남녀 차이는 대부분의 문화활동에서 생기고 있다. 각각의 문화활동 경험의 유무에 대해서는 '경험자율'로서 '주 1회 이상'부터 '몇 년에 한 번 정도'라고 회답한 자를 정리하여 제4장 〈표 4-1〉에 나타냈다. 따라서 100%에서 경험률을 빼면 비경험자율이 된다.

제4장 〈표 4-1〉과 〈표 6-1〉의 경험자율에서도 알 수 있듯이 대부분의 문화활동에서 남녀에 따른 차이가 생겨나고 있다. 구체적으로는 '클래식 음악의 음악회나 콘서트에 가는' 경험을 한 자는 남성 22.1%인 반면 여성 경험자는 38.2%로 남성보다도 높다. '미술관이나 박물관에 가는' 자와 '가부키나 노 또는 분라쿠를 보러 가는' 자, '다도·꽃꽂이·서예를 하는' 자 등은 모두 여성 쪽이 경험자율이 높다. 다만 '사회활동을 하는' 것

〈표 6-1〉 문화활동의 활동 빈도(1995년, 2005년 SSM 전국 조사)

문화활동 ( ) 안은 문화 위신 스코어		주 1회 이상	월 1회 정도	1년에 한 번 에서 몇 번	몇 년에 한 번 정도	요 몇 년간 한 적 없다	DK.NA.
사회적 활동(봉사활동, 소 비자운동 등)에 참가한다. (68.4)	1995 전체	3.5	7.0	10.3	6.8	68.8	3.7
	남자	2.9	7.2	9.8	7.1	71.0	-
	여자	4.2	7.2	9.8	7.0	71.8	-
가부키나 노 또는 분라쿠를 보러 간다. (65.9)	전체	0.1	0.9	5.9	5.2	84.1	3.7
	남자	0.2	0.8	3.6	3.4	92.0	-
	여자	0.1	1.0	8.4	7.2	83.4	-
클래식 음악회 ·콘서트에 간다. (64.5)	2005 전체	0.1	0.8	9.4	11.2	78.5	-
	1995 전체	0.2	2.0	16.4	11.3	67.5	2.6
	남자	0.3	1.0	10.4	10.4	77.9	-
	여자	0.2	2.9	22.6	12.6	61.8	-
미술전이나 박물관에 간다. (64.1)	2005 전체	0.1	2.1	21.6	20.9	55.2	-
	1995 전체	0.3	4.9	27.0	16.8	48.7	2.3
	남자	0.5	4.3	23.8	18.2	53.2	-
	여자	0.2	5.6	31.0	16.3	46.9	-
꽃꽂이·다도 ·서예를 한다. (60.6)	1995 전체	5.1	4.1	3.7	3.1	80.6	3.4
	남자	1.9	0.9	1.9	0.8	94.4	-
	여자	8.1	7.1	5.5	5.4	73.9	-
소설이나 역사책을 읽는다. (55.6)	2005 전체	15.7	17.3	21.9	10.6	34.4	-
	1995 전체	20.1	19.6	14.5	7.6	36.1	2.0
	남자	20.8	18.7	14.8	7.8	37.9	-
	여자	20.3	21.2	14.8	7.7	35.9	-
골프·스키 ·테니스를 한다. (52.1)	전체	4.0	9.5	17.2	5.7	60.6	3.0
	남자	5.2	16.3	21.7	5.7	51.2	-
	여자	3.1	4.0	14.3	6.1	72.4	-
수제 빵과 과자를 만든다. (50.4)	전체	4.5	13.3	10.1	3.9	64.2	3.8
	남자	0.5	2.3	2.2	1.3	93.7	-
	여자	8.2	23.6	17.6	6.4	44.1	-
가라오케를 한다. (39.8)	2005 전체	2.4	11.6	34.3	14.4	37.3	-
	1995 전체	5.4	22.8	28.6	6.7	34.6	1.9
	남자	6.6	29.4	29.7	5.9	28.4	-
	여자	4.4	17.5	29.0	7.7	41.3	-
스포츠신문이나 여성주간지를 읽는다. (39.1)	전체	35.7	23.2	10.2	3.2	26.0	1.6
	남자	46.1	17.7	6.5	2.6	27.0	-
	여자	27.7	28.8	13.7	3.9	25.9	-
파친코를 한다. (27.7)	전체	6.9	9.1	7.6	5.3	68.5	2.6
	남자	13.0	14.9	10.0	6.2	55.8	-
	여자	1.8	4.4	5.9	4.7	83.2	-

주석 1 : 1995년 SSM 전국 조사, 가로 합계(橫計) 100%, 다만 남녀별 빈도는 DK.NA.를 제외하고 산출했다.
주석 2 : 본 표는 가타오카(1997b)에서 인용하여 2005년 SSM 조사 결과를 추가했다.

〈표 6-2〉연령 코호트·남녀별 문화활동 경험자율

문화활동	연령 성별	20~ 29세	30~ 39세	40~ 49세	50~ 59세	60~ 70세	x^2검정
a 클래식 음악회·콘서트에 간다.	남자	32.5	26.0	23.0	19.1	–	p = 0.001
	여자	47.4	39.1	42.1	37.2	–	p = 0.001
b 미술전이나 박물관에 간다.	남자	41.4	55.7	47.5	43.5	46.2	p = 0.007
	여자	57.7	54.8	56.5	52.0	44.5	p = 0.026
c 가부키나 노 또는 분라쿠를 보러 간다.	남자	4.9	6.7	6.4	10.1	11.0	p = 0.097
	여자	14.4	11.9	13.5	20.9	22.4	p = 0.001
d 가라오케를 한다.	남자	93.5	87.6	74.6	69.8	44.7	p = 0.001
	여자	86.3	66.5	61.1	53.0	33.3	p = 0.001
e 파친코를 한다.	남자	67.3	58.2	50.3	37.4	18.9	p = 0.001
	여자	26.7	20.2	17.5	14.9	7.1	p = 0.001
f 골프·스키·테니스를 한다.	남자	65.1	71.9	55.4	38.6	24.1	p = 0.001
	여자	58.1	47.2	25.7	12.9	3.5	p = 0.001
g 꽃꽂이·다도·서예를 한다.	남자	3.1	3.2	4.2	6.0	9.9	p = 0.003
	여자	24.6	22.9	27.6	25.6	29.2	p = 0.029
h 단가나 하이쿠를 짓는다.	남자	0.6	2.7	3.9	7.2	10.6	p = 0.001
	여자	3.3	3.7	2.8	9.6	8.8	p = 0.005
I 사회적 활동(봉사활동 등)에 참가한다.	남자	20.6	25.0	33.1	34.7	27.3	p = 0.074
	여자	13.9	29.7	34.1	29.0	28.5	p = 0.001
j 소설이나 역사책을 읽는다.	남자	66.9	70.3	63.8	57.1	64.0	p = 0.001
	여자	74.9	73.6	72.5	55.0	44.6	p = 0.001
k 스포츠신문이나 여성주간지를 읽는다.	남자	76.5	84.9	78.5	76.4	52.7	p = 0.001
	여자	87.9	80.7	76.4	71.4	56.8	p = 0.001
l 수제 빵이나 과자를 만든다.	남자	6.8	11.2	8.5	2.9	3.4	p = 0.001
	여자	64.9	76.3	63.8	42.4	31.6	p = 0.001

주석 1 : 1995년 SSM 전국 조사.
주석 2 : 본 표는 가타오카(1997b)에서 인용했다.

에 대해서는 남녀 차이를 엿볼 수 없다. 이것은 다른 문화예술활동이 개인적 선택으로 실천되고 있는 것에 대해 사회활동은 다른 맥락에서 행하기 쉬운 활동이기 때문이다. 이에 대해서는 후술하기로 한다.

〈표 6-1〉과 제4장의 〈표 4-1〉에서 알 수 있는 것은 다음과 같은 점이다.

① 위신이 높은 문화활동에서는 여성의 경험자율이 남성을 웃돌고 있

다. 예를 들면 '가부키·노·분라쿠'남성8.1%〈여성16.6%, '클래식 음악의 음악회·콘서트'남성22.1%〈여성38.2%, '미술전이나 박물관'남성46.8%〈여성53.1%, '다도·꽃꽂이·서예'남성5.6%〈여성26.1%는 모두 여성 경험자율이 높다.

② 반대로 위신이 낮은 대중적인 문화에서 남성의 활동은 여성에 비해 활발하다. 예를 들면 '가라오케'남성71.6%〉여성58.7%, '파친코'남성44.2%〉여성16.8%, '주 1회 이상 스포츠신문·여성주간지'남성46.1%〉여성27.7%는 남성 쪽이 높다.

③ 남녀 차이를 엿볼 수 없었던 활동은 '단가·하이쿠를 짓는다', '사회적 활동에 참가한다', '소설이나 역사책을 읽는다' 3가지였다. 문화활동에는 남녀에 의해 소비되는 방식이 다른 활동이 많다고 할 수 있다.

이로써 위신이 높은 문화활동의 대부분은 그 담당자가 여성에게 치우쳐 있음을 알 수 있다. 또한 위신이 낮은 문화활동은 남성의 활동이 활발함을 알 수 있다.

확실히 예술적인 취미는 여성적이고 도박이나 대중오락적인 활동이나 취미는 남성이 행하는 것이라는 성에 따른 문화 구분이 있는 점도 사실이다. 이를 통해 일본에서는 남녀에게 문화의 의미나 기능이 다름을 시사하고 있다. **문화의 젠더 구조**라고도 할 수 있는 성에 의한 문화적인 구분이 있는 것은 일본 문화의 특징이다. 그러나 최근에는 젊은 연령층에서 남녀의 감성은 비슷하다고 말해진다. 다음은 연령 차이에 대한 검토이다.

문화 소비에서의 연령 효과와 '연령에 따른 상징적 강제 효과'

성별과 함께 연령도 문화활동을 좌우하는 큰 속성요인 중 하나이다. 〈표 6-2〉는 연령 코호트별로 집계한 남녀 각각의 활동 경험자율이다. 분산 분석을 실시하면 모든 활동에서 연령 코호트에 의한 유의한 차이를 보인다. 그리고 젊은 연령층에서도 고연령층에서도 문화활동의 남녀 차이는 생긴다. 이 결과들을 통해 문화활동은 모든 연령층에서 성별에 따라 다르게 소비되고 있다고 예상된다.

〈표 6-2〉를 통해서도 분명하듯이 일본의 전통적인 예술활동을 행하고 있는 자는 고연령층에 많다. 예를 들면 '가부키·노·분라쿠'나 '다도·꽃꽂이·서예', '단가·하이쿠를 짓는' 자의 평균연령은 다른 문화활동과 비교하여 높다. 마찬가지로 '사회적 활동봉사활동 등'도 30대부터 50대의 중장년층에서 많이 활동하고 있다. 그 이외의 활동에서는 20대 혹은 30대의 젊은 연령 쪽이 경험자율도 높아지는 경향이 있다.

가부키·노 또는 다도, 단가 등의 전통적인 예술활동에 친숙한 자가 고연령층에 많다는 의미는 3가지의 방향에서 생각할 수 있다. 첫 번째, 이들 전통예능문화가 기성세대의 정통적인 문화였지만 현대의 젊은 연령층에서는 마침내 평생 상관없는 문화라는 해석이다. 즉 세대나 시대의 변화와 함께 정통적인 문화는 변용되고 있고 지금의 젊은 세대가 나이가 들면 클래식 음악이나 미술 감상이라는 활동은 정통적인 문화활동이 된다는 방향성이다. 두 번째, 일본에서는 나이에 걸맞는 문화가 존재하는데, 예를 들어 젊었을 때는 록 음악이나 대중오락에 빠지더라도 어느 연령층이 되면 가부키나 노를 보러 가거나 단가를 짓는 전통문화에 친숙해진다는 해석이다.

예를 들면 작가 하야시 마리코林真理子는 일본에는 '중년이 즐기는 문화'가 면면이 남아 있고 젊었을 때는 그것을 예상조차 하지 못했던 것이라고 말한다. 그 중년문화의 내용 대부분은 일본의 전통예술과 관련되어 있다. 예를 들면 기모노문화, 춤문화이다. 하야시 마리코가 말하듯이 만약 연령에 대응된 문화가 준비되어 있다면 일본 문화의 구조는 연령주의에 의해 어느 정도 규정되어 있는 셈이다. 즉 어느 연령층에 걸맞은 문화활

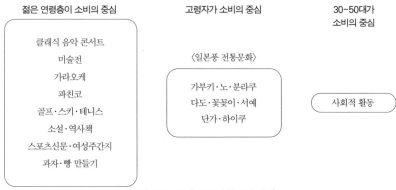

젊은 연령층이 소비의 중심   고령자가 소비의 중심   30~50대가
소비의 중심

클래식 음악 콘서트
미술전
가라오케
파친코
골프·스키·테니스
소설·역사책
스포츠신문·여성주간지
과자·빵 만들기

〈일본풍 전통문화〉

가부키·노·분라쿠
다도·꽃꽂이·서예
단가·하이쿠

사회적 활동

〈그림 6-1〉 연령과 문화활동의 관계

동을 행하는 것 같은 사회적 압력이 작동한다고 생각된다. 이것을 '문화의 연령 효과'라고 부르기로 하자.

세 번째, 전통예술을 취미로 하기 위해서는 경제 비용이 많이 들기 때문에 경제적으로 풍요로운 층이라는 해석이다. 제2장의 생활양식 공간에서 서술한 바와 같이 전통예술 취미는 연 수입이 가장 높은 경영자층이나 고수입의 관리직층의 취미라고 밝혀졌다. 전통적인 예술을 즐기기 위해서는 경제자본이 불가결하기 때문에 연령이 높은 층일수록 전통예술로 향하게 된다.

저자는 이 해석들이 모두 어떤 의미에서는 타당하다고 생각한다. 그 이유는 중년 이후가 되면 시간적 여유와 경제적 여유가 생기기 쉬워지고, 젊었을 때에는 거의 아무런 인연이 없는 단가나 하이쿠 모임에 들어가 보거나 또는 비싼 돈을 내고 가부키나 오페라에 가거나 하는 층이 존재한다고 생각되기 때문이다. 즉 지위가 상승함에 따라 그에 걸맞은 문화활동을 행하려고 하는 **문화적 벼락부자**의 존재도 생각할 수 있다.

부르디외는 학력에 의한 '상징적 강제 효과effect of symbolic imposition'가 있다고 지적한다.부르디외, 1979a 즉 이 말은 어떤 학력에 걸맞은 문화 소비가 기대되고 학력계층에 따른 문화활동이 행해진다는 의미이다. 분명 그러한 측면도 있겠지만 그것과 함께 저자가 분석한 바로는 일본에는 '성과 연령에 의한 상징적 강제 효과'가 있고 연령단계에 따른 정통적인 문화 소비의 옵션이 준비되어 있다고도 해석할 수 있다.^{〔그림 6-1〕참조} 즉 젊은 연령층에서는 서양문화 취미와 대중문화 취미가 강하고 고령층에서는 전통적인 일본풍의 정통문화를 좋아하는 경향이 강하다.

성과 연령에 따른 문화 소비 경향-정리

반복해서 말하지만, 성과 연령 코호트별로 문화 소비의 차이를 그림으로 나타낸 결과를 살펴보자. 여기서는 SSM 전국 조사에서 추출한 2개의 주성분 득점, 정통문화 스코어와 대중문화 스코어를 사용했다. 2개의 인자는 10개의 문화활동[1]을 주성분 분석^{바리맥스(Varimax)} 회전에서 석출된 인자이다. 여기서는 문화의 3분류^{상위문화, 중간문화, 대중문화}를 사용하지 않고 소비구조에 따라 분류되어 있다. 분석 결과, 문화활동은 2개의 인자로 설명할 수 있다. 첫 번째 인자로서 정통문화활동군, 두 번째 인자로서 대중문화활동군이 석출되었다.^{〈표 6-3〉참조}

고유값은 첫 번째 인자가 2.32, 두 번째 인자가 1.50이 된다. 각 인자에 대한 각 문화활동 항목의 바리맥스 회전 후의 기여율에서 정통문화활동을 구성하는 것은 7개의 항목, 대중문화활동을 구성하는 것은 3개의 항목임을 알 수 있다. 문화 위신 스코어로 비교하면 정통문화활동군의 평균값은 63.0이고 대중문화활동군은 35.5로 큰 차이를 보인다. 이들 인자 분석 결과를 통해 주성분 득점을 산출하고 각각 정통문화 스코어와 대중문화 스코어를 다음에서 사용하기로 한다.

연령 코호트별·남녀별로 주성분 득점의 평균값을 플롯한 것이 〈그림

문화활동	정통문화활동	대중문화활동	공통성
미술전이나 박물관에 간다.	0.761	0.065	0.583
클래식 음악회 · 콘서트에 간다.	0.656	0.092	0.439
소설이나 역사책을 읽는다.	0.597	0.217	0.040
가부키나 노 또는 분라쿠를 보러 간다.	0.540	-0.130	0.308
꽃꽂이 · 다도 · 서예를 한다.	0.534	-0.121	0.300
사회적 활동(봉사활동)에 참가한다.	0.422	0.020	0.179
단가나 하이쿠를 짓는다.	0.371	-0.178	0.169
가라오케를 한다.	0.068	0.722	0.526
스포츠신문이나 여성주간지를 읽는다.	0.097	0.688	0.483
파친코를 한다.	-0.219	0.618	0.430
고유값	2.321	1.500	

6-2〉와 〈그림 6-3〉이다. 〈그림 6-2〉의 정통문화 스코어를 보면 남녀 차이는 명확한데 여성의 정통문화는 연령과 그다지 관계가 없는 것에 반해 남성은 정년 후 60세 이상부터 정통 취미가 강해진다. 노동 장소에서 벗어남으로써 남성의 정통 취미는 늘어난다. 〈그림 6-3〉의 대중문화에서도 남녀 차이는 크고 남성 쪽에 대중문화 취미가 많다. 연령이 상승함에 따라 저하되고 이것은 남녀 모두에게 볼 수 있는 효과이다. 따라서 20대의 청년, 특히 20대 남성은 가장 대중문화적이고 60대 여성은 대중문화에서 가장 멀어진다.

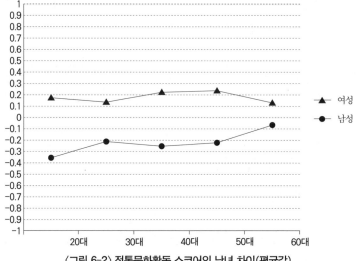

〈그림 6-2〉 정통문화활동 스코어의 남녀 차이(평균값)

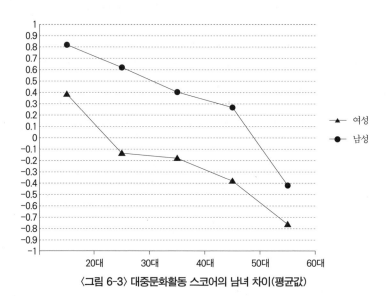

〈그림 6-3〉 대중문화활동 스코어의 남녀 차이(평균값)

2. 문화의 계층성과 젠더

문화의 계층성을 검토하기 위해서는 몇 가지 어프로치가 있다. 하나는 문화활동의 빈도를 지표로 하여 문화 소비의 계층 차이를 측정하는 방법이다. 이 방법은 미야지마·후지타 그룹이 실시한 대학생 조사에 채용·일반화되어미야지마·후지타 편, 1991 SSM 조사에서도 채용되고 있다. 그리고 기호의 계층성에 착목하면 음악 취미나 미술 취미를 각 장르에 대한 좋고 싫음 등의 척도로 측정하고 계층과의 대응을 살펴보는 방법이 있다. 또한 미적 감성의 계층성 또는 지식·교양의 계층성을 측정하거나가타오카편, 2000 언어자본의 지역성에 착목한 나카노 유미코中野由美子, 1974의 연구가 있다. 게다가 후지타 히데노리 외1992의 대학생 조사에서는 언어 득점의 지역 차이가 그다지 별로 크지 않다고 지적하고 있다. 그 밖에 요시카와吉川의 시도 등이 있다.

제2장의 대응 분석에서는 문화와 사회적 위치와의 배치 상황을 밝히고 제4장에서는 소비되는 장르 수를 기준으로 문화의 상징적 경계의 문제로서 분석을 진행해왔다. 여기서는 문화 소비의 계층성을 문화활동의 빈도도 고려하여 먼저 교차표 분석 또는 기술 통계를 이용하여 문화 소비의 사회적 특성을 자세히 살펴보도록 한다. 남녀별로 사회적 요인과의 관련을 밝힘으로써 젠더에 의한 문화 소비의 차이를 검토한다. 사회적 히에라르키를 대표하는 요인으로서 직업, 학력, 수입을 예로 들어 검토한다.

SSM 직업 8분류와 문화활동

직업에 의한 문화활동의 차이에 대해 남녀별 집계를 이용하여 요약해 보자. 〈표 6-4〉는 SSM 직업 8분류별 문화활동 경험자율을 남녀별로 집

〈표 6-4〉 SM 직업 8분류와 문화활동 경험자율(%)

	성별	전문	관리	사무	판매	숙련	반숙련	비숙련	농업	주부·무직 기혼 (사별·이혼 포함)	x^2검정
클래식 콘서트	남자	38.5	29.2	27.2	21.2	14.5	18.0	14.0	3.1	–	p < 0.001
	여자	64.4	50.0	51.2	32.2	28.9	27.7	27.5	19.6	33.1	p < 0.001
미술전· 박물관	남자	71.8	61.2	54.5	42.5	32.4	38.1	37.2	23.4		p < 0.001
	여자	75.0	50.0	63.9	46.5	41.5	42.3	33.3	35.3	52.1	p < 0.001
가부키·노 ·분라쿠	남자	10.9	18.6	9.2	7.0	3.3	5.0	9.3	1.6		p < 0.001
	여자	28.6	40.0	21.9	10.1	11.1	8.2	10.0	9.8	15.9	p < 0.001
가라오케	남자	77.9	77.3	79.4	73.1	73.1	76.6	61.4	53.1	–	p < 0.001
	여자	71.8	50.0	71.9	65.3	68.7	58.0	47.6	41.5	48.3	p < 0.001
파친코	남자	41.2	35.9	51.2	55.1	49.3	52.8	38.6	29.7	–	p < 0.001
	여자	22.8	0.0	26.4	21.4	19.5	12.5	17.5	5.8	12.1	p < 0.001
골프·스키 ·테니스	남자	66.1	73.3	62.6	55.6	42.1	38.7	38.1	9.4	–	p < 0.001
	여자	56.0	20.0	43.4	25.2	16.1	16.2	7.3	7.7	21.7	p < 0.001
꽃꽂이 ·다도·서예	남자	9.3	8.4	4.9	4.2	3.3	3.7	2.4	7.8		p < 0.162
	여자	38.1	30.0	29.7	25.7	18.8	15.3	9.8	11.3	27.9	p < 0.001
단가 ·하이쿠	남자	9.2	10.1	5.3	5.0	1.9	0.7	9.3	6.3	–	p < 0.003
	여자	4.9	0.0	4.7	6.5	5.0	2.7	2.6	3.9	6.9	p < 0.672
사회활동	남자	32.1	35.3	28.6	32.6	23.0	24.4	30.2	37.5	–	p < 0.136
	여자	33.3	40.0	27.4	23.7	21.3	17.3	25.0	24.5	32.8	p < 0.021
소설 ·역사책	남자	87.0	76.9	75.9	55.9	41.5	49.6	51.2	50.0	–	p < 0.001
	여자	86.7	70.0	77.0	58.6	56.8	48.2	50.0	37.0	61.7	p < 0.001
스포츠신문 ·여성지	남자	74.8	78.3	81.6	77.6	74.2	76.1	78.6	45.3	–	p < 0.001
	여자	80.6	70.0	84.5	78.6	79.5	71.4	66.7	60.4	68.2	p < 0.001
빵·과자 만들기	남자	14.1	8.7	8.3	5.7	3.9	3.1	2.4	3.1	–	p < 0.004
	여자	70.2	50.0	26.7	48.6	42.7	51.8	53.5	45.3	58.6	p < 0.004

주석 1 : 문화활동 경험자율이란 '최근 5, 6년에 1번 이상' 활동 경험이 있는 자의 비율(%).
주석 2 : 본 표의 출처은 가타오카(1997b)에서 제시한 결과이며 가타오카(1998e)에도 게재되어 있다.

계하여 나타내고 있다. 남녀별 교차표에서 독립성 검정을 실시하면 대부분의 활동에서 직업계층에 의한 차이가 보인다. 기본적으로 전문직, 관리직, 사무직인 화이트칼라를 중심으로 한 층에서는 '클래식 음악 콘서트'나 '미술전·박물관', '가부키·노·분라쿠', '꽃꽂이·다도·서예', '소설·역사책을 읽는다', '빵·과자 만들기'라는 위신이 높은 문화활동을 소비하는 자가 많다. 그와 동시에 사무직층에서는 '가라오케', '파친코', '스포츠신문·여성주간지'라는 위신이 낮은 활동의 경험률도 높다. 특히 가라오케나 파친코는 위신이 낮은 활동이지만 그 소비자의 직업 위신은 반드시 낮다고는 말할 수 없다. 오히려 블루칼라층의 가라오케나 파친코의 경험자율은 화이트칼라층을 밑돌고 있다. 이것들은 국민적 대중문화라고 할 수 있을 것이다.

〈표 6-4〉의 경험자율에서 알 수 있는 것은 첫째, 직업에 의해 문화활동에 차이가 보인다는 점과 둘째, 화이트칼라층 쪽이 블루칼라층보다도 다양한 문화활동에 참가하고 전체적으로 경험자율이 높다는 점이다. 두 번째 경우와 관련하여 화이트칼라층이 현대에는 다양한 문화를 소비한다는 문화적 옴니보어 가설이 지지받는 것은 여기서도 분명히 드러나 있다.

사회활동봉사활동이나 소비자운동 등 항목은 문화 위신 스코어가 가장 높은 활동이다. 그러나 표의 결과를 보면 다른 항목과 매우 다른 경향을 보이고 있어 활동 경험자율이 반드시 직업 위신의 높이에 반드시 비례하는 것은 아니다. 다음으로는 '사회적 활동봉사활동 등'을 행하는 사람들의 특성을 예로 들어 검토해보자. 다양한 문화활동에서 직업적 차이가 보이지만, 그것은 경제자본 효과나 위신 효과 또는 직업이 조직화되는 방식의 문제 등을 다면적으로 내포한 복합적인 효과로 나타나기 때문이다.

'사회적 활동봉사활동·소비자활동 등'의 특징

〈표 6-4〉를 보면 남성의 경우 '사회적 활동봉사활동·소비자활동 등'의 주요 담당자는 농업층과 관리직, 전문직, 판매직이다. 또한 여성의 경우 사회적 활동의 주요 담당자가 되는 직종은 관리직, 전문직, 주부층이었다. 그러나 직종이 아니라 종업 형태에 주목해보자. 〈표 6-5〉에 나타나듯이 사회활동의 경험자율이 높은 주요 종업 형태는 남녀 모두 경영자와 자영업주自營業主였다. 사회적 활동을 과거 몇 년 간 한 번 이상 경험한 자의 비율은

전체 중 남성이 29.1%, 여성이 28.2%였는데 그에 비해 경영자 남성 경험자율은 42.6%, 경영자 여성 경험자율은 45.8%로 높은 수치를 보였다. 또한 경영자에 이어 자영업주도 높은 비율을 보였는데 자영업주 남성 경험자율은 32.4%, 자영업주 여성 경험자율은 34.0%였다. 남성의 경우 학생 경험자율도 높지만 구성 비율이 적기 때문에 그다지 일반화할 수는 없다. 여성의 경우 무직 주부층은 32.5%로 높다. 이에 대해 일반 종업자층에서는 남성 경험자율은 26.4%, 여성 경험자율은 24.3%였다.

〈표 6-5〉 사회적 활동의 경험자율과 종업 형태(남녀별)

종업 형태	구성자수(명)		경험자율(%)	
	남성	여성	남성	여성
경영자·임원	101	24	42.6	45.8
일반 종업자	668	301	26.4	24.3
임시 고용	44	249	30.0	24.1
파견 사원	1	5	0.0	0.0
자영업주	225	50	32.4	34.0
가족 종업자	17	147	23.5	24.5
내직(內職)	0	21	–	23.8
학생	25	9	36.0	11.1
무직	110	557	25.5	32.5

또한 표에는 제시되어 있지 않지만 같은 직업이라도 일반 종업자와 자영업주·경영자를 비교하면 자영업주 또는 경영자의 경우 대부분의 직종에서 사회활동의 경험자율이 일반 종업자보다도 확실히 높았다.

이상과 같이 사회적 활동을 설명하는 요인은 직종보다도 종업 형태임을 알 수 있다. 경영자층과 자영업주층, 그리고 전업주부층이 사회적 활동을 한다고 할 수 있을 것이다.

사회적 활동은 학생이나 주부가 하는 봉사활동를 제외하면 일반적으로는 모두 지역이나 단체에 의해 조직화된 활동의 일부로서 행해지고 있다. 예를 들면 자영업층이라면 '지역활성화'와 영업활동을 겸해 상점가 주최의 봉사활동이 조직된다. 또한 농업에서는 취락 단위의 공동작업도 많고 소방단을 형성하거나 지역이나 취락 보전에 관련된 공동체가 요청하는 사회적 활동이 많이 존재하고 있다. 따라서 농업층이나 경영자층·자영업층의 사회적 활동은 주체적인 개인 단위의 활동이라기보다는 공동체 유지를 위해 조직화된 활동 혹은 장래적인 영업적 이익을 전망하는 전략의 하나로서 조직화되어 있다. 즉 남성의 '사회적 활동' 대부분은 그 직업생활과 밀착하여 지역에서 조직화되고 있는 경우가 많다고 생각된다.

사회적 활동에 관한 문화 위신 스코어는 가장 높은 68.43이었는데 이 평가의 높이와 담당자의 직업 위신이 그다지 대응하지 않는 것은 남성의 사회적 활동이 직업생활과 결부되어 조직화되었기 때문이다. 또한 조사 시기부터 생각하면 한신아와지阪神淡路대지진 이후의 봉사활동에 대한 평가의 상승과 사회적 활동의 높은 평가는 관련되어 있을지도 모른다.

3. 고학력화와 문화자본

학력자본과 문화자본의 대응으로 보는 남녀 차이

크리스토퍼 젠크스Christopher Jenks · 데이비드 리즈먼David Riesman, 1968은 고학력화로 인해 대량의 문화 이동cultural mobility이 생겨난다고 예상했는데 학력에 따른 문화 소비의 격차를 남녀별로 살펴보자. 〈표 6-6〉은 남녀별·학력별 문화활동 경험자율을 나타내고 있다. 학력과 문화활동 간에는 상당히 밀접한 관련성이 인정된다.

대부분의 활동에서 학력에 의한 차이가 생겨나고 있고 고학력층 쪽이

<표 6-6> 학력별 문화활동 경험자율

	성별	학력			x^2검정
		중학교	고등학교	대학교	
클래식 콘서트	남자	9.0	18.7	37.3	p〈0.001
	여자	17.5	39.1	60.4	p〈0.001
미술전·박물관	남자	26.5	43.9	66.2	p〈0.001
	여자	30.1	54.6	76.6	p〈0.001
가부키·노·분라쿠	남자	4.1	6.7	13.2	p〈0.010
	여자	10.1	15.4	28.0	p〈0.001
가라오케	남자	54.5	76.1	77.2	p〈0.001
	여자	47.3	60.4	67.8	p〈0.001
파친코	남자	36.3	47.7	44.7	p〈0.001
	여자	14.0	17.7	17.7	p〈0.581
골프·스키·테니스	남자	17.6	50.7	68.7	p〈0.001
	여자	5.2	26.9	57.3	p〈0.001
꽃꽂이·다도·서예	남자	4.5	5.4	6.7	p〈0.233
	여자	12.7	27.1	39.4	p〈0.001
단가·하이쿠	남자	3.8	4.3	8.6	p〈0.017
	여자	2.5	7.0	5.6	p〈0.152
사회적 활동	남자	25.0	29.4	31.4	p〈0.615
	여자	18.7	30.9	32.0	p〈0.001
소설·역사책	남자	32.8	62.1	83.2	p〈0.001
	여자	36.5	68.1	86.1	p〈0.001
스포츠신문·여성주간지	남자	61.4	79.0	71.9	p〈0.001
	여자	60.2	77.7	80.9	p〈0.001
빵·과자 만들기	남자	2.7	5.3	10.8	p〈0.002
	여자	34.0	59.4	72.5	p〈0.001

다양한 문화활동에서 경험자율이 높음을 알 수 있다. 즉 **고학력화된 사회가 도래함에 따라 문화활동의 전체적인 활동 레벨은 향상되고 고학력층을 중심으로 문화 이동이 생기는 것**이라고 생각된다. 그러나 이것이 순수하게 학력 효과의 결과인지 아니면 가정에서의 초기 문화적 사회화의 결과인지에 대해서는 특별히 검토가 필요하다.

'파친코'와 남성의 '스포츠신문·여성주간지'라는 위신이 낮은 활동에는 남녀 모두 고졸 레벨의 학력층과 함께 대졸층에서도 경험자율이 높다. 그 이외에 고학력자들은 전체적으로 다양한 문화활동에 참가하고 있고 위신이 높은 상위문화와 대중문화 양쪽을 소비하는 문화적 옴니보어가 되는 경향이 있다.

경험했느냐 안 했느냐의 레벨경험자율로 비교하면 특히 대중문화에의 접근이라는 점에서는 고학력층 쪽이 높다. 대중문화의 부분에서는 문화 위신 히에라르키와 학력자본 히에라르키는 전혀 대응하고 있지 않을 뿐만 아니라 역전관계를 나타낸다.

학력과 문화의 대응은 정통문화 스코어와 대중문화 스코어로 나타내면 더욱더 명확해진다. 이들 스코어는 경험자율이 아니라 빈도의 정보가 포함되어 있기 때문이다. 〈그림 6-4〉는 문화 소비 패턴 2차원 평면에 남녀별 학력 평균득점을 플롯한 결과이다. 여기서는 좀 더 쉽게 볼 수 있도록 정통문화 스코어를 세로축으로, 대중문화 스코어를 가로축으로 하여 남녀 학력별 평균값을 플롯했다.

〈그림 6-4〉을 보면 세로축에서 여성은 학력과 정통문화가 강한 비례관계에 있고 고학력 여성일수록 정통문화 기호가 강해짐을 알 수 있다. 남성도 고학력층일수록 정통문화 기호가 강한데 여성만큼 명확한 학력 차는 생기지 않는다. 남성의 정통문화에 대한 학력 차는 여성과 비교하여 상대적으로 작다고 할 수 있을 것이다. 대졸 남성은 전체 중 문화적 중간층에 속하지만 문화 엘리트라고는 말할 수 없다. 그러나 일본에서 대졸 여성은 정통문화의 높이에서 문화 엘리트의 위치에 있다. 그렇지만 대중문화와는 아무런 관련이 없는 문화 엘리트가 아니라 대중문화도 어느 정도는 섭취하는 문화적 옴니보어화되고 있는 문화 엘리트이다.

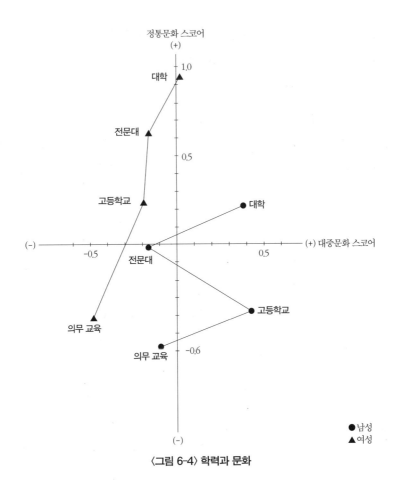

〈그림 6-4〉 학력과 문화

　대중문화를 나타내는 가로축과 비교해 보면 학력과의 관련이 인정되지만 정통문화만큼 큰 차이는 아니다. 전문대졸 남성을 제외하면 학력이 높을수록 남녀 모두 대중문화 섭취가 많아진다고 할 수 있을 것이다. 그러나 남성은 고졸과 대졸이 거의 같은 대중문화 스코어로 차이가 없기 때문에 학력과의 관련성이 크다고는 말할 수 없다.

　전체적으로 고학력화가 될수록 정통문화와 대중문화 양쪽에 관여하는 문화적 옴니보어가 되기 쉬움을 그림을 통해 간취할 수 있을 것이다. 특히 여성은 정통문화와 학력과의 대응관계가 매우 강하다. 바꾸어 말하면 일본 여성은 학력자본과 신체화된 문화자본의 대응관계가 높다고 생각된다. 그러나 남성이 고학력이라는 것은 대중적이게 됨을 동시에 의미하고 있기 때문에 대졸 남성은 문화적 옴니보어층이 많다. 즉 남성은 학력자본과 신체화된 문화자본의 대응이 약하다고 말할 수 있다. 그리고 학력이 상대적으로 낮다는 것은 다양한 문화활동에 참가할 기회가 적어짐을 시사하고 있다. 즉 사회의 고학력화는 문화 소비를 전체적으로 높이는 방향으로 작용하고 문화적 옴니보어화가 진행함을 예상할 수 있다.

학력 엘리트는 문화 엘리트인가

일본의 학력 엘리트는 문화 엘리트가 아니라고 다양한 방면에서 지적되고 있다.[2] 즉 이 말은 고학력층이 상류계급문화를 몸에 익히지 않는다는 의미이다. 원래 엘리트의 문화적 특성에 대해서는 사회에 따른 차이가 있지만 일본에서는 메이지기 이래 화족華族계급의 구게公家문화나 사족士族계급의 무가武家문화가 가장 전통적인 것이라고 할 수 있다. 그러나 제2차 세계대전에 의한 패전 결과, 그러한 문화에도 단절되는 부분이 많았다고 생각된다. 농지개혁에 따라 토지 소유에 의한 지배계급이 몰락함으로써 전후에는 새로운 지배계급이 형성되었다. 그러나 문화적 전통이 급격한 사회 변동에 따라 어느 정도 해체되었는지 또는 지속되었는지에 대한 연구는 적다.[3]

일본의 학력 엘리트에 어째서 '교양 없는 학력 엘리트'가 많은가라는 이유에 대해 다케우치[1995]는 교육 선발에서 상류계급문화는 관계가 없는 점, 선발 시스템의 투명성이 높은 점을 지적하고 있다.

이미 제4장에서 밝힌 것처럼 일본의 상위문화 소비는 대중화되면서도 역시 상징적 경계가 되어 경제계층의 경계와 문화계층의 경계를 나타내고 있다. 그리고 〈표 6-4〉를 보면 직업계층에 따라 정통문화의 섭취 빈도가 다르고 상층계층일수록 정통문화활동이 확실히 활발하다. 그리고 여기서는 **정통문화를 많이 소비하는 것이 문화 소비 측면에서 문화 엘리트라고 조작적으로 정의**하기로 하자. 그와 더불어 문화 엘리트라는 것은 모든 문화 소비 측면에 한정된 문제로 취급한다.

앞의 분석에서 같은 대졸이라도 여성은 문화 엘리트이고 남성은 평균적으로 고졸 여성 정도의 정통문화 소비를 나타내어 문화 엘리트가 아님이 밝혀졌다. 여기서는 학력 엘리트가 어느 정도로 문화 엘리트인지 학력과 문화의 대응을 좀 더 자세히 분류해보자.

우선 정통문화 스코어를 기초로 3개의 그룹으로 나누었다. 전체 중에서 상위 3분의 1$^{상위 33.3\%}$을 정통문화 상위자, 중위 3분의 1$^{33.4\%}$을 정통문화 중위자, 하위 3분의 1$^{33.3\%}$을 정통문화 하위자로 정했다. 특히 **정통문화 상위자를 문화 엘리트**라고 명명하기로 한다.

그리고 학력별로 정통문화 3개 그룹의 구성비를 산출했다. 정통문화 상위자가 각 학력층에서 차지하는 비율은 대졸 48.1%, 전문대졸 53.4%, 고졸 32.9%, 중졸 16.8%였다. 대졸은 전문대졸보다도 문화 엘리트가 적다. 그러나 대학·전문대, 고등학교, 중학교라는 학력 사이에는 확실히 학력과 문화 소비가 비례관계에 있음을 알 수 있다.

그래서 그다음에는 남녀 차이를 고려하여 집계했다. 〈그림 6-5〉에서 나타나듯이 대졸 남성이 차지하는 문화 엘리트$^{상위 3분의 1}$의 비율은 39.2%이고 고졸 남성이 19.4%로 거의 2배가 된다. 대졸 남성의 약 40%가 문화 엘리트이지만 **전체적으로 대졸 남성은 고졸 여성과 거의 비슷한 수준의 정통문화 소비**를 하는 것으로 나타난다. 여성을 학력별로 살펴보면 학력 격차는 남성 이상으로 크다. 대졸 여성이 차지하는 문화 엘리트는 73.6%, 전문대졸 58.6%, 고졸 42.8%, 중졸 19.8%이기 때문에 대졸에 한해서 살펴보면 여성 중에는 문화 엘리트가 73.6%로 많고 남성의 2배 남짓한 비율이다. 즉 대졸 여성은 학력과 문화가 대응하고 있음을 알 수 있다. 그러나 대졸 남성 대부분60% 이상은 문화 엘리트가 되지 못하여 학력과 문화가 불일치한 상태이다. 바꾸어 말하면 지배계급의 아비투스와 문화를 몸에 익히는 것이 남성 학력 엘리트에게는 문제가 되지 않는다고 생각된다. 그렇다면 왜 남녀에게 이와 같은 다른 상황이 생긴 것일까.

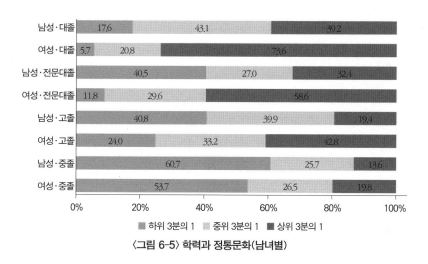

〈그림 6-5〉 학력과 정통문화(남녀별)

우선 대졸 학력 엘리트의 구성비는 남성 26.5%, 여성 8.1%이므로 여성 쪽이 대졸 선발도가 높다. 대졸자의 정통문화 소비에서 보이는 남녀차이는 선발도의 차이에서도 생겨나고 있다. 여기서는 대졸자의 출신계층을 남녀별로 비교해보자.

학력과 부친의 주요 직업과의 관련을 나타낸 결과가 〈표 6-7〉이다. 남녀별로 각 학력을 100으로 산정한 경우 아버지 주요 직업의 구성을 나타내고 있다.

부친의 주요 직업	본인 학력							
	남성				여성			
	대학 이상 (302)	전문대 (35)	고등학교 (532)	중학교 (262)	대학 이상 (101)	전문대 (149)	고등학교 (700)	중학교 (300)
전문직	17.2	5.7	3.6	2.3	26.7	14.8	5.0	0.7
관리직	24.5	22.9	7.1	0.8	28.7	24.8	9.6	2.0
사무	15.6	20.0	9.4	2.3	16.8	10.7	12.7	6.3
판매	10.6	17.1	10.0	7.6	13.9	12.8	10.4	7.0
숙련직	11.3	14.3	20.3	23.3	7.9	12.8	20.6	17.0
반숙련직	9.3	2.9	16.9	8.0	5.0	9.4	12.7	8.0
비숙련직	0.7	0.0	4.5	6.1	0.0	1.3	5.9	4.7
농업	10.9	17.4	28.2	49.6	1.0	13.4	23.1	54.3
합계(%)	100.0	100.0	100.0	100.0	100.0	100.0	100.0	100.0

( ) 안은 실수(實數).

〈표 6-7〉에서 대졸자의 출신계층을 살펴보면 아버지가 전문직인 비율은 대졸 남성의 17.2%인 반면 대졸 여성은 26.7%를 차지한다. 관리직의 비율은 남성 24.5%, 여성 28.7%로 역시 여성이 많다. 전문직·관리직으로 대표되는 상층계층의 문화가 부모에서 자식으로 전달되고 있다고 하면, 대졸 남성 쪽이 대졸 여성보다도 정통문화 소비가 낮은 것은 충분히 이해할 수 있다. 그러나 대졸 남성의 정통문화 소비는 고졸 여성과 거의 같다. 그렇지만 부친의 직업계층을 살펴보면 대졸 남성의 출신계층 구성은 전문대졸 여성과 거의 같으므로 고졸 여성보다는 화이트칼라에 훨씬 치우쳐 있음을 알 수 있다. 따라서 역시 대졸 남성의 정통문화 소비는 출신계층문화에서 오는 것만으로는 설명할 수가 없다.

이과계와 문과계의 문화 차이

찰스 퍼시 스노우Charles Percy Snow는 영국 지식인층이 이과 또는 문과인지에 따라 다른 문화를 가진 그룹으로 나누어지고 있음을 지적했다.스노우, 1964 즉 문학적 지식인과 과학자는 '같은 정도의 지식을 가진 같은 인종 출신이며 성장 과정도 별반 다르지 않고 비슷한 수입을 가지면서 서로 교제를 그만두고 교양이나 도덕, 그리고 심리적인 경향에는 공통적인 것이 거의 없다'고 한다. 일본의 대학생을 살펴보아도 이과계 대학생과 문과계 대학생 사이에는 대학생활을 보내는 방식이 상당히 다른 것 같다. 이과계는 실험이나 수업에 얽매이는 것이 많은 대학생활을 보내지만 문과계는 대체로 자유 시간이 많은 대학생활을 보낸다.

이과계인가 문과계인가라는 진로의 차이가 다른 문화적 경향을 낳는지를 같은 1995년 SSM 조사의 남성 데이터에서 검토한 이와모토 다케요시岩本健良에 따르면 문과계와 이과계는 비슷한 정도로 정통문화활동클래식 음악회, 미술전·박물관, 소설·역사책을 읽는다과 대중문화활동가라오케, 파친코, 스포츠신문·여성주간지을 하는 반면, 전통문화활동가부키·노·분라쿠, 꽃꽂이·다도·서예, 단가·하이쿠에 대해서는 문과계 쪽이 이과계보다도 한층 더 참가하고 있음을 밝혔다.이와모토, 1998a 그러나 전체적으로 볼 경우 이과계 남성과 문과계 남성의 차이는 결혼 후에 현저하게 나타난다고 한다.

확실히 제2장 생활양식 공간에서도 이과계 상급기술자 등은 전통문화활동에서 가장 먼 위치에 있었고 문과계 대부분의 교원층과 비교해도 클래식 음악회 등 서양문화 취미와는 거리가 멀었다. 일본의 이과계 학력자본 보유자는 그 학교생활이나 직업생활을 통해 문화의 정통적 취미를 형성하기 어려운 조건에 놓여 있다고 생각된다. 이처럼 이과계 남성 학력 엘리트와 문과계 여성 학력 엘리트와의 문화적 차이는 크다고 할 수 있다.

4. 문화 귀족과 문화적 벼락출세 문화 획득은 학교인가 가정인가

문화 소비에 나타나는 취미의 차이, 바꾸어 말하면 아비투스의 차이는 학교에서 획득한 문화 효과인가 그렇지 않으면 출신 가정에서 부모로부터 상속 받은 문화자본상속 문화자본인가. 그렇다면 어느 쪽의 영향이 강할까. 지금까지의 분석에서는 학교도 가정의 문화도 모두 상위문화에 대해 강한 효과를 가지는 것이 분명하지만예를 들면 제4장 여기서는 카테고리별 분석으로 학력과 상속 문화자본의 교호작용에 대해서도 검토하기로 한다.

문화 획득이 학교에서만 이루어진다면 상속 문화자본이 많고 적음으로 문화 소비에는 차이가 없을 것이다. 여기서는 제4장에서 작성한 상속 문화자본 스코어를 상위 3분의 1씩 3분할한 다음, 상속 문화자본 스코어의 상위, 중위, 하위 3개의 층4으로 나누어 비교한다.

〈그림 6-6〉과 〈그림 6-7〉에는 남녀 각각의 정통문화 스코어를 학력별5·상속 문화자본별로 비교하기 위해 분산 분석을 실시했다. 분산 분석 결과를 통해 남녀 모두에게 말할 수 있는 것은 정통문화에서도 대중문화에서도 학력과 상속 문화자본은 독자적으로 유의한 플러스 효과를 나타내고, 2개의 변수 간 교호작용은 나타나지 않았다. 즉 학력자본과 가정의 신분문화는 각각 독자적으로 성인이 된 후의 문화 소비에 영향을 주고 있다고 할 수 있다.

〈그림 6-6〉과 〈그림 6-7〉에서 같은 학력이라도 출신 가정의 상속 문화자본이 상위층일수록 정통문화활동이 많아진다. 가정에서 이른 시기에 획득한 문화 효과는 학교 교육을 거쳐도 성인이 된 후의 문화 소비를 좌우하는 지속적인 효과를 지니고 있다. '세 살 버릇 여든까지'라고 일컬어지듯이 가정의 문화자본 효과는 크고 동시에 지속적이다.

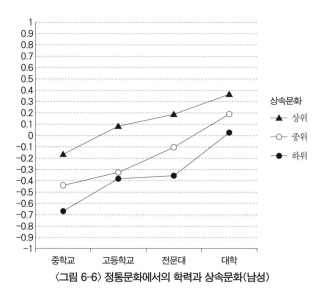

〈그림 6-6〉 정통문화에서의 학력과 상속문화(남성)

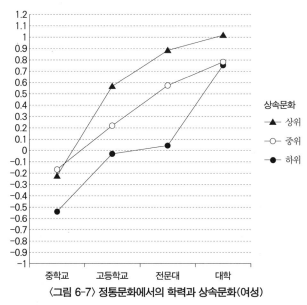

〈그림 6-7〉 정통문화에서의 학력과 상속문화(여성)

남녀 모두 전문대 학력 또는 고등학교 학력의 경우 상속 문화자본에 의한 차이가 명확하고 가정문화가 있으면 정통문화로 향하지만 그렇지 않으면 정통문화에서 멀어지기 쉬운 구조를 가지고 있다. 즉 고등학교 또는 전문대 학력자 중에는 문화자본을 학력자본으로 전환할 수 없는 층이 상당히 포함되어 있기 때문이라고 생각된다. 그러나 대졸자에는 다른 학력과 비교하여 상속 문화자본의 차이가 축소된다. 이에 대해서는 문화적 벼락출세라는 시점에서 그 이유를 고찰하기로 한다.

그리고 학교 효과도 크다. 따라서 상속 문화자본이 하위라 하더라도 높은 학력을 받음으로써 정통문화활동은 상승한다. 학교는 확실히 정통문화활동을 남녀 모두에게 상승시키는 효과를 지니고 있다. 그리고 〈그림 6-7〉을 보면 학교 효과는 여성 쪽이 현저하게 크다고 추측할 수 있다. 상속 문화자본 하위 그룹의 정통문화 스코어가 고졸과 전문대졸에서는 거의 같은데 대학에 들어감으로써 크게 상승했기 때문이다. **상속 문화자본이 적은 여성에게 4년제 대학은 문화적으로 벼락출세할 수 있는 장치가 되었다.** 이것이 교육 효과에 의한 것인지 학력에 따른 상징적 강제 효과에 의한 것인지 혹은 배우자의 지위 영향이라는 계층적 상승 이동에 의한 것인지는 여기서 특정할 수 없지만, 여성의 진로가 문학부 등 문과계에 많은 것은 관계가 있다고 생각된다.

또한 〈그림 6-6〉에서 남성의 경우 상속 문화자본이 상위인 고졸자는 상속 문화자본이 하위인 대졸자보다도 약간 높은 정통문화 스코어를 나타내고 있다. 즉 고졸 남성의 18.2%에 해당되는 문화자본 상위 고졸자와 문화자본 하위 대졸 남성의 문화 소비는 거의 중첩되고 대졸 남성 300명 중 77명, 즉 대졸 남성의 25.7%라는 평균은 일부 고졸자 평균보다도 정통문화적이지 않다. 여기서 일본의 대졸 학력은 문화 엘리트가 아니라는 담론을 보강하는 토양이 된다. 그러나 여성의 경우 고졸과 4년제 대졸 사이에 상속 문화자본에 관계없이 명확한 문화 격차가 생겨나고 있다. 전체적으로 볼 경우 대졸 남성은 상대적으로 정통문화적이지만 사회 전체에서 보면 여성보다는 낮고 역시 중위에 속한다는 점에서 남성 학력 엘리트를 일본에서는 문화 엘리트라고 부를 수 없다.

이상으로 여성에게 있어 대학에 입학한다는 것은 출신 가정의 신분문화의 효과를 상당 부분까지 없앨 수 있음을 알 수 있다. 즉 대졸 여성이라는 것은 그것만으로 정통문화 소비에 대한 효과를 가지고 있고, 출신계층의 문화적 빈곤에서 오는 마이너스를 커버하는 효과를 지니고 있다고 말할 수 있다.

여기서 문화적 벼락출세를 '상속 문화자본이 하위인 자가 중위 혹은 상위와 동등 이상의 문화 소비를 행하는 것'이라고 조작적으로 정의하자. 이 문화적 벼락출세의 정의에 따르면 대졸 여성에서만 문화적 벼락출세가 가능하다. 역시 남성들은 교육에 따른 가정의 문화 격차를 해소하지 못하고 있음을 알 수 있다. 그러나 대졸 여성 106명 중 문화적 벼락출세는 겨우 5명이기 때문에 대졸 여성의 4.7%에 불과하다. 대졸 여성 106명 중 상속 문화자본 상위자는 78명[73.6%]이고 상속 문화자본 중위자는 23명[21.7%]이었다. 따라서 대졸 여성의 정통문화 소비자 중 문화적 벼락출세는 극소수에 불과하다. 그만큼 여성에게는 교육 선발 과정에서 문화 선발이 작동하여 가정문화의 상위층이 대학까지 도달한다는 구조를 가지고 있다고 추찰할 수 있다.

덧붙여 말하면 가정문화 상위자인 여성 379명[여성 전체의 29.7%]의 학력 구성은 20.6%가 4년제 대학에 진학하고 19.5%가 전문대에 진학하며 55.1%가 고졸, 4.7%가 중졸이다. 이에 대해 가정문화 하위자인 여성 484명[여성 전체의 38.0%] 중 4년제 대졸 1.0%, 전문대졸 5.0%, 고졸 53.5%, 중졸 40.5%로 상속 문화자본의 격차는 학력 격차를 낳고 있다. 그러나 연령 차이도 포함되기 때문에 가정문화의 효과는 엄밀하게 말하면, 다른 여러 변수를 컨트롤한 모델에 의해 교육 달성 과정에서의 문화 선발 문제로서 제7장과 제8장에서 검토하고 있다.

이상과 같이 일본의 학력 엘리트에서 정통문화 취미를 보이는 사람들은 가정의 신분문화의 연장으로서 문화 엘리트가 되는 **문화 귀족**의 경우와 **벼락출세한 문화 엘리트**인 경우가 혼재하고 있음을 의미하고 있다. 바꾸어 말하면 일본에서 **대학 교육에 의해 초기 가정의 문화적 격차를 메우는 것은 남성에서는 어렵지만 여성에서는 어느 정도 가능하다. 문화적으로 벼락출세할 수 있는 것은 여성이 대학 교육을 받음으로써만 가능함을 알 수 있다.** 즉 대졸 여성에게는 문화적이라는 것이 과제가 되고 있지만 남성에서는 대졸이라도 문화적이라는 것은 반드시 과제가 되지 않는다고 할 수 있다.

왜 대졸 여성만이 문화 소비에서 이와 같은 '벼락출세 효과'를 가지는 걸까. 첫 번째 해석은 대학에서의 문화 획득이 매우 능숙하게 기능하고 정통문화를 대학에서 학습했다고 생각된다. 문과계 진학이 여성에게 많은 것에서 대학 교육의 효과가 인정된다. 두 번째 해석은 대졸이라는 지위가 '학력에 따른 상징적 강제 효과'를 발휘하고 사회로부터 기대 받는 문화 소비의 레벨을 유지하도록 문화적으로 벼락출세의 노력을 강요하기 때문이다. 그것은 남성이 아니라 여성에게 작동되기 쉬운 사회라고 생각된다. 세 번째 해석은 유년기 이후 특히 중학교부터 대학교까지의 선발 과정에서 문화적인 선발이 작동되고 조사에서는 드러나지 않았지만 상속 문화자본이 높은 층이 대학 선발에서 살아남았다고 생각할 수 있다. 만약 그렇다면 조사에서는 조사하지 않은 종류의 가정 문화자본이 학력 자본으로 이미 전환되었기 때문이라고 생각된다. 네 번째 해석은 결혼 후

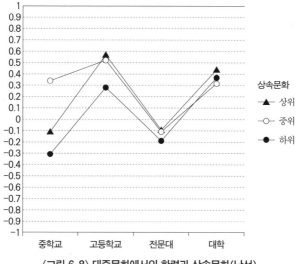

〈그림 6-8〉 대중문화에서의 학력과 상속문화(남성)

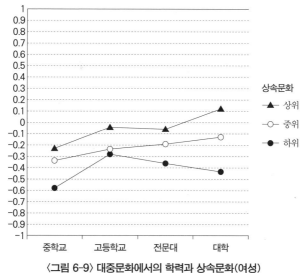

〈그림 6-9〉 대중문화에서의 학력과 상속문화(여성)

세대의 경제자본이나 배우자[남편]의 문화자본의 영향을 받아 새로운 문화 획득이 이루어지고 정통문화 소비가 초래되었다고도 생각된다.

덧붙여 대중문화에 대해 살펴보면 〈그림 6-8〉에서 남성의 경우 학력과 상속 문화자본의 효과는 유의적이었지만 큰 차이는 없다. 〈그림 6-9〉에서 여성의 경우에도 학력과 상속 문화자본은 유의적이었지만 상속 문화자본의 차이를 대학에서 약간 찾아볼 수 있다. 그러나 대중문화에서 남녀 모두 학력과 상속 문화자본의 효과는 크지 않았다.

역시 대학을 경험하는 것이 문화적인 상승을 가능하게 하는가에 대해서는 여기서 제시한 논문의 원전이 작성된 후 오마에 아쓰미[2002]의 검토도 있었고 향후 더 많은 추가적인 검토가 필요하다고 생각된다.

5. 수입과 문화 소비

경제적으로 풍요롭다는 것은 개인의 문화 소비에 어떻게 영향을 주는 걸까. '필요성으로부터의 거리'를 확보하여 정통문화로 향하게 하기 위해 경제자본은 중요한 기반을 제공한다. 여기서는 세대 수입과 문화 스코어의 관계를 살펴보기로 하자. 남녀별, 세대 연 수입별로 그래프화한 결과가 바로 〈그림 6-10〉과 〈그림 6-11〉이다.

세대 수입의 효과는 정통문화에서 명확하다. 특히 여성은 세대 수입이 많을수록 정통문화 스코어가 높아진다. 이는 남성도 마찬가지인데 여성만큼 강한 관계는 엿볼 수 없다. 마찬가지로 대중문화 스코어도 세대 수입과 약간 관련을 갖지만 연 수입 500만 엔 이상이면 남녀 모두 대중문화 섭취에 차이는 보이지 않는다. 역으로 일정한 연 수입이 없으면 대중문화 소비도 억제된다는 것이다.

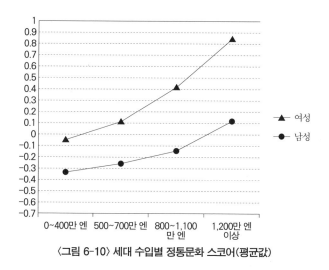

〈그림 6-10〉 세대 수입별 정통문화 스코어(평균값)

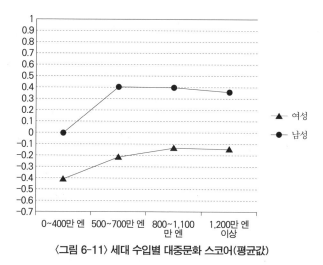

〈그림 6-11〉 세대 수입별 대중문화 스코어(평균값)

6. 문화의 구조 남녀 차이

문화 소비와 성, 연령, 계층요인직업, 학력, 수입과의 관계를 기술적으로 검
토해왔는데 모두 여성 쪽이 남성보다도 정통문화와 계층요인이 강한 관

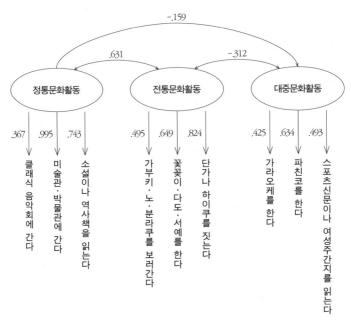

-.159

.631 -.312

정통문화활동 전통문화활동 대중문화활동

.367 .995 .743 .495 .649 .824 .425 .634 .493

클래식 음악회에 간다
미술관·박물관에 간다
소설이나 역사책을 읽는다
가부키·노·분라쿠를 보러 간다
꽃꽂이·다도·서예를 한다
단가나 하이쿠를 짓는다
가라오케를 한다
파친코를 한다
스포츠신문이나 여성주간지를 읽는다

〈그림 6-12〉 남성의 문화 구조(확증적 인자 분석의 측정 모델)

df = 21, x^2 = 46.49, x^2 / df = 2.21
모델 AIC = 94.49, GFI = 0.9907, *p ＜ .05
수치는 표준화.

련을 보였다. 문화적 지위가 계층과 결부되어 생기는 것은 여성이라고 생
각된다. 그렇다면 왜 문화 구조는 남녀가 다를까.

지금까지는 전체 데이터에서의 인자 분석으로 석출된 '정통문화 스코
어'와 '대중문화 스코어'에 의거하여 남녀를 비교 분석해왔다. 그러나 성
에 따라 문화가 가진 의미가 다르다고 한다면 남녀별로 문화 구조를 밝
혀야만 할 것이다.

문화활동 10개 항목의 빈도 데이터를 남녀로 나누어 탐색적 인자 분석
을 실시하고 그 결과를 바탕으로 LISREL[6]의 확증적 인자 분석에 착목했
다. 분석 결과 남성의 문화활동은 〈그림 6-12〉에 나타낸 3개의 개념으로
구성되고 각 개념 간의 상관계수가 산출된다. x^2값은 46.49, 자유도df가

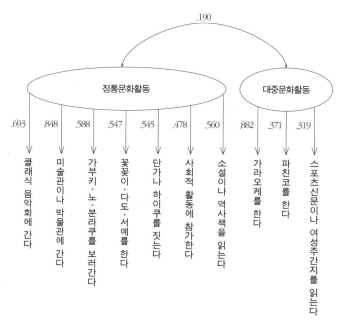

．190

정통문화활동

대중문화활동

．693　．848　．588　．547　．545　．478　．560　．882　．371　．319

클래식 음악회에 간다

미술관이나 박물관에 간다

가부키 · 노 · 분라쿠를 보러 간다

꽃꽂이 · 다도 · 서예를 한다

단가나 하이쿠를 짓는다

사회적 활동에 참가한다

소설이나 역사책을 읽는다

가라오케를 한다

파친코를 한다

스포츠신문이나 여성주간지를 읽는다

〈그림 6-13〉 여성의 문화 구조(확증적 인자 분석의 측정 모델)

df = 28, x^2 = 163.36, x^2 / df = 5.83
모델 AIC = 217.36, GFI = 0.976, *p〈.05
수치는 표준화.

21이고 모델의 적합성을 나타내는 x^2 / df는 2.21로 잘 맞는다. 마찬가지로 모델의 적합성을 나타내는 GFI도 0.991로 매우 좋다. 또한 여성의 문화활동 구조는 〈그림 6-13〉에 나타냈다. x^2값은 163.36, 자유도df는 28이고 모델의 적합성을 나타내는 x^2 / df는 5.83으로 남성보다도 내려가지만 충분히 허용할 수 있는 범위이다. 모델의 적합성을 나타내는 GFI도 0.976으로 충분히 채용할 수 있는 값을 나타냈다. 측정된 잠재 개념은 타원으로 나타내고 각 문화활동 항목이 현재화되어 있다.

　남성의 문화활동은 서양 취미의 정통문화서양적 정통문화활동와 전통문화활동, 그리고 대중문화활동이라는 3개의 인자 구조로 되어 있다. 서양적 정통문화활동과 전통문화활동은 개념 간의 상관이 0.631로 높지만 대중문화활동과는 각각 마이너스 상관계수를 나타냈다. 즉 서양적 정통문화와 전통문화에 많이 친숙한 남성은 대중문화로는 향하기 어렵다는 것을 나타낸다. 이것은 제2장의 생활양식 공간에서 제시한 3가지의 취미 분화와 같은 결과를 나타내고 있다. 남성의 문화활동은 서양적 정통문화와 전통문화의 관계가 강하면서도 완만하게 분화되어 그것들은 대중문화활동과는 거리가 있는 활동이 되었다. 그러나 제4장 문화 장르의 분석을 통해 일본은 정통문화도 대중문화도 모두 문화적 옴니보어가 많음을 밝힌 바 있다. 분석기법의 차이가 이와 같은 문화 소비의 다른 측면을 그려냈다.

여성의 문화활동에 대해서도 확증적 인자 분석을 실시하면 2개의 인자가 석출되어 정통문화활동과 대중문화활동으로 나뉘었다. 대중문화활동의 구성은 남녀 모두 같지만 남성과 달리 여성의 정통문화활동은 서양적 정통문화와 전통문화를 둘 다 가지고 있어 분화되지 않는다. 또한 정통문화활동과 대중문화활동이 약한 플러스 상관 0.190을 보인다.[7] 정통문화와 대중문화가 약한 상관을 보이는 이유 중 하나의 가능성은 SSM 조사에서 여성주간지라는 항목이 대중문화를 나타내는 항목으로서 스포츠신문과 함께 하나의 질문으로 제시되었기 때문이라고 생각된다.

스포츠신문과는 달리 여성주간지의 내용은 대중적인 것에서 중간적인 것, 실학적인 것으로 다양하고 스포츠신문과 동렬의 지표로 측정한 것에 원인이 있다고 생각된다.[8] 그러나 전체적으로 대중문화를 소비하는 여성은 제4장에서 나타냈듯이 여성 83.7%이고 남성 89.2%여서 비교해도 남성보다 적다. 또한 대중문화만을 소비하는 비율도 여성은 11.4%이고 남성은 14.2%로 여성 쪽이 약간 적다. 그렇다면 도대체 여성에게 대중문화는 왜 정통문화활동과 상관관계를 가지고 있는 것일까. 여성의 문화활동의 내부 분화에 대해 특히 자세하게 검토할 필요가 있을 것 같다.

7. 문화의 규정요인

문화활동을 규정하는 것은 무엇일까. 특히 정통문화에 적합한 가설 모델로서 다음을 예로 들 수 있다.

첫 번째 설명 모델은 사회 경제적 지위의 높이에 비례한다는 '**사회 경제적 지위 결정 모델**'이다. 문화 히에라르키와 사회 히에라르키가 대응함으로써 성립되는 계층 결정 모델이다. 직장문화의 영향도 생각할 수 있다.

두 번째 설명 모델은 가정에서 유래하는 문화계층의 차이가 온존하고 부모에서 자식으로 재생산되어 간다는 '**문화적 재생산 모델**'이다. 이것은 세대 간 문화 이동 모델로서 이해할 수 있다. 가족을 통해 가정문화가 상속·계승되어 간다. 첫 번째 계층 결정 모델과는 독립된 메커니즘이다.

세 번째 설명 모델은 가정이나 소속계층이 아니라 학교 교육에 의해 양성되는 문화적 능력이라는 '**학교 교육 모델**'이다. 이것은 학교에 의한 문화 획득에 따라 정통문화가 확대된다는 학교에 의한 문화적 학습 모델이다.

특히 정통문화에 대한 기호성은 주로 가정, 학교, 직장 각각의 영향을 받아 축적된 문화자본의 양에 비례한다고 생각할 수 있다. 이것을 그림으로 나타내면 〈그림 6-14〉가 된다. 출신 가정의 문화 환경을 통한 상속 문화자본의 계승이나 획득, 학교 교육을 통한 문화 획득 혹은 학력으로서의 승인, 직장문화의 영향이나 결혼 후 배우자의 문화 영향시라쿠라, 1998a을 생각할 수 있다.

설명 변수와 피설명 변수

정통문화나 대중문화는 실제 사회생활의 어떠한 사회적 맥락에서 생기는가를 밝히기 위해 문화활동과 사회적 지위 변수나 속성 변수와의 관

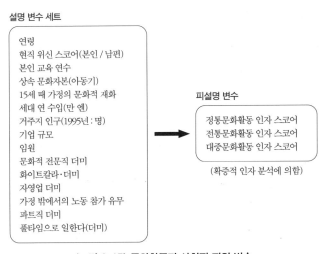

<그림 6-14> 문화자본 형성의 주요 '장소'

설명 변수 세트

연령
현직 위신 스코어(본인 / 남편)
본인 교육 연수
상속 문화자본(아동기)
15세 때 가정의 문화적 재화
세대 연 수입(만 엔)
거주지 인구(1995년 : 명)
기업 규모
임원
문화적 전문직 더미
화이트칼라·더미
자영업 더미
가정 밖에서의 노동 참가 유무
파트직 더미
풀타임으로 일한다(더미)

피설명 변수

정통문화활동 인자 스코어
전통문화활동 인자 스코어
대중문화활동 인자 스코어

(확증적 인자 분석에 의함)

<그림 6-15> 문화활동과 사회적 지위 변수

런성을 검토한다. 이를 위해 남녀별로 석출된 확증적 인자 스코어를 피설명 변수로 한 중회귀 분석을 실시했다. 문화 소비에 영향을 주는 본인의 사회적 지위로서 〈그림 6-15〉에 나타낸 변수 세트를 준비했다.

설명 변수 중 '현직 위신 스코어'에 대해 여성의 지위 측정은 유직 여성에 대해서는 독립 모델로서 '본인의 직업 위신 스코어'를 사용하고 기혼 무직 여성에 대해서는 차용 모델에 따라 '남편의 직업 위신 스코어'를 사용했다.나오이 미치코, 1989 직업 위신 스코어는 모두 1995년 SSM 직업 위신 스코어를 채용했다. 문화 전문직 이하의 더미 변수는 0~1로 계산된다.

정통문화활동을 만들어내는 것

남녀별로 실시한 확증적 인자 분석의 정통문화활동에 대해 검토해보자. 남성의 문화활동 3개의 인자 중 서양적 정통문화활동 및 여성의 정통문화활동을 규정하는 요인을 중회귀 분석과 패스 해석을 이용하여 실시했다.

〈표 6-8〉은 유직 남성의 정통문화 스코어, 〈표 6-9〉는 여성 무직 포함의 정통문화 스코어를 중회귀 분석으로 실시한 결과이다. 변수를 순차적으로 증가해가는 스텝와이즈 방법으로 모델 1~5를 검토했다. 남녀에게 투입 변수가 다른 것은 공선성共線性을 고려한 것이고 모델에 투입해도 전혀 효과가 없는 변수를 미리 몇 개의 모델에서 확인·삭제하고 있다.

〈표 6-8〉에서 남성의 정통문화활동은 모델 1의 6개 사회적·경제적 지위 변수 세트이고 모델의 설명력을 나타내는 결정계수 R^2은 0.179, 즉 전 분산의 17.9%가 설명되었다. 또한 〈표 6-9〉에서 여성의 정통문화활동도 같은 모델 1의 6개 사회적·경제적 지위 변수 세트이고 R^2은 0.179로 높은 설명력을 보였다. 기본적 지위 변수는 대부분 유의적인 플러스 효과를 보이고 있다. 모델 1을 보면 여성은 남성보다도 사회 경제적 지위와 정통문화와의 대응이 강하다. 즉 **여성의 정통문화활동은 계층에 강하게 규정**되고 있음을 알 수 있다.

남녀에게 정통문화를 규정하는 기본적 요인은 많이 비슷하지만 다른 측면도 물론 존재한다. 〈그림 6-16〉과 〈그림 6-17〉에는 유의적인 효과를 가지는 변수5% 수준를 요약해서 나타냈다. 특히 강한 규정성을 나타내는 요인은 사각형으로 표시했다. 남녀 모두 연령 효과는 강한데 고연령일수록 정통문화적이다. 또한 남녀 모두 고학력인 점, 출신 가정의 상속 문화자본이 높은 점은 정통문화에 크나큰 영향을 미치고 있다. 세대 수입이 높은 점도 중요하다. 남성의 경우에는 그 밖에 기업 규모의 효과가 있고

〈표 6-8〉 유직 남성의 정통문화 스코어의 규정요인(표준 편회귀 계수)

설명 변수	모델 1	모델 2	모델 3	모델 4	모델 5
연령	.162*	.177*	.170*	.165*	.181*
현직 위신 스코어	.060+	.060	.045	-.003	.002
세대 수입	.072*	.073*	.072*	.074*	.083*
교육 연수(학력)	.263*	.248*	.234*	.216*	.219*
상속 문화자본 스코어	.197*	.200*	.200*	.195*	.194*
거주지 인구	.077*	.080*	.078*	.079*	.076*
기업 규모		.085*	.085*	.063+	.035
직책		-.024	-.011	-.027	-.050
문화 전문직 더미			.058+	.051	.050
화이트칼라 더미				.104*	.092*
자영업 더미					-.077*
R^2	.179	.187	.190	.195	.199
조정 완료R^2	.173	.179	.181	.185	.188
사례 수	835	834	834	834	834
F 검정	0.0001	0.0001	0.0001	0.0001	0.0001

양측 검정. *p < .05, +p < .10.

〈표 6-9〉 여성의 정통문화활동의 규정요인(표준 편회귀 계수)

설명 변수	모델 1	모델 2	모델 3	모델 4	모델 5
연령	.272*	.271*	.278*	.274*	.267*
현직 위신 스코어	.075*	.072*	.068*	.051	.051
세대 수입	.173*	.174*	.167*	.173*	.182*
교육 연수(학력)	.295*	.296*	.271*	.288*	.276*
상속 문화자본 스코어	.285*	.285*	.245*	.280*	.283*
거주지 인구	.042	.042	.037	.042	.043
15세 때 문화적 재화		-	.113*	-	-
밖에서 일하는 더미		-.009	-.001	-.046	-.030
화이트칼라 더미				.062	-
문화 전문직 더미				-	.085*
R^2	.279	.279	.288	.281	.285
조정 완료R^2	.275	.274	.282	.275	.279
사례 수	906	906	906	906	906
F 검정	0.0001	0.0001	0.0001	0.0001	0.0001

양측 검정. *p < .05, +p < .10.

대기업에 근무하고 있는 사람일수록 또 화이트칼라 직종에 종사하고 있는 점, 자영업이 아닌 점이 남성을 서양문화적인 정통문화로 향하게 만들고 있다. 제2장의 대응 분석에서 나타난 경향을 거의 읽어낼 수 있다. 여성의 경우에는 약간 다른데 높은 직업 위신인 점본인 또는 남편, 15세 때 가정의 문화적 재화가 풍족했던 점, 현재 문화적인 전문직에 종사하고 있는 점이 여성의 정통문화를 높이고 있다. 역시 여성에서 문화자본을 보유하고 있는 점은 정통문화활동의 중요한 설명요인이라고 할 수 있다.

특히 교육 연수와 관련이 가장 강하고 이 정통문화활동들이 학교 교육의 높이와 강한 관련을 가지는 학교적 교양문화의 일종임을 알 수 있다. 또한 어린 시절 가정 환경을 통해 문화적 경험을 한 것가정의 문화 환경은 성인이 된 후 정통문화 소비로 이어지는 독자적인 효과를 가지고 있다. 즉 가정에서 유래하는 문화는 부모에서 자식으로 2세대에 걸쳐 가정 경유로 재생산된다. 일본에서도 문화계층은 학교를 매개로 하는 것 이상으로 독자적으로 가정 경유로 재생산되고 있다.

여성의 정통문화활동은 유직 / 무직을 불문하고 지위의 높이에 비례하여 행해지고 있음을 알 수 있다. 여기서 측정된 정통문화활동은 사회계층적인 기반에 지탱된 문화활동이다. 여성이 남성의 규정요인과 다른 것은 여성 쪽에서 교육보다도 가정의 문화 환경의 독자적인 효과가 강한 점이다. 여성 쪽에서 '문화계층의 재생산 모델'이 데이터에 더 적합하다. 또한 남성과 달리 여성에게서 거주 지역에 의한 차이는 엿볼 수 없다.

대중문화를 만들어내는 것

다음으로는 대중문화활동의 규정요인을 살펴보기로 하자.

〈표 6-10〉과 〈표 6-11〉에서는 남성과 여성을 각각 분석했다. 남녀 모

〈표 6-10〉 유직 남성의 대중문화 스코어의 규정요인(표준 편회귀 계수)

설명 변수	모델 1	모델 2	모델 3	모델 4	모델 5
연령	.356*	-.379*	-.369*	-.369*	-.368*
현직 위신 스코어	-.062	-.097*	-.076+	-.074	-.074
세대 수입	.020	-.019	-.019	-.019	-.018
교육 연수(학력)	-.122*	-.142*	-.122*	-.121*	-.121*
상속 문화자본 스코어	-.004	-.003	-.003	-.003	-.003
거주지 인구	.025	.026	.029	.029	.028
기업 규모		.010	.010	.011	.010
직책		.130*	.112*	.113*	.112*
문화 전문직 더미			-.081*	-.080*	-.080*
화이트칼라 더미				-.005	-.005
자영업 더미					-.003
R^2	.118	.130	.135	.135	.135
조정 완료R^2	.111	.121	.126	.125	.124
사례 수	835	834	834	834	834
F 검정	0.0001	0.0001	0.0001	0.0001	0.0001

양측 검정. *$p < .05$, +$p < .10$.

〈표 6-11〉 여성의 대중문화활동의 규정요인(표준 편회귀 계수)

설명 변수	모델 1	모델 2	모델 3	모델 4	모델 5	모델 6	모델 7
연령	-.259*	-.242*	-.242*	-.254*	-.247*	-.242*	-.243*
현직 위신 스코어	-.091*	-.035	-.035	-.071*	-.087*	-.039	-.037
세대 수입	.087*	.056	.055	.089*	.069*	.055	.056+
교육 연수(학력)	-.040	-.059	-.061	-.041	-.052	-.061	-.061
상속 문화자본 스코어	.069*	.083*	.080*	.074*	.070*	.082*	.083*
거주지 인구	-.014	-.014	-.014	-.015	-.012	-.014	-.014
15세 때 문화적 재화		–	.009	–	–	–	–
밖에서 일하는 더미		.174*	.174*	–	–	.167*	.172*
아르바이트하러 나간다				.081*	–	–	–
풀타임으로 일한다					.116*	–	–
화이트칼라 더미						.012	–
문화 전문직 더미						–	.009
R^2	.075	.102	.102	.081	.088	.102	.102
조정 완료R^2	.069	.095	.094	.074	.081	.094	.094
사례 수	906	906	906	906	906	906	906
F 검정	0.0001	0.0001	0.0001	0.0001	0.0001	0.0001	0.0001

양측 검정. *$p < .05$, +$p < .10$.

두 R^2이 높다고는 할 수 없고 모델의 설명력은 약하다. 정통문화와 비교해도 대중문화는 계층이나 사회적 요인과의 관련이 약하다고 할 수 있다. 특히 사회 경제적인 지위 변수와의 관련이 약하고 남성은 젊은 연령층에서 낮은 학력과 높은 직책, 문화 전문직이 아니라는 맥락에서 대중문화가 확산되고 있다. 높은 직책은 연령의 높이와 비례하는 경우가 많지만 남성이 높은 직책에 있다는 것은 가라오케 등을 통한 대중문화를 행하는 경향이 높아지고 대중문화는 임직원들에게 직업적 필요성이 높다고 추측할 수 있다. 또한 문화 전문직인지 아닌지가 효과를 가지는 것은 이미 제4장에서 검토한 바와 같이 일부의 문화 전문직만 문화 귀족^{상위문화 유니보어}이 되기 때문이다. 그 밖의 직종에서 대중문화를 행하는 것은 대부분의 남성들에게 공통문화가 되었다.

〈표 6-11〉에서 여성은 역시 결정계수가 낮고 계층이나 사회적 맥락의 효과는 약하지만 직업 위신이나 세대 연 수입의 효과도 엿볼 수 있다. 흥미로운 것은 여성이 대중문화화되는 큰 요인의 하나가 '(가정) 밖에서 일하고 있다'는 점이다. 그 경우 직종이 문제가 아니라 노동에 참가하고 있는지가 중요하다. 밖에서 일하는 것은 여성을 대중문화와 접촉하게 만드는 큰 요인이 되고 있다. 이러한 점에서 **일본의 대중문화는 노동 시장에서 필요하다고 되어 있는 공통문화임**을 알 수 있다. 또한 여성 중 상속 문화자본이 높은 여성이 대중화되고 있는 점에서 젊은 연령 중 높은 가정 문화를 가진 출신의 여성이 노동에 참가함으로써 대중문화화될 가능성이 높다.

가라오케나 파친코, 스포츠신문으로 대표되는 대중문화활동은 사람들의 사회적 평가^{문화 위신}는 낮지만 확실히 대중화된 문화로서 계층이나 문화적 배경을 넘어 널리 침투하고 있다고 할 수 있을 것이다.

〈그림 6-16〉과 〈그림 6-17〉에서는 남녀 각각에 대한 규정요인을 정리하고 있다.

8. 일본의 문화적 재생산 과정

문화적 재생산 메커니즘

지금까지 각각의 계층 변수에 따른 문화 소비가 어떻게 다른가를 검토해왔는데 다음에서는 정통문화활동을 예로 들어 그 인과 메커니즘을 밝히기로 한다.

저자는 고베 조사 데이터에서 남성의 정통문화활동을 규정하는 요인개념 간의 인과 메커니즘을 LISREL의 구조방정식에 의해 밝혔다.가타오카, 1992 그 모델의 기본형이 바로 〈그림 6-18〉이다. 이 모델의 특징은 출신계층과 정통문화 사이에 가정문화, 학교 교육, 현재 계층 이 3개의 개념을 매개로 하고 있는 점이다.

정통문화를 규정하는 과정은 출신계층의 효과를 제외하고 생각하면 주로 다음 5개의 규정관계가 존재한다.

①의 '문화 이동 과정'이란 가정의 신분문화가 성인이 된 후 그대로 정통문화 소비로 이어진다.

②의 '학교 효과 과정'이란 학교에서의 문화 획득이 독자적인 효과를 가지고 성인이 된 후의 문화 소비에 영향을 준다.

③의 '계층 효과 과정'이란 사회적 지위에 맞춘 형태로 문화 소비가 행해지는 과정으로 부르디외가 말하는 지위가 가져오는 상징적 강제 효과이다.

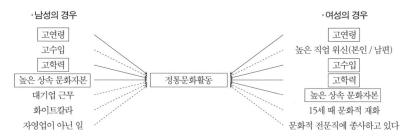

〈그림 6-16〉 정통문화활동을 촉구하는 요인

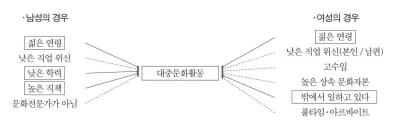

〈그림 6-17〉 대중문화활동을 촉구하는 요인

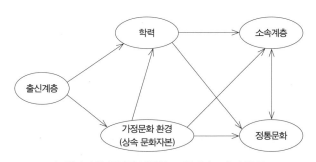

〈그림 6-18〉 문화적 재생산 모델(가타오카, 1992)

이 주요한 3개의 효과는 조합되어 정통문화 소비를 규정한다.

게다가 학교의 효과와 가정의 신분문화^{상속 문화자본}와의 사이에서 ④'신분문화의 학력으로의 전환 과정'이 작동되는 경우가 있다. 즉 출신 가정의 문화가 학력으로 전환된다. 바꾸어 말하면 문화가 학교에서의 능력이나 성적으로 전환되고 상류문화를 가지고 있지 않으면 능력이 없다고 간주된다. 즉 학교는 신분문화를 승인하는 역할을 한다.부르디외·파스롱, 1964 따라서 학교는 문화에 의한 선발을 행하는 것이 필요해진다.

⑤ '신분문화에 의한 사회 선발 과정'은 취직이나 승진 등 노동 시장에서의 계층 결정 메커니즘으로 신분문화에 의한 문화 선발이 작동하고 있음을 시사하고 있다.

이것 이외에도 정통문화와 소속계층의 상호규정관계를 상정하여 정통문화→소속계층이라는 경로도 상정할 수 있는데 고베 데이터에서는 유의한 경로가 아니었기 때문에 여기서는 사용하지 않는다.

고베시의 남성 데이터를 분석하면 〈그림 6-19〉와 같은 결과를 얻을 수 있다. 특징적인 결과로서 학교 효과 과정만 존재하지 않았다는 점이다. 다시 말하면 학력에서 정통문화활동에의 경로가 유의하지 않았다. 정통문화활동은 겉보기에 학력과 강한 관련을 갖지만 사실 그것은 가정의 문화 환경의 효과가 학력으로 전환된 겉치레의 상관이다. 이러한 경향은 특히 여성보다도 남성에게 현저하게 나타났다. 즉 남성의 정통문화는 문화 이동 과정과 계층 효과 과정에 의해서도 초래되고 학교는 신분문화를 승인하는 역할을 하고 있었다. 또한 학교는 학력의 지위 형성 효과로 인해 초래된 사회적 지위의 높이에 의해 정통문화를 남성에게 가져다주지만 학교의 독자적인 효과는 없다. 클래식 음악을 좋아하는 등의 정통적인 취미를 가진 자는 가정에서도 어린 시절부터 클래식 음악이나 미술을 접할 기회가 많은 사람이다. 풍요로운 가정 환경에서 자란 자가 결과적으로 높은 학력을 얻을 수 있고 높은 사회적 지위도 유지되어 정통문화활동을 행하고 있는 메커니즘이 밝혀졌다.

요약하면 고베 남성의 문화적 재생산은 주로 가족의 신분문화의 재생

〈표 6-12〉 문화적 재생산의 5가지 메커니즘

과정	유의한 경로의 독자 효과
① 문화 이동 과정	상속 문화자본→정통문화
② 학교 효과 과정	학력→정통문화
③ 계층 효과 과정	소속계층→정통문화
④ 신분문화의 학력으로의 전환 과정 (학교의 문화 선발 과정, 승인 기능)	상속 문화자본→학력
⑤ 신분문화에 의한 사회 선발 과정 (사회의 문화 선발 과정)	상속 문화자본→소속계층

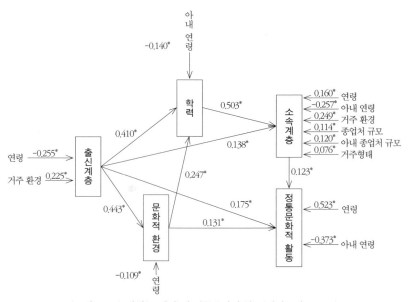

〈그림 6-19〉 남성(고베시)의 정통문화적 활동(가타오카, 1992)
$x^2 = 60.21$, df = 20, x^2 / df = 3.01
GFI = 0.973, *표시는 5%로 유의.

산에 의해 초래되는 문화 이동 과정으로 이해할 수 있다. 이것은 학교의 효과에서 독립된 재생산 과정이다.

그렇다면 1995년 SSM 전국 조사는 과연 어떠한가. 전국적인 레벨의 데이터로 고베와 같은 도시부의 결과와 비교해보자. 거기서 문화적 재생

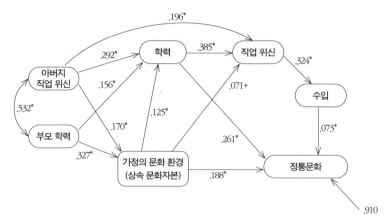

〈그림 6-20〉남성(SSM 전국 조사)의 문화적 재생산 과정(정통문화활동의 규정 메커니즘)
패스 해석으로 가능한 패스를 모두 산출하였고 유의한 패스만을 표시했다. 모든 변수를 연령으로 컨트롤했다
(연령 효과 결과 생략).
*5% 수준, + 10% 수준으로 유의, n = 637.

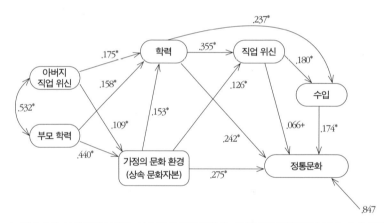

〈그림 6-21〉여성(SSM 전국 조사)의 문화적 재생산 과정(정통문화활동의 규정 메커니즘)
패스 해석으로 가능한 패스를 모두 산출하였고 유의한 패스만을 표시했다. 모든 변수를 연령으로 컨트롤했다
(연령 효과 결과 생략).
*5% 수준, + 10% 수준으로 유의, n = 684.

산의 기본 모델을 참고로 하여 남녀 각각의 정통문화에 대한 메커니즘을
분석했다. 다음으로는 경로 해석으로 이 모델을 부연 설명하기로 한다.
즉 출신계층은 아버지 직업 위신 스코어와 부모 학력^{교육 연수의 총합} 2가지로
대표되는데 현재 계층은 직업 위신과 수입을 지표로 삼았다.

남성의 분석 결과는 〈그림 6-20〉이고 여성의 분석 결과는 〈그림 6-21〉에 나타냈다. 남성에서 정통문화를 규정하는 요인은 학력이 가장 강하고 학교 효과도 강하다. 가정의 문화 환경 효과가 그다음으로 높은 효과를 가지며 문화 이동 과정도 존재한다. 수입 효과는 약하지만 유의하고 수입이 높을수록 정통문화적이게 된다. 또한 직업 효과는 수입과 연동되어 있다. 남성에서는 계층 효과보다도 학교 효과나 신분문화의 이동에 따라, 즉 정통문화가 문화자본에 의해 초래됨을 알 수 있다. 이러한 의미에서 남성의 정통문화는 직업이나 수입의 계층 변수와의 대응이 상대적으로 약하고 문화계층과의 유대가 강하다.

〈그림 6-21〉에서 여성의 분석 결과는 모델의 설명력이 높다. 여성의 특징은 정통문화와 계층^{수입이나 직업}과의 유대가 남성보다는 강하다. 여성의 정통문화는 본인이나 배우자 등 세대의 계층 상황에 따라 영향을 받고 계층 규정적인 측면이 엿보인다. 남성과 달리 여성은 정통문화에서 가정의 문화 환경이 가장 강한 효과를 지니고 있고 학력이 그다음으로 역시 강한 효과를 가짐으로써 학력과 가정문화의 효과가 남성과는 역전되고 있다. 남성은 학력이 가장 강한 효과를 지니고 있기 때문이다. 즉 여성의 정통문화활동은 출신 가정의 신분문화에 의해 규정되는 문화 이동 과정이 크고 또한 학교 효과 과정도 거의 동등하게 효과를 지님을 알 수 있다.

이처럼 남성은 정통문화의 계층적 규정성이 약하지만 여성은 계층에 따라 규정되는 부분이 크다. 그리고 남녀 모두 문화 이동 과정과 학교 효과 과정 양쪽을 통해 정통문화가 창출되고 있는데, 여성 쪽에서는 문화 이동 과정이 강하고 남성 쪽에서는 학교 효과 과정이 상대적으로 강하다고 할 수 있다.

9. 문화의 기업 지배 가설문화산업 가설

엘리트에 의한 문화 지배에서 기업 지배로

문화 소비에 영향을 주는 요인에 대해 제4장에서 제시한 문화의 기업 지배 가설문화산업 가설을 살펴보자.

문화는 개인에 의해 담당·생산·소비될 뿐만 아니라 오늘날에는 정부나 자치체, 기업 등에 의한 컨트롤을 받고 있다. 최근 정부나 자치체의 문화진흥책이나 기업의 메세나 또는 문화사업, 비영리단체인 다양한 예술·문화단체의 행사 등 문화사업에 조성금은 증가하고 있다. 이러한 문화의 기업 지배디마지오·마이클 유심(Michael Useem), 1982는 사람들의 문화 소비 패턴에도 영향을 주고 있다고 생각된다. 즉 문화의 생산이나 문화 지배는 개인을 넘어 기업으로 옮겨왔다. 이에 대해 디마지오는 '엘리트 지배에서 기업 지배로'라고 말한다. 즉 문화 행위자로서 개인뿐만 아니라 기업 행위자corporate actor를 고려하지 않으면 안 된다. 기업 행위자는 특정 문화를 원조하거나 만들어내기도 한다. 그것은 과거 귀족들이 문화 경영자가 되었던 것과는 다른 지배의 형태이다.

이와 같은 디지마오 등의 관점을 받아들여 문화와 사회계층의 관련성을 미시사회학뿐만 아니라 거시사회학적인 시점에서도 검토하고 싶다. 거시사회학적인 시점이 필요해지는 것은 상위문화의 담당자인 엘리트는 과거의 전통 사회와 같은 귀족이 아니라 교육 시스템이나 근대조직에 의해 만들어지기 때문이다. 계층지배는 '엘리트 모드에서 기업 모드'로 변화해가고 있다.디마지오·유심, 1982 일본에서도 엘리트의 성립기반이 지역이나 혈연을 넘은 학력 엘리트가 증가하고 있다.아소 마코토(麻生誠), 1991 만약 그들이 문화적 엘리트의 일익을 담당하고 있다고 가정하면 문화를 지배하는 제도로서 우선 학교를 예로 들 수 있다. 근대 교육 시스템과 계급의 문제는 부르디외와 장 클로드 파스롱Jean-Claude Passeron이 문화적 재생산론 속에서 전개해왔다.부르디외·파스롱, 1964

특히 우리들은 직업생활을 통해 기업이나 산업이라는 '장소'으로부터도 영향을 받고 있다. 문화를 지배하는 다양한 제도나 조직의 문제를 계층 재생산의 논의 속으로 도입하는 것이 필요해진다. 그것은 개인화된 미시적인 계층 연구 속에 거시사회학의 시점을 도입하는 것이기도 하다. 개인의 지위만을 보더라도 근대화나 탈산업화가 가져오는 사회 변화의 구조 효과를 잘 파악할 수 없다고 생각되기 때문이다.

부르디외는 장소에 따라 문화자본의 투자 효과가 다르다고 지적하지만부르디외, 1979a 반대로 우리들은 소속되는 '장소'가 가지고 있는 문화에 의해서도 영향을 받고 있다. 이것을 구체적으로 말하면 디마지오가 말하는 '엘리트로부터 기업이나 사회에 의한 예술 조직의 지배'와 대응하고 있지만디마지오·유심, 1982 그들은 실증하지 못한다. 큰 기업에서 행해지는 메세나나 문화후원사업 등은 대기업에 소속된 사람들에게 문화에의 접촉기회를 더욱 많이 부여한다. 또한 문화산업이라고 해야 할 사업체도 점점 늘어나고 있다. 따라서 기업의 규모나 문화산업에 속해 있는지 아닌지는 중요한 요인이 되고 있다.

그 결과 문화적 우월, 문화적 지배의 컨트롤의 중심이 정부·지방자치체나 회사 또는 회사에 입각한 위원회로 옮겨지고 있다. 중요한 것은 이와 같은 위원회의 멤버는 조직의 확대와 효율성을 일의적으로 중시하기 때문에 스테이터스 컬처를 넓히는 것이 그들의 첫 번째 관심사가 아니게 된다. 따라서 비엘리트나 대중문화를 배제하는 시점은 여기에는 없다. 이러한 점에서 종래의 엘리트에 의한 위원회와는 다른 것이다.디마지오·유심, 1982

사회 전체적으로 이와 같은 변화가 생기고 있다고 한다면 문화 소비나 문화 실천은 개인의 직업이나 지위에 따라 결정될 뿐만 아니라 근무하고 있는 기업의 문화적 특성에 의해서도 영향을 받고 있는 것이 아닐까라는 가설을 세울 수 있다. 즉 엘리트 지위에 있는 것이 상위문화로 향하게 하는 것이 아니라, 고도의 문화성을 추구하는 문화산업이거나 기업의 문화적 아이덴티티를 지향하는 대기업이나 정부·자치체에 근무하는 것이 특정 문화 소비 패턴으로 향하게 한다는 가설을 설정할 수 있다. 그러므로 저자는 문화적 배타성 가설이나 문화적 관용성 가설문화적 옴니보어 가설과는 다른 제3의 기업 지배 가설문화산업 가설을 설정했다.

기업 지배 가설은 구체적으로 2개의 하위 가설로 나눌 수 있다.

① 대기업이나 정부 자치체는 사회적 책임이나 메세나를 위해 상위문화를 추진하기 때문에 그 멤버도 행하게 된다는 가설.

② 문화산업 조직에 소속된 자일수록 상위문화 지향과 문화적 옴니보어가 된다는 가설.

현대문화를 지배하는 것이 미디어로 대표되는 문화산업이라고 하면 문화산업에 속하는 것은 개인의 문화 소비 패턴에까지 영향을 주는 것이 아닐까. 또한 대기업이나 문화산업에 소속되는 것은 상위문화부터 대중문화까지 폭넓은 문화적 취미를 몸에 익히는 문화적 옴니보어가 될 가능성을 높인다고 생각된다. 문화적 옴니보어가 되는 것은 디마지오가 말하는 기업 이사회corporate board의 특징이 경제적 서바이벌과 그 자체의 확대를 지향하는 것에 있고 문화적 배타성을 강조하지 않기 때문이다.디마지오·유심, 1982 여기서 기업 규모와 문화산업에 대해 좀 더 검토해보자.

종업처인 기업의 산업이 남성의 문화 소비에 영향을 주고 있는지에 대해서는 이와마 아키코岩間曉子, 1998에 의한 산업별 분석이 존재하는데, 거기에는 '교육산업'과 '지식산업'에 종사하는 남성은 정통문화적이고 문화자본의 축적 효과가 인정된다고 한다. 그리고 대중문화에 대해서도 업종 효과가 나타나는 것을 밝혔다. 또한 저자도 문화적 관용성 분석에서 종업처 문화산업이라며 관여하는 문화활동 장르가 넓어지고 문화적 관용성이 높아지는 것을 밝혔다.가타오카, 1998c

기업 규모의 효과에 대해서는 이미 〈표 6-8〉에서 검토했다. 남성은 모델 2~4에서 기업 규모의 효과가 나타났지만 화이트칼라 더미를 도입하자 그 효과가 약해지고 자영업 더미를 추가하자 효과가 없어졌다. 즉 기업 규모의 효과는 그다지 기대할 수 없다.

문화산업 가설 검증

문화산업이란 구체적으로 말하면 종업 기업의 업종이 '신문·방송·출판업, 광고업, 영화제작업', '정보·통신 서비스업', '교육·연구 서비스업' 중 하나임을 의미한다. 그렇다면 문화산업계에 속하는 것은 정통문화 소비를 높이는 효과를 가지는 것일까.

〈표 6-13〉에 나타낸 중회귀 분석에서는 정통문화 스코어를 종속 변수로 하고 개인의 속성에 문화산업 더미 변수[1]를 추가 투입한 모델을 비교했다.

먼저 모델 1에서는 직업 위신, 수입, 학력이라는 기본적 계층 변수로 남성의 정통문화 스코어확증적 인자 분석 스코어를 설명했다. 결정계수R^2는 0.125

---

1) 의변수(擬變數)라고도 한다. 계량경제학에서 어떤 상품의 수요량의 움직임을 설명할 때 그 상품이나 다른 상품의 가격, 소비자의 소득, 인구 등 경제이론적으로 관계 있다고 보이는 각 변수의 통계 숫자를 독립 변수로서 분석한다.

<표 6-13> 유직 남성의 정통문화 스코어와 문화산업 가설(표준 편회귀 계수)

설명 변수	모델 1	모델 2	모델 3	모델 4
연령	–	–	0.133^*	0.129^*
현직 위신	0.085^{**}	0.101^{**}	0.094^{**}	0.089^{**}
세대 수입	0.085^*	0.085^*	0.067^*	0.067^*
학력	0.268^{**}	0.256^{**}	0.322^{**}	0.310^{**}
문화산업 더미	–	0.066^*	–	$0.058+$
R^2	0.125	0.129	0.140	0.143
Adjusted R^2	0.122	0.125	0.136	0.138
사례 수	855	855	855	855
F 검정	$p < .0001$	$p < .0001$	$p < .0001$	$p < .0001$

$^{**}p < .01, ^*p < .05, +p < .10$

로 높다고는 할 수 없다. 여기에 문화산업 더미$^{0\sim1변수}$를 투입하자 문화산업 더미는 5% 수준으로 유의한 플러스 효과를 나타냈다. 즉 개인의 계층적 속성뿐만 아니라 근무지의 업종이 문화산업이면 남성의 정통문화 스코어가 높아짐을 알 수 있다. 예를 들어 연령에 따라 통제하면 모델 3에서는 약간 설명력이 올라가고 연령과 문화산업을 투입한 모델 4에서 문화산업은 약간 약하지만 플러스 효과를 나타내고 있다.

남성은 문화산업에 종사함으로써 유의하게 개인의 정통문화활동이 촉진되는 것이 확실하고 **문화산업 가설**$^{기업 지배 가설}$**은 지지받는다.** 근무지의 장소문화가 멤버의 문화 특성에 영향을 주고 있다고 할 수 있을 것이다. 혹은 문화적인 남성은 문화산업으로 수로가 열린다고 생각할 수도 있다.

또한 문화산업에 근무하고 있는 남성일수록 다수의 장르에 관여하여 문화적 옴니보어가 되기 쉬운 점에서 문화산업에 속하는 것은 정통문화 소비가 높아짐과 동시에 다양한 문화를 이해하는 옴니보어의 시점을 부여하고 있는 것이다.

제7장

계층 재생산과 문화적 재생산의 젠더 구조

지위 형성에 미치는 독서문화와 예술문화의 효과

1. 문화인가 지능인가

일반적으로 지배계급이 스스로를 정당화하는 방법, 더 나아가서는 계층 재생산을 정당화하는 방법에는 크게 2가지 방법이 있다. 하나는 부르디외의 문화적 재생산으로 대표되듯이 문화적 탁월화와 타고난 고상함이라는 문화적 우월성 신화를 통해 지배를 정당화하는 방법이다. 다시 말하면 경제자본과 세트인 문화자본을 상속하고 계급문화계급 아비투스를 계승한다.

다른 하나는 '학력'이라는 학교의 평정 결과에 따라 자신의 '지능혹은 두뇌의 우월성'을 정당화하는 방법이다. 마이클 영Michael Young은 메리트를 'IQ + 노력'이라고 정의하고 메리트가 지배하는 사회를 메리토크라시meritocracy[1] 사회라고 불렀다.영, 1958 메리토크라시 사회에서 학력 자격은 '지능또는 두뇌의 우월성'을 나타내고 명석함을 둘러싼 경쟁이 전개된다.

다시 말하면 지배자의 정당성을 유지하기 위해 문화와 지능 모두 중시되는 사회라는 것이다. 어쨌든 '뛰어난 소질의 소유자'라는 본질주의적인 형태로 지배의 정당성을 실감할 수 있기 때문에 어느 한쪽이라기보다 양

---

1) 사람의 평가는 신분·가문 등이 아니라 본인의 지능·노력·업적에 따른 것이어야 한다는 생각 또는 그러한 생각에 입각하는 사회를 말한다.

쪽을 전략으로 사용할 수도 있다. 일본에서는 지능의 우월성특히 학력을 통한 정당화가 널리 퍼져 있다.

후자인 지능에 의한 정당화 문제를 부르디외는 '지능 시스템'이라 부르는데 지배자는 그것을 자신들이 지배하는 사회질서를 정당화하기 위한 수단으로 삼는다고 한다.부르디외, 1980[1990] 학력은 지능의 보증이고 '검열을 받은 사회적인 등급'이다. 권력이 자격 보유에 의해 유지되고 있는 사회에서 이 지능의 레이시즘은 "계급의 차이를 '지능'의 차이, '천부적인 재능'의 차이로, 다시 말하면 자연의 차이로 전환해버리는 일종의 연금술"이라고 부르디외는 지적한다.

학력이나 자격은 검열을 받은 능력 증명이고 사회적 등급을 부여받고 있는 것에 비해 신체화된 문화자본은 검열을 받지 않는 문화적 능력이다. 따라서 학력 이상으로 '타고난 차이'로서 본질주의적으로 이해되고 간과될 가능성이 높다. 문화 효과는 사람들에게 잘 보이지 않게 하여 그 계층화 작용은 간과되기 쉽다. 데니스 가보르Dennis Gabor는 윤리지수EQ, ethical quotient를 발전시켜 화제가 되었다.가보르, 1972 이것도 아비투스나 신체화된 문화자본을 측정하는 하나의 척도라고 할 수 있을 것이다. EQ지수에 대한 사람들의 관심은 엘리트에게 높은 윤리적 능력이나 태도가 IQ 이상으로 필요함을 상기시켜준다.

2. 지위 달성을 위한 학력과 문화자본

지위 달성 과정 연구에 의하면 일본을 포함하여 대부분의 산업 사회는 학력 사회임이 잘 알려져 있다. 특히 일본에서 사회적 지위는 학력과 그에 연동되는 초직初職에 의해 강하게 규정되어 있다.도미나가 겐이치(富永健一) 편저, 1979 또한 학력의 지위 결정 효과는 전후 거의 변화하지 않고 이동 레짐regime이 되었다.이마다 다카토시(今田高俊), 1989 일본은 말할 필요도 없이 전후 일관되게 학력 사회[1]였다고 할 수 있다. 학력을 업적merit으로 파악하고 학력이 기술·지식의 보유량에 비례한다는 기술적 기능주의나 인적 자본론의 사고방식에 입각하면 일본도 다른 선진 여러 나라와 마찬가지로 업적적인 사회라고 말할 수 있다. 그와 동시에 학력은 출신계층에 따라서도 강하게 규정되는 것이 밝혀졌다.이시다 히로시(石田浩), 1989

일본에서는 사람들의 지위 상승 이동이나 재생산에 대한 욕망은 높은 학력에 의해 달성되는 것이라는 사고방식이 강하다. 즉 '공부를 잘한다' 늑 '머리가 좋다'라는 것이 높은 지위와 타자로부터의 존경상징적 이익을 동시에 거머쥘 수 있는 정당화된 루트가 되었다. 일반적으로는 '학력을 통한 지위 달성'일류대학에서 일류기업·관공청으로이 사회적 성공이라고 믿어왔다. 그 결과 일본에서는 학력에 따른 계층화, 즉 교육 선발 그 자체에 대한 연구자의 관심이 높다.

학력의 효용감이 강한 일본 사회에서는 문화자본의 효용에 대해 리얼리티를 갖기 어렵다고 지적하는 연구자들이 많다. 그러나 교육 선발의 배후에 은폐된 문화 선발에 대해서는 경험적 연구도 나타나고 있다. 본장은 그 초기 연구에 해당된다고 할 수 있을 것이다.

이미 서술한 바와 같이 학력은 제도화된 문화자본이기도 하다. 학력에는 그 후의 직업 또는 수입에 직결되는 지식이나 기술을 표시하는 기능적 가치인적 자본와 교양 혹은 문화적 소양 등 신분문화나 문화적 능력을 표시하는 문화적 가치상징적 가치 양쪽이 포함되어 있다. 종래의 학력 효과 연구는 학력의 기능적 가치와 문화적 가치를 식별하지 않은 채 학력 효과를 측정해왔다. 즉 학력이라는 지표에 담겨 있는 가정문화의 효과에 대해서는 거의 언급하지 않았다.

그 이유로 일본의 학교문화는 중립적이고 계층적 편향이 적기 때문에 출신계층의 문화적 차이는 큰 문제가 아니라 오히려 중립적인 학교문화를 노력해서 달성한다는 노력 관수關數의 결과로서 학력을 판단해왔다. 그러나 제8장에서도 서술했듯이 학교에서 이익을 이끌어내는 능력의 차이는 문화적인 밑천인 상속 문화자본에 의해 좌우되는 것이 아닐까. 본장에서는 학력에 내포되어 있는 인적 자본의 효과와 문화자본의 효과를 분리하는 것이 중요한 문제가 된다.

학력의 계층화 기능이 높은 일본 사회에서 문화 선발, 즉 신체화된 문화자본에 의한 선발이나 지위 형성 효과가 존재하는 것은 아닐까.

본장에서 다루는 예술자본이나 독서 자본은 신체화된 문화자본이고 또한 상속된 자본이기도 하다. 이러한 문제가 지위 달성 연구에 도입된 것은 1995년 SSM 조사에서 분석되기까지 일본에는 존재하지 않았다.가타 오카, 1998f · 2016 그러나 부르디외의 연구에서 촉발되어 지위 달성 과정과 교육 달성 과정과 문화자본이나 신분문화의 효과에 대한 실증 연구가 늘어났다.

스테이터스 그룹 문화에 참가하는 것이 교육적 지위에 가져다주는 효과에 대해 해외 측 동향을 살펴보면 디마지오[1982], 해리 간제붐Harry Ganzeboom, 1982, 디마지오 · 존 모르John Mohr, 1985, 드 그라프De Graaf, 1986 · 1988, 존 캐실리스 · 리처드 루빈슨Richard Rubinson, 1990 등이 초기 연구이다. 일본에서의 대표적인 경험적 연구는 미야지마 · 후지타 편저[1991], 가타오카[1992 · 1998a · 2001a], 가리야[1995], 나카자와[2010], 마쓰오카 료지松岡亮二 외[2014] 등이 있다. 자세한 것은 오마에·이시구로 마리코石黑万里子·치넨 아유무知念涉, 2015의 리뷰 논문을 참고하기 바란다.

3. 문화자본의 수익

문화자본의 양에 따른 수익의 차이는 미국의 경우 이미 고등학교 단계에서 생겨났다.디마지오, 1982 디마지오는 문화자본의 측도로서 미술관에 가는 것이나 문학, 교향악 등 상류문화에 대한 관여를 이용하여 학업 성적에의 영향력을 밝혔다. 그 결과 부모의 교육과 문화자본과의 상관관계는 낮지만 남녀 모두 문화자본에 의해 성적은 강하게 규정된다. 즉 문화자본이 문화적 이동 과정의 일부임을 밝히고 있다.

특히 흥미로운 것은 문화자본이 가진 의미가 남녀에게 다르고 '문화적 관심과 문화적 활동이 문화적으로 10대 소녀에게는 명확하게 규정되어 있는 반면 청춘기 소년에게는 그만큼 강하게 규정되어 있지 않다. 상류문화에 대한 관여는 높은 계층 출신의 성적이 좋은 소녀의 아이덴티티 키트의 일부이지만 같은 소년에게는 그렇지가 않다'.

이것은 로즈 코저Rose Coser가 지적한 것처럼 여성의 문화적 활동이 남성과의 관계 속에서 결정된다는 사실을 반영하고 있다.코저, 1990 10대 소녀에게 문화적 자본이 필요하다고 여겨지는 것은 '높은 지위를 가진 남자의 가능한 파트너'로 인정받는 조건이기 때문이다. 또한 결혼 후에는 남편의 지위 향상에 공헌하기 위해 아내는 높은 문화적 활동을 행한다. 다시 말하면 현대 사회에서 적어도 미국에서는 남녀의 문화적 활동이 반드시 대칭적인 것은 아니다. 이것을 저자 나름대로 정리하면 현재도 사회계층상의 지위는 기본적으로 가족 단위로 만들어진다고 할 수 있다. 이는 디마지오가 소년들은 '문화를 평가하게 될 여성'에 대한 취미를 발달시키고 소녀들은 상류문화를 몸에 익히는 것이 중요하다는 말을 통해서도 방증할 수 있다. 반면 부르디외는 이와 같은 맥락에서의 남녀 차이를 거의 밝히지 않았다. 일본에서의 남녀 차이에 대한 분석을 제6장 이외에서도 밝히고 있다.

　캐실리스·루빈슨은 그리스 고등학생 데이터에서 디마지오와는 다른 결론을 얻고 있다.캐실리스·루빈슨, 1990 문화자본은 성적에 독자적인 효과를 갖지 못하고 출신계층의 효과에 흡수됨으로써 문화자본을 매개로 한 교육적 재생산 과정이 생기고 있다. 이처럼 문화자본의 효과에 대해서는 각 국마다 매우 다르다. 프랑스에서도 문화자본은 계급 재생산에 효과가 없다는 결론이 보고되어 부르디외이론과 모순된 결론을 얻고 있다.로버트 로빈슨(Robert Robinson)·모리스 가르니에(Maurice Garnier), 1985

　또한 폴 드 그라프Paul M. De Graaf, 1988는 서독의 데이터를 이용하여 부모의 문화자본을 지표화하고 계층 효과와 구별했다. 그리고 부모의 독서 행동은 자녀의 보다 외교적인 문화 소비미술관이나 콘서트 등의 상위문화에의 참가와 관련이 있고 자녀의 김나지움Gymnasium[2]에의 진학에도 직접 효과를 보였다. 드 그라프의 공적은 독서문화와 예술문화를 구별하여 효과를 측정한 점에 있다.

　일본에서도 문화자본은 특히 결혼 후 여성의 지위에 수익을 올리고 있다. 구체적으로 말하면 여성에게 유년기 가정의 문화자본은 혼인을 거쳐 배우자의 높은 경제자본으로 전환되고 있다. 같은 학력이라도 문화자본이 높은 여성은 풍요로운 경제계층의 남성을 획득하고 있음이 드러나고 문화자본이 여성의 혼인 시장에서 수익을 올리는 것이 밝혀져 왔다.가타오카, 1996b

---

2)　독일의 고등학교를 가리키며 수업 연한은 9년이다.

4. 문제 설정

그렇다면 일본은 엘리트가 되기 위해서는 문화자본이 필요한 사회인가. 그렇지 않으면 학교 성적으로 지위가 결정되어버리는 메리토크라틱한 사회인가. 자식을 진학률이 좋은 학교에 입학시키기 위해서는 부모의 문화적인 교양까지 동원시키지 않으면 성공하지 못하는 사회인가. 그렇지 않으면 IQ와 노력만으로 학력 엘리트가 될 수 있는 것인가. 또한 어린 시절 부모로부터 물려받은 문화자본은 인생의 다양한 라이프 찬스를 높이는 효과를 가지고 있는 것인가. 즉 문화자본을 갖고 있으면 그렇지 않은 경우 보다도 '좋은' 결혼 상대를 획득할 수 있다거나 '좋은' 직업에 취직할 수 있는가. 유년기 문화자본은 인생 끝까지 영향을 주는 영속적 수익을 기대할 수 있는 것인가. 즉 문화적 선발이나 신체화된 문화자본의 전환 효과는 존재하는 것인가. 문화자본이 계층적 차이를 생산한다거나 사회적 불평등을 재생산하는 사회인 것인가.

본장의 목적은 독서문화와 예술문화라는 다른 종류의 신체화된 문화자본이 라이프 찬스를 높이는지를 검토하는 것에 있다. 여기서는 교육 시장, 노동 시장, 혼인 시장에 대해 각각 밝히기로 한다. 이를 통해 지위 형성에서의 문화자본 효과, 즉 문화자본의 수익이나 다른 자본으로의 전환 효과에 대해 해명할 수 있다.

일본은 남녀가 문화자본의 세대 간 전달이나 그 전환 효과가 다르고 '문화'의 의미가 매우 다른 사회라고 예상하고 있다. 또한 문화자본을 독서문화와 공식적인 예술문화로 나누어 검토함으로써 독서와 같은 언어자본을 매개로 하는 내부 문화와 클래식 콘서트나 미술관이라는 외부 예술문화가 각각 다른 효과를 가지고 있음을 밝힐 수 있기 때문이다.드 그라프, 1988

일본은 문화 차이가 작은 사회라고 일컬어지는 경우가 많은데 한편으로는 문화에 따른 차이에 민감한 사회이기도 하다. 여기서의 검토를 통해 일본 사회에서의 문화자본이나 가정문화의 영향력이 성차에 따라 어떻게 다른지를 살펴보기로 한다.

5. 교육 시장·노동 시장·혼인 시장에서의 문화자본 효과

교육, 노동, 혼인이라는 3개의 다른 시장에서 문화자본의 효과와 수익에 대해 다음과 같은 가설을 검증해보기로 하자.

> 가설 1 : 유년기 문화자본을 구성하는 독서문화와 예술문화는 교육 시스템 속에서 수익을 올리고 있다.
> 가설 2 : 유년기 문화자본을 구성하는 독서문화와 예술문화는 노동 시장 속에서 수익을 올리고 있다.
> 가설 3 : 유년기 문화자본을 구성하는 독서문화와 예술문화는 혼인 시장 속에서 수익을 올리고 있다.

여기서는 수익과 전환 효과에 대해 간단하게 설명해보기로 한다. 예를 들면 출신 가정을 통해 신체화된 문화자본유년기 문화자본 혹은 상속 문화자본이 학교에서의 성적을 상승시키는 효과를 가지고 있다면 그것은 가정의 문화자본이 교육 시스템 속에서 수익을 올리게 된다. 또한 다른 변수를 통제하더라도 성인이 된 후 경제자본과 유년기 문화자본이 관련성을 가진다면 문화자본은 경제자본이라는 종류가 다른 자본으로 전환되었다고 해석할 수 있다. 또는 문화자본은 경제적 수익을 올린다고도 표현할 수 있다. 이처럼 수익과 전환은 같지 않지만 겹치는 부분도 있다.

분석 방법

데이터는 1995년 SSM 조사 A표 남녀 데이터남성 1,248명, 여성 1,405명를 사용했다. 분석 방법은 중회귀 분석과 로지스틱 회귀Logistic Regression와 패스 g 해석을 사용한다.

전술한 3개 시장에서의 문화자본 효과를 밝히기 위해 수익으로 사용하는 피설명 변수나 전환하는 다른 자본으로서 어떠한 변수를 사용했는지를 〈표 7-1〉에 나타낸다.

〈표 7-1〉 3개의 시장과 결과 변수

①교육 시스템	중3 때 성적(자기 신고로 5단계)
	엘리트 고등학교에의 진학·비진학 (전원이 거의 대학·전문대에 진학하는 고등학교)
	학력(교육 연수)
②노동 시장	초직의 직업 위신(1995년 판 위신 스코어)
	현직의 직업 위신(1995년 판 위신 스코어)
	엘리트직에의 참가(직업 위신 상위 5%)
③혼인 시장	배우자의 현직 직업 위신
	배우자의 결혼 시 직업 위신
	배우자의 경제자본(연 수입·재산)

〈표 7-1〉 중 교육 시스템 내에서의 문화자본 효과에 대해서는 제8장에서 상세히 논하기 때문에 여기서는 중요한 결과만을 마지막으로 요약해서 제시하고자 한다. 제8장 분석의 원저는 가타오카1998a·2001a·2015에 발표했기 때문에 참조하기 바란다.

상속 문화자본, 어린 시절의 문화자본

어린 시절의 문화자본 또는 유년기의 문화자본이란 어린 시절부터 초등학생 시절에 가정을 통해 부여받은 문화자본이고 상속 문화자본의 중요한 부분을 차지한다. 본인의 어린 시절 가족으로부터 문화적 관여에 의해 생긴, 회답자의 문화자본에 대한 조기 축적의 정도를 나타내는 지표이다. 본장에서는 어린 시절의 문화자본을 독서 문화자본reading cultural capital과 예술 문화자본aesthetic cultural capital 두 가지로 나누었다. 구체적인 지표는 다음과 같다.

> **독서 문화자본** = '어린 시절 가족 중 누군가가 당신에게 책을 읽어주었습니까'
> **예술 문화자본** = '초등학생 때 집에서 클래식 음악 레코드를 듣거나 가족과
> 클래식 음악 콘서트에 간 적이 있었습니까'
> '초등학생 때 가족을 따라 미술전이나 박물관에 간 적이 있었습니까'

각 항목에 대한 회답은 경험 빈도에 따라 4단계로 나누어 0점없었다부터 3점자주 있었다이라는 스코어를 부여하고 예술문화의 스코어는 2개의 질문 항목의 수치를 합한 값이다.

독서 문화자본과 예술 문화자본은 모두 출신 가정의 문화 환경 속에서 신체화된 상속문화를 나타내고 있다고 생각할 수 있다. 특히 예술문화는 클래식 음악과 미술이라는 문화 위신 평가가 높은 상위문화이다. 독서문화와 예술문화는 확실히 어린 시절에 부모에게서 물려받은 가정의 상속 문화자본이다.

클래식 음악이나 미술 영역은 음악단체나 미술단체 또는 학교 커리큘럼으로 '제도화'되어 있어서 공식적인 문화formal culture라고 할 수 있다. 여

기서 예술문화란 일본에서는 정통문화legitimate culture의 일부이다.

그 밖에 중요한 사용 변수

가정 배경에 대한 측정은 아버지의 주요 직업 (위신 스코어), 아버지 교육 (연수), 어머니 교육 (연수) 3가지로 실시한다. 가정 배경을 대표하는 이들 전통적인 변수 세트를 사용함으로써 가정 배경의 효과를 살펴보기로 하자. 여기서 설명 변수로 사용하는 변수 세트의 특징은 그것들이 가정 배경을 전체적으로 나타낸다는 점이다. 예를 들면 부모의 학력은 가정의 문화자본을 나타내지만 거기서 자식에 대한 신체화된 문화자본문화적 경험으로 전환되어 가는지의 여부가 문제이다. 따라서 신체화된 문화자본인 독서자본과 예술자본이 독자적으로 효과를 가짐으로써 명확하게 세대 간 문화 전달을 확인하는 것이 가능해진다.

또한 직업과 관련하여 회답자의 연령을 고려하여 부친의 직업 위신 스코어는 SSM 전국 조사 1975년 판을 사용했는데 본인의 직업 위신은 1995년 판을 사용했다. 또한 중회귀 분석에서 학력을 사용할 경우에는 교육 연수를 사용했다. 통제 변수로 사용한 지역 변수 = 도시 규모는 출신지의 도시 규모의 변수로서 의무 교육 종료지 인구를 이용했다. 사교육 경험은 초등학생·중학생 때 ① 학원·예비학교, ② 가정교사, ③ 통신 첨삭에의 참가 경험을 수량화하여참가 1, 비참가 0 그 총합을 지표로 작성했다. 따라서 0에서 3까지의 값을 구할 수 있다.

6. 노동 시장에서 수익과 전환 효과

문화자본은 직업적인 수익을 올리는 걸까. 지금까지의 분석을 통해 가정 배경이나 다른 교육 전략을 통제해도 문화자본은 남녀 모두 중학교 3학년 때 성적이나 학력에까지 직접적인 효과를 미치고, 교육 시스템 내에서 수익을 올리는 것이 밝혀졌다. 그렇다면 노동 시장에의 참가 제1차 단계인 초직 달성은 어떨까. 이를 살펴보기 위해 먼저 초직의 직업 위신에 대한 효과를 측정하고 특히 현직 위신이나 엘리트 직업에의 참가 효과 등을 검토하기로 한다.

초직 위신에의 전환 효과

초직 달성의 설명 모델로서 아버지 직업, 아버지 학력, 어머니 학력이라는 가정 배경 변수와 학력 변수에 의해 구성되는 기본 모델이 알려져 있다.피터 마이클 블라우(Peter Michael Blau)·오티스 던컨(Otis Duncan), 1967 기본 모델을 모델 1로 하고 이 부모 학력 대신에 독서문화와 예술문화를 투입시킨 모델 2, 그리고 모든 변수를 일괄적으로 투입한 모델 3을 비교했다. 역시 유직자에는 파트타임 아르바이트도 포함되어 있다.

〈표 7-2〉는 초직 위신을 피설명 변수로 한 중회귀 분석에 의해 독서문화와 예술문화의 효과를 검토한 결과이다. 모델 1에서는 가정 배경 변수와 본인 학력에 의해 초직 달성이 남녀 모두 전분산의 20%에서 25% 정도 설명할 수 있음을 알 수 있다. 일본은 학력 효과가 가장 강하기 때문에 학력 사회임을 시사하고 있다.

모델 2에서는 부모 학력 대신에 문화자본 2개의 변수를 투입했다. 유년기 문화자본은 부모의 학력에 의해 상당 부분을 설명할 수 있기 때문

<표 7-2> 초직 직업 위신에의 전환 효과(중회귀 분석)

	남성			여성		
	모델 1	모델 2	모델 3	모델 1	모델 2	모델 3
연령	–	0.096**	0.120**	–	0.024	0.070*
학력	0.374**	0.389**	0.405**	0.419**	0.432**	0.440**
독서문화	–	0.037	0.034	–	0.066**	0.046
예술문화	–	0.013	0.009	–	0.030	0.012
아버지 직업	0.180**	0.137**	0.135**	0.076**	0.083**	0.051
아버지 학력	−0.011	–	−0.025	−0.038	–	−0.045
어머니 학력	−0.037	–	0.019	0.112**	–	0.133**
R^2	.205	.205	.214	.248	.247	.255
Adj.R	.201	.201	.208	.245	.244	.249
F 검정	p〈.0001	p〈.0001	p〈.0001	p〈.0001	p〈.0001	p〈.0001
N	879	1059	856	938	1146	922

주석 : 수치는 표준화 편회귀 계수. **p〈.05, *p〈.10.

이다. 그러나 모델 2에서 남성은 독서문화도 예술문화도 초직 달성에 직접 효과를 갖지 못했다. 초기 가정의 사회화를 통해 부모로부터 전달된 문화자본이 남성에서는 초직 위신으로 전환되지 않는다. 그러나 흥미롭게도 여성에서는 독서문화가 초직 위신에 직접적인 효과를 가지고 있다. 아버지 직업을 통제하고 있기 때문에 여기서는 문화자본의 전환 효과라고 말할 수 있다. 즉 여성의 경우 가정의 문화자본은 본인의 학력이 같으면 초직을 높이는 효과를 가지고 있다.

그러나 모델 3에서는 문화자본의 직접 효과는 사라지고 어머니 학력 효과가 나타나고 있다. 부모의 학력으로 대표되는 가정의 문화자본 효과는 지금까지의 분석에서 유년기 문화자본과 본인 학력으로 그 대부분이 전환되고 있기 때문에 문화자본 효과는 부모의 학력으로 흡수된다. 특히 여성의 경우 어머니 학력과 독서문화의 상관계수 자체가 높고 고학력의 어머니에게서 딸로 독서문화가 전달되고 있다고 생각된다.

여기서 여성의 초직 달성의 규정요인에 대한 인과 모델을 〈그림 7-1〉에 나타냈다. 즉 가정 배경과 초직에 대한 인과 메커니즘에 문화자본 효과를 포함한 문화자본 모델에 의한 초직 달성 메커니즘이다. 여기서 남성은 문화자본이 초직에 직접 효과를 갖지 못하기 때문에 검토하지 않았다. 그러므로 〈그림 7-1〉은 여성에 대한 분석 결과이다.

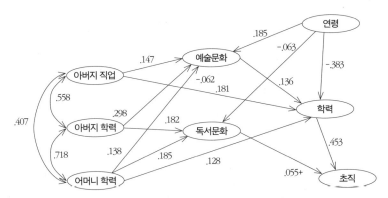

〈그림 7-1〉 여성의 초직 달성 메커니즘(문화자본 모델 1995년 SSM 전국 조사)
수치는 표준화 편회귀 계수로 5% 유의. 다만 +는 10% 유의.

〈그림 7-1〉에서 가정 배경 효과가 어린 시절에 획득한 독서 문화자본이나 예술 문화자본으로 전환되는데 이들 문화자본을 매개로 여성의 초직 직업 위신이 달성되고 있음을 알 수 있다. 특히 독서 문화자본은 여성의 초직에 직접적인 효과가 강하다. 여기서 독서 문화자본을 인적 자본으로 이해할 수도 있지만 그 배후에는 부모로부터 물려받은 계층문화가 밀거래되고 있는 점도 충분히 생각할 수 있다. 또한 어린 시절의 상속문화인 예술 문화자본은 학력으로 전환되어 학력 효과로서 초직을 규정하고 있다. 즉 가정 배경에 강하게 규정된 예술 문화자본은 신체화된 아비투스로서 교육 시스템 내에서 수익을 올려 높은 학력으로 전환되고 있다. 즉 가정에서 신체화된 예술 문화자본은 학력을 매개로 초직과 연동되어 있

다. 독서문화도 예술문화도 모두 여성의 지위 형성에 플러스 효과를 가지고 있다고 할 수 있다.

즉 여성이 가정에서 상속 받은 문화자본은 학교나 노동 시장에서 꽤 장기간에 걸쳐 그 효과가 발휘되고 있다. 여성의 지위 달성에는 가정의 문화자본에서 영향을 찾아볼 수 있고 초기 교육 경력에서 초직에 이르기까지 문화적 선발이 작동되고 있다고 할 수 있다. 그러나 그것은 여성에게만 해당되는 것이고 남성에게는 이와 같은 문화적 선발이 작용하지 않는다. 남성에게는 제8장에서 밝히고 있듯이 부모의 문화적 자본은 사교육 투자로 전환되어 보다 인적 자본론적인 맥락으로의 전환이 엿보인다.

현재 직업 위신에의 전환 효과

출신 가정의 문화자본은 어떻게 전환되어 현재의 직업 위신에 영향을 주고 있는 걸까. 여기서는 현재의 직업 위신에 대한 전환 효과를 밝히기로 한다.

〈표 7-3〉은 학력과 가정 배경 및 가정의 문화자본인 독서문화와 예술문화에 의한 설명 모델이다. 유직자에는 파트타임 아르바이트도 포함된다. 남녀별로 중회귀 분석을 실시한 결과 역시 남성에서는 독서문화도 예술문화도 현직 위신으로는 전환되지 않는다. 그러나 여성에서는 앞에서 나타낸 결과와 마찬가지로 독서 문화자본의 직접 효과가 있었다.

엘리트적 직업에의 참가

다음으로 엘리트적 직업에의 참가에서 가정에서 부모로부터 물려받은 문화자본은 영향을 미칠까. 여기서는 엘리트직을 조작적으로 현재 직업 위신 상위 5%로 정의했다.[2] 위신이 높은 직업에의 참가를 1로 하고 비참

<표 7-3> 현직 위신에의 전환 효과(중회귀 분석)

	남성		여성	
	모델 1	모델 2	모델 1	모델 2
연령	0.142**	0.166**	−0.039	0.001
학력	0.361**	0.378**	0.315**	0.361**
독서 문화자본	0.017	0.019	0.039**	0.032
예술 문화자본	0.042	0.049	0.094	0.057
아버지 직업	0.205**	0.227**	0.130**	0.148**
아버지 학력	−	−0.056	−	−0.042
어머니 학력	−	−0.000	−	0.089
R^2	.230	.244	.227	.264
Adj.R^2	.226	.238	.221	.254
F 검정	p < .0001	p < .0001	p < .0001	p < .0001

주석 : 수치는 표준화 편회귀 계수. **p < .05, *p < .10.

<표 7-4> 엘리트직에의 참가-남성(로지스틱 회귀)

	엘리트직 대 비엘리트직			
	매개 변수 추정량	표순 오자	매개 변수 추성량	표준 오차
Intercept	−0.924**	1.02	−9.377**	1.08
연령	0.047**	0.01	0.038**	0.01
학력	0.308**	0.05	0.249**	0.06
독서 문화자본	0.110	0.11	0.081	0.12
예술 문화자본	0.109	0.08	0.005	0.09
경제재	0.008	0.02	0.003	0.06
아버지 직업	−	−	0.032**	0.01
Max−rescaled R^2		0.1368		0.1506

주석 : 경제재란 본인 15세 때 가정이 보유하는 재화의 보유점수이다.

가를 0으로 하는 더미 변수를 사용하여 2항 로지스틱 회귀를 실시했다. 위신 상위 5%라는 엘리트직에 종사하고 있는 자는 대부분이 남성이다. 엘리트직 여성은 10명으로 적었기 때문에 여기서는 남성만을 분석 대상으로 한다. 엘리트직에 종사하고 있는 남성은 91명, 그 이외에 비엘리트직은 1,011명이었다.

〈표 7-4〉에 나타낸 결과를 살펴보면 남성의 엘리트직에의 참가는 학력이 가장 강한 효과를 미치고 있음을 알 수 있다. 상속 문화자본인 독서 문화자본도 예술 문화자본도 엘리트직 참가에 전혀 유의한 직접 효과를 가지고 있지 않다. 남성의 경우 엘리트로 가는 길은 출신 가정문화의 영향에서 벗어나 있다. 이것은 남성의 교육 달성이 문화자본에 의해 영향을 받고 있지 않은 것과 관련되어 있다. 학력 효과의 강도에 대해 일본에서는 업적주의에 의한 선발이 강한 사회라고 할 수 있다. 이러한 점에서 네덜란드의 드 그라프[1988]의 연구 결과와 마찬가지로 일본에서도 남성에게 문화자본은 엘리트 지위로 가는 통화通貨가 아니다. 그러나 샘플 수의 관계에서 나타내지 않은 여성의 엘리트직에 대해서는 독서문화가 유의한 플러스 효과를 보였다. 여성은 지위 달성에서도 문화적 선발이 업적주의적 선발 속에 잠재되어 있을 가능성이 있다.

7. 혼인 시장에서 문화자본의 수익

여성의 유리한 결혼 조건으로서 전통적인 사회에서는 문화적인 교양이 요구되어 왔다. 일본에서도 꽃꽂이·다도나 피아노 등의 '게이코고토'를 배우는 것은 여성의 바람직한 조건으로 전해져 왔다. 그렇다면 문화교양은 혼인 시장에서 여성의 지위 상승에 어떤 기능을 하는 것일까. 따라서 여기서는 혼인 시장에서 유년기 문화자본의 효과를 살펴보기로 한다.

지금까지의 연구에서는 혼인 중 학력에 의한 동류혼이 많이 보인다고 지적되었는데와타나베 히데키(渡辺秀樹)·곤도 히로유키(近藤博之), 1990; 시미즈, 1990 학력은 결혼을 매개로 한다는 설이다학력 매개설.

또한 저자의 지금까지의 분석에 따르면 학력이 같을 경우 상속 문화자본이 높은 여성은 경제자본이 높은 남성과 결혼할 확률이 높기 때문에 여성의 문화자본은 결혼 후 배우자의 경제자본으로 전환되고 있음을 밝힌 바 있다.가타오카, 1996b 이것은 문화자본의 경제자본으로의 전환 효과라고 말할 수 있다. 그렇다면 전국 데이터에서는 이 전환 효과가 성립할까. 다음으로는 그것을 분석하기로 한다.

배우자의 직업 위신 지위로의 전환 효과

같은 학력이라 하더라도 문화자본이 높은 자는 혼인 시장에서 보다 유리한 결혼이라는 라이프 찬스를 얻고 있는 것일까. 우선 중회귀 분석에 따르면 〈표 7-5〉에 나타낸 것처럼 배우자의 결혼 시 직업 위신과 현직 위신을 피설명 변수로 한 2개의 모델을 작성했다. 설명 변수는 학력과 독서문화, 그리고 예술문화이다. 학력 효과를 통제해도 유년기 문화자본 2개의 지표가 효과를 가지면 학력과는 다른 차원의 신체화된 문화자본이 혼인에서 작용하고 있다고 생각된다. 즉 신체화된 문화자본은 배우자 직업 위신으로 전환되고 있는 것일까. 여기서는 남녀별로 분석해 보자.

〈표 7-5〉에서 남성은 배우자 직업과 본인의 학력이 강한 관련을 가지고 있을 뿐 종래의 학력 매개설이 지지를 받고 있다. 그러나 여성의 경우 배우자의 직업은 결혼 시 직업도 현재 직업도 여성의 예술문화와 관련을 가지고 있다. 즉 같은 연령, 같은 학력의 여성일 경우 클래식 음악이나 미술이라는 예술문화가 신체화된 여성 쪽에서 위신이 높은 직업에 종사하고 있는 남성과 결혼하고 있다. 부모로부터의 사회화를 통해 획득된 문화자본 중 예술문화가 직접 효과를 가지고 있다.

〈표 7-5〉 배우자 직업 위신에의 전환 효과(중회귀 분석)

	결혼 시 배우자 직업		현재 배우자 직업	
	남성	여성	남성	여성
연령	0.007	0.149	-0.014	0.167
학력	0.384**	0.373**	0.282**	0.423**
독서문화	0.020	-0.001	0.048	-0.007
예술문화	0.029	0.074**	0.046	0.095**
R^2	.158	.122	.105	.163
Adj.R^2	.152	.119	.100	.160
F 검정	p〈.0001	p〈.0001	p〈.0001	p〈.0001

주석 : 수치는 표준화 편회귀 계수. **p〈.05 *p〈.10.

〈표 7-6〉 경제자본으로의 전환 효과(중회귀 분석)

	결혼 시 배우자 직업		현재 배우자 직업	
	남성	여성	남성	여성
연령	-0.013	0.105**	-0.300**	0.231**
학력	0.032	0.365**	0.334**	0.344**
독서문화	0.043	-0.013	0.064**	0.038
예술문화	-0.105**	0.071**	0.022	0.066**
R^2	.010	.123	.130	.105
Adj.R^2	.005	.119	.128	.102
F 검정	p〈.0001	p〈.0001	p〈.0001	p〈.0001
	N = 883	N = 918	N = 1201	N = 1363

주석 : 수치는 표준화 편회귀 계수. **p〈.05 *p〈.10.
(a) 세대 재산이란 현재 보유하고 있는 재산에 대한 14개 항목 중 보유율이 50% 이하의 희소재(希少財) 8점
에 대해 그 보유점수를 스코어했다.

경제자본으로의 전환 효과와 수익

혼인 시장에서의 지위 이동에는 경제적인 이동이 있다. 그렇다면 문화
자본은 혼인 시장에서 경제자본으로 전환되어 수익을 올리는 걸까. 특히
학력이 같은 경우 신체화된 문화자본이 풍부하다면 그것은 혼인 시장에
서 유리한 전개를 보이는 것일까. 배우자의 연 수입과 현재 보유하고 있
는 재산을 지표로 문화자본의 전환 효과를 살펴보자.

〈표 7-6〉은 남녀별로 배우자 개인의 연 수입을 피설명 변수로 한 중회귀 분석을 실시한 결과이다. 이 단순한 모델은 규정요인을 조사하는 것이 아니라 전환 효과를 밝히려는 것이다. 남녀가 같은 모델이라도 모델의 설명력은 크게 다르고 남성의 결정계수는 낮고 모델의 설명력도 약하다. 반면 여성은 연령과 학력, 그리고 예술문화가 직접 효과를 보였다. 여성 중 예술문화가 풍부한 가정에서 자란 여성은 결혼 후 남편의 수입이 그렇지 않은 사람보다도 높아짐을 알 수 있다. 여성의 경우 학력이나 연령을 통제하고 있기 때문에 예술문화의 효과는 남편의 수입으로 전환되고 있다고 생각된다. 반대로 남성의 경우 본인의 예술문화는 아내의 수입을 감소시키는 경향이 있다. 필시 남편의 예술문화가 높으면 결혼 상대인 여성은 전업주부가 되기 쉽다는 뭔가 다른 관련이 있을 것이다.

또한 〈표 7-6〉에서 보유재의 점수로 분석하면 학력과 연령이 플러스 효과를 가짐과 동시에 남성은 독서문화가, 여성은 예술문화가 세대 재산의 높이와 관련이 있음을 알 수 있다.

배우자의 지위로의 전환 효과의 실제

여성의 문화자본의 전환 효과와 자본 결합

여기서는 여성의 배우자 지위로의 전환 효과를 분산 분석을 통해 살펴보자. 여성은 노동 시장에서의 지위 달성을 지향하기보다도 혼인에 의한 지위 이동을 목표로 하는 경우가 있기 때문이고 그 비율은 남성보다도 많다고 생각되기 때문이기도 하다. 여기서는 배우자가 있는 여성을 중심으로 배우자의 지위를 측정했다. 〈표 7-7〉은 학력과 문화자본의 조합으로 각각 배우자 지위의 평균값을 나타내고 있다. 먼저 여성의 경우 유년기 문화자본을 구성하는 예술문화의 득점을 상위, 중위, 하위 3가지로 분류하고 전체 샘플 안에서의 위치를 %로 표기했다. 같은 학력이라 하더라도 예술문화를 부모로부터 물려받아 어린 시절부터 신체화된 여성과 그렇지 않은 여성은 혼인 시장에서 수익성이 다름을 나타내고 있다.

〈표 7-7〉 배우자의 경제적 지위와 여성의 학력 및 문화자본

아내		배우자의 지위		
학력·유년기 문화자본	N(명)	연 수입(만 엔)	N(명)	세대 재산 스코어
대학 졸업·예술 문화자본 상위 17.2%	64	701	116	2.33
대학 졸업·예술 문화자본 중위	55	693	90	2.38
대학 졸업·예술 문화자본 하위 57.3%	44	541	67	1.67
고교 졸업·예술 문화자본 상위 17.2%	82	627	117	1.82
고교 졸업·예술 문화자본 중위	137	588	218	1.59
고교 졸업·예술 문화자본 하위 57.3%	332	570	443	1.52
중학 졸업·예술 문화자본 상위 17.2%	(2)	(350)	6	0.17
중학 졸업·예술 문화자본 중위	25	416	45	1.16
중학 졸업·예술 문화자본 하위 57.3%	191	362	284	0.89
F 검정		p < .0001		p < .0001

주석 1 : 분산 분석에서는 배우자 연 수입과 재산 스코어와 함께 학력과 예술문화의 독립 효과는 1% 수준으로 유의. 상호작용 효과는 모두 없었다. ( )는 사람 수가 적어 검정 불능.
주석 2 : 대학 졸업 = 대학·전문대 졸업, 고교 졸업 = 중등 교육 졸업, 중학 졸업 = 의무 교육 졸업.

가정에서의 문화자본의 차이는 혼인 시장에서 다른 자본의 차이를 초래하는 것일까. 바꾸어 말하면 자식에게 문화자본을 전달하려는 부모의 아비투스는 자식의 문화적 경험으로 전달됨으로써 경제자본이나 다른 종류의 자본으로 전환되는 것일까.

우선 〈표 7-7〉에서 배우자인 남편의 연 수입의 차이를 엿볼 수 있다. 예를 들면 대학·전문대졸 여성은 예술문화 상위자일수록 남편의 연 수입은 높다. 예를 들면 본인 대졸 여성으로 예술문화 상위 17.2%인 자는 남편의 연 수입 평균값이 701만 엔이고 대졸 여성으로 예술문화 하위 57.3%인 자는 남편의 연 수입이 541만 엔이었다. 연 수입에서 약 160만 엔의 차이가 생긴다. 고졸 여성이나 중졸 여성도 마찬가지로 문화자본 상

위자는 남편의 연 수입이 높다. 남편의 연령을 60세 이하로 컨트롤 해도 유의한 차이를 볼 수 있는 것에서 클래식 음악,이나 미술이라는 예술문화를 신체화한 여성은 같은 학력이라 하더라도 문화자본이 풍부하지 않은 여성보다도 풍요로운 경제계층의 남성과 결혼한다. 즉 여성이 출신 가정으로부터 물려받은 문화자본은 혼인 시장에서 남편의 경제자본으로 전환된다고 해석할 수 있다.

이것은 부르디외가 말하는 자본의 전환 효과인 동시에 혼인으로 인해 여성의 문화자본과 남성의 경제자본이 결합한다는 새로운 자본 결합이 일어나고 있음을 의미하고 있다. 혹은 여성은 문화자본 중 예술자본을 젠더자본가타오카, 1996a·2000a으로 삼아 혼인 전략에서 유리한 투쟁을 하고 있는지도 모른다. 여성의 젠더자본인 문화자본과 남성의 젠더자본인 지위나 경제력이라는 이질적인 자본이 혼인 시장에서 남녀가 교환되고 있다고 할 수도 있을 것이다.

8. 결과 요약

지위 형성에서 문화자본의 효과를 교육, 직업, 혼인 각각의 시장에서 검토한 결과를 정리한 것이 〈표 7-8〉이다. 교육에 관한 3개의 변수에 대해서는 같은 데이터로 분석한 제8장에서의 결과를 먼저 여기서 요약한다.

남녀의 서로 다른 문화자본의 지위 형성 효과
다양한 라이프 찬스 중 신체화된 상속 문화자본의 효과는 남녀 간에 상당히 명료한 차이를 보였다. 문화자본을 독서문화와 예술문화로 나누

〈표 7-8〉 독서 문화자본과 예술 문화자본의 직접 효과 및 전환 효과

피설명 변수	남성		여성	
	독서 문화자본	예술 문화자본	독서 문화자본	예술 문화자본
중학교 3학년 때 성적	×	△	○	○
엘리트 고등학교 진학·비진학	×	×	×	○
학력	△	×	×	○
초직 위신	×	×	(○)	×
현직 위신	×	×	(○)	×
엘리트직 참가·비참가	×	×	-	-
배우자 결혼 시 직업 위신	×	×	×	○
배우자 현직 위신	×	×	×	○
배우자 연 수입	×	○	×	○
세대 재산	○	×	×	○

주석 : ○은 5% 수준으로 유의한 직접 효과가 있다.
　　　△ 는 10% 수준으로 유의한 직접 효과가 있다.
　　　(○)는 부분 모델로 유의한 직접 효과(5% 수준)가 있다.
　　　-는 샘플이 적기 때문에 분석하지 않았다.

어 검토함으로써 각 문화마다 수익이 오르는 시장이 다르다는 것을 알 수 있다. 결과는 다음과 같이 요약할 수 있다.

① 남성의 경우 문화자본의 지위 형성 효과가 약하다는 것이 밝혀졌다. 또한 남성의 경우 교육 시스템의 내부와 경제자본의 일부에서 약간의 효과를 발견할 수 있었지만 그 이외의 노동 시장이나 혼인 시장에서는 거의 효과를 보지 못했다. 남성의 문화 효과는 꽤 초기 단계에서 성적으로 전환되어 그 후 교육 선발 때 문화는 얼굴을 드러내지 않는 구조로 되어 있다(이 결과는 디마지오가 제시한 미국 남자 고등학생의 결과와 유사하다). 즉 남성은 그만큼 학교에서의 메리트=성적 달성에 대한 압박을 강하게 받고 출신계층의 유리함을 직접적으로 성적이나 학력으로 전환하는 것에 전념하고, 학교에서의 평정으로부터 지위의 정당성을 찾아내고 있다고 할 수 있다.

② 또한 분석 결과가 나타내듯이 남성이 중심적인 지위를 차지하는 일본의 노동 시장에서 문화자본은 지위에 보탬이 되지도 않고 수익도 오르

지 않는다. 확실히 일본 남성의 경우 상위문화를 좋아하는 것이 승진이나 진로에 유리하다는 이야기는 들은 적이 없다. 오히려 상위문화에 대한 기호는 감추는 편이 좋을 정도라고 생각된다. 문화적 재생산론이 리얼리티를 갖지 않는 것도 남성에서의 이와 같은 선발 양상과 부합하고 있다고 할 수 있다.[3]

③ 그러나 여성의 경우 어느 시장에서도 문화자본은 독자적인 지위 형성 효과를 거두고 있었다. 출신계층의 유리함은 여성의 경우 문화로 전환되어 학교에서 수익을 올리고 있었다. 그리고 교육 시스템과 혼인 시장에서는 예술 문화자본이 수익을 올리고 노동 시장에서는 독서 문화자본이 지위를 높이도록 작동되고 있었다. 또는 다른 자본으로 전환되고 있다. 바꾸어 말하면 클래식 음악이나 미술이라는 가정의 문화적 교양은 여성이 학교에서 성공하는 데 있어서 플러스 효과를 가져온다. 원래 클래식 음악이나 미술은 학교 커리큘럼의 일부가 됨으로써 정통화·제도화된 문화이다.

이른 시기부터 그러한 공식적인 문화를 접하게 하는 부모의 문화 투자 전략은 여자아이의 학교에서의 성공을 가져오고 수익을 올리고 있다. 예술문화의 효과는 그 후 노동 시장에서 큰 효과를 나타내는 것은 아니지만 특히 혼인 시장에서 효과를 보인다. 즉 클래식 음악이나 미술적 문화교양을 일찍부터 신체화되어 온 여성일수록 배우자의 직업 위신이나 경제적 지위가 높아진다. 이것은 학력을 통제하는데 있어서의 결과이기 때문에 같은 학력이라 하더라도 상속 문화자본이 높은 여성은 지위가 높은 남성과 결혼할 수 있는 기회가 높아진다. 예술 문화자본은 여성의 교육적 지위를 높이고 더 나아가 혼인 시장에서의 라이프 찬스를 높이는 것에 지위 상승의 역할을 하고 있다고 하겠다.

젠더자본으로서의 예술 문화자본

이상과 같이 문화적으로 세련된 아비투스를 가지고 있는 것은 여성에게 중요한 지위의 원천이 되고 있다고 생각된다. 그러나 여성에게 있어 중요한 지위란 지금까지의 일본의 역사적 사정을 감안하면 노동 시장에서의 지위는 아니다. 여성의 아이덴티티에서 중요한 장소는 오히려 문화 시장이고 혼인 시장이다. 노동 시장이 남성 중심에서 성립되어 온 일본 사회에서는 여성의 지위가 배우자의 사회적 지위에 의해 좌우되는 경향이 강하다. 그 대신에 여성은 문화 시장에서 살아가고 있다.

상기의 결과를 정리하면 일본에서는 여성이 관련된 가족 단위에서의 지위 형성이나 지위 이동에 여성의 예술 문화자본이 요구된다. 특히 여자아이에게 예술 관련의 게이코고토 경험이 많은 것은 여전히 현대에도 계속되고 있다. 남자보다도 여자 쪽이 어린 시절부터 고등학생에 걸쳐 예술문화의 게이코고토 경험률이 유의하게 높다.가타오카, 2010; 베네세(Benesse) 교육종합연구소, 2009 일본에서 **예술 문화자본은 여성의 스테이터스 컬처로 규정할 수 있을 것**이다.

게다가 여성의 문화자본이 결혼 후 경제적 풍요로움으로 전환되고 있듯이 예술문화로 대표되는 상위문화는 혼인 시장에서 하나의 중요한 자본이 되었다. 즉 **문화자본은 여성에게 엘리트 남성의 파트너가 되는 데 도움이 되는 젠더자본의 일부**라고 할 수 있을 것이다. 클래식 음악이나 미술로 향하는 아비투스는 메리토크라틱한 선발 사회 속에서 여성의 문화적 선발에 유리하게 작용하고, 특히 여성의 교육적 지위와 혼인에 의한 사회 경제적인 지위를 높인다.

독서 문화자본과 노동 시장

신체화된 독서 문화자본은 언어 문화자본으로도 기능한다. 가정의 상속자본으로서 측정한 '신체화된 독서 문화자본'에 대해 밝힌 것은 남녀 모두 그 기능이 다르다는 점이다. 남성들은 독서문화에 의해 직업적 지위가 달라지지는 않았다. 그에 반해 여성의 직업 달성에 대해서는 독서 문화자본이 약한 효과를 가지고 있었다.

랜들 콜린스Randall Collins, 1971·1979가 말하듯이 노동 시장이 기술적 기능주의에 의해 움직이고 있는 사회라면, 독서문화와 같은 언어자본이나 지식수집형의 아비투스가 취직 또는 직업 선택에 영향을 준다고 해도 이상한 것은 아니다.

여성의 직업 달성에 대해 〈그림 7-1〉에서 밝혔듯이 독서 문화자본이 직접 효과를 보인 것은 아마 여성의 경우 언어 문화자본의 일부가 학력으로 전환되지 않은 채 생긴 여성이 많기 때문이라고도 추측할 수 있다. 또는 독서문화를 신체화한다는 아비투스가 상층계층의 아비투스로서 계층문화의 일부인 점도 생각할 수 있다. 그에 반해 남성의 경우 독서 문화자본의 효과는 초기에 학력자본으로 전환되어 독자적 효과를 가지지 않는다.

9. 계층 재생산과 문화적 재생산의 젠더 구조

일본과 같은 학력 사회, 바꾸어 말하면 메리토크라시 사회에서 계층 재생산과 문화적 재생산에 대한 욕망은 어떻게 충족될 수 있을까.

지배계층에서 보면 남자아이에게 문화를 상속하기보다는 여자아이에게 문화를 상속시켜 문화를 계속하게 하는 전략 쪽이 유효하다. 이미 밝혀온 것처럼 문화의 세대 간 계속성은 여성을 통해 유지되고 있기 때문이다. 남성은 학력 경쟁이나 출세 경쟁 속에서 예술문화에 대한 소양을 강하게 요구받지 않기 때문에 미적 성향을 그다지 발달시키지 않고, 출신 가정의 문화적 유리함을 거의 대부분 학교 시스템에서 성적이나 학력으로 전환하는 작업에 몰두하고 있다. 그것은 아마 일본의 중류계층이 학력에 의한 계급 상승을 목표로 할 때 가지고 있는 자원을 한 곳에 집중시키기 때문이라는 이유를 생각할 수 있다. 그러나 상층계층이라 하더라도 남성 중에 그만큼 문화적이지 않은 자가 많다면 그것은 역시 일본에 **문화의 젠더 구조**가 넓게 퍼져 있기 때문일 것이다.

전후 일본에서 계층·계급문화의 재생산에 대한 욕망은 여성에 의한 문화자본의 상속으로 충족되어 왔다. 그것은 여성이 학력 경쟁에 휘말리게 되었어도 유지되고 있다. 한편 남성은 계층 차이나 계층문화의 차이를 학력学力 = 메리트로 전환시킴으로써 학력 경쟁이라고 말하면서도 지능 혹은 두뇌에 의한 정당성 확보 경쟁게임을 일삼고 있다. 남성은 학력이라는 기호로 지능을 보증함으로써 자신의 정당성이나 등급을 실감하고 있는 것에 반해 대부분의 여성들은 문화의 우월성에 의해 자신의 정당성을 실감하고 있는 것이 아닐까.

대부분의 남성들이 관련된 일본형 경쟁 사회는 다케우치1995가 밝힌 것처럼 토너먼트형 메리토크라틱 선발을 가장하면서 끊임없이 남성을 경쟁으로 부추겨왔다. 전후 일본 기업에서는 다케우치가 말하듯이 남성은 개개인의 출신계층문화를 백지화하고 회사문화에 동조 및 적응하는 것이 요구되어 왔는지도 모른다. 전후부터 오늘날에 이르기까지 남성은 사생활이나 문화를 중시하는 라이프 스타일로부터도 고립되어 노동 시장에서의 경쟁을 계속해왔다. 그 결과 가정에서 상속 문화자본을 물려받은 남성도 성인이 된 후에는 상위문화와는 거리가 있는 생활을 보내는 남성들이 많다.

그러나 그러한 경쟁 사회에서 여성은 어떤 의미에서 참가하는 것도, 타는 것도 거의 불가능했다. 고용기회균등법 이전에는 노동 시장이 여성을 명확하게 배제하고 있었기 때문이다. 그렇다면 여성들의 전략은 교육 시스템의 메리토크라시 원리 속으로 문화적 선발을 받아들여 마지막 혼인 시장에서 재생산을 이루는 형태로 여성을 매개로 지배계급은 계층 재생산 전략을 세워왔다고 생각된다. 그 내용을 구체적으로 말하면 다음과 같다.

여자의 경우 가령 지적으로 우수하더라도 고향을 떠나 도쿄대학으로의 진학을 생각하기보다는 그 지역에서 가장 좋은 학교 또는 그 지역의 유명한 여자대학에 입학하는 편이 낫다고 생각하는 부모가 전통적으로 많다. 경쟁주의는 여성에게 고상한 것이 아니라, 오히려 '여자다움을 희생하면서까지 공부할 필요가 어디에 있는가'라는 상투적인 말로 인해 자타 모두 학력 경쟁에 인생을 거는 것까지는 하지 않는다. 오히려 딸을 편안하고 고상한 '아가씨'로 키우는 편이 엘리트 남성과의 만남에 유리하다고 생각하고 있다.

그리고 경쟁에서 내려와 유명 대학이나 도쿄대학 이외의 길을 선택하는 여성도 많다.[4] 세련된 교양문화를 몸에 익히는 것이 여자아이를 둔 부모에게는 그 계층의 유지·재생산에 유효한 전략이라고 생각해왔기 때문이다. 따라서 딸에게는 가정의 계층문화를 전달함과 동시에 배움을 통해 문화적 교양탁월한 문화을 몸에 익히게 하여 혼인에 의해 지위를 유지 또는 상승하는 것을 대부분의 부모는 기대해왔다고 할 수 있다.

또한 아들남성에게 상층계층문화를 전달해도 동조를 요구하는 남성 중심의 기업 사회에서는 파산되어버릴 위험성이 높다. 아들들은 문화적 탁월화보다도 학력学力 경쟁에 참가함으로써 지위를 형성하는 것이 가장 중요한 일로 요구되었다.

일본의 엘리트 남성 대부분은 학력 경쟁을 거쳐 대중문화적인 것을 요구하는 일본의 기업 사회 문화에 동조해가고 결과적으로 일부의 직업을 제외하고 대부분은 문화 엘리트가 될 수 없었다. 본장에서도 나타냈듯이 예술문화적 소양이나 미적 성향이 그다지 풍부하지 않는 학력 엘리트 남남성은 그 문화자본의 부족을 파트너아내에게 요구함으로써 문화적 자본은 가족 단위에서 보완된다.

게다가 아내 = 어머니에서 자식에게로 문화자본이 세대 간 상속됨으로써 지배계층의 문화적 재생산은 유지되고 있다.가타오카, 1997a 일본의 재생산을 고려하면 그 원형은 사회적 재생산계층 재생산을 주로 남성이 담당하고, 여성이 문화적 재생산을 담당한다는 재생산 과정의 젠더에 의한 분업이라고 할 수 있다. 이것을 '계층 재생산과 문화적 재생산의 젠더 구조'라고 부르기로 하자.

또한 문화자본의 재생산, 즉 문화적 재생산이 보이지 않게 하는 것이 문화적 옴니보어잡식의 일반화이고 더 나아가 그것은 남성의 대중문화 기호의 강함이다. 프랑스처럼 상위문화만을 소비하여 대중문화를 싫어하는 것은 일본 안에서는 지극히 일부의 문화 엘리트뿐이어서 상층계급, 특히 부르주아지의 지표merkmal가 되지 않았다.

제4장에서 살펴보았듯이 일본적인 문화자본이란 상위문화에 대한 친화성이 높음과 동시에 대중문화에도 친화성을 가진 문화적으로 다면적 존재, 문화적 옴니보어가 되는 것을 말한다. 누구나 접근할 수 있는 무계급 대중문화에도 통하면서 정통문화를 소비하는 존재가 되고 이질적인 문화를 소비하고 폭넓은 취미를 가지는 것, 말하자면 문화의 이중 전략의 사용자가 되는 것이 요구되는 사회이다. 다시 말해서 일본에 적합한 것은 부르디외적인 문화자본 개념이 아니라, 문화적 옴니보어잡식나 문화적 관용성이라고도 해야만 하는 개념이 유효하다고 생각된다. 문화적 배타성을 나타내는 경우는 드물다.

분석 결과를 살펴보면 일본에서는 재생산 전략이 남녀가 매우 달랐다. 그러나 제5장에서 제시했듯이 여성도 교육 선발 경쟁을 적극적으로 받아들여 메리토크라시를 진행하고 있는 점 또는 시대도 변화하고 있기 때문에 탁월화된 문화를 이용하여 상층 여성이 재생산을 이룬다는 전략이 향후 어디까지 유효한가에 대해서는 앞으로의 검증을 기다릴 수밖에 없다.

그리고 여성의 사회 진출이 더욱 진전되어 남성과 같은 노동 시장문화에 노출됨으로써 여성도 점점 대중문화의 세례를 받게 될 것이다. 실제로 같은 데이터에서 일을 가진 여성일수록 대중문화적 활동에 의해 많이 참가하고 있다는 것도 밝혀지고 있기 때문이다.제5장 참조

제8장

교육 달성 과정에서
가족의 교육 전략과 젠더
문화자본 효과와 사교육 투자 효과의 젠더 차이를 중심으로

교육상 성공 / 실패는 왜 부모의 사회 경제적 지위나 교육 수준의 영향을 받는 것일까. 본장에서는 가족 배경의 불평등이 부모의 문화자본의 전달이나 사교육 투자를 통해 어떻게 자식의 교육 달성으로 전달되는지를 일본 전국 데이터를 이용하여 밝히기로 한다.

교육 달성에 관한 세대 간 과정 모델은 피터 블라우Peter Blau와 **오티스 던컨**Otis Dunkan이 제시한블라우·던컨, 1967 대표적인 지위 달성 모델이나 교육 열망을 매개항으로 추가한 위스콘신Wisconsin 모델윌리엄 시웰(William Sewell)·로버트 하우저(Robert Hauser), 1975 등의 분석 모델이 있다. 이에 반해 저자는 교육 달성에서의 **교육 전략** 모델을 제안하고자 한다.가타오카, 2001a

출신 가정의 문화자본이 어린 시절 가정의 문화적 환경을 통해 교육 시스템 속에서 어떠한 수익을 올려나가는지를 경험적으로 측정하고, 다른 효과를 고려하면서 부르디외이론에 의해 일본의 교육 달성을 설명하는 최적 모델을 밝히는 것을 첫 번째 목적으로 삼고 있다.

저자는 과거에 부르디외이론에서 신체화된 상속 문화자본, 객체화된 문화자본의 개념을 지표화하여 효과를 측정했다.가타오카, 1992·1997a·1997b·1998a·1998f 등 신체화된 문화자본의 지표는 어린 시절에 가족의 영향으로 경험한 예술문화와 독서문화이다.제2장 참조 구체적으로는 클래식 음악의

체험과 미술관 방문 경험을 묻고 있다.

문화 전략이란 가족이나 계급 집단의 문화자본이 가정이나 가족 아래에서 어떻게 의도적·비의도적인 가족 전략을 통해 전달되는가라는 것을 의미하고 있다. 반드시 의도적·목적적인 전략뿐만 아니라 관습 행동과 같은 비의도적인 행위의 전달도 포함되어 있는 점이 부르디외가 말하는 '전략'이기 때문에 여기서도 그것을 답습하고자 한다.[1]

또한 **사교육 투자**에는 학원이나 가정교사, 통신 교육 등 사교육 이용 경험을 교육 달성 모델의 매개 변수로 사용한다. 사교육의 경험이 교육상 성공, 이를 구체적으로 말하면 중3 때의 **학력**學力과 최종 학력에 대해 어느 정도의 직접 효과를 가지는지를 측정함으로써 교육 달성 메커니즘의 정치화精緻化를 꾀하고 싶다.

그리고 문화자본이나 사교육 효과가 젠더에 따라 다른 점, 또한 시대에 따라서도 달성 메커니즘이 변용되어 온 점을 1995년 SSM 전국 조사를 이용하여 밝히기로 한다. SSM 전국 조사는 직업 경험과 직업 이동을 중심으로 한 조사 연구로 조사는 10년마다 실시되고 있다. 그렇지만 본 장에서 사용하는 아동기에 획득된 문화자본과 성인이 된 후 현재의 문화자본 양쪽의 변수는 1995년 조사에만 수록되어 있기 때문에 그 이후의 SSM 조사에서는 효과 측정도 검증도 불가능하다. 또한 PISA 등 다른 조사 데이터는 본장에서 제시하는 교육 달성 모델에 필요한 변수를 부분적으로만 측정하고 있기 때문에 몇 가지 분석이 있지만, 정밀한 분석에는 부족한 점이 많다.

사용하는 데이터는 전후 쇼와昭和시대를 중심으로 하는 사람들의 학력 획득 경쟁을 나타낸 것이다. SSM 조사에서 대상으로 한 모집단[1]은 가장 젊은 층으로 1975년쇼와 50년생인 20세부터 가장 높은 연령으로 1926년쇼

^{와 원년} 이후에 태어난 69세까지이다. 그들이 교육 시스템을 통과한 시대는 주로 쇼와시대를 중심으로 전개하고 있음을 알 수 있다. 이 시대는 일본에서 학력 획득 경쟁이 과열화되고 있던 시대이기 때문에 치열한 시험 경쟁이라는 표현이 현실적이었다. 현재와는 달리 추천 입시도 거의 없던 시대였고, 확실히 한 번의 입학시험에 인생을 거는 학력學力 경쟁, 학력學歷 경쟁이 전개되고 있던 시대의 사람들의 실태를 나타내고 있다고 할 수 있다.

교육 달성에 미치는 가정 배경이나 사회적 배경 효과는 전후 그다지 크게는 변화하지 않는다는 연구 성과도 있고 교육 달성 과정은 급격히 변용하는 듯한 성질을 갖고 있지 않다는 것이 밝혀지고 있다. 따라서 여기서는 1995년 데이터를 사용한 논고에 가필·수정하여 제시하고자 한다.

1. 가족의 교육 전략에 대한 초점화

일본의 지위 달성 과정 연구에서는 가정 배경의 불평등이 학력 달성의 차이로 연결되는 것으로 알려져 있다. 아버지 직업이나 부모 학력 등의 가정 배경 변수가 교육 달성을 규정하는 힘은 결코 약한 것도 아니었고 게다가 그 영향력은 전후 일관되게 안정적이었다.^{이마다 다카토시, 1989; 이시다 히로}

---

1)   어떤 집단을 통계적으로 관찰하여 평균이나 분산 등을 조사할 때, 관찰의 대상이 되는 집단 전체를 조사하는 것이 여러 가지 이유로 어려울 경우 전체에서 일부를 추출하여 그것을 조사함으로써 전체의 성질을 추정하는 방법을 취한다. 이런 경우 원래의 집단 전체를 모집단이라고 한다.

시(石田浩), 1999; 아라마키 소헤이(荒牧草平), 2000 그에 반해 계층의 영향이 축소 경향에 있다는 지견에는 곤도 히로유키·후루타 가즈히사古田和久, 2011가 있다.[2]

그러나 왜 고학력이나 높은 지위를 가진 부모를 둔 가정의 아이가 높은 학력을 달성할 수 있을까. 가정 배경 변수의 효과는 도대체 무엇을 의미하고 있는가에 대해 충분히 해명한 연구는 미국의 아네트 라루Annette Lareau, 2003[2011]의 질적 연구 등이 주목할 만한 가치가 있지만, 대규모 조사를 이용한 연구는 적다. 또한 사용할 수 있는 설명 변수가 한정적인 조사 세트가 대부분이고 지견을 비교하기는 어렵다.

본장에서는 출신계층 변수와 교육 달성을 연결하는 요인으로서 '가족의 교육 전략'을 다루고자 한다. 부르디외1979a에 의하면 문화자본은 사회 계급의 재생산에서 중요한 역할을 하고 있다. 그리고 계급 재생산은 기계적으로 실시되는 것이 아니라, 개인이나 가족 단위의 전략 결과이고 학력상 성공은 상속 문화자본의 양과 학교 교육제도에 대한 투자 경향의 크기에 따라 결정된다고 한다. 가정 환경의 효과 중에서도 문화자본의 효과에 착목한 연구도 증가해왔다.디마지오, 1982; 드 그라프, 1986; 캐실리스·로빈슨, 1990; 후지타·미야지마·아키나가 유이치(秋永雄一)·하시모토·시미즈, 1987; 가타오카, 1992·1996b·1997a·1997b·1998a·2001a·2011; 가타오카 편저, 1998; 가리야, 1995; 미미즈카 히로아키(耳塚寬明), 2007

학력 획득 경쟁 시장에서 가족이 취하는 전략으로서 다음 3가지를 생각할 수 있다.

첫째, 부르디외와 파스롱1979이 제시하는 문화적 재생산의 관점에서 가족의 문화자본은 어떻게 가정 환경이나 가정교육을 통해 아이의 교육 달성에 영향을 주는가라는 상속 문화자본의 효과에 대한 전략이 있다.

둘째, 학원이나 예비학교, 가정교사와 같은 사교육shadow education에 대한 부모의 투자 전략이 있다.

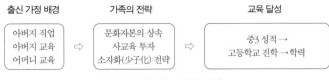

출신 가정 배경		가족의 전략		교육 달성
아버지 직업 아버지 교육 어머니 교육	⇨	문화자본의 상속 사교육 투자 소자화(少子化) 전략	⇨	중3 성적→ 고등학교 진학→학력

〈그림 8-1〉 분석 모델의 개략

셋째, 아이의 수를 줄임으로써 아이 1명당 교육 투자를 최대화하는 소자화 전략이 있다.

그중 본장에서는 첫 번째의 문화자본과 두 번째의 사교육 투자 전략을 '가족의 교육 전략'으로 다루고자 한다. 이들 교육 전략은 어떠한 계층의 가족에 의해 담당되어 온 것인지. 또한 교육 전략은 교육 달성에 어떠한 효과를 가져 온 것인지를 검토한다. 구체적으로는 〈그림 8-1〉에 나타내듯이 출신 가정 배경과 교육 달성이라는 물음에 가족의 교육 전략을 매개로 하는 분석 모델을 구성했다.

2. 메리토크라시와 문화 선발

아버지 직업이나 부모의 학력으로 대표되는 가정 배경의 불평등은 업적 원리에 바탕을 두는 메리토크라시 사회가 되었어도 왜 작아지지 않는 걸까. 이 물음을 둘러싸고 등장한 것이 문화적 재생산론에서의 '문화자본'부르디외, 1973·1979b 또는 네오 베버Neo-Weber 학파가 언급한 '문화적 자원cultural resources' 개념이다.

네오 베버 학파와 부르디외에 따르면 학력 사회나 자격 사회에서도 스테이터스 컬처에 의한 문화적 선발이 중요한 메커니즘이 되고 있다고 한다.부르디외, 1979a; 콜린스, 1979; 디마지오, 1982; 드 그라프, 1986·1988[3] 지배적인 문화코드를 신체화함으로써 계층 이동이나 지위 유지를 꾀하는 것이 가능해진다고 한다. 문화자본이나 문화적 자원은 지위 상승 때 '사회 이동의 통화'가 되고 계층 차이를 낳거나 사회적 불평등을 재생산한다고 생각된다. 즉 교육 시스템은 개인의 능력을 중립적으로 평가하는 장치가 아니라 문화적 선발을 시행하기 위한 바이어스가 걸린 스크린이다. _{드 그라프, 1988}

이들 이론에 공통된 것은 학교에서의 실패가 가정문화와 학교문화의 불균형에서 발생한다는 문화적 불연속의 이론 전제를 가지고 있는 점이다. 학교문화가 지배계층의 문화를 반영하고 있기 때문에 문화자본이라는 이름 아래 지배계층의 가정문화를 부모로부터 물려받은 아이가 교육 시스템 속에서 수익을 올린다. 바꾸어 말하면 부르주아문화를 몸에 익히고 있으면 문화는 능력으로 전환되지만 그렇지 않으면 선발에서 살아남을 수 없다. 아이의 문화적 배경과 학교의 문화적 패턴의 불균형에 의해 문화적 선발 과정이 작동되기 때문에 재정적인 기회의 평등화가 달성되었어도 결과의 평등은 달성되지 않았다.드 그라프, 1988 : 212

그러나 문화 선발이나 문화적 재생산론이 일본 사회에는 적합하지 않다는 주장도 뿌리 깊게 존재한다. 일본에서는 학교문화가 서구와 비교하여 계층 중립적인 특징을 가지는 점학교문화의 탈계층화, 투명성이 높은 시험선발, 누구나 노력하면 보답 받는다는 노력신앙에 의해 문화적 재생산의 전제인 '학교문화 = 지배계층의 문화'설에는 부정적 견해가 우세하다.다케우치, 1995; 가리야, 1995

특히 문화적 재생산이론의 중요한 전제인 '문화적 배타성 가설'도 가타오카2000b에 의해 부정되고 있다. 즉 일본의 '엘리트는 고급문화를 배타적으로 좋아하고 대중문화를 싫어하는' 것이 아니라, 오히려 일본의 엘리트는 대중문화와 고급문화로 통하는 문화적 잡식성이 높다.문화적 옴니보어는

'문화적 옴니보어 가설' 쪽이 일본의 실태를 잘 설명해준다.피터슨, 1992; 피터슨·컨, 1996; 브라이슨, 1996; 가타오카, 1998c·2000b

이처럼 문화적 재생산론의 이론 전제가 일본에서는 부정됨에도 불구하고 계층적 기반을 가진 가정의 문화 환경문화자본이 학력 달성이나 지위 달성에 유의한 효과를 가지는 것이 밝혀졌다.가타오카, 1992·1996b·1998a·1998f; 나카자와, 2010 즉 부르디외가 시사하듯이 이른 시기부터 가정에서의 사회화를 통해 축적된 문화자본은 부모의 학력을 통제해도 여전히 지위 달성에 유효하다.가타오카, 1992 이러한 모순을 어떻게 생각해야만 할까.

3. 문화자본과 인적 자본

일본의 학교 커리큘럼이나 입학시험 문제는 특정 계층문화라기보다는 누구나 접근할 수 있는 단편화된 지식이 많다.가리야, 1995 그러나 교육 달성에는 현실적으로 가정 배경의 불평등이 존재하고 지배계층일수록 자율적이고 '공정한' 학교에서 성공하기 쉽다. 바꾸어 말하면 상위계층의 자식일수록 스스로를 학교에 적응시켜 학교 시스템에서 이익을 이끌어내는 힘을 보다 많이 갖게 된다.

상위계층일수록 자율적이고 중립적인 학교에서 수익을 이끌어낼 수 있다는 사실은 레이먼드 머피가 말하는 수익 권력이 작동된 상태라고 이해할 수 있다.머피, 1988 머피는 권력을 명령 권력, 제약 권력, 수익 권력 3가지의 형태로 분류했는데 특히 수익 권력은 잘 보이지 않는 지배의 형태이다. 일본에서 지배자층은 학교에 자신의 문화를 강요하지는 않는다명령 권력을 행사하지 않는다고 믿고 있고, 학교 커리큘럼에 제약을 가해 학교문화를 상층문화로 끌어들이려는제약 권력 것 같지도 않다. 학교는 자율적이고 공명정대한 선발시험을 부과함으로써 지배자층의 명령 권력에도 제약 권력에도 별로 영향을 받지 않는 것처럼 가장하면서 잘 보이지 않는 수익 권력의 부분을 작동시킴으로써 불평등을 정당화하고 있다고 할 수 있을 것이다. 그리고 다른 시스템이나 지배자층의 명령 권력에서 자율적인 학교 시스템이 되는 요건은 메리토크라틱한 선발을 관철시키는 일이다. 메리토크라틱한 선발이야말로 지배계층의 재생산을 가장 잘 은폐시켜준다.

부르디외이론도 마찬가지로 메리토크라틱한 교육 선발은 능력 선발을 가장하면서 실제로는 문화 선발, 즉 계급문화에 의한 선발이 행해지고 있다 한다. 예를 들면 프랑스의 면접시험 내용은 상류계급의 문화나 아비투스가 요구되고 있다.

그러나 일본은 프랑스와는 시험 문제나 시험 방법이 다르다. 일본에서는 "전전의 고등시험행정과 시험·사법과 시험이나 구제고등학교 면접시험에서 상류계급문화를 요구하는 형적은 사라졌다. 일본의 면접시험에서 요구된 것은 '인물'이며 세련된 상류계급문화는 아니었다. 인물은 예의나 종순함 등을 포함한 성격이나 행동이다", "국민문화에의 동조성이 능력으로 전환되고 있다. 일본에서는 선발을 통해 오히려 국민문화일본인다움 = 문화의 동질성이 재생산되어 간다"다케우치, 1995 : 233라고 지적되었다. 일본의 시험제도에의 계급문화 거래설의 근거가 희박하다는 것이 다케우치에 의해 시사되고 있다.

다케우치가 말하듯이 일본의 문화자본은 일본인다움이고 상류계급문화는 아니라고 해도 이상적이라고 여겨지는 일본인다움이 계급적으로 편재되어 있으면 이것도 어떤 의미에서는 문화 선발이라고 해도 과언은

<표 8-1> 교육 달성에 관여하는 가족요인

① 경제 장벽설 또는 경제 지위 반영설
② 문화적 재생산(문화 전략)설
③ 사교육 투자 효과설
④ 소산화(少産化)에 의한 투자 전략설(소자화 전략설)

아니다. 그러나 우선 부르디외가 말하는 상류계급문화에 기인하는 문화자본에 의한 선발^{문화 선발}이 일본에도 밀거래되고 있는지 여부를 조사할 필요는 있을 것이다.

이렇게 생각해보면 일본의 교육 시스템 내부에는 문화적 선발과 메리토크라틱한 선발이 동시에 작동할 가능성이 높다. 일본인다움 속에는 부르디외가 말하는 정통문화, 상류계급문화가 뒤섞여 있는 점도 충분히 생각할 수 있다. 또한 계급에 기인하는 정통문화가 문화자본으로서 학교 안에서 '밀거래'되고 있을 가능성도 배제할 수 없다.

즉 분명히 해야 할 문제는 계급문화의 영향 아래에 있는 문화자본에 의한 선발과 기능주의적 설명이론인 인적 자본, 즉 기능에 의한 메리토크라틱한 선발을 가능한 한 분리시켜 측정하고 이것들이 양립하여 반드시 모순되지 않는다는 점을 확인할 필요가 있다. 이론적으로는 메리토크라틱한 선발 사회^{학교 시스템} 속에서 효과를 발휘하는 '능력' 그 자체가 일정한 아비투스를 요청하고 그것은 가정 배경에 규정되어 있기 때문이다.

일본의 경우에는 '학력', '성적'의 지표에는 IQ + 노력으로 달성된 메리트, 바꾸어 말하면 인적 자본으로 간주할 수 있는 능력의 기능적 측면과 상류가정문화의 영향에 의한 문화자본이라는 측면이 혼재한다. 따라서 이것을 가능한 한 분리시켜 측정한다.

4. 가족의 교육 전략과 사회계층

교육 달성의 출신계층 차이의 원인을 생각하는데 있어서 교육 달성이나 사회적 지위 달성을 좌우하는 주요한 가정요인은 〈표 8-1〉의 4가지로 정리할 수 있다. 〈표 8-1〉의 ②, ③, ④가 가족의 교육 전략으로 규정되고 ①은 그것들의 사회적 기반을 마련한다. 가족 전략이라 해도 반드시 행위자 자신이 그 의도를 의식적으로 자각하고 있을 필요는 없고, 의도적인 전략도 비의도적인 전략도 양쪽을 포함하고 있다고 생각해도 좋을 것이다.

다음은 각 요인을 설명해보기로 한다.

① 경제 장벽설 또는 경제 지위 반영설 : 교육 달성을 가능하게 하는 일정한 경제 장벽이 있고 가정의 경제 상태가 진학 행동을 결정한다는 사고방식 또는 출신 가정의 경제적 지위가 교육비 부담 등으로 전환되고 진학 행동을 규정한다. 이것은 ②, ③의 가족의 교육 전략을 규정하는 기반요인이 된다.

② 문화적 재생산문화 전략설 : 의도적 또는 비의도적으로 부모에서 자식에게로 문화자본의 상속이나 문화 투자가 행해진 결과, 학교에서의 수익이 다르고 교육 달성이 좌우된다. 문화자본에도 시험지식과 같은 학교적인 문화자본과 미적 감성이나 매너, 언어나 말투처럼 계층문화에 기반을 두는 문화자본이 있다. 특히 교육의 유효성 감각, 즉 교육이 어떻게 인생이나 지위 달성에 도움이 되는가라는 의식과 부모의 교육 기대, 그리고 교육 열망은 가정에 역사적으로 축적되는 문화자본이고, 계층문화의 한 종류로서 신체화되기 쉽다고 생각된다.

③ 사교육 투자 효과설 : 가족은 아이에게 학원이나 수험 예비학교, 가정교사, 통신 교육 등 사교육을 이용하게 한다. 이것들은 시험 합격이나

성적 향상, 높은 학력을 목적으로 한 가족의 투자 전략의 결과이다. 학교 교육제도에 목적적으로 투자함으로써 보다 학교적인 문화자본을 높이고 학교에서의 성공을 직접적으로 목표로 삼으려는 방법이다.

④ 소산화에 의한 투자 전략_{소자화 전략설} : 게리 베커^{Gary Becker, 1964[1993] · 1981}의 인적 자본론적인 의미에서 아이의 수를 줄이고 교육 투자 효율을 올리려는 전략이다. 아이의 수를 줄임으로써 1인당 아이에게 드는 재정적 배분을 향상시킨다거나 가정에서 사회화의 질을 향상시킨다. 따라서 본 장에서는 형제 수를 가족의 자식에 대한 재정적인 배분 상태를 나타내는 변수로 한다._{드 그라프, 1988; 사카쓰메 사토코(坂爪聡子), 1999}

5. 분석 방법 및 변수의 특성

이상과 같은 모든 개념을 이용하여 일본의 교육 달성 메커니즘의 특징을 중회귀 분석 또는 LISREL의 공분산 구조 분석을 사용하여 분석한다. 후자의 분석 방법의 특징은 진로 결정 메커니즘을 구성하는 많은 설명 변수의 인과관계를 동시에 분석하고 현실의 데이터에 가장 적합한 모델을 구축할 수 있다는 점에 있다.[4] 데이터는 1995년 SSM 전국 조사 A표 남녀 데이터 2,653명을 대상으로 했다.

종속 변수

분석에 사용하는 종속 변수^{피설명 변수}는 다음 3가지이다.

① '중학교 3학년 때의 성적' : SSM 조사 중에는 자기 신고 성적으로 다음과 같은 질문이 있다.

'중학교 3학년 때 당신의 성적은 클래스 또는 학년 중에서 어느 정도였다고 생각합니까. 다음 중 적합한 것을 고르시오.'

1	2	3	4	5	9
위쪽	약간 위쪽	중간쯤	약간 아래쪽	아래쪽	모르겠다 비해당
15.0%	19.7%	46.5%	13.8%	5.0%	결손값

② '엘리트 고등학교로의 진학' : 회답자가 졸업한 고등학교에 대해 학생 대부분이 대학·전문대로 진학했다고 회답한 경우 엘리트 고등학교로 카운트했다. 해당자의 비율은 고등학교에 다닌 경험이 있는 회답자 전체의 14.2%였다.

③ '최종 학력'[5] : 회답자가 마지막으로 다닌 학교를 교육 연수로 환산하여 지표화했다.

설명 변수

중요한 설명 변수로서 출신 가정의 사회적 위치_{아버지의 주요 직업·아버지 학력·}어머니 학력, 속성 변수_{성·연령}, 가정의 문화자본_{어린 시절 신체화된 문화자본·15세 때 가정의 문화적 재화}, 사교육 투자, 형제 수, 지역 변수가 있다. 변수의 구성과 가족 전략의 계층적 기반에 대해 다음과 같이 표시해보자.

(1) 출신 가정의 문화자본·문화 환경

부르디외는 문화자본을 3가지 타입으로 분류하고 있다._{부르디외, 1979b} 제2장에서 설명한 것처럼 신체화된 형태, 객체화된 형태, 제도화된 형태 이 3가지 레벨의 문화자본에 대한 조사에서 측정하고 지표화했다. 지표화에 이르는 상세한 것에 대해서는 가타오카의 논문_{1997b : 191~193}을 참조하기 바란다.

① 신체화된 상속 문화자본 – 아동기의 예술 문화자본과 독서 문화자본

교육 달성에 영향을 미치는 '신체화된 문화자본'을 측정하기 위해 '어린 시절 가정에서의 문화적 경험아동기의 상속 문화자본'의 지표를 작성했다. '가정에서의 문화적 경험'은 아이에게 풍부한 문화적 경험을 부여하고 문화자본을 아비투스로 신체화시켜 축적하려는 부모의 문화적 전략이다. 제2장에서 상세하게 서술했는데 질문 항목은 다음과 같다.

    a. 어린 시절 가족 중 누군가가 당신에게 책을 읽어주었습니까.

    b. 초등학생 때 집에서 클래식 음악 레코드를 듣거나 가족과 클래식 음악 콘
       서트에 간 적이 있었습니까.

    c. 초등학생 때 가족을 따라 미술전이나 박물관에 간 적이 있었습니까.

분석에서는 이 3개 항목의 득점을 합계한 스코어를 작성하고 이것을 '신체화된 상속 문화자본'이라고 정의했다.1998a·2001a

신체화된 상속 문화자본은 가정에서의 문화적 경험으로서 주로 서구 문화적 교양을 중심으로 하는 항목으로 구성된다. 즉 클래식 음악이나 미술 감상은 근대화와 함께 수입된 문화교양임과 동시에 옛날에는 상층계급이 수입문화로서 서양문화를 재빠르게 도입한 역사가 있다. 또한 클래식 음악이나 미술 감상도 일본에서는 학교 교육 커리큘럼의 일부로 받아들여진 내용으로 학교문화에 친화적이다. 따라서 여기서 사용한 지표는 신흥 부르주아지에게 유리한 문화 항목이 되었다.

신체화된 상속 문화자본을 '아이가 가정에서 체험한 문화적 경험'에 초점을 맞춰 검토하는 이유는 이것들이 가족에 의해 행해지는 문화 상속 또는 문화 투자이며 부모나 계급의 문화자본을 전제로 한다고 생각되기

때문이다. 그리고 문화적 재화를 자식에게 주는 것만으로는 기본적으로 문화적인 것이 전달되지 않기 때문이다. 예를 들면 아이의 교육을 위해서라고 해도 회화나 클래식 음악에 친숙하지 않는 부모는 아이에게 문화적 경험을 적극적으로 전달하기 어렵다고 생각된다. 실제로 베네세^{Benesse} 종합교육연구소의 데이터에서도 예술문화활동에 관심이 있는 부모일수록 아이가 예술문화를 배우는 경우가 많아졌다.^{가타오카, 2010}

또한 제2장에서도 밝혔듯이 문화적 재화를 규정하는 요인은 부모 학력과 아버지 직업 위신 양쪽의 효과인 경우가 많지만 '문화적 경험'은 반드시 그렇지 않고 부모 학력^{제도화된 문화자본}과의 관련성이 강하다.

다음으로는 신체화된 상속 문화자본 = '어린 시절 가정에서의 문화적 경험'을 '유년기 문화자본'으로 간주한다.

② 객체화된 상속 문화자본 – '15세 때 가정의 문화적 재화'

15세 때 가정에 있었던 문화적 재화^{피아노, 문학전집·도감, 미술품·골동품}의 보유점수를 카운트하고 있다. 이 문화적 재화가 어렸을 때부터 늘 가정에 있는 것은 풍부한 문화 환경을 구성하는 지표가 된다.^{부르디외, 1979a; 미야지마·후지타, 1991} 문화적 재화를 접촉할 경험을 가정 내에서 갖는 것은 '전반화된 애로우 효과'로서 문화자본의 신체화를 촉진·축적시키는 효과를 가진다.^{부르디외, 1979a}

③ 제도화된 문화자본 – '부모의 학력자본'⁶

제도화 레벨의 문화자본으로서 부모의 학력이 있는데 이것은 아이의 진학 열망을 규정하고^{나카야마·고지마, 1979; 이와나가 마사야(岩永雅也), 1990; 가타세 가즈오(片瀬一男), 2004; 아이자와 신이치(相澤真一), 2011} 가정의 문화 환경 전반에 관련된 요인이라고 생각된다.

	어린 시절 가정에서의 문화적 경험			15세 때 문화적 재화		
	가족이 책을 읽어주었다	집에서 클래식 음악 레코드나 콘서트	가족과 미술전이나 박물관에 간다	피아노 있음	문학전집 ·도감	미술품 ·골동품
전체	48.8	12.1	19.5	11.0	38.3	16.2
50~69세	41.4	8.9	11.9	1.7	23.3	16.4
35~49세	45.3	11.6	17.2	10.3	40.8	15.3
20~34세	68.8	19.1	37.9	29.7	63.0	17.3
남성	45.1	9.7	17.9	7.7	32.9	14.0
여성	52.1	14.3	21.0	13.9	43.2	18.2
아버지 의무 교육	39.7	6.5	11.3	4.5	27.3	11.5
아버지 중등 교육	60.4	18.1	29.7	17.9	55.3	22.2
아버지 고등 교육	75.8	32.9	45.7	33.2	73.2	31.7
아버지 전문직	71.2	27.9	48.2	27.3	67.9	32.1
아버지 관리직	67.4	29.2	36.7	27.7	71.9	31.9
아버지 사무직	65.7	19.7	32.4	18.3	53.0	18.7
아버지 판매직	49.8	12.7	16.5	11.8	40.5	20.7
아버지 숙련공	44.4	8.4	17.9	7.0	32.9	11.9
아버지 반숙련공	47.0	9.0	19.7	10.3	39.1	11.4
아버지 비숙련공	42.4	9.1	13.3	4.0	24.2	8.1
아버지 농업	33.7	3.2	4.4	1.5	17.4	11.9
본인 중졸	30.5	3.4	5.2	0.7	10.3	7.0
본인 고졸	48.9	9.5	18.7	7.5	38.5	16.2
본인 대졸	65.9	26.1	35.0	28.1	64.7	25.3

주석 1 : 어린 시절 문화적 경험은 '자주 있었다'와 '가끔 있었다'라고 대답한 자의 비율(%).
주석 2 : 문화적 재화의 수치는 가정에서의 보유율(%).
주석 3 : 본인 대졸에는 전문대와 대학원 졸업도 포함된다.

가족의 문화 전략의 계층성에 대해서는 〈표 8-2〉에 나타낸 바와 같다. 가정에서 책 읽어주기 체험을 측정한 독서 문화자본은 계층 차이가 약간 작지만 클래식 음악이나 미술 감상의 예술 문화자본의 체험에는 큰 계층 차이를 간파할 수 있다. 또한 본인의 학력별로 비교하면 예술적인 문화 경험을 유년기부터 제공하려는 배려를 하는 가정일수록 결과적으로 아이는 높은 학력을 손에 넣음을 알 수 있다.

본장에서의 문제는 전후 일본에서 메리토크라틱한 선발이 강해짐에 따라 문화자본은 학교에서 수익을 내지 못하게 된 것이 아닌가 하는 점

<표 8-3> 사교육 투자

	학원·예비학교	가정교사	통신 첨삭
전체	25.9	7.1	2.6
50~69세	8.2	3.3	0.4
35~49세	25.0	7.9	1.7
20~34세	50.7	11.0	7.2
남성	24.9	6.4	2.6
여성	26.8	7.8	2.7
아버지 의무 교육	18.9	2.7	1.2
아버지 중등 교육	38.1	11.4	5.1
아버지 고등 교육	42.2	20.3	6.4
아버지 전문직	35.6	13.4	6.0
아버지 관리직	39.5	17.6	3.9
아버지 사무직	35.3	10.3	3.5
아버지 판매직	23.6	10.9	0.9
아버지 숙련공	29.3	2.9	2.7
아버지 반숙련공	35.5	6.8	4.4
아버지 비숙련공	16.1	2.3	2.3
이비지 농업	9.7	1.0	0.8
본인 중졸	3.7	0.5	0.2
본인 고졸	24.9	5.1	1.3
본인 대졸	43.8	15.9	7.1

주석 : 설문지의 내용은 "당신은 초등학교·중학교 시절에 학원(입시학원이나 보습학원)이나 예비학교에 다니거나 가정교사로 일한 적이 있습니까. 그중 반년 이상의 경험이 있으면 모두 손을 들어주세요"이다. 1995년 SSM 전국 조사 A표. 수치는 경험자율(%).

이다. 그러므로 메리토크라시의 진행에 따른 '문화자본의 학교 수익 저하설'을 검토한다.

(2) 사교육 투자

사교육 투자는 초등학교·중학교 시절의 학원 또는 예비학교, 가정교사, 통신 교육 3종류 중 경험 항목의 총합을 스코어화$^{0~3점}$하여 사용한다. 〈표 8-3〉에서 학원·예비학교 경험자의 이용자율은 전체의 25.9%인데 특히 젊은 연령층에서의 증가가 두드러진다. 그런데 남녀 차이는 없었다.

또한 본인이 고학력층일수록 사교육의 이용률은 높다. 표에는 나타내지 않았지만 사교육을 이용한 자 중 43.0%가 대학·전문대졸인데 비이용자는 14.6%에 불과하다. 사교육에의 투자 전략을 사용한 자일수록 교육 달성은 높은 경향에 있는데 연령이나 성별 등을 통제하여 검토할 필요성이 있다.

사교육 투자에 관해서는 실증 연구도 축적되어 있고 교육 성취[achievement]에 미치는 효과에 관해서는 데이터도 다르기 때문에 지견이 반드시 일치한 것은 아니지만, 대체로 사교육은 교육 달성에 효과를 거두고 있다고 할 수 있을 것이다.[모리야마 가즈오(盛山和夫)·노구치 유지(野口裕二), 1984; 데이비드 스티븐슨(David Stevenson)·데이비드 베이커(David Baker), 1992; 오지마 후미아키(尾嶋史章), 1997; 가타오카, 2001a; 기타 가미요(喜多加実代), 2006; 가타세 가즈오(片瀬一男)·히라사와 가즈시(平沢和司), 2008; 도비시마 슈지(鳶島修治), 2012; 나카자와 와타루(中澤渉), 2013]

6. 문화적인 여성은 성적이 좋은가

연령 코호트 분석에 들어가기 전에 성적이나 고등학교 진학 결정 메커니즘의 남녀 차이를 살펴보자. 〈표 8-4〉는 중3 때 성적을 종속 변수로 한 규정요인 분석이다. 설명 변수 중 연령은 효과를 갖지만 통제 변수로 간주한다. 가정의 사회 경제적 변수인 아버지 직업, 부모 학력, 출신 가정의 경제적 재화는 남녀 모두 중3 때 성적을 강하게 규정하고 있음을 알 수 있다. 부모의 학력이 플러스 효과를 가지고 있는 점에서 부모의 문화자본이 효과를 거두고 있다. 그리고 독서 문화자본과 예술 문화자본의 경우 남성은 유의한 효과를 보이지 않았지만 여성은 플러스 효과를 보였다. 특히 형제 수의 효과는 남녀 모두 다르고 남자에게만 마이너스 효과, 즉 형제 수가 증가하면 성적이 내려감을 의미한다.

또한 〈표 8-5〉는 엘리트 고등학교에의 진학 유무를 로지스틱 회귀 분석에 의한 결과이다.

〈표 8-4〉와 〈표 8-5〉의 결과를 살펴보면 남녀 간에 부모의 교육 전략 효과가 다름이 확실하다. 남성의 경우 사교육 투자를 받은 자일수록 성적이 높고 엘리트 고등학교에도 진학하기 쉬운 반면 여성의 경우 사교육은 성적에도 엘리트 고등학교 진학에도 효과를 보이지 않았다.

역으로 독서 문화자본이나 예술 문화자본의 경우 여성은 높은 성적으로 이어지지만 남성은 전혀 효과가 없었다. 즉 남성이 문화적으로 풍요로운 환경에서 자란 것은 성적과는 관계가 없다. 또한 〈표 8-5〉에서 여성은 예술 문화자본이 많은 자일수록 엘리트 고등학교에 진학하기 쉽다. 이처럼 **남성의 경우 사교육 투자 전략이 유효하고 여성의 경우 가정의 문화자본을 상속 또는 투자하는 전략이 교육 시스템 내에서 수익을 올리고 있다.**

여기서 예전에 디마지오가 미국 고등학생을 대상으로 한 데이터와 일본에서는 저자가 성인을 대상으로 한 데이터에서 밝힌 가설이 들어맞게 된다. 즉 '상류문화에의 관여는 높은 계층 출신의 성적이 좋은 소녀의 아이덴티티 일부이지만 소년에게는 그렇지가 않다.'디마지오, 1982 바꾸어 말하면 '문화적인 여성은 성적이 좋다'라는 관련성이 있고 문화적인 것에 대한 사회적 의미는 남녀가 다르다.가타오카, 1992

특히 일본의 학력 달성에는 남녀 차이가 존재하고 세대 변화를 보이는 것이 판명되고 있기이와모토, 1998b; 오지마·곤도, 2000 때문에 다음에서는 현실에 가장 적합한 학업 달성 메커니즘을 밝히기 위해 구조방정식을 사용하여 검토하는 가운데 각 요인의 효과 변화를 해명하기로 한다.

〈표 8-4〉 중학교 3학년 때 성적의 규정요인(중회귀 분석)

	남성	여성
연령	.291**	.339**
아버지 직업	.132**	.093*
부모 학력	.113*	.117*
소유재(所有財)	.142**	.108*
형제 수	-.124**	-.064
독서 문화자본	.032	.092*
예술 문화자본	.046	.107*
사교육 투자	.080*	.012
R^2	.137	.145
Adj.R^2	.127	.137
F값	p < .0001	p < .0001

주석 : 수치는 표준화 편회귀 계수. **p < .01, *p < .05.
　　중3 때 성적(자기 신고로 5단계).
　　부모 학력 = 아버지와 어머니의 교육 연수 총합.
　　소유재 = 15세 때 가정의 소유재 14항목의 보유 합계 수.

〈표 8-5〉 엘리트 고등학교로의 진학 · 비진학

	남성	여성
연령	1.01	0.96
아버지 직업	1.02	1.00
아버지 학력	1.03	1.10
어머니 학력	1.09	1.11
소유재	1.20**	1.28**
형제 수	0.72**	0.76*
중3 때 성적	2.89**	2.80**
독서 문화자본	0.92	0.82
예술 문화자본	1.09	1.28*
사교육 투자	1.49*	1.06
R^2	.219	.249
Max-rescaled R^2	.405	.455
X2(df = 10)	180.4**	233.6**

주석 : **p < .01, *p < .05
　　엘리트 고등학교 = 대부분이 대학에 진학하는 고등학교

7. 교육 달성 메커니즘의 변용

교육 달성의 차이를 가장 잘 설명하는 진로 결정 메커니즘을 해명하기 위해 패스 해석으로 탐색적 해석을 실시한 뒤 LISREL을 이용하여 구조 방정식 모델로 분석하고 데이터에서 가장 적합한 모델을 선택했다. 최종 모델은 자의적으로 설정하는 것이 아니라 최초로 인과가 가능한 패스를 모두 계산한 풀 모델을 작성하고 통계적으로 유의하지 않는 패스는 삭제하고 재계산하는 절차를 반복했다. 이는 통계학적 기법의 특색인 절약 parsimony 원리를 채용하고 있는 것임에 틀림없다. 그리고 AIC 통계량이나 GFI, AGFI의 값을 기준으로 데이터에 가장 적합한 최적 모델을 선택했다.칼 조레스코그(Karl Jöreskog) 외, 1979; 조레스코그·다그 소르본(Dag Sörbom), 1996; 시라쿠라, 1991

분석은 3가지 연령 코호트마다 남녀별로 분석하고 있기 때문에 6가지 최적 모델을 얻을 수 있었는데가타오카, 1998a 〈그림 8-2〉에 남성, 〈그림 8-3〉에 여성의 3세대분의 분석 결과를 정리·제시했다.[7] 출생 코호트별로 진로 결정 메커니즘의 최적 모델은 다르고 최종 모델의 적합도는 모두 매우 좋다고 할 수 있다. 패스의 수치는 직접 효과를 나타내고 -로 되어 있는 경우 그 코호트에서는 패스가 유의하지 않아서 모델에는 포함하지 않고 계산한다. 직접 효과 이외에 각 변수의 전체 효과를 구하는 것이 가능하다.

남녀의 학력 결정 메커니즘의 구조는 다르다.

첫째, 부모 학력이나 아버지 직업 위신이 높을수록 남녀 모두 어린 시절 신체화된 문화자본이나 문화재객체화된 문화자본, 사교육 투자는 많아진다. 특히 신체화된 문화자본은 부모 학력에 강하게 규정되어 있음을 알 수 있다. 사교육도 부모 학력의 영향이 강하다. 즉 아이는 부모의 학력이 높을수록 사교육을 받고 있다.

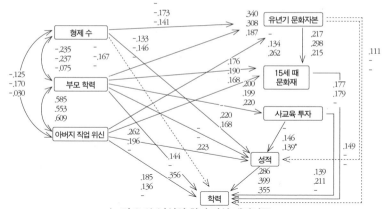

〈그림 8-2〉 남성의 학력 달성 메커니즘

상단 50~69세 : df = 10, x^2 = 8.96, p = 0.536, GFI = .991, AGFI = .969
중단 35~49세 : df = 9, x^2 = 13.3, p = 0.148, GFI = .989, AGFI = .956
하단 20~34세 : df = 13, x^2 = 9.94, p = 0.699, GFI = .987, AGFI = .963
주석 : -는 패스를 상정하지 않은 모델. 수치에 표시가 없는 것은 5%로 유의. *는 10%로 유의.
50~69세 코호트 15세 때 문화재→성적에의 패스(.109*), 형제 수→사교육(-.205) 및 35~49세 코호트의 15세 때 문화재→사교육(.242) 및 20~34세 코호트의 유년기 문화자본→사교육(.184)은 표기를 생략했다.

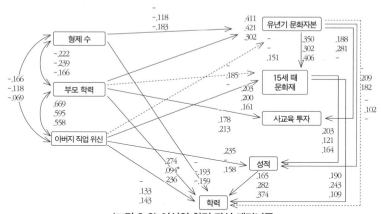

〈그림 8-3〉 여성의 학력 달성 메커니즘

상단 50~69세 : df = 14, x^2 = 13.9, p = 0.459, GFI = .984, AGFI = .960
중단 35~49세 : df = 7, x^2 = 3.43, p = 0.843, GFI = .998, AGFI = .987
하단 20~34세 : df = 10, x^2 = 8.66, p = 0.564, GFI = .991, AGFI = .969
주석 : -는 패스를 상정하지 않은 모델. 수치에 표시가 없는 것은 5%로 유의. *는 10%로 유의.
35~49세 코호트에서 형제 수→사교육(-.143)의 직접 효과의 패스가 5% 수준으로 유의적이었지만 표시를 생략했다. 50~69세 코호트의 아버지 직업→사교육(.153)과 사교육 투자→학력(.68) 및 20~34세 코호트의 15세 때 문화재→사교육(.241)의 패스 표시를 생략했다.

둘째, 문화자본이나 사교육의 성적과 학력에 대한 효과를 남녀 간에 비교하면 남성은 문화보다도 사교육 투자가 성적이나 학력을 강하게 규정하고 있다.〈그림 8-2〉 그러나 여성은 문화자본의 효과가 직접 효과로서 성적이나 학력을 규정하지만 사교육 효과는 전후 세대에서는 찾아볼 수 없다는 특징을 가진다.〈그림 8-3〉 여기서 코호트별로 가족 전략의 효과를 검토해보자.

'형제 수' 효과

'형제 수' 효과는 확실히 존재하고 성적이나 학력에 대해 마이너스 직접 효과를 보인다. 즉 형제 수가 많으면 학업 성적은 낮아지고 상승 이동에는 가족 수가 적은 편이 좋다는 뒤몽Dumont설과도 관련이 있다.야스다 사부로(安田三郎), 1971 또한 게리 베커에 따르면 형제 수는 가족의 재정적 기반을 나타내는 변수이다. 풍요로운 사회에서 가족의 재정적 요인이 아이의 교육 달성에 미치는 힘은 어느 정도일까. 형제 수에서 중3 때 성적과 학력에 대한 직접 효과가 유의했던 것은 남성 50~69세성적와 남성 35~49세성적과 학력, 여성 35~49세학력와 여성 20~34세학력이다. 가장 젊은 남성 20~34세와 여성 50~69세에는 형제 수가 학업 달성을 직접 좌우하는 요인으로 작동되지 않는다. 젊은 연령층일수록 형제 수는 적어지고 형제 수의 효과가 없어진다고 예상할 수 있는데, 실제로 이것이 적합한 것은 남성 20~34세뿐이고 여성은 20~34세 코호트에서도 형제 수에 따라 진학 행동이 좌우되고 있다.[8]

성적과 학력

〈그림 8-2〉와 〈그림 8-3〉을 보면 어느 코호트에서도 중3 때 성적이 남녀 모두에게 학력을 강하게 규정하는 것은 분명하다. 특히 여성에서는

성적에서 학력으로의 직접 패스의 계수 값은 젊은 코호트일수록 높아진다. 연장 코호트 순으로 .165 → .282 → .374로 차츰 크게 값을 매기게 되었다. 시대와 함께 여성의 진학 행동은 학업 성적이라는 메리트에 의해 크게 좌우되었음을 나타낸다고 해석할 수 있다. 여성은 전후 일관되게 성적의 규정력이 상승하고 성적에 의한 교육 선발이 강해졌다. 성적 메리토크라시는 여성에서 진행되어 왔다.

다른 한편 남성에서는 성적에서 학력으로의 패스 값은 연장 코호트 순으로 나열하면 .286 → .399 → .355로 어느 세대에서나 꽤 높은 값을 나타낸다. 남성은 일찍부터 성적에 의한 학업 달성이라는 의미에서의 메리토크라시가 진행되고 있었다. 젊은 세대일수록 성적의 규정력이 상승하고 성적에 의한 메리토크라틱한 선발이 교육 시스템 속에서 진행되고 있음을 알 수 있다.

어린 시절 신체화된 문화자본의 상징적 의미

문화 상속에서 문화 투자로

〈그림 8-2〉와 〈그림 8-3〉에서는 출신계층, 즉 아버지 직업 위신이나 부모 학력에서 가정에서의 문화적 경험인 '유년기 문화자본어린 시절 신체화된 문화자본'이나 '15세 때 가정의 문화적 재화객체화된 문화자본'로 유의한 패스가 나와 있다. 이것들은 가족으로부터의 문화적 상속 또는 문화 투자라고 생각된다. 특히 어린 시절 가정에서 풍부한 문화적 경험을 누릴 수 있었던 자는 50~69세에서는 현대보다도 소수였다.〈표 8-2〉 50세 이상의 연령층으로 한정하면 문화적 경험유년기 문화자본을 규정하는 것은 남녀 모두 부모의 학력뿐이다. 다시 말하면 어린 시절 문화적 경험의 풍요로움이란 50세 이상의 남녀에게는 확실히 고학력 가정 출신이라는 상징적 기호였다. 부

모의 학력문화자본이 높은 가정에서는 아이에게 직접적으로 문화자본이 신체화되는 형태로 적극적으로 문화 상속 전략을 채용하고 있었음을 알 수 있다. 즉 문화 상속이 아직 대중화된 전략이 아니었던 시대에는 아버지 직업으로 대표되는 경제력이나 위신 문제가 아니라 학력의 재생산은 '문화계층의 재생산'이라는 의미가 강했다.

그러나 고등 교육의 보급과 함께 남녀 모두 30~49세부터 20~34세 코호트에 들어가자 그 메커니즘은 변용된다. 즉 문화적 경험유년기 문화자본을 규정하는 요인은 부모 학력과 아버지 직업 위신, 형제 수로 증가하고 규정력도 변화하고 있다.

우선 〈그림 8-2〉에서 남성의 문화적 경험을 규정하는 패스의 직접 효과를 부모 학력과 아버지 직업 위신으로 나누어 비교해보자. 남성 20~34세에서 처음으로 부모 학력의 효과.187가 아버지 직업 위신 효과.262을 밑돌았다. 즉 고도경제성장기에 소년 시절을 보낸 남성 20~34세 코호트에게 있어서 문화적 경험이라는 것은 부모의 문화자본 상속이라기보다는 아버지 직업으로 대표되는 지위에 동반되는 '상징적 강제 효과'부르디외, 1979a의 결과이다. 지위에 걸맞은 육아 방법으로서 아이에 대한 문화 투자를 행하는 층이 증가했다고 생각된다. 가정의 경제 수준이 전반적으로 상승한 시대였기 때문에 아마 고학력 이외의 가정에서도 문화 투자 전략을 채용하기 시작했을 것이다. 남성은 문화 상속에서 문화 투자로라는 변화를 지적할 수 있다.

그러나 여성에서는 '부모 학력 → 유년기 문화자본'의 직접 효과는 어느 코호트에서도 일관되게 높은 값을 나타냈다. 연대가 오래된 순서대로 나열하면 .411 → .421 → .302이다. 즉 여자에게 '어린 시절 풍부한 문화적 경험'은 시대를 넘어 오랫동안 고학력 가정 출신의 자녀라는 상징적 의미를 가진다. 아버지의 직업적 지위가 높다는 조건만으로 여자아이에게 문화적 경험을 하게 하는 가정은 적다. 어느 시대에나 여자아이에 대한 문화적 경험의 부여는 부모세대로부터 문화자본의 상속 결과인 경우가 많고, 여성에서는 '문화계층의 세대 간 재생산'이 시대를 넘어 행해져왔다.

이처럼 '가정에서의 문화적 경험' 의미가 남녀 간에 다른 것은 성적이나 학력으로 어떻게 연결되어 가는 것일까.

8. 학교에서 문화자본의 수익 변화

근대화의 진전이 메리토크라틱한 선발을 진행시킨다면 시대와 함께 어린 시절의 문화자본은 교육 시스템 내부에서 그 수익을 내지 못하게 될 것이다.

학교에서의 수익으로서 '중3 때 성적'과 '학력교육 연수'을 지표로 삼아 '유년기 문화자본어린 시절 신체화된 문화자본의 효과'를 살펴보자. 〈그림 8-4〉는 어린 시절 신체화된 문화자본에서 학력으로의 전체 효과를 남녀·코호트별로 도식화한 것이다. 남성 50~69세 코호트에서는 문화자본의 효과가 컸지만 49세 이하 전후에 태어난 남성의 문화자본은 학력 달성에 거의 효과를 거두지 못한다. 즉 전후 교육 시스템 속에서 남성의 문화자본은 수익을 거두지 못한다. 그에 반해 여성은 문화자본에서 학력으로의 전체 효과가 크고 가정의 문화자본은 학교에서 수익을 거두고 있다. 특히 여성 35~49세 코호트에서는 문화자본의 효과가 가장 크고 부모로부터 문화자본을 상속받은 여성은 높은 학력을 손에 넣을 수 있었다. 문화자본의

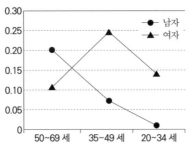

〈그림 8-4〉 어린 시절 신체화된 문화자본(유년기 문화자본)의 학력에 대한 전체 효과

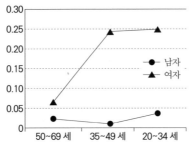

〈그림 8-5〉 어린 시절 신체화된 문화자본이 중3 때 성적에 미치는 전체 효과

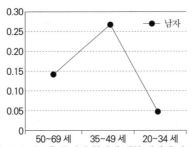

〈그림 8-6〉 사교육 투자의 학력에 대한 전체 효과 : 남성

수익은 여성 20~34세 코호트에서 약간 저하되고 있지만 그래도 50~69세 코호트 레벨에까지는 내려가지 않는다.

이번에는 중3 때 성적으로 살펴보자. 〈그림 8-5〉에서 볼 수 있듯이 어린 시절 신체화된 문화자본에서 성적으로의 전체 효과를 살펴보면 남성에서는 약한 효과만 보이고, 반대로 여성에서는 강한 효과를 보여 대조적인 결과가 나왔다. 이미 살펴본 바와 같이 유년기 문화자본은 여성의 성적과의 관련성이 강하다.

전후 교육 시스템 속에서 여성은 문화자본에 의한 수익을 거두어왔지만 남성은 대조적으로 문화자본이 높은 성적이나 학력으로 전환되지 않고 문화자본의 수익은 거의 없었다. 여성은 가정으로 들여온 문화자본이 중3 때 성적으로 전환되어 거기서 문화 선발이 작동되고 있을 가능성을 지적할 수 있다. 중3 때 성적이 결정된 후에는 메리토크라틱한 선발로 인해 성적에서 높은 학력으로 연동되어 간다는 메커니즘이 생겨나고 있다. 같은 교육 시스템 속에서 문화자본의 효과가 남녀 간에 그만큼 다른 것은 왜일까. 그 이유에 대해서는 뒤에서 검토하기로 한다.

9. 사교육 투자 효과의 변용과 교육 전략의 외부화

사교육 투자에서 학력으로의 전체 효과에 대해 살펴보자.〔그림 8-6〕

여성 코호트에서 직접 효과를 보인 것은 50~69세뿐이었기 때문에 그림에는 표시하지 않았다. 50~69세의 여성에게 대학 진학이나 학원·예비학교도 극히 소수였음을 감안하면 사교육 투자의 의미는 오늘날과는 다를 것이다. 그리고 49세 이하의 여성에서 사교육 투자는 전혀 효과를 볼 수 없다. 49세 이하의 여성에게 사교육 경험이 성적도 학력도 상승시키지 않는 것은 매우 흥미로운 사실이다.

여성과는 대조적으로 남성에서는 사교육 경험은 학력을 높이는 효과를 가지고 있다. 그것은 35세 이상의 연장자 세대이며 20~34세 코호트에서는 거의 효과가 없어졌다. 즉 누구나 학력 경쟁에 참가하고 반수 이상의 사람들이 학원·예비학교에 다니게 된 20~34세의 남성에서는 마침내 사교육 투자가 충분한 학력 달성으로 이어지지 않게 되었다. 이러한 점에서 사교육 투자란 경쟁에 참여가는 사람 수에 의해 좌우되는 말하자면 '속임수' 효과였다고 할 수 있을 것이다.

또한 사교육 경험은 아버지 직업 위신에서 생기는 현상이 아니라 고학력 부모가 채용하는 전략임이 〈그림 8-2〉와 〈그림 8-3〉를 통해 알 수 있다. 즉 사교육 투자 효과란 고학력 부모의 학력 재생산 전략의 하나이고 부모의 교육 열망에 대한 반영물이라고 할 수 있다.[9] 고학력층의 경우 가정의 교육적 배려·서포트는 먼저 아이가 어렸을 때의 문화적 경험이나 문화적 재화로 나타나는데, 특히 사교육 투자를 지향해왔다.(그림 8-2·3) 즉 **가족의 교육 전략은 유년기의 문화 전략에서 초등학교·중학교시기의 사교육 투자로 연동되고 아이의 성장과 함께 교육 전략이 외부화되어 가는 메커니즘의 존재를 시사하고 있다고 생각된다.**

10. 상징적 강제 효과와
아비투스적인 문화적 재생산 과정

출신 가정의 패스 효과에 대해서는 지금까지 충분한 해석이나 논의가 이루어지지 않았다. 먼저 아버지 직업 위신의 직접 효과를 어떻게 해석하면 좋을까. 저자는 이것을 부르디외가 말하는 상징적 강제 효과라고 생각한다. 아버지 직업 위신에 걸맞은 학력을 아이에게도 몸에 익히게 하기 위해 가정 안에서도 그것에 어울리는 문화재를 준비하거나 아이에게 문화적 경험을 부여하는 문화 투자 전략이라고 해석하고 있다. 상징적 강제 효과는 부모의 신체화된 문화자본이 수반되는 경우도 많지만 아비투스의 재생산은 아니다. 그러나 상징적 강제 효과가 계속되면 차츰 아비투스화되어 간다고 할 수 있다.

그렇다면 문화적 상속은 어떻게 나타나고 있을까. 그것은 부모 학력에서 아이의 문화적 경험이나 문화재를 경유하여 성적이나 학력으로 이어지는 일련의 패스 부분이다. 즉 문화 상속이란 부모의 학력자본으로 대표되는 가정의 문화자본이 아이에 대한 문화 전략으로서 현재화되어 상속되어 가는 과정을 나타내고 있다. 이것을 가족을 통한 **아비투스적인 문화적 재생산**이라고 이해할 수 있을 것이다. 이러한 과정은 여성의 학력 획득이라는 하나의 중요한 루트가 되었다.

11. 남녀 간에 교육 달성 메커니즘이 다른 것은 왜일까

이미 검토한 바와 같이 여성의 교육 달성은 가정의 문화 환경유년기 문화자본에 의해 크게 좌우되지만 남성은 상대적으로 그렇지가 않다. 이러한 남녀 차이를 어떻게 해석하면 좋을까. 본장에서는 생각할 수 있는 가설을 제시하기로 한다.가타오카, 1998b·2001a

'문과계적 교양과 이과계적 교양의 젠더 차이' 가설

조사에서 측정된 '어린 시절 신체화된 문화자본유년기 문화자본'은 예술자본과 독서자본이라는 문화적 교양으로 구성되어 있다. 여성의 진로는 전통적으로 문과계에 편중됨으로써 여성에서 문화적 지향성이 높고 문화적 재생산이 인정된다는 가설이다. 또는 남성의 전형적인 진로의 하나인 이과계로 이어지는 이과계적 교양이 조사표에서는 측정되지 않기 때문이 아닐까.

'지위 개념에서 문화적 지위의 남녀에 의한 비중의 차이' 가설

문화가 가진 의미가 남녀 간에 다르고 문화적으로 세련된문화자본이 높은 여성일수록 지위가 높다고 한다. 그것은 여성의 지위에 있어서 문화계층의 중요성을 통해 설명할 수 있지 않을까. 여성에게 있어 문화자본이 수익을 올리는 것은 지위가 높은 남성의 파트너로서 인정받을 수 있는 조건이기 때문이고, 그것은 젠더 시장이나 혼인 시장에서 문화자본이 여성에게 있어 젠더 자본[10]의 일부가 되었기 때문이다. 일본에서도 문화적인 것은 여성의 라이프 찬스를 높이지만 남성에게는 그렇지가 않다.가타오카, 1998f

'진로에 따른 성적 인지 평가 틀의 차이' 가설

중3 때 성적을 자기 신고로 대답할 경우 남녀 간 회답 반응에 차이가 존재하는데 그 배경에 진로와 교과 평가의 관련성이 있는 것은 아닐까. 문과계 진학자는 성적의 우열을 문과계 과목 성적에 중심을 두고 판단하고 이과계 진학자는 이과계 과목 성적으로 판단한다고 가정할 수 있다. 또한 진로에서 남성은 이과계 전공, 여성은 문과계 전공인 경우가 많다. 조사에서 측정된 어린 시절의 문화자본은 문과계적인 교양과 관련이 있는 지표이기 때문에 여성 쪽이 남성보다도 교육 달성에서 '어린 시절의 문화자본 → 성적 → 학력'이라는 메커니즘이 강한 효과로 나타나는 것이 아닐까 생각된다.[11]

12. 결론과 고찰

교육 달성 메커니즘은 전후 고학력화나 경제 발전과 함께 어떻게 변화되어 온 것일까. 일본의 교육 달성 메커니즘은 큰 특징으로서 남녀가 매우 다르고 또한 연령 코호트에 따라서도 남녀가 다른 양상을 띠고 있었다. 가족의 교육 전략이 학력 획득 시장에서 해온 역할과 그 의미를 남녀별·코호트별로 검토한 결과 다음과 같은 결론을 얻었다.

첫째, 시대와 더불어 학력 달성에 미치는 중3 때 성적의 효과가 커지고 메리토크라틱한 선발이 광범화되어 왔다. 남성은 전후 얼마 지나지 않은 시기부터 성적에 따라 학력 달성이 규정되었던 반면, 여성은 젊은 코호트가 될수록 메리토크라시화가 진행되었고 20~34세 코호트에서는 성적의 규정력이 남성과 같은 수준에 도달했다.

둘째, 교육 달성 메커니즘의 젠더 차이가 가정의 문화자본 효과의 차이로 나타났다. 즉 어린 시절 가정에서 클래식 음악이나 미술 감상, 독서 감상 등 문화적 경험을 하고, 어린 시절에 가정을 통해 문화자본을 축적한 여성은 그 후 학교에서의 성공높은 성적이나 학력으로 연결되어 수익을 올린다. 그러나 남성은 문화적인 가정 환경에서 자랐어도 그것이 학교에서의 성공으로 이어지기 어렵다. 이처럼 학력 획득 시장에서 가정의 문화자본의 수익은 남녀가 전혀 다르다.

셋째, 또 하나의 젠더 차이는 사교육 투자 효과이다. 사교육 투자가 성적이나 학력을 상승시키는 유효한 교육 전략이었던 것은 주로 남성이었고 여성은 효과를 볼 수 없었다. 남성의 사교육에의 참여는 특히 35~49세 층에서는 유효한 전략이었지만, 학원·예비학교에 다닌 경험자가 50%를 넘는 20~34세 층에서는 마침내 학력 상승 효과를 거의 기대할 수 없게 되었다. 즉 사교육 투자 효과란 학력 경쟁에 휘말리는 사람들의 수에 의해 좌우되고 일종의 '속임수 효과'라고 할 수 있다. 또한 사교육 투자는 고학력층의 교육 전략이었던 점에서 사교육의 이용은 가정의 경제력에 의해서만 결정되는 것이 아니라, 오히려 부모의 자식에 대한 고학력 기대를 실현하는 학력 재생산 메커니즘의 일부라고 할 수 있다.

넷째, 교육 달성 메커니즘에는 대부분의 코호트에서 '형제 수'의 부정적인 효과가 인정되었다. 형제 수가 많다는 것은 특히 여성의 학력 달성을 억제하는 효과를 지니고 있다. 젊은 남성의 코호트에서는 형제 수의 효과는 인정되지 않았다. 이것을 가정의 재정적 자원의 변수로 해석하면 가정의 경제적 요인의 효과는 교육 달성을 강하게 좌우하는 요인이 되었다. 성적 메리토크라시의 진행에도 불구하고 가정의 경제요인의 효과가 강하게 남아 있는 것은 일본의 교육기회의 계층적 불평등이 근대화에 의해서도 그다지 해소되지 않았음을 의미한다. 소자화 경향도 있기 때문에 이것이 경제요인의 저하를 의미하는지는 여기서 판단할 수 없다. 형제 수의 효과는 베커론의 일부를 방증함과 동시에 상승 이동에 가족 수는 적은 편이 좋다는 야스다 사부로[1971]의 지적과도 관련이 있다.

여기서는 교육 달성 과정으로서 메리토크라틱한 선발과 문화적 선발^{문화적 재생산 과정}이 근대화와 더불어 어떻게 변화되어 왔는지를 남녀별로 고찰해보자.

고학력 가정에 특징적인 교육 전략의 하나는 아이에게 풍부한 서양문화적 경험을 부여하고 문화자본을 일찍부터 신체화시키는 문화 상속 전략이었다. 바꾸어 말하면 아이의 문화자본을 높임으로써 가정문화와 공교육^{또는 학교문화}을 연결시키는 아비투스적인 문화적 재생산 과정이다. 그리고 그것은 탈계층화된 학교문화에서 이익을 이끌어내는 수익 권력이 작용하는 것이기도 하다.

아비투스적 재생산 메커니즘이 남성에게는 적합하지 않지만 여성의 교육 달성의 중심적 과정임이 밝혀졌다. 여성에서는 '고학력 부모→풍요로운 가정의 문화 환경어린 시절의 문화자본이나 문화적 재화라는 객체화된 문화자본→중3 때 높은 성적→고학력'이라는 메커니즘이 어느 코호트에서나 존재하고 있다. 즉 여성에서는 가정의 문화적 환경이 학교에서의 수익을 올리는 문화적 선발이 작동하고 있다. 일단 중3 때 높은 성적을 획득한 여성은 그 후에는 성적에 의한 메리토크라틱한 선발로 인해 높은 학력을 획득할 수 있다. 그리고 이와 같은 경향은 젊은 코호트에서 점점 강력해진다. 즉 여성에서는 초기의 교육 경력에서의 문화적 선발과 그 이후의 성적 원리에 의한 메리토크라틱한 선발이 조화·연동됨으로써 문화적 재생산 과정이 작동하고 있다.

그러나 남성에서는 전혀 다른 달성 메커니즘이 작동하고 있다. 50~69세 남성에서는 위의 여성과 마찬가지의 문화적 재생산 과정이 작용하고 있었지만, 49세 이하의 남성에서는 이 메커니즘이 작동하지 않게 되었다. 고학력화가 진행된 35~49세 남성 코호트에서는 사교육 투자가 학교에서의 높은 성적과 고학력을 가져오는 유효한 전략이 되었고, 다른 한편으로 문화자본의 규정력은 약화되어 학교에서의 수익을 내지 못하게 되었다. 이와 같은 경향은 현재의 젊은 코호트에서도 마찬가지이다. 남성의 교육 달성 메커니즘의 특징은 옛날부터 성적에 의한 메리토크라틱한 선발이 강하게 존재하고 있었던 점이다. 성적에 영향을 주는 가정 배경의 효과는 강하지만 그것은 남성의 경우 문화적 요인이 아니라 사교육 투자로 전환되고 있다.

여성에게 특징적인 아비투스적 재생산을 통해 알 수 있는 것은 서양적 문화교양이 일본의 가정문화로 정착하고 여성에게 새로운 지위문화가 되었음을 드러내고 있는 점이다. 부모로부터 부여받은 문화교양^{문화자본}은 학교문화와 결부됨으로써 여성의 학교에서의 성공이라는 수익을 가져올 뿐만 아니라, 혼인 시장에서도 문화자본은 배우자의 높은 경제자본으로 전환됨으로써 지위 상승이라는 수익을 발생시켜 왔다.^{가타오카, 1996b·1997a} 즉 문화자본이 여성의 지위 이동에 중요한 자본이기 때문에 가족의 문화 투자·문화 상속 전략이 학력 획득 시장에서 수익을 올리는 유효한 전략으로 되어 온 것이다.

그러나 남성에게 서양문화적 교양은 지위문화의 필요 조건이 되지 않고 그 결과 서양문화적 교양이 높은 가정문화가 학교문화와 결부되었어도 그것이 학교에서의 수익을 거두지 못하게 되었다. 즉 문화적 재생산론이나 네오 베버 학파가 말하는 가정문화와 학교문화의 연속성이나 불균형이 학교에서의 성공·실패의 원인이라는 가설은 일본 남성에서는 부정되고 여성에서는 지지받게 된다. 오히려 이 가설은 다음과 같이 수정되어야 할 것이다. 가정의 문화자본이 학교에서 수익을 올리는 것은 그 집단에게 문화교양이 스테이터스 컬처로서 지위의 중요한 구성요소가 되고 있다는 전제를 충족시킬 때뿐이다.

여성에게 문화자본이 스테이터스 컬처가 되는 이유는 지금까지 여성은 노동 시장을 통한 지위 상승의 가능성이 낮았던 점과 여성의 지위 유지나 지위 상승이 주로 혼인에 의해 달성되어 온 점과 무관하지 않다고 생각된다. 이처럼 문화자본이 남녀의 지위에 각기 다른 의미를 지니는 것이 남녀에 의한 교육 달성 메커니즘의 차이를 설명하는 요인이라고 할 수 있다.

시대와 더불어 남성에게는 문화적인 것보다도 학력의 수단적 가치에 중점을 두고 목적적인 투자인 사교육을 통한 '학력벌이'가 중시되어 온 것이다. 즉 가족의 교육 전략은 남자아이의 경우 논non아비투스적이고 수단적인 것으로 변화되어 갔다. 그러나 여자아이의 경우에는 메리토크라시화가 진행되어 왔음에도 그 배후에는 아비투스적인 문화적 재생산 과정이 시대를 넘어 부단히 지속되고 있다. 이처럼 학력 경쟁에 참여하는 사람들이 늘고 메리토크라틱한 선발이 중요한 메커니즘이 된 현대 사회에서도 여전히 교육 달성 과정에서 남성과 여성 사이에 차이가 존재한다.

제9장

젠더와 문화

왜 남자아이는 스포츠이고 여자아이는 피아노인가

1. 문화 정의의 젠더화

본장의 목적은 문화활동에 대한 사람들의 의미 해석이 '젠더화'되고 있는 사실을 밝히고 문화에 대한 의미 부여를 사회학적으로 고찰하는 것에 있다. 문화활동을 분석 대상으로 삼은 것은 고급문화부터 대중문화에 이르는 폭넓은 일상적 실천을 의미한다. 본장에서의 문화활동이란 부르디외가 말하는 일상적인 관습 행동을 가리킨다.부르디외, 1979a

'문화 정의의 젠더화'란 일상적 실천의 대상인 문화활동에 대해 사람들이 젠더 바이어스를 따르는 의미 부여 또는 의미 해석을 가리킨다. 예를 들면 '뜨개질이 특기', '취미는 다도와 과자 만들기'라는 담론에 대해 '담론의 주체는 여성일 것이다'라든가 '여성다움의 발현'이라는 이미지를 갖는 것에 그다지 위화감이 없고 '자연스러운 것'으로 받아들여진다. 마찬가지로 '격투기가 특기' 또는 '스포츠신문을 자주 읽는다'라는 담론에서는 남성을 이미지화하는 경우가 많은 것은 아닐까. 모든 문화활동이 이처럼 젠더와 연결시켜 해석되는 것은 있을 수 없지만 어느 특정 문화활동에 한해서 말하자면 젠더와 강하게 결부되어 있다고 할 수 있다.

즉 특정 문화활동에서 남녀 중 어느 쪽의 젠더를 이미지화한다는 인식 패턴이 꽤 많은 사람들에게 공유되고 있는 것은 아닐까. 바꾸어 말하면 '젠더화된 문화 정의'는 아비투스화하여 사람들이 공유하는 지각 인식 틀이 되었다고 생각된다. 대부분의 사람들은 그러한 아비투스_{젠더화된 문화 정의라는 지각 인식 틀}를 근거로 젠더화된 문화활동의 이미지를 확대·재생산하고 게다가 스스로도 그 정의에 의거하여 실천하고 있는 것은 아닐까.

또한 젠더화된 문화 정의는 아비투스가 되어 부모에서 자식으로 재생산되어 간다. 바꾸어 말하면 젠더와 결부된 문화활동의 정의_{젠더화된 문화 정의}와 실천_{실제 취미활동 등} 양쪽이 부모에서 자식으로 재생산될 가능성이 있음을 의미하고 있다. 물론 개개의 현실을 살펴보면 이와 같은 '젠더화된 문화 정의'에서 일탈하는 경우는 많이 존재할 것이다. 그러나 어디까지나 평균적인 표상으로서 예를 들면 '뜨개질·요리·다도'와 '여성'은 친밀한 관계로 이해·이미지화되고 있다고 생각된다.

문화 정의가 젠더화되고 있는지 어떤지 만약 젠더화되고 있다고 한다면 어떠한 문화활동이 해당될까. 이에 대해 실증적으로 밝히는 것이 본장의 첫 번째 목적이다. 특히 두 번째 과제는 문화활동에 대한 의미 부여인 젠더 바이어스에 대해 검토하는 것이다. 세 번째 과제는 문화 정의의 젠더화에 균열이 생기고 있는지의 여부이다. 젊은 세대에서는 젠더 평등의식도 높아지고 있다고 생각되는데 '문화 정의의 젠더화' 현상에 세대적인 변화는 찾아볼 수 있을까. 네 번째, 의미 부여에 대한 주체의 사회적 특성, 예를 들면 사회계층이나 성별 등은 문화 정의에 어떤 영향을 주고 있는 것일까. 학력이나 사회적 지위 등의 영향을 생각해볼 수 있다.

본장에서는 첫 번째와 두 번째 과제에 대해 서술하고 세 번째와 네 번째 과제에 대해서는 원고를 고치기로 한다. 또한 본장에서는 문화활동을 둘러싼 여러 담론을 분석한 후 여기서 다루는 3가지 개념문화 정의의 젠더화, 젠더화된 문화 실천, 젠더 아비투스의 재생산과의 관련성에 대해 정리한다.

2. 문화 평가의 젠더 차이

데이터와 측정 방법

전술한 과제를 밝히기 위해 조사 데이터를 이용하여 검토하기로 한다. 첫 번째 데이터는 1992년에 실시한 제2회 고베 조사에 의거한다. 이 조사는 20~69세 고베 시민보녀을 모집단으로 하여 선거인 명부에서 2단 추출법에 의해 계통 추출된 샘플에 대해 우편 조사 방법으로 실시된 무작위 데이터이다. 회수율은 40.3%, 그중 무효표 13개를 제외한 유효 회답은 535명남성 231명, 여성 304명이다. 두 번째 데이터는 관동권關東圈에서의 인터뷰 조사를 통해 문화 정의의 젠더화에 관한 담론을 모은 것이다. 조사는 2003~2004년에 걸쳐 약 50명의 성인 남녀를 대상으로 실시한 인터뷰 조사이다.

문화 평가의 젠더 차이

표본 조사인 제2회 고베 조사에서는 문화활동에 대한 사람들의 의미부여를 밝히기 위해 다음과 같이 질문을 실시했다.

질문 : 지금 만약 당신에게 자식이 있다고 한다면 그 아이가 장래 어른이 되었을 때 어떤 취미를 갖거나 어떤 활동을 했으면 좋겠습니까. 남자아이의 경우와 여자아이의 경우로 나누어 생각해 주세요. 다음 각각에 대해 '절대로 하지

않았으면 좋겠다'부터 '꼭 했으면 좋겠다'라는 1~5단계 중에서 적합한 번호를 골라 ○을 달아주십시오.

〈표 9-1〉에 나타나듯이 이 질문에서 다룬 모든 문화활동은 사람들이 즐기고 있는 취미활동이나 문화활동 중에서 일반적으로 대부분의 사람들이 알고 있는 문화활동 또는 경험 빈도가 높은 활동을 선택하고 있다. 상기의 질문과 병행하여 문화활동의 사회계층 차이를 조사하기 위해 같은 질문 항목으로 모든 문화활동의 경험 빈도에 대해서도 조사하고 있다.

회답 선택지는 〈표 9-1〉에 나타나듯이 '절대로 안 했으면 좋겠다', '별로 안 했으면 좋겠다', '어느 쪽이라고도 말할 수 없다', '어느 쪽인가 했으면 좋겠다', '꼭 했으면 좋겠다'라는 5단계이다. 그리고 18종류의 문화활동에 대해 아이의 성별마다 회답을 받았다. 〈표 9-1〉에서는 문화활동을 문화 위신 스코어가 낮은 쪽에서 높은 쪽으로 서열화하여 제시하고 있는데 조사표에서 문화활동은 위신의 고저를 랜덤으로 제시했다.

〈표 9-1〉의 문화활동에 부수해서 나타낸 '문화활동 스코어'란 같은 제2회 고베 조사의 조사표 속에서 측정된 문화활동의 평가 스코어 평균값이다. 문화 위신 스코어는 사람들이 문화활동에 대한 가치 서열을 '낮다', '약간 낮다', '보통', '약간 높다', '높다'라는 5단계 스케일로 판정한 결과를 0~100점까지 25점 단위로 쪼개서 점수화하고 그것을 평균값을 낸 수치이다. 이에 대한 상세한 분석은 제11장원문은 가타오카, 1996c을 참조하기 바란다. 이 제2회 고베 조사에서의 결과를 바탕으로 1995년 SSM 전국 조사의 위신표에서도 같은 문화 위신 조사를 실시했는데 문화활동의 서열에 대해서는 전국 조사에서도 거의 같은 결과를 얻고 있다.가타오카, 1998g

〈표 9-1〉 문화 평가와 젠더

문화활동 ( ) 안은 문화 위신 스코어	아이의 성별	절대로 안 했으면 좋겠다	별로 안 했으면 좋겠다	어느 쪽이라고 말할 수 없다	어느 쪽인가 하면 했으면 좋겠다	꼭 했으면 좋겠다	계 (%)
경마·경륜·경정 등(21.3)	남자	50.9	33.1	13.9	1.2	0.8	100.0
	여자	67.6	22.5	8.6	0.6	0.6	100.0
파친코를 한다(24.8)	남자	18.2	53.6	25.8	2.2	0.2	100.0
	여자	56.7	33.5	9.6	0.2	0.0	100.0
점에 관련된 책을 읽거나 연구한다(34.0)	남자	17.9	37.3	40.8	3.2	0.8	100.0
	여자	16.9	30.4	45.8	5.6	1.3	100.0
가라오케를 한다(42.6)	남자	2.1	10.8	60.0	19.9	7.3	100.0
	여자	4.8	15.6	56.0	17.3	6.3	100.0
록 음악 연주(43.8)	남자	8.9	26.8	56.1	7.2	1.1	100.0
	여자	18.2	25.3	49.8	5.2	1.5	100.0
스포츠신문을 읽는다 (45.4)	남자	1.0	4.0	57.2	23.2	14.6	100.0
	여자	3.6	10.0	64.3	15.1	7.0	100.0
추리소설을 읽는다(45.4)	남자	1.3	3.3	61.3	23.2	10.9	100.0
	여자	1.1	4.7	65.2	20.0	9.1	100.0
민요를 부른다(47.3)	남자	7.0	13.1	69.1	8.0	2.7	100.0
	여자	5.7	12.8	66.2	11.7	3.6	100.0
프로야구 관전(48.7)	남자	0.2	1.7	52.2	27.3	18.6	100.0
	여자	1.1	4.2	62.8	22.3	9.6	100.0
골프를 친다(48.9)	남자	1.9	4.6	42.5	31.7	19.4	100.0
	여자	3.6	9.2	52.0	24.7	10.4	100.0
테니스를 친다(49.9)	남자	1.0	1.7	32.4	39.0	25.9	100.0
	여자	0.0	1.1	31.1	44.1	23.7	100.0
빵 만들기나 과자 만들기 (51.1)	남자	7.6	20.8	62.0	7.6	2.1	100.0
	여자	0.8	1.0	15.0	45.5	37.6	100.0
단가나 하이쿠를 짓는다 (54.5)	남자	2.3	4.4	66.5	21.3	5.4	100.0
	여자	1.1	3.8	62.5	26.1	6.6	100.0
컴퓨터를 사용한다(58.6)	남자	1.3	1.5	14.4	32.8	50.1	100.0
	여자	0.6	1.5	19.0	36.8	42.1	100.0
다도·꽃꽂이(58.8)	남자	5.9	17.9	63.9	9.3	3.0	100.0
	여자	0.6	1.0	20.1	41.4	36.9	100.0
피아노를 친다(60.3)	남자	2.5	7.8	47.9	33.5	8.3	100.0
	여자	1.7	0.6	21.4	41.2	35.1	100.0
가부키나 노 감상(61.6)	남자	2.3	6.7	55.7	27.7	7.6	100.0
	여자	1.9	3.4	50.7	32.3	11.7	100.0
미술·회화 감상(67.4)	남자	0.6	1.3	19.3	40.3	38.6	100.0
	여자	0.2	0.4	16.5	38.1	44.7	100.0

주석 1 : 제2회 고베 조사 데이터에서 산출했다.
주석 2 : 문화 위신 스코어란 다른 질문으로 각 활동에 대해 '매우 높다'~'매우 낮다'라는 5단계 평가를 실시하
여 0~100점 범위에서 25점 단위로 스코어를 부여하고 그 전체 평균값을 말한다.
주석 3 : 본 표의 초출은 가타오카(2003)에 의한다.

문화 평가의 젠더 바이어스

〈표 9-1〉의 결과는 아이에 대한 기대라는 형태로 표명되었고 사람들의 문화활동에 대한 가치를 두는 방법을 나타내고 있다. 아이의 성별에 따라 평가에 차이가 있으면 문화 평가에 젠더 차이가 있게 된다. 그것은 문화활동이 젠더와 연결된 의미 해석을 이루고 있음을 의미한다고 생각된다.

〈표 9-1〉의 결과에서 밝힌 점을 요약해보면 다음과 같다.

첫째, 문화 위신 스코어가 낮은 대중문화활동[1]에서는 '절대로 안 했으면 좋겠다', '별로 안 했으면 좋겠다'고 회답한 사람의 비율이 높고 반대로 문화 위신 스코어가 높은 상위문화활동[2]에서는 '꼭 했으면 좋겠다'라는 회답이 많아진다.

둘째, 젠더에 따라 회답에 큰 바이어스가 생기는 것은 문화 위신 스코어가 높은 소위 상위문화활동과 문화 위신이 낮은 대중문화활동이라는 항목이다.

대중문화활동의 경우 예를 들면 '경륜·경마·경정 등'문화 위신 스코어 21.3과 같은 도박에서는 '절대로 안 했으면 좋겠다'고 대답한 자의 비율은 남자아이에 대해 50.9%, 여자아이에 대해 67.6%로 여자아이가 높다. '파친코'문화 위신 24.8에서는 남자아이에 대해 18.2%, 여자아이에 대해 56.7%로 아이의 성별에 따라 큰 차이가 생기고 있었다. '가라오케를 한다', '록 음악 연주'에서도 남자아이보다도 여자아이에게 '안 했으면 좋겠다'라는 회답이 많다. 유일하게 '점에 관련된 책을 읽거나 연구한다'에서는 '별로 안 했으면 좋겠다'라는 회답에서 남자아이 37.3% 〉 여자아이 30.4%로 약간의 남녀 차이가 보이지만 '절대로 안 했으면 좋겠다'라는 회답에는 차이가 없다. 이처럼 대중문화적인 문화활동 대부분에서 남자아이보다도 여자아이에게 '안 했으면 좋겠다'라는 회답률이 높아진다.

중간적인 문화 위신 스코어 활동중간문화활동[3]에서도 아이의 성별에 따라 평가의 차이는 있지만 남자아이가 했으면 하는 활동과 여자아이가 했으면 하는 활동이 양쪽 모두 존재한다. 예를 들면 '프로야구의 관전'문화 위신 48.7에서는 남자아이에게 '꼭 했으면 좋겠다' 18.6% 〉 여자아이에게 '꼭 했으면 좋겠다' 9.6%로 남자에게 좀 더 많이 기대하고 있다. 골프문화 위신 48.9도 마찬가지의 경향을 보이는데 남자아이에게 '꼭 했으면 좋겠다' 19.4% 〉 여자아이에게 '꼭 했으면 좋겠다' 10.4%로 차이가 생긴다. 다른 한편 '빵 만들기나 과자 만들기'문화 위신 51.1에서는 여자아이에게 '꼭 했으면 좋겠다' 37.6%, '어느 쪽인가 하면 했으면 좋겠다' 45.5%로 합계 83.1%의 사람들이 여자아이에게 빵 만들기나 과자 만들기를 기대하고 있다. 여기에는 '여자는 가정'이라는 성별 역할 분업에 의거하는 의식이 반영되고 있다고 할 수 있을 것이다.

그렇지만 상위문화활동에서는 압도적으로 여자아이에 대한 기대가 높아지는 특징이 있다. 예를 들면 '다도·꽃꽂이'문화 위신 58.8에서는 남자아이에게 '꼭 했으면 좋겠다'는 3.0%이지만 여자아이에게 '꼭 했으면 좋겠다'고 회답한 자는 36.9%이다. '피아노를 친다'문화 위신 60.3도 남자아이에게 '꼭 했으면 좋겠다'는 8.3%이지만 여자아이에게 '꼭 했으면 좋겠다'고 회답한 자는 35.1%이다. 또한 젠더 바이어스가 없는 것처럼 느껴지는 활동에서도 차이가 난다. 예를 들면 '가부키나 노 감상'에서 '꼭 했으면 좋겠다'는 남자아이 7.6%, 여자아이 11.7%, '어느 쪽인가 하면 했으면 좋겠다'는 남자아이 27.7% 〈 여자아이 32.3%로 차이가 나고 있다. '미술·회화 감상'에서도 '꼭 했으면 좋겠다'는 남자아이 38.6%이지만 여자아이 44.7%로 여자에 대한 기대가 높아지는 경향이 있다. 이처럼 대부분의 문화활동에서 젠더에 의한 반응 차이가 생기고 있음을 알 수 있다.

〈표 9-1〉의 결과를 통해 일본에서는 '남성 취향의 문화'와 '여성 취향의 문화'로 나누어 생각하고 있으며 그러한 활동을 함으로써 '여자답다' 또는 '사내아이답다'라고 판단한다고 추측할 수 있다. 즉 문화 정의가 젠더화되어 있다고 생각되는데 이것은 다음 인터뷰 조사 결과를 통해 밝히기로 한다. 여기서는 문화 정의의 젠더화에 대한 사람들의 가치나 평가에 관한 담론을 소개하기로 한다.

3. 문화 평가를 둘러싼 여러 가지 담론

여기서는 질적 조사 데이터를 이용하여 문화활동에 대한 담론을 검토한다. 조사 대상자에게 〈표 9-1〉과 같은 내용인 '아이의 문화활동에 대한 평가'라는 질문지 조사를 실시한 후 왜 그 회답을 선택했는지를 특히 인터뷰를 통해 상세하게 그 의미를 확인했다.

양적 조사와 마찬가지로 질적 조사에서도 전체적으로는 경마나 경륜, 파친코 등 도박계 활동에 대해 남녀 모두 '안 했으면 좋겠다'라는 회답이 많았고, 기대하는 대상이 남자아이인가 여자아이인가의 차이로 의견의 강약에 차이가 났다. 특히 문화 위신이 높은 상위문화활동에 대해서는 여자아이에 대한 기대도가 높은데 그것은 어떠한 이유에 의한 것인지 밝히고자 한다. 또한 평가에는 젠더 차이가 명확한 항목과 그렇지 않은 항목이 있으므로 그것들은 어떠한 담론으로 나타나는지를 고찰해보기로 한다.

대중문화에 관한 담론
이미 〈표 9-1〉에서 밝힌 것처럼 대중적인 문화활동 중에서도 도박계 활동에 대해서는 남자아이든 여자아이든 모두 실천하지 않았으면 좋겠다는 의견을 표명하는 자가 많았다. 다만 가라오케에 대해서는 부정적인 의견은 적고 '어느 쪽이라고 말할 수 없다'가 대부분으로 '어느 쪽인가 하면 했으면 좋겠다', '꼭 했으면 좋겠다'를 합쳐 20%를 넘는 긍정적인 의견이 있었다.⟨표 9-1⟩ 역시 '긍정적인 의견'이란 '아이가 어른이 되었을 때 했으면 좋겠다', '부정적인 의견'은 '안 했으면 좋겠다'라고 생각하는 것을 가리킨다.

아래와 같은 담론은 대표적인 의견을 게재한 것이다. 먼저 경륜·경마·경정 등으로 대표되는 도박에 대한 의견을 살펴보자.

도박에 대한 부정적 의견

- 도박에 빠지면 안 되니까.여성 49세

- 병에 걸려 사채나 빚을 진다면 곤란하니까. 도움이 안 된다.여성 28세, 파트직

- 파친코는 천박한 느낌이 들기 때문에.여성 50세, 경영자

- 파친코는 **여자아이가 하지 않았으면 좋겠다.** 여자아이가 도박에 빠져드는 모습은 보고 싶지 않다. 체면상 좋지 않다. 돈의 망자가 될 것 같다.남성 27세, 점장

- **파친코는 역시 좋은 장소라고는 말할 수 없다. 여자아이는 별로 안 했으면 좋겠다.**남성 50세, 사무직, 대졸

- 부모가 하지 않았으며 도박은 해서는 안 되는 것이라고 어릴 때부터 가르쳐왔다.여성 31세, 음악강사

- 도박은 하는 것 자체가 잘못되었다. 결국 투자해도 딸 수 있는 사람은 극소수. 그렇다면 공부해서 딸 수 있는 주식을 했으면 좋겠다.남성 22세, 은행원

- 기본적으로 도박에는 손을 대지 않았으면 좋겠는데 **남자아이는 교제하기 때문에 파친코 정도는 어쩔 수 없다.**여성 47세, 변호사의 아내

- 파친코는 남자아이는 사회 공부나 교제가 있기 때문에 어쩔 수 없지만 여자아이에게는 필요가 없고 아이를 두고 떠나는 일 등 너무 열중하게 되어도 곤란하다. 여성 51세, 아르바이트
- 파친코는 한도를 정해 놓고 게임처럼 놀면 좋지만 한도를 정하지 않고 하면 나쁜 습관으로 좀처럼 고치지 못하고 빚질지도 모른다. 여성 54세, 자영가족 종업자
- 파친코는 안 된다. 자신이 하고 있으니까 몸을 망치게 될 것 같아서. 남성 60세, 공무원

도박에 대한 긍정적 의견
- 남자아이가 도박을 했으면 좋겠다. 아마 하는 편이 인간관계의 폭 같은 것으로 이어진다. 해보지 않으면 곤란할 때도 있다. 남성 57세, 관리직, 고졸

도박적인 활동에 적극적으로 부정적인 의견을 보낸 자는 인터뷰 조사에서 여성이 압도적으로 많았다. 남성들은 도박에 대해 코멘트하지 않는 경우가 많았다. 그러나 긍정적이라는 것이 아니라 도박을 긍정하는 사람은 대단히 적었다. 도박을 긍정하는 경우 '남자아이라면 해도 좋다'라는 한정을 두기도 했지만 여자아이에 대해서는 부정적인 사례뿐이었다.

도박계 활동을 부정하는 이유로는 금전감각 마비나 빚 등의 이유가 많고 인생을 미치게 한다는 평가이다. 그러나 여성 중에서도 여자아이에게는 하기 원하지 않지만 남자아이에게는 '파친코 정도는 괜찮다'며 파친코만은 예외적으로 긍정하는 경우를 볼 수 있다. 이를 통해 도박에 대해서는 남자아이에게 더 관용적임을 알 수 있다.

다음으로는 대중문화 중에서도 긍정적인 의견이 가장 많은 가라오케에 대해서 살펴보자.

가라오케에 대한 긍정적 의견

- 자신도 겪었다. 친구와 커뮤니케이션이 가능해서 좋았다. 권유를 거절하여 따돌림을 당하지 않기 위해.^{여성 28세, 파트직}

- 스트레스 발산이 되고 **절대적으로** 하는 편이 낫다. 친구 또는 동료들과 갈 기회가 많아져서 필요불가결. 밝은 이미지.^{남성 27세, 점장}

- 가라오케는 최근에는 **사교의 장**이 되고 있다. 자신이 가지 않아서 손해를 보고 후회했기 때문에.^{남성 22세, 은행원}

- 가라오케에서 노래는 잘 부르는 편이 좋다. 친구들과도 좋은 **커뮤니케이션** 이 된다. 사람들 앞에서 노래만큼 마음껏 부를 수 있는 사람이 아니라면.^{여성 48세, 파트타이머, 고졸}

대중적인 활동 중에서도 가라오케는 긍정적인 의견이 많았다. 이것은 일본 대부분이 사교의 수단으로서 가라오케를 이용한 경험이 있기 때문이다. SSM 전국 조사에서도 가라오케의 경험자율^{지난 몇 년간 1회 이상 경험한 자의} 비율은 64.8%^{1995년 SSM}와 62.7%^{2005년 SSM}로 높고 가라오케가 '사교문화'이자 공통문화가 되고 있음이 밝혀졌다.^{가타오카, 1998c·2000c} 그리고 가라오케를 통한 인간관계의 원만함이나 사교가 확대되고 있다. 질적 조사에서도 커뮤니케이션이나 친구관계에 언급되고 있어서 '사교의 장'이라고 말하고 있다. 즉 가라오케는 현대 일본에서 사회관계 자본의 획득이나 축적을 위해 행하고 있기 때문에 사회생활이나 인간관계와의 관련에서 긍정적으로 간주되고 있음을 엿볼 수 있다.

대중적인 활동에 대해서는 위에서 살펴본 것처럼 도박과 가라오케에 대한 언급이 많았는데 그 밖에 대중적인 활동에 대해서도 사람들의 의견을 살펴보자.

그 밖에 대중문화에 대한 의견

- 점 보는 것은 여자아이라면 귀여운 느낌이 들지만 남자라면 어두운 느낌이 들어서 싫다.^{남성 35세, 신문 배달, 고졸}

- 남자아이가 점 보는 것을 원하지 않는다. 여자아이라면 괜찮지만 남자아이가 하면 기분 나쁘니까. 남자답지 않다.^{여성 52세}

- 점 보는 것은 (남녀 모두) 종교적인 것으로 기울지 않았으면 좋겠다. 너무 믿으면 다른 것이 보이지 않게 되어 생각이 꺾여버리고 마니까.^{남성 60세}

- 점은 (남녀 모두) 꼭 봤으면 좋겠다. 일본인 고대의 사고방식을 알았으면 좋겠다. 조상님의 전갈 등 대부분은 미신이라고 생각하지만 거의 들어맞는 경우가 많으니까.^{남성 52세, 판매직, 고졸}

- 점은 (남녀 모두) 봤으면 좋겠다. 자신의 호기심은 자신의 마음으로 임하는 것이기 때문에 좋아한다면 자신의 의지로 해나갈 것.^{남성 28세, 프린터}

- 록 연주는 남녀 상관없이 자신의 같은 취미를 아이에게 시켜주고 싶다.^{여성 37세, 사무직}

- 여자아이가 스포츠신문을 읽지 않았으면 좋겠다. 여자아이는 상냥하고 품위 있게 주변 사람들을 밝게 해주는 사람이 되었으면 좋겠다.^{남성 23세, 사무직, 대졸}

- 스포츠신문에 대해 : 정보를 얻는 데 있어서 가십적인 스포츠신문이지만 다양한 정보를 사람들이 좋아하는지 알 수 있기 때문에 일반적인 정보를 아는 데 있어서 스포츠신문을 읽는 것을 멈추지 않는다. 그 밖에도 지식을 얻는 데 있어서 필요한 것도 있기 때문에 어떤 책이나 신문을 읽고 그것이 바른지 판단하는 것은 다르기 때문에 무엇을 읽어도 좋다고 생각한다.^{남성 28세, 프린터}

'점'에 대한 의견도 많았다. 남성이 점을 보는 것을 하지 않았으면 좋겠다는 의견의 소유자는 성별 역할 분업의식이 강하다는 경향을 엿볼 수 있다결과 생략. 예를 들면 여성이 사회에서 성공하기 위해서는 '여자다움이 필요'하다고 대답한 자는 남성이 점 보는 것을 취미로 하는 것에 부정적이었다. 역으로 점 보는 것은 '여자아이라면 괜찮다', '여자아이라면 귀엽다'라고 언급하며 성차를 드러낸다.

점에 대한 찬부양론은 위에 표시한 대로인데 인생을 자신이 결정하는 것을 중시하는 사람이 점 보는 것을 부정적으로 여기고 있음을 알 수 있다. 아도르노에 따르면 점성술이나 오컬트occult[1]에 대한 탐닉은 '얼어붙은' 세계에서 의미를 찾아내려는 것과 관련이 있고, 심리적 안도감을 제공함으로써 현재 사회 구조의 유지를 돕고 있다고 한다.루스 월리스(Ruth Wallace) · 앨리슨 울프(Alison Wolf), 1980[1985]

다른 한편 점에 대한 몇 안 되는 긍정적 의견은 점 보는 것을 일본 고대의 문화로 간주한다거나 반대로 점 보는 것이라고는 하지만 자신의 의사로 행하는 취미라는 것에 의의를 발견하고 있다.

'록 음악'의 경우 젠더 차이는 적었지만 특징으로서 스스로가 록을 취미로 삼고 있는 사람 중에서 아이에게도 했으면 좋겠다고 대답하는 자가 많은 경향을 엿볼 수 있다. 스포츠신문의 경우에도 젠더 차이를 엿볼 수 있는데 긍정적 의견과 부정적 의견은 거의 같다.

문화적 선의와 문화 귀족 상위문화에 관한 담론

다음으로 문화 위신이 높은 스코어의 활동인 상위문화활동에 대한 담

---

1) 초자연적인 요술 · 주술(呪術) · 심령술 · 점성(占星) · 예언 등의 총칭이다.

론을 살펴보자. 전체적으로 피아노, 다도·꽃꽂이에 대한 언급이 가장 많았다.

상위문화에 대한 의견 발췌

- 자신은 피아노를 못 치지만 치고 싶다고 생각하니까. 인생에 있어서 마음의 의지가 된다고 생각하기 때문에 남녀 모두가 해주었으면 좋겠다._{여성 50세, 전업주부, 고졸}

- 아이가 피아노를 쳐주었으면 하는 것은 자신이 할 수 없는 일을 아이에게 맡기고 싶으니까. 자신이 풍요로워지는 기분이 들어서 피아노로 클래식을 쳤으면 좋겠다._{여성 51세, 전업주부, 고졸}

- 피아노는 자신이 할 수 없었기 때문에 아이가 해주었으면 좋겠다고 생각한다._{여성 32세, 전업주부}

- 피아노는 여자아이들이 정서가 풍부한 부분을 소중히 여겼으면 좋겠으니까._{남성 46세, 교원, 대졸}

- 미술·회화 감상을 남녀 모두가 했으면 좋겠다. 이유는 자신에게 미술 센스가 없기 때문에 아이가 몸에 익혔으면 좋겠다._{남성 35세, 배달, 고졸}

- 여자아이는 미술·회화 감상을 해주었으면 좋겠다. 이런 것을 통해 정서가 풍부한 사람이 되었으면 좋겠으니까. 남자아이는 이러한 것보다도 스포츠 같은 것들을 많이 해서 사소한 일로는 겁먹지 않는 씩씩한 아이가 되었으면 좋겠다._{여성 47세, 전업주부, 전문대졸}

- 여자아이는 피아노나 다도를 해주었으면 좋겠다. 머지 않아 아가씨라는 이미지가 있다._{남성 31세, 편의점에서 아르바이트, 대졸}

- 여자아이가 다도·꽃꽂이, 빵·과자 만들기를 해주었으면 좋겠다. 배려나 몸짓 다루는 법을 배우길 바라니까._{여성 53세, 전업주부}

- 꽃꽂이・다도는 예의라든가 그런 면에서는 좋지만 **남자가 하는 건 보고 싶지 않고** 이미지적으로도 안 맞으니까.남성 36세, 판매직, 대졸

- **다도도 꽃꽂이도 예의범절.** 요즘 아이들에게 부족한 것. 남자아이라도 제대로 **작은 일까지 배려할 수 있는 편이 좋아.**여성 48세, 아르바이트, 고졸

- 다도는 (남녀 모두가) **일본의 마음을 알아주었으면 좋겠다.** 해외에 관한 일을 접하기 전에 내 나라의 일들도 하나쯤은 확실하게 설명할 수 있으면 좋겠다.여성 40세, 플라워 교실 강사, 전문대졸

- 여자아이에게는 **가부키・노 감상을 희망.** 남자아이는 어느 쪽이든 좋다. 미에 관해 관심을 가졌으면 좋겠으니까. 가부키 등의 **몸짓은 예쁘기** 때문에 그런 것을 봤으면 좋겠어.여성 52세, 고졸

인터뷰 조사에서는 상위문화활동에 대해 자발적인 의견 표명을 하는 대상자가 많고 거기에는 2종류의 패턴을 엿볼 수 있다.

첫 번째 패턴은 고졸 학력을 중심으로 하는 중간층[4]으로 부르디외가 말하는 중간계급의 '문화적 선의'부르디외, 1979a라는 특징을 많이 찾아볼 수 있다. 즉 그들은 피아노로 대표되는 상위문화활동을 문화적으로 가치가 높은 활동이라고 평가하고 있다예를 들면 '인생에서 마음의 의지가 된다', '자신이 풍족해질 것 같은 기분이 들어서' 등. 그러나 본인은 그 생육 과정에서 피아노를 배우는 등 소위 문화자본을 신체화할 기회를 수혜 받지 못했기 때문에 자신이 할 수 없었던 것을 자식세대에서 경험하도록 해주고 싶다는 욕구를 가지고 있다. 이 질적 조사에서는 대상자의 자식세대의 문화자본에 대해서도 조사하고 있는데, 문화적 선의를 나타내는 사람들에게는 유년기 예술적인 문화적 경험이 적은 사례가 많았다.

두 번째 패턴은 숫자상으로는 소수였지만 유년기부터 문화자본을 축

적하고 있고 현재도 상위문화활동에 친숙한 문화 귀족층이다. 그들 경우에는 자신들의 문화자본과 같은 것을 자식세대에 기대한다는 형태의 담론이다일본의 마음을 알아주었으면 한다.

여성성을 신체화하는 상위문화

상위문화활동에 관한 담론을 살펴보면 '남자아이에게는 스포츠를, 여자아이에게는 다도·꽃꽂이·피아노 등의 상위문화 취미를' 기대한다는 담론을 적잖게 많이 볼 수 있었다. 혹은 앞에서 살펴본 것처럼 '여성에게는 미에 관해 관심을 가졌으면 좋겠다'는 미적 성향을 여성에게 기대하는 의견도 엿볼 수 있다. 이처럼 상위문화 취미나 활동을 하는 것에 대한 기대는 젠더에 따라 다른 경우가 많다.

상위문화활동을 '여자아이'에게 기대하는 이유는 앞의 담론에서도 밝힌 것처럼 상위문화는 '배려', '풍부한 정서', '예술 감각', '예쁜 몸짓', '예의바름', '정숙함' 등 전형적인 '여자다움'을 신체화하도록 만드는 것이라고 이해하고 있는 점에 있다. 따라서 상위문화활동을 '남자아이'에게는 '하지 않았으면 좋겠다', '남자가 하는 것은 보고 싶지 않다'라는 두 개의 담론이 나타난다. 즉 일본에서의 상위문화활동은 여성성여자다움을 촉진·신체화하도록 만드는 문화라는 의미 부여가 이루어지고 있다. 바꾸어 말하면 상위문화는 여자다움의 젠더 아비투스를 신체화시키고스기하라·기타, 1995; 스기하라, 2000, 젠더자본을 축적하는 수단이다.가타오카, 1996a·2000a 옛날에는 여성의 소양으로 여겼던 문화활동 대부분이 상위문화활동으로 인식되고 있는 것과 관련되어 있다고 생각된다.

지금까지 저자는 상위문화가 여성의 지위 상승 효과를 갖는 것과 남녀에 따라 문화의 의미 작용이 다름을 주로 양적 조사 데이터를 통해 증명해왔는데가타오카, 1992·2003 등, 담론 레벨 분석으로 그 의미 작용이 명확해졌다고 이해하고 있다.

다른 한편 남녀의 성별에 관계없이 남녀 모두에게 상위문화는 필요하다는 의견도 엿볼 수 있기 때문에 이것을 젠더 평등 지향으로 간주하여 젠더 차이를 인정할지 안 할지로 분류한 다음 바로 뒤에서 정리했다.

4. 성별 역할의식과 문화에 대한 의미 부여

젠더 평등을 지향하는 사람들의 담론

취미나 문화활동에 대한 의견 중에서 젠더에 의한 차이를 인정하지 않는 사람들도 존재한다. 특히 20, 30대의 고학력층이나 화이트칼라 직종의 사람들 중에서 문화에 관한 젠더 평등 지향이 많았다. 다음으로 성별 역할의식 등 젠더에 관한 의식과 문화에 대한 의미 부여와의 관련을 살펴보자.

젠더 평등을 지향하는 사람들의 담론

- **취미는 개인적인 것으로 남자든 여자든 좋아하는 것을 하면 된다. 얽매일 필요는 없으니까.**남성 27세, 판매직, 대졸

- 어릴 때 배우면 음감이 몸에 배는 것 같고 그런 친구를 보고 자신도 배우면 좋겠다고 생각했으니까.남성 24세, 대학원생

- 매사에 남자기 때문에 여자기 때문이라고 생각하고 싶지 않다. 일반적으로 남성이 하는 일을 여성이 해도 손해는 아니고 반대로 남자에게는 보이지 않는 무언가를 감지할 수 있을지도 모르니까. 남녀별로 단정지어 버리면 개

인의 가능성이 좁아져버릴 것 같다. 가능한 한 많은 것에 흥미를 가지고 가능성을 넓혀 가치관을 확립해 주기 바란다. 다만 도박은 리스크가 너무 높기 때문에 최소한 교제 정도로만 했으면 좋겠다. 점 보는 것도 그것에 의지해 인생을 좌우한다고 생각하지 않았으면 좋겠다.남성 32세, 영업직

- 대상자가 하고 싶다고 생각하는 것을 하면 좋겠다고 생각한다. 무조건 '내가 싫으니까'라는 것이 아니라 '이런 생각이 있으니까 안 했으면 좋겠다'라며 원하지 않는 일에도 왜 그런 건지 이유를 말한다.여성 31세, 사무직

- 이미지로서 피아노는 여자, 록은 남자 같은 면도 있지만 앞으로는 남녀가 어쩌고저쩌고 말하는 것은 관계없다고 생각한다. 가능한 것은 무엇이든 경험하는 편이 좋다고 생각한다.여성 48세, 자영 가족 종업자, 전문대졸

- 특히 여자니까 가사, 남자니까 일을 한다가 아니라 그 사람의 적합·부적합이 있으니까 여러 가지 일을 시도해보는 편이 좋다. 안 맞아서 안 하겠다는 게 아니라 가정을 가지면 협력이 필요하고 서로를 생각한다면 남자라서가 아니라 또는 여자라서가 아니라 서로 도와주어야만 해.여성 45세, 아르바이트, 고졸

- 나는 내 아이에게 '여자아이'라든가 '남자아이'라든가 특별히 구별한 적이 없다. 상대방의 입장이 되어 생각할 수 있는 아이 또는 감성이 풍부한 아이였으면 좋겠다. 따라서 영화나 미술 또는 콘서트에는 가능한 한 갔으면 좋겠고 소설도 많이 읽었으면 좋겠다.남성 54세, 관리직, 대졸

위에서 살펴보았듯이 어떤 활동을 하든 남녀에 관계없다는 젠더 평등을 지향하는 의견으로서 첫 번째 패턴에서는 '남녀 차이보다 개인 차이'취미는 개인적인 것, '적합과 부적합'라는 이유가 부여되어 있다. 취미의 개인화가 주장된다. 특히 두 번째 패턴에서는 일반적인 이미지로서 문화의 남녀별 이미지를 인정하면서도 그것을 과감하게 부정하여 '성별로 구별하지 않

는다'는 남녀평등 이미지를 강하게 지지하는 의견으로 나타난다. 이것은 반본질주의적인 의견 표명으로서 이데올로기 표명이기도 하다고 말할 수 있다.

젠더 차이를 긍정하는 담론에서 볼 수 있는 문화자본의 젠더적 분업

다음으로는 문화활동이나 취미에서 젠더 차이가 있는 것을 긍정적으로 평가하는 담론에 대해 다루어보기로 한다.

젠더 차이를 인정하는 담론

- 과자 만들기는 여자아이가 가정에 들어왔을 때 할 수 있으면 좋겠다고 생각해. 과자 장인은 모두 남자이기 때문에 '여성은 가정'이라는 고정관념일지도. 피아노나 가부키, 미술이나 회화도 정통문화이지만 입장료는 비싸고 가도 지루할 뿐이니까 좀 더 몸을 움직여 주었으면 좋겠어. 스포츠를 통해 다양한 사람들과 커뮤니케이션이 가능해 이겨야겠다고 생각해서 연습하고 그 것을 해주었으면 좋겠어.남성 49세, 설계

- 아이에게 배우게 하고 싶은 것으로 여자아이에게는 피아노·꽃꽂이·다도·요리 등 소위 '여자아이답다'라는 항목은 모두 해주었으면 좋겠어. '집안일이 가능하다'라는 장면에는 여성 쪽이 더 많이 나오니까. 남자에게는 스포츠라는 항목 전반에 해주었으면 해.여성 52세, 아르바이트·판매직, 고졸

- 여자아이가 다도·꽃꽂이를 해주었으면 좋겠어. 정신적으로 길들여지고 예의를 몸에 익히기 위해 정신 수양해 주었으면 하니까. 빵·과자 만들기도 여자아이는 가정에 들어오면 식사 준비 같은 것을 해야만 하니까 조리 방법과 요리하는 법을 배웠으면 좋겠어. 그러나 남자는 빵·과자 만들기를 하지 않아도 좋아. 기회도 없고 다른 일에 집중해 주었으면 좋겠어. 차별처럼 될까? 프로

야구는 해주었으면 좋겠어. 과혹한 대결을 보고 자신도 지지 않고 살아갈 수 있도록 뭔가를 찾아줬으면 좋겠다고 생각해서. **남자아이는 스포츠를 통해 예의나 가르침을 터득했으면 좋겠어.**^{남성 60세, 기술직, 고졸}

- 빵·과자 만들기를 해서 가정적인 여성이 되었으면 좋겠으니까. 여성이 성공하기 위해서는 주변 사람들과 잘 지내기 위해 인내할 것.^{남성 60세, 공무원, 고졸}

- 남자는 일을 잘하면 돼. 남자는 밖에서 여자는 안에서라는 것이 역시 있다고 생각하기 때문에 여자는 취미를 가졌으면 좋겠어.^{여성 27세, 아르바이트, 고졸}

여기서 볼 수 있듯이 가정적인 여성이 되기를 바라는 등 성별 역할 분업을 긍정하는 담론과 더불어 여성의 '소양'으로서 '과자 만들기'나 '요리' 이외에도 '다도·꽃꽂이' 등 상위문화를 언급하는 사람들이 많았다. 모두 '가정적인 여성이 되기를 바라니까', '여자아이다움', '가정에 들어왔을 때 할 수 있으면 좋겠다' 등 여성의 가정에서의 역할을 전제로 하고 있음을 엿볼 수 있다.

게다가 이러한 성별 역할 분업관'남자는 일, 여자는 가정'의 연장선상으로 '남자는 일, 여자는 **취미**'라는 담론이 존재한다. 예를 들어 위의 마지막 담론에서 단적으로 나타나는 것처럼 남성은 공적 영역에서의 활동일을 중심으로 하고 여성은 사적 영역에서의 활동취미로서의 문화활동을 하기를 바라는 의견이 존재하고 있다.

여기서 다룬 것 이외에도 이미 제시한 담론 중에서 성별 역할 분업과 문화활동이나 취미를 결부시키는 담론을 많이 볼 수 있다. 즉 여성은 바깥세계공적 세계에서 일을 하는 것이 아니라, 가정사적 세계 중심의 생활을 하기 때문에 취미로서 또는 아이의 양육자·교육자인 어머니로서 교양혹은 문화자본이 필요해진다는 논리이다.

마찬가지로 야구는 지금까지 일본에서 남성들의 공통문화, 공통화제로서 중요한 위치에 있었고, 교제라는 이름 아래 사회관계 자본의 유지나 축적에 큰 역할을 완수하고 있는 점이 아래의 담론을 통해서도 잘 알 수 있을 것이다. 일본에서 남성의 노동 시장에서의 공통문화가 대중문화를 중심으로 하고 있는 점가타오카, 2000b은 여기서도 밝혀지고 있다.

여성은 그다지 사회에 진출하지 않아도 좋다고 생각한다. 꽤 재능이 있는 사람은 제외하고. 어폐가 없도록 말하지만 현대에는 주제넘게 나대거나 치장하는 사람들이 있으니까. 전후 그런 사람이 나왔지만 동성으로서 그다지 공감할수가 없다. 남녀평등이라고 해도 아무래도 다른 부분이 있으니까. 여성이 일하는 것은 좋지만 아이가 어릴 때에는 어머니가 돌봐야 해. 가족 구조가 사회의 토대가 되기 때문에 바빠도 가족과의 식사는 일주일에 몇 번은 필요해. 그렇지 않으면 일본 전통의 좋은 점이 사라져 버리지. 여자가 스포츠는 못해도 문제없지만 교제 등에서 골프도 할 수 있는 편이 좋고 야구도 규칙 정도는 알고 있는 편이 이야기하는 데 곤란하지 않지문제가 없지.여성 53세, 전업주부, 음대 졸업

일본에서의 문화 양상을 사람들의 담론이나 양적 조사 결과를 통해 고찰하면 조사 영역은 한정적이지만 다음과 같은 내용을 언급할 수 있다.

즉 문화 정의는 젠더화되어 있는데 그것은 아비투스로서 사람들이 '당연하다'고 느끼는 인식 틀로 구성되어 있다고 할 수 있다. 남녀가 다른 취미를 가진 것을 '자연스러운 일'이라고 느끼는 배경에는 성별 역할의식이나 여자다움이라는 문화 정의가 중요한 규정요인이 되고 있음을 추측할수 있다.

5. 개념 간의 관련성

마지막으로 저자가 사용하고 있는 중요한 개념 간의 관련성에 대해 정리해보기로 한다. '문화 정의의 젠더화'란 문화활동을 평가할 때 작동하는 지각·평가 도식이 젠더화되어 있는 것을 가리킨다. 이 말은 문화에 대한 의미 부여가 젠더화되어 있다는 의미이다. 이것들은 사회적인 통념으로서 유포되고 일반적으로 그것을 '자연스러운 일'로 믿고 있다. 이와 같은 문화 정의의 젠더화는 구체적인 문화 실천으로 연동되어 '젠더화된 문화 실천'이 된다. 그 결과 피아노나 다도·꽃꽂이 등 주로 상위문화활동은 여성을 위한 배움이 되고 대중문화활동이나 스포츠는 남성에게 기대되는 활동이 되어 실천되고 있다.

게다가 문화를 통한 여성성이나 남성성의 신체화는 '젠더 아비투스'라고 정리할 수 있다. 예의범절이나 배려, 풍부한 정서, 가정적인 것 등 특히 여성성의 아비투스는 구체적인 문화 실천과 문화 정의의 젠더화 문화활동에 대한 젠더적 의미 부여와 그 지각 평가 도식 = 인식 틀의 획득 이 두 가지를 통해 신체화되고 축적·재생산되어 간다. 가타오카, 2000a

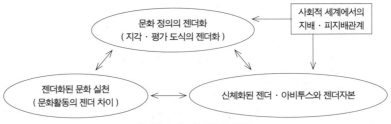

〈그림 9-1〉 개념 간의 도식
출처 : 본 그림은 가타오카(2005a)에 제시된 것을 일부 바꾼 것

이 3가지 개념은 상호 규정적이고 '남자는 밖에서 일, 여자는 가정에서 취미활동' 혹은 '남자는 스포츠이고 여자는 문화적 취미'라는 형태를 띤

현대판 성별 역할의식을 형성하고 있다. 이 성별 역할의식은 '남자는 일이고 여자는 가정가사와 육아'이라는 전통적인 성별 역할의식과 반드시 같은 의미는 아니다. 전통적 성별 역할의식과는 가까운 관계에 있지만 취미가 개인적인 일이라고 이해되는 것이 많은 나머지, 이 문화적 측면에서의 성별 역할의식이 분업을 전제로 하는 성별 불평등 구조와 관련성을 가지고 있다고 깨닫기가 어렵다. 그러나 문화 측면에 나타난 성별 역할의식은 취미나 문화활동을 통한 여성 역할의 보강이라는 작용을 겸비하고 있다.

미적 성향이나 예의범절의 신체화를 전제로 하여 성립하는 일본의 상위문화는 여성의 가정적 자질을 향상시켜 문화자본을 축적시킬 수 있는 것으로서 남성으로부터도 지지받고 있다. 높은 문화자본을 신체화한 여성은 '아가씨'로 여성의 지위를 표시하거나 혹은 지위를 상승시킬 수 있다고 이해되고 있다. 문화적인 취미를 통해 여성다움이라는 자본을 축적시키는 것은 여성의 혼인상 지위를 높이거나 혹은 젠더 시장에서 남성으로부터 평가 받는다는 상징적 이익을 가져온다고 생각되고 있는데, 이 문화 전략은 현대에는 꽤 일반화된 여성의 지위 전략이다.[5]

흥미로운 것은 문화 정의의 수준으로 볼 때 여성이 좋아하고 여성에게 실천을 기대하고 있는 문화활동상위문화은 남성들이 좋아하고 기대하는 활동대중문화보다도 문화 위신에서 상대적으로 문화적 우위성이 높다는 점이다. 노동세계에서 남성 우위의 경향과는 반전된 형태로 문화적 정의는 여성 우위로 존재하고 있다.

남성 지배의 논리에서 보면부르디외, 1998[2017] 종속적 지위에 있는 여성에게 할당되는 것은 '비지배적 아비투스'인 종순함이나 순진함, 즉 '소극적이라는 미덕'이다. 여성이 문화적 교양을 몸에 익히는 것을 권장하기 쉬운 것은 '문화적인 고상함'이 남성 지배의 원리를 유지하는 데 있어서 중요하고, 문화적으로 세련된 '정숙함'은 여성의 카테고리로 요구되기 싫다는 것을 시사한다고 말할 수 있다.스기하라, 2000 또한 남성들이 스포츠를 좋아하는 것도 스포츠를 통한 동료의 신뢰나 권위주의적 가치의 형성이 남성 지배의 사회 구조를 지탱하고, 스포츠활동을 통한 상징적 지배가 존재하고 있음이 현대의 대학생을 대상으로 한 조사에서 확인되고 있다.가타오카, 2019

이처럼 언뜻 보기에 여성에게 유리한 '문화 정의의 젠더화'이지만, 이 가치 구조를 성립시키고 있는 근본적인 사회적 기반은 어디까지나 전통적인 성별 역할 분업에 바탕을 두는 남성 우위 사회, 남성 지배의 사회 구조이다. 스포츠나 예술활동의 실천도 역시 젠더 질서에하라 유미코(江原由美子), 2001의 유지 존속을 촉진시키는 방향과 평행한다는 점을 잊어서는 안 될 것이다.

제10장

바운더리 워크로서 친구 선택과 아비투스

친구 선택 기준으로 보는
상징적 경계와 라이프 스타일의 여러 유형들

1. 문제 설정

'유유상종'이라는 속담에서도 알 수 있듯이 친구와의 교제에서 우리들은 자신과 공통된 특징을 가진 사람을 선택하는 경향이 있다고 전해진다. 그렇다면 사람들은 무엇을 기준으로 친구를 선택하는 것일까. 또한 어떤 사람을 친구로서 좋아한다고 생각하는 것일까. 즉 우리들은 어떤 주관적인 경계선을 이용하여 자신의 친구로 삼고 싶은 사람과 그렇지 않은 타자를 구별하고 있는 것일까.

이 문제는 교우관계에서 집단적인 멤버십이라는 감각이 어떤 기준에 의해 뒷받침되고 있는가라는 물음이기도 하다. 사람과 사람의 유대는 집단을 형성하거나 또는 거기서 집단적 혹은 계급적인 아이덴티티가 형성되는 경우도 있다. 집단 형성의 기초가 되는 사람들의 주관적인 경계 설정에 관심을 돌림으로써 이것을 사회학적인 문제로서 검토한다.

본장에서는 '교제하고 싶다'고 생각하는 친구 선택 기준에 착목하고 타자와 자신혹은 '자신들'의 집단과의 차이를 평가할 때, 어떤 기준을 이용하고 있는가에 대해 도시부의 성인 남녀를 대상으로 하는 무작위 조사 데이터를 통해 밝히기로 한다.

친구 선택 기준에는 어떤 종류가 있을까. 사람들은 지위나 경제력 등 사회 경제적인 조건으로 서로를 평가하고 있는 걸까. 그렇지 않으면 문화나 교양 같은 '문화적 차이'에 의해 서로를 식별하고 분별하고 있는 걸까. 이 의문에 답하기 위해 본장에서는 미국의 문화사회학자인 미셸 라몽 Michèle Lamont, 1992이 사용한 '상징적 경계symbolic boundaries' 개념을 이용하여 도시부 사람들의 친구 선택 기준을 밝히기로 한다.

사람들이 자신과 타자를 구별하고 차이를 발견할 때 사용하는 기준 또는 유사하다고 판단할 때 사용하는 '주관적인 경계선의 기준'이 어떤 요소로 구성되어 있는지 본장에서는 그 일본적 특징을 구체적으로 밝혀보고자 한다.

2. 상징적 경계란 무엇인가

상징적 경계란 자신과 타자와의 사이에 긋는 주관적 경계선라몽, 1992; 라몽·비라그 몰나르(Virág Molnár), 2002을 가리킨다. 그리고 상징적 경계는 사람들을 분류할 때 사용되는 기준을 가리키기도 한다.

예컨대 사람들은 타자와의 사이에서 주관적으로 혹은 무의식적으로 '보이지 않는' 경계선boundary을 긋는 경향이 있다. 동료라는 감각, 적이라는 지각, 사람과의 거리감, 소외감, 친근감, 배제 등 인간관계와 관련된 심리적인 문제로 사람들은 마치 거기에 보이지 않는 경계선이 있는 것처럼 느끼는 경우가 있다.

경계선을 긋는 것, 반대로 타자로부터 경계선이 그어짐으로써 다양한 집단적·사회적인 문제가 생겨난다. 같은 경계선의 안쪽이라면 친구가 되고 혹은 같은 집단 멤버로 인식할 테지만 경계선의 반대쪽에 있는 사람은 주관적으로는 타자인 것이다. 경우에 따라서는 그것이 배제로 이어지는 경우도 있다.

라몽[1992]은 상징적 경계에 대해 미국과 프랑스의 상위중류계급upper-middle class[1] 남성들을 대상으로 인터뷰 조사를 실시했는데 그들이 가치를 두는 사람들의 특징과 그 기준을 밝혔다.

라몽은 '당신에게 있어서 가치가 있는 사람들worthy people은 어떤 사람입니까'라는 질문을 인터뷰 형식으로 실시하여 그 판단 기준을 밝히고 있다. 즉 '사회적 차이인 하이 스테이터스 시그널high status signal에 주목'[라몽, 1992]했는데 다음과 같이 말하고 있다.

'우리들'은 '그들'보다 낫다고 믿는 방법이 다르다. 지위 평가의 근저에 있는 기준과 상징적 경계선 그 자체의 특징을 함께 분석한다. (⋯중략⋯) 이것은 보다 적절하고 복잡한 지위에 대한 견해가 있음을 전개하는 것이다. 그럼으로써 사회나 사회계급이 문화적으로 어떻게 다른지를 이해하는 데 도움이 된다.[라몽, 1992]

경계는 '우리들은 누구인가'를 정의하려고 할 때 모습을 드러낸다. 항상 타자와의 유사성과 타자와의 차이를 참조하고 타입화 체계를 만든다. (⋯중략⋯) 차이를 만들어냄으로써 아이덴티티를 특징 짓고 안전 또는 위엄이나 명예의 감각을 발달시킨다.[라몽, 1992]

라몽이 말하는 상징적 경계선의 연구는 가치 있는 사람이란 어떤 사람인가를 묻는 가운데 그렇지 않은존경할 수 없는 타자와의 사이에 있는 경계선의 기준을 인터뷰 조사를 통해 밝힌다는 특징을 갖고 있다.

라몽의 연구는 부르디외의 '구별 짓기'라는 감각에 관한 사회학적 연구를 토대로 하고 있다. 그리고 지위의 원천으로서 문화자본을 발전적으로 파악하고 도덕 영역으로 확대시키는 작업을 실시했다. 또한 라몽은 노동자계급 사람들의 위엄이나 명예의 감각에 대해서도 분석하고[라몽, 2009] 상징적 차원에서 계급과 불평등 문제를 탐구하고 있다.

　사회계층론적인 맥락에서 말하면 상징적 경계란 사회적 지위 평가의 근저에 있는 기준과도 강하게 관련되어 있다. 혹은 사회적 자본social capital을 형성하는 경우에 기준이 된다고도 말할 수 있다. 사람과의 교제 기준이기 때문이다.

　그러나 계층론에서 다루어온 사회적 지위의 구성요소와 여기서 다루는 상징적 경계의 기준이 같은 것은 아니다. 종래의 계층론, 계급론에서 다루어온 지위의 원천이란 직업, 수입, 학력, 인종, 성별, 세력, 권력관계, 문화 등이고 여기서 상세하게 서술하지는 않지만 몇 개의 다른 이론적 배경을 가진 계급이론이나 계층이론이 있다.

　라몽이 말하는 상징적 경계의 이론은 지위 개념 중 상징적인 차원을 문제로 삼고 있기 때문에 문화적인 측면을 더욱 강조하는 점에 특징이 있다. 그 이유는 그녀의 경우 조사 대상이 상위중류계급의 남성 중심인 점과 하이 스테이터스에 있는 사람들의 기준을 밝힌다는 연구 목적을 가지고 있기 때문이다.

　상징적 경계는 문화적인 전략이나 사교 등에 상징적으로 나타난다. 또한 가치관이나 태도, 취미 등의 기호성, 그리고 라이프 스타일, 교육 전략 등 다양한 측면에서 나타난다. 패션처럼 눈에 보이는 것, 실체로서 명확히 차이를 드러냄으로써 경계선이 어디에 있는지 알 수 있는 경우도 있다. 그러나 대부분은 반드시 명확하게 되어 있지 않고 가치관이나 취미의 차이로 인식되고 있는 경우도 많다. 인간관계 측면에서는 성격이 안 맞고 궁합이 안 맞는다는 형태로 인식되는 경우도 있다. 즉 대상을 분류하는 가운데 자신의 아비투스이기도 하는 지각인식 틀이 눈앞에 나타난다. 아비투스는 구조로 규정되는 동시에 구조를 만들어내기도 한다.부르디외, 1979a 그리고 타자와의 사이에 있는 문화적 차이를 주체가 어떻게 인식하는가라는 문제는 본인이 가지고 있는 아비투스가 작동한 결과이다.

친구 선택에 입각해서 말하면 어떤 기준으로 친구를 선택하는지 또는 어떠한 사람이라면 교제하고 싶은지 혹은 교제하고 싶지 않은가라는 '선택'은 각자가 가진 아비투스에 따라 다르다. 경계선을 긋는다는 행위가 차이를 만들어내거나 혹은 차이를 인식하는 실천이기도 하다.부르디외, 1979a 이러한 일상적 실천 가운데 친구 선택 기준이 형성될 뿐만 아니라, 부르디외가 말하듯이 태어나고 자란 가정의 역사적·문화적 배경이나 생육 과정에서의 경험에 의해 역사적으로 형성되는 아비투스의 한 측면이다.

친구 선택이란 어떤 의미에서는 자신과 타인의 경계선을 끊임없이 확인·재설정하고 유지하며 새로운 경계선을 긋는 일상적인 일이다. 라몽1992은 이것을 바운더리 워크Boundary Work라고 부른다. 무의식적으로 혹은 의식적으로 아비투스가 작동함으로써 바운더리 워크는 매일 행해지고 있다. 그 결과로서 사용하는 상징적 경계선의 기준 차이는 실제로 그 사람의 사회적 궤도나 사회적 위치 등 사회적 속성이나 사회적 배경에 따라 다르다고 생각된다.

따라서 본장에서는 바운더리 워크라는 개념을 사용하여 친구 선택에서의 상징적 경계의 존재를 양적 조사를 통해 밝히기로 한다.

3. 바운더리 워크의 3가지 기준

그렇다면 친구와의 교제나 친구 선택 때 그 집단적인 멤버십의 감각을 우리들은 무엇을 기준으로 선택하고 있는 것일까. 바꾸어 말하면 우리들은 어떠한 경계선을 타자와의 사이에 긋고 있는 것일까.

여기서 저자는 라몽의 바운더리 워크라는 사유방식을 원용함으로써 친구 선택 기준을 밝힐 수 있다고 생각한다. 라몽[1992]은 그의 저서 가운데 다음과 같이 서술하고 있다.

바운더리 워크는 집단 멤버십의 감각을 발달시키는 방법이기도 하다. 그것은 공유된 감정을 토대로 하는 유대를 만들어낸다. (…중략…) 따라서 경계선은 사람들을 계급이나 노동 집단, 직종, 인종, 젠더 등으로 분류해나간다. 경계선은 집단뿐만 아니라 불평등도 만들어낸다. (…중략…) 왜냐하면 경계선은 지위를 획득하고 자원을 독점하고 공격을 피하며 사회적 우월을 정당화하기 위한 수단이니까. 경계선은 종종 탁월화된 라이프 스타일이나 습관, 성격, 능력 등과 관련된다.

라몽은 미국과 프랑스의 상위중류계급의 사람들, 특히 백인 남성에 대한 조사를 통해 가치 있는 사람들worthy people이란 어떤 사람인가에 대해 다음 3가지 상징적 경계선이 사용되고 있음을 밝혔다. 그것은 바로 도덕적 바운더리moral Boundaries, 사회 경제적 바운더리Boundaries, 문화적 바운더리Boundaries이다. 여기서 저자는 바운더리를 경계 또는 경계선이라고 부르고자 한다.

먼저 도덕적 경계는 가치 있는 사람들의 기준으로서 성실함이나 노동 윤리, 정직한 사람임을 강조하는 경우이다. 그리고 사회 경제적 경계는 판단 기준으로 그 사람이 부자인 점, 부나 권력을 소유하고 있는 점, 전문적인 일에서 성공하고 있는 점 등 사회적 지위로 언급하는 경우에 작동되고 있다고 생각된다. 또한 문화적 경계라는 것은 높은 교육이나 지성, 고상한 매너, 세련된 취미, 상위문화 기호가 있는 등의 이유를 예로 들어 그 사람이 존경할 만한 가치가 있다고 언급하는 경우이다. 그리고 세련성뿐만 아니라 코스모폴리타니즘^{cosmopolitanism}을 기초로 그어지는 경계라고 라몽은 말한다. 라몽 연구의 중요한 지견은 다음 3가지이다.

3가지 상징적 경계^{라몽, 1992}

① 도덕적 경계

　성실함, 노동윤리, 정직^{고결함}에 대한 기준으로 언급한다.

② 사회 경제적 경계

　판단의 기초로서 부, 권력, 전문적인 일의 성공 등에 의해 제시되는 사람들의 사회적 위치로 언급한다.

③ 문화적 경계

　교육, 지성, 매너, 취미, 상위문화 등으로 언급한다. 세련성, 코스모폴리타니즘 기초로 그어지는 경계이다.

　① 미국의 상위중류계급 사람들은 문화적 경계보다도 사회 경제적 경계와 도덕적 경계를 더욱 강조한다.

　② 프랑스의 상위중류계급 사람들은 도덕적 경계와 문화적 경계를 더욱 강조하는 경향이 있다. 그러나 사회 경제적 경계를 강조하는 자가 증가하고 있다.

　③ 미국에서도 프랑스에서도 상위중류계급에게 문화적 경계의 중요성

은 점차 사라지고 있다.

그리고 라몽에 의하면 '부르디외는 문화적 경계와 경제적 경계의 중요
성을 지나치게 강조했기 때문에 도덕적 경계의 중요성을 과소평가했다'라
몽, 1992고 주장했다.

4. 일본에서의 연구 의의

라몽의 연구 성과를 통해 저자는 이 상징적 경계와 바운더리 워크에 대
한 연구를 일본에서도 전개할 필요성이 있는 점, 그리고 그것을 행함에 있
어 다음 3가지 점에 유의하면 좋겠다고 생각한다.

우선 첫째, 미국과 프랑스에서의 상징적 경계에 관한 기준은 다원화되
고 있다고 해석해야만 한다. 국가에 따라 그 방향성이 다른 것은 중요한
지견이다. 그렇다면 일본에서는 그 밖에 다른 기준을 찾을 수 있을까.

둘째, 라몽의 연구는 상위중류계급만을 조사하고 있다는 한계가 있다.
상위중류계급 이외의 사람들의 상징적 경계 기준으로는 당연히 적용할
수가 없다. 연령이나 사회적 지위에 따른 차이를 명확히 할 필요가 있다.

셋째, 동시기에 저자가 실시한 인터뷰 조사 결과를 통해 일본의 도시부
중류계층은 도덕적 경계를 사용하는 경우가 많음을 알 수 있었다미발표. 그
러나 도덕적 경계를 사용하는 것은 일본의 경우 중류계층 이외에도 특히
여성에게 현저하게 찾아볼 수 있었기 때문에 일본에서는 도덕적 경계가
일반화되고 있을 가능성이 높다. 따라서 인터뷰 조사뿐만 아니라 양적 조
사에 의해서도 상징적 경계의 기준을 밝힐 필요성이 있다고 생각했다.

거듭 본장의 과제를 명확히 말하면 ① 친구 선택에서 어떤 상징적 경

계선이 작동하고 있는지 밝힐 것, ② 친구 선택에 사용되는 상징적 경계와 불평등과의 관련성을 밝히는 것이다. 어떤 집단이 어떤 상징적 경계선을 기준으로 사용하여 친구 선택을 판단하고 있는지를 해명해보고 싶다. 구체적으로 말하면 대상자의 자본 보유 상황_{사회적 위치, 사회 경제자본, 문화자본 보유} 상태의 차이, 사회적 궤도과 상징적 경계의 관련성에 대해 검토한다.

또한 ③ 상징적 경계선과 계층귀속의식이나 사회적 성공감 등 계급 아이덴티티와의 관련성을 밝힐 것. ④ 일본의 도시지역에 사는 사람들에게 상징적 경계의 의미를 고찰하는 것을 목적으로 삼고 있다.

5. 조사의 개요

여기서는 1999년 1~2월에 걸쳐 가나가와현 가와사키시에서 실시한 무작위 표본 조사 데이터를 사용한다._{가타오카 편저, 2000} 특히 가와사키시를 선택한 이유는 도쿄에 인접한 도시인 점, 주민의 계층적 다양성이 높은 점에 의한다. 바다 쪽 공업지대와 산 쪽 주택가에 인접해 있으며 동서로 가늘고 길게 뻗어 있어 매우 다른 층의 사람들이 같은 시내에 살고 있다. 가와사키시는 일본에서도 지역 주민, 지역 환경의 다양성이 높은 도시 중 하나이다.

본 조사의 모집단은 가와사키 시민 20~69세의 남녀^{1999.1.1}로 1930년 12월 31일생부터 1979년 1월 1월까지 태어난 자를 대상으로 하고 있다. 샘플링 방법은 확률비례추출법으로 4,000샘플을 추출했다. 구체적으로 말하면 추출된 합계 200지점^{地點}에서 20표본씩을 계통 추출법으로 골라내어 대상자 리스트를 작성했다.

질문지 '라이프 스타일과 문화에 관한 의식 조사'를 작성하고 1999년 1월 말에 대상자 4,000명에게 우편 조사 방법으로 배포·회수하는 형식을 취했다. 최종적으로 회수된 유효표는 958개로 유효 회답율은 24.0%이다. 남녀의 내역은 남성 438명[45.7%], 여성 518명[54.1%], 불명 2명[0.2%]였다.

　　가와사키시의 인구 구성과 유효 데이터를 비교하기 위해 1995년도 국세 조사 결과[가와사키시]를 이용하여 비교한 결과, 본 데이터는 다음과 같은 특징을 가지고 있다.[가타오카 편저, 2000b]

① 남녀 비율 : 샘플은 여성이 조금 더 많이 회답하고 있다.

② 연령 : 고연령층의 비율이 많고 20대의 젊은 연령층은 적다.

③ 취업 형태 : 가와사키시 전체의 구성과 비교하면 샘플에는 남성 경영자 임원 또는 자영업주층이 약간 많다는 특징을 엿볼 수 있다. 여성의 취업 형태는 가와사키 전체와 가깝다.

④ 직업 구성 : 유직자에서 차지하는 남성의 전문·관리직층의 비율은 회수 데이터에서 높아지고 있다. 가와사키시 국세 조사에서는 유직 남성 중 전문직은 17.9%, 관리직은 6.0%, 사무직은 14.4%이지만 조사에서는 유직 남성의 30.2%가 경영·관리직, 21.4%가 전문직과 약 절반 남성의 데이터는 전문·관리직이라는 상층 화이트칼라, 사무직이 14.0%였다. 남성 유직자의 약 65%가 화이트칼라로 직업적인 편향을 엿볼 수 있다. 여성 샘플에서도 전문직의 비율이 높으며 여성 유직자의 26.4%를 나타냈다[가와사키시 국세 조사에서는 15.8%].

⑤ 학력 구성 : 조사 데이터 전체의 47.1%가 전문대 이상의 고등 교육 경험자[전문학교는 포함하지 않음], 남성은 54.7%, 여성은 41.3%였다.

이상과 같이 본 샘플은 고학력 전문·관리직층이 약간 많아진다는 편향을 띠고 있는데, 이것은 라몽의 조사 대상이었던 상위중류계급의 비율이 많다는 것이기도 하기 때문에 속성을 통제함으로써 의의가 있는 지견을 얻을 수 있다고 할 수 있다.

6. 친구 선택 기준으로 보는 상징적 경계

친구 선택 기준의 측정

친구 선택에 관련된 상징적 경계의 기준이 어디에 있는지를 측정하기 위해 17개의 다른 특징을 가진 인간의 타입을 예로 제시하고 친구로 교제하고 싶은지에 관해 5단계5 : 꼭 교제하고 싶다, 4 : 가능하면 교제하고 싶다, 3 : 교제해도 상관없다, 2 : 가능하면 교제하고 싶지 않다, 1 : 절대로 교제하고 싶지 않다의 회답 선택지에서 1개의 번호를 고르는 형식을 취했다.

질문 : 당신은 다음과 같은 타입의 사람을 어떻게 생각합니까. 당신이 친구로 교제한다면 어떻습니까. 각각에 대해 적합한 번호에 ○표를 달아 주십시오.

〈그림 10-1〉에서는 친구 선택 기준의 단순 집계를 제시했다. '교제해도 상관없다', '교제하고 싶다', '꼭 교제하고 싶다'는 긍정적 회답의 합계 %가 많은 항목을 순서대로 나열하면 ⑯ '취미가 세련된 사람', ⑤ '일을 열심히 해서 업적을 올리고 있는 사람', ⑫ '말투나 태도가 고상한 사람', ⑭ '정치나 경제 등 고도의 지식을 가지고 있는 사람', ⑮ '클래식 음악이나 예술 이야기를 자주하는 사람', ① '도덕적이며 잘못된 일에는 엄격하

고 성실한 사람'이었다.

반대로 '절대로 교제하고 싶지 않다', '가능하면 교제하고 싶지 않다'는 합계 회답 %가 많은 것은 순서대로 나열하면 ⑨ '나쁜 짓이라고 알고 있으면서도 태연한 척할 수 있는 사람', ⑦ '고급 브랜드 상품을 몸에 걸치는 것에 집착하는 사람', ⑩ '유흥업소에 가는 사람', ③ '장사나 돈 버는 이야기를 자주 하는 사람', ⑪ '도박을 좋아하는 사람'이었다. 그러나 그중 유흥업소나 도박 등 대중적인 문화적 특징을 가진 사람과 교제해도 상관없다고 생각하는 사람이 30% 전후의 비율로 존재한다는 것도 사실이다.

친구 선택으로 보는 4가지 상징적 경계

〈그림 10-1〉에 나타낸 친구 선택 기준 17개의 항목을 주성분 분석바리맥스 회전을 이용하여 정보를 축약한 결과, ⑰ 가라오케 항목에서 공통성이 낮았기 때문에 분석에서 제외하고 전부 16개의 항목에서 4개의 다른 친구 선택의 주성분이 추출되었다.

제I주성분은 '취미가 세련된 사람', '클래식 음악이나 예술 이야기를 자주하는 사람', '정치나 경제 등 고도의 지식을 가지고 있는 사람', '전문서적을 자주 읽고 있으며 논의를 좋아하는 사람', '말투나 태도가 고상한 사람'이라는 5개의 항목으로 구성되는 주성분으로 이것을 **문화적 경계**라고 명명했다.

제II주성분은 '도박을 좋아하는 사람', '유흥업소에 가는 사람', '나쁜 것이라고 알고 있으면서도 태연한 척할 수 있는 사람', '음담패설 따위의 농담을 곧잘 하는 사람', '고급 브랜드 상품을 몸에 걸치는 것에 집착하는 사람'이라는 5개의 항목으로 구성되어 있으며 이것을 **대중적 경계**라고 명명했다.

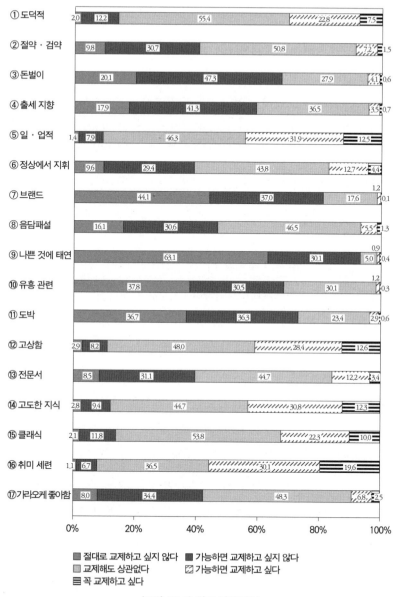

〈그림 10-1〉 친구 선택 기준

제III주성분은 '정상에 서서 지휘를 하려는 사람', '업적을 올리고 있는 사람', '출세 지향', '돈벌이'에 관한 이야기 등 사회 경제적 지위를 지향하는 태도이며 이것을 **사회 경제적 경계**라고 명명했다.

제IV주성분은 '절약 또는 검약', '도덕적이고 성실함'이라는 **도덕적 경계**에 관한 축이다. 도덕에 관련된 항목이 적었기 때문에 IV축의 기여율은 낮지만 친구 선택 기준으로서 라몽이 말하는 도덕적 경계가 추출된 것은 아주 중요하다.

이상의 결과에서 라몽이 미국과 프랑스에서 찾아낸 3가지 상징적 경계, 즉 문화적 경계, 사회 경제적 경계, 도덕적 경계는 이 데이터에서도 존재하고 있다.

게다가 이번 데이터의 특징은 아마 라몽이 결코 질문한 적이 없던 대중적인 경계에 대해 과감하게 질문하고 대중적인 가치나 태도 또는 비도덕적인 측면을 가지고 있는 사람을 친구로서 좋아하거나 혹은 교제해도 상관없다는 사람들이 일정 수 존재하여 친구 선택 기준이 되고 있을 가능성이 있음이 밝혀졌다는 점이다. 즉 도박이나 음담패설, 유흥업소에 가거나 나쁜 짓이라고 알고 있으면서도 태연한 척하는 등 일반적으로는 그다지 좋아한다고 여겨지지 않는 부도덕한 특성을 가진 타입의 사람과 '교제해도 상관없다'는 관용적인 사람이 어느 정도 있는 것은 일본 대중문화의 한 측면을 드러내고 있다. 그와 동시에 그것은 오히려 좋아하는 친구 선택 기준이고 또는 선택에 지장이 안 되는 사례가 많음을 말해 주고 있다.

이 대중적 경계를 석출할 수 있었던 것은 본 조사가 대면이 아닌 질문지 조사법으로 실시되었고 인간상 플러스 면과 마이너스 면을 골고루 제시하여 중립적으로 친구 선택 기준을 조사할 수 있었기 때문이다. 반면

주성분 분석(바리맥스 회전)	I 문화적 경계	II 대중적 경계	III 사회 경제 적 경계	IV 도덕적 경계
취미가 세련된 사람	0.765	-0.063	0.178	0.046
클래식 음악이나 예술 이야기를 자주하는 사람	0.722	0.002	-0.032	-0.023
정치나 경제 등 고도의 지식을 가지고 있는 사람	0.639	0.085	0.381	0.114
전문서적을 자주 읽고 있으며 논의를 좋아하는 사람	0.617	0.232	0.101	0.172
말투나 태도가 고상한 사람	0.561	-0.098	0.128	0.320
도박을 좋아하는 사람	0.046	0.747	0.052	0.027
유흥업소에 가는 사람	-0.012	0.746	0.120	0.169
나쁜 짓이라고 알고 있으면서도 태연한 척할 수 있는 사람	0.033	0.669	0.046	-0.159
음담패설 따위의 농담을 곧잘 하는 사람	-0.046	0.601	0.105	0.301
고급 브랜드 상품을 몸에 걸치는 것에 집착하는 사람	0.028	0.431	0.374	-0.019
정상에 서서 지휘를 하려는 사람	0.237	0.122	0.787	0.034
일을 열심히 해서 업적을 올리고 있는 사람	0.401	-0.081	0.679	0.167
출세 지향이 강한 사람	-0.037	0.229	0.605	0.400
장사나 돈 버는 이야기를 자주 하는 사람	0.053	0.447	0.555	-0.127
절약 또는 검약에 엄격한 사람	0.073	0.196	0.168	0.783
도덕적이며 잘못된 일에는 엄격하고 성실한 사람	0.438	-0.131	-0.048	0.609
고유값	4.064	2.491	1.153	1.082
주성분 기여율	16.5%	15.7%	13.5%	9.3%

인자추출법 : 주성분 분석, 바리맥스 회전

라몽은 대면적인 인터뷰를 실시했는데 거기서 '가치가 높은 사람'이라는 질문 방법을 취했기 때문에 사람들이 마이너스의 가치 태도 기준을 회답할 여지가 거의 없었던 점과 중하층 사람들의 친구 선택 기준을 조사하지 않았기 때문이다.

다음으로 이 4가지 주성분 득점을 각 사례마다 산출하고 바운더리 워크와 모든 변수와의 관련성을 살펴보기로 하자.

성별		문화적 경계	대중적 경계	사회 경제적 경계	도덕적 경계
남자	평균값	0.006	0.379	0.046	0.051
	N	419	419	419	419
	SD	0.969	1.009	0.988	1.008
여자	평균값	-0.009	-0.331	-0.043	-0.051
	N	481	481	481	481
	SD	1.024	0.868	1.011	0.987
합계	평균값	-0.002	-0.001	-0.001	-0.004
	N	900	900	900	900
	SD	0.998	1.001	1.001	0.997
F값		.054	128.6	1.775	2.336
유의 확률		n.s.	p < .0001	n.s.	n.s.

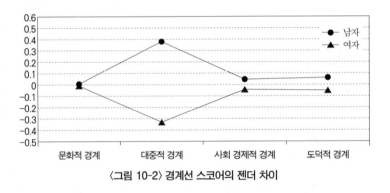

〈그림 10-2〉 경계선 스코어의 젠더 차이

7. 바운더리의 사회적 특징

어떤 사람이 친구 선택에서 어떠한 상징적 경계 설정을 행하고 있는지를 젠더, 연령, 학력, 직업, 경제자본, 계층귀속의식, 사회적 성공감, 출신계층상의 지위 등 여러 변수를 사용하여 검토하기로 한다.

학력 4분류		문화적 경계	대중적 경계	사회 경제적 경계	도덕적 경계
중학교	평균값	-0.690	-0.091	-0.097	-0.078
	N	83	83	83	83
	SD	0.985	0.958	1.082	1.034
고등학교	평균값	-0.203	-0.099	-0.076	-0.057
	N	247	247	247	247
	SD	0.904	0.933	0.926	0.956
전문대	평균값	0.069	-0.123	0.089	0.000
	N	211	211	211	211
	SD	0.971	0.968	1.133	1.054
대학·대학원	평균값	0.339	0.199	0.063	0.063
	N	334	334	334	334
	SD	0.918	1.055	0.909	0.953
합계	평균값	0.023	0.010	0.015	0.000
	N	875	875	875	875
	SD	0.985	1.001	0.990	0.987
df		3	3	3	3
F값		33.852	6.596	1.706	0.899
유의 확률		$p < .001$	$p < .001$	n.s.	n.s.

바운더리 워크의 젠더 차이와 학력 차

먼저 4가지 경계선에 관해 주성분 득점을 성별·학력별로 집계하고 특히 성별과 학력별 8개의 카테고리마다 그 평균점을 산출했다.(표 10-2~4) 〈표 10-2〉의 평균점을 그림으로 나타낸 결과가 〈그림 10-2〉이다. 〈표 10-2〉를 그림으로 나타낸 〈그림 10-2〉를 보면 대중적 경계 스코어에서만 남녀 차이가 통계적으로 유의한 것으로 나타난다. 즉 남성 쪽이 여성보다도 대중적인 사람과의 교제에 대해 관용적이고 대중적인 사람과 교제하고 싶다고 대답하는 비율이 많음을 알 수 있다. 그러나 다른 경계에서는 남녀 차이가 없었다. 대중적 경계는 젠더와 강한 관련을 가지는 경계선이다.

〈표 10-3〉에 나타내듯이 4가지 경계 중 문화적 경계와 대중적 경계 2

최종 학력 4분류	문화적 경계	사회 경제적 경계	대중적 경계	도덕적 경계
남성·중학교	-0.742	0.031	0.325	-0.086
여성·중학교	-0.637	-0.229	-0.517	-0.069
남성·고등학교	-0.200	-0.027	0.218	0.018
여성·고등학교	-0.204	-0.111	-0.326	-0.111
남성·전문대	-0.044	0.169	0.503	0.098
여성·전문대	0.107	0.063	-0.332	-0.033
남성·대학·대학원	0.297	0.113	0.455	0.087
여성·대학·대학원	0.415	-0.029	-0.243	0.001

주석: 전문대에는 고등전문학교를 포함한다.

가지에서 유의한 학력에 의한 차이가 생긴다. 사회 경제적 경계와 도덕적 경계에서 학력에 따른 유의한 차이는 생기지 않는다. 즉 고학력자일수록 문화적 경계를 사용하고 있음을 알 수 있다. 문화적 경계 스코어의 학력 차는 다른 것과 비교해도 크다. 또한 흥미로운 점으로 대중적 경계를 자주 사용하는 경향이 있는 것은 4년제 대학 이상의 고학력층임을 알 수 있었다. 이것은 뒤에서 상세하게 서술하겠지만 남성 고학력층의 일부로 보이는 특징으로서 대졸 남성은 대중적 경계를 좋아하는 자가 다른 학력층보다도 많다.

또한 〈표 10-4〉에서는 성별과 학력별로 분류하고 8개의 카테고리마다 스코어 평균값을 산출한 후 〈그림 10-3〉과 〈그림 10-4〉로 나누어 평균 스코어를 나타냈다.

〈그림 10-3〉에서 밝혔듯이 문화적 경계는 남녀 모두 학력에 의한 영향이 유의하고 학력이 높은 사람일수록 문화적 경계선 스코어가 유의하게 높다. 또한 같은 학력인 경우 남성보다도 여성 쪽이 문화적 경계를 사용하고 있다. 그러나 사회 경제적 경계에서는 성별·학력별 평균점의 차이는 유의하지 않다.

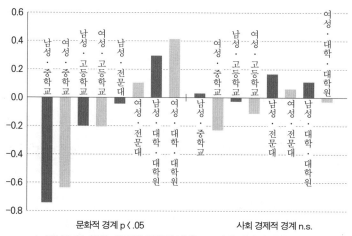

문화적 경계 p〈.05   사회 경제적 경계 n.s.

〈그림 10-3〉 성별·학력별 문화적 경계 스코어와 경제적 경계 스코어

주석 : 학력에서 '전문대' = 전문대·고등전문학교

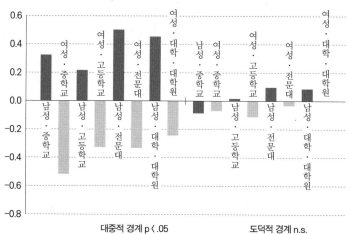

대중적 경계 p〈.05   도덕적 경계 n.s.

〈그림 10-4〉 성별·학력별 대중적 경계 스코어와 도덕적 경계 스코어

그리고 〈그림 10-4〉를 살펴보면 대중적 경계가 오로지 젠더에 의해서 만 결정됨을 알 수 있다. 대중적 경계를 사용하는 것은 오직 남성뿐이고 남성 중에서 학력간 비교를 하면 고학력 남성일수록 대중적 경계를 사용 하는 자가 많음을 알 수 있다. 여성은 여기서도 대중적 경계를 사용하지

않음을 알 수 있다. 도덕적 경계에서는 젠더와 학력에 따라 분류된 카테고리 간의 차이는 유의하지 않았다.

연령 코호트에 의한 차이

다음으로 상징적 경계에 대한 연령의 영향에 대해 검토한다. 남성에 대해서는 〈그림 10-5〉에, 여성에 대해서는 〈그림 10-6〉에 나타내고 있다. 남성의 경우 대중적 경계는 젊은 연령의 코호트일수록 유의하게 높은 값을 나타냈는데 이를 통해 젊은 남성이 대중적 경계를 사용함을 알 수 있다. 그러나 여성의 경우 대중적 경계 값은 어느 연령 코호트에서도 평균보다도 낮은 마이너스 값을 나타냈는데 이것은 남성과 크게 다른 점이다.

사회 경제적 경계에서 남성은 연령에 의한 차이는 엿볼 수 없지만 여성은 연령 차이가 엿보이며 20, 40대의 젊은 연령층에서 이 사회 경제적 경계를 사용하는 사람이 많음을 알 수 있다. 그러나 연령이 50세 이상으로 높아질수록 여성은 이 경계선을 사용하지 않게 되어 마이너스 값을 나타낸다.

그리고 도덕적 경계에서 남성은 연령 코호트에 의한 차이는 거의 찾아볼 수 없지만 여성은 연령 차이를 엿볼 수 있으며 20, 30대의 젊은 연령층에서 더욱 현저하게 나타났다. 그러나 40대와 50대에서 도덕적 경계는 전체 평균보다도 더욱 낮아진다.

직업과 바운더리

〈그림 10-7〉은 직업별로 산출한 친구 선택 기준의 경계 스코어의 평균값이다. 현직을 6가지로 나눈 다음 4가지 경계선 스코어의 평균값을 나타냈다. 직업 카테고리마다 스코어 평균에 대해 평균 차이의 검정을 실시

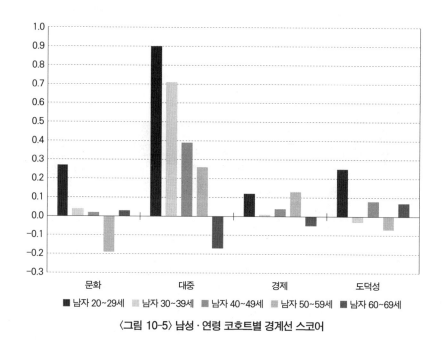

〈그림 10-5〉 남성 · 연령 코호트별 경계선 스코어

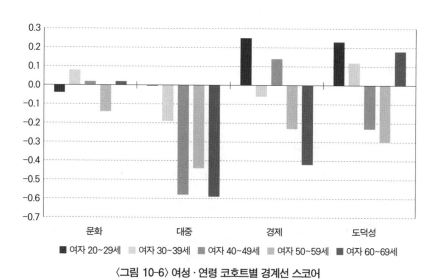

〈그림 10-6〉 여성 · 연령 코호트별 경계선 스코어

하면 도덕적 경계를 제외하고 문화적 경계, 대중적 경계, 사회 경제적 경계 3가지 경계에서는 1% 수준으로 유의한 평균 차이가 인정되었다.[2]

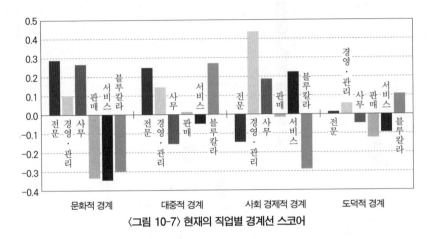

〈그림 10-7〉 현재의 직업별 경계선 스코어

먼저 문화적 경계는 전문직, 경영·관리직, 사무직이라는 화이트칼라직에 종사하는 사람일수록 많이 사용하고 그 이외의 직종에서는 낮은 값을 나타내어 유의한 차이가 생겨났다[p<.001]. 대중적 경계는 전문직, 경영·관리직이라는 블루칼라에서 많이 사용하며[p<.01] 남성이 좋아하는 기준이다. 사회 경제적 기준은 경영·관리직, 사무직, 서비스직에 많고 전문직과 블루칼라에는 적다[p<.001].

경제자본과 친구 선택 기준

친구 선택 기준은 경제자본이 많고 적음, 즉 세대 연 수입세금 포함에 따라 다른 것일까. 결론부터 말하면 〈표 10-5〉에 나타낸 것처럼 문화적 경계 스코어에만 0.1% 수준으로 세대 연 수입에 의한 유의차를 보였지만, 다른 3가지 스코어는 10% 수준으로 유의하여 상당히 약한 관련밖에 발견해내지 못했다.

〈표 10-5〉 세대 연 수입과 경계선 스코어

세대 연 수입		문화적 경계	대중적 경계	사회 경제적 경계	도덕적 경계
0~500만 미만	평균값	-0.191	0.119	-0.130	0.183
	N	182	182	182	182
	SD	1.036	1.016	0.998	0.960
500~800 만 미만	평균값	-0.127	0.043	-0.016	-0.034
	N	235	235	235	235
	SD	0.962	1.011	0.902	1.046
800~1250 만 미만	평균값	0.129	0.025	0.067	-0.015
	N	266	266	266	266
	SD	0.887	0.971	0.984	0.958
1250만 이상	평균값	0.336	-0.154	0.144	-0.045
	N	149	149	149	149
	SD	1.032	1.013	1.104	0.997
합계	평균값	0.024	0.019	0.014	0.018
	N	832	832	832	832
	SD	0.986	1.002	0.990	0.993
df		3	3	3	3
F값		11.069	2.140	2.493	2.193
유의 확률(양측 검정)		$p < .001$	$p < .10$	$p < .10$	$p < .10$

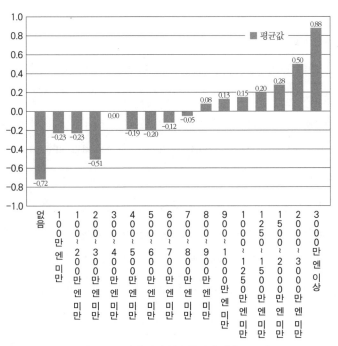

〈그림 10-8〉 세대 연 수입과 문화적 경계 스코어

즉 경제적으로 풍부한 사람들은 문화적 경계에서 친구를 선택하고 있다.〈그림 10-8〉 참조 거기서 실제로 문화적 경계가 어느 정도의 차이를 보일지 좀 더 세분화된 세대 연 수입 카테고리별로 스코어 평균값을 〈그림 10-8〉에 나타냈다.

사회 경제적 경계는 고수입의 사람들에게 사용되고 있음을 알 수 있다. 그리고 대중적 경계와 도덕적 경계는 수입이 가장 낮은 층에서 자주 사용되고 있다.

계층귀속의식과 바운더리

친구 선택 기준이 계층귀속의식과 관련을 가지는지 여부를 검토해보자. 계층귀속의식을 측정하는 질문은 '가와사키시에 사시는 분들을 다음과 같이 1에서 10까지 10개의 층으로 나눈다면 당신은 어디에 위치해 있다고 생각합니까'이다. 그 결과 경계선 스코어를 산출할 수 있었던 유효 회답 수로 살펴보면 가장 위에 있는 1번을 선택한 사람은 3명으로 적었고, 또 가장 아래에 있는 10번도 8명으로 적었기 때문에 그 카테고리의 평균값에 대한 신뢰성은 낮다. 그렇지만 1번과 10번의 카테고리를 제외하면 계층귀속의식과 각 경계선 스코어의 관계를 검토할 수 있다.

〈표 10-6〉에 나타나듯이 분산 분석에 의한 평균값의 그룹 간 비교는 문화적 경계 스코어와 사회 경제적 경계 스코어 2가지로 계층의식은 유의한 관련성을 가지고 있었다.

〈그림 10-9〉를 살펴보면 문화적 경계 스코어는 계층의식과 평행관계에 있고 계층귀속의식이 위로 가까울수록 문화적 경계선을 많이 사용하는 경향을 파악할 수 있다. 그리고 사회 경제적 경계에 대해서도 마찬가지의 경향이었다. 또한 대중적 경계는 그룹 간의 유의차는 통계적으로는

<표 10-6> 계층귀속의식과 경계선 스코어

계층귀속의식		문화적 경계	대중적 경계	사회 경제적 경계	도덕적 경계
상 1	평균값	0.284	-0.120	-0.512	-1.336
	N	3	3	3	3
	SD	0.493	1.505	0.643	0.890
2	평균값	0.709	-0.139	0.409	0.335
	N	9	9	9	9
	SD	0.947	1.302	1.487	1.033
3	평균값	0.420	-0.126	0.051	0.132
	N	90	90	90	90
	SD	0.974	0.893	1.054	0.970
4	평균값	0.235	0.052	0.242	-0.081
	N	131	131	131	131
	SD	0.968	1.108	0.940	1.060
5	평균값	-0.050	-0.019	0.099	-0.017
	N	299	299	299	299
	SD	0.936	0.923	1.010	0.960
6	평균값	-0.098	0.108	-0.051	0.018
	N	119	119	119	119
	SD	0.935	1.032	0.885	0.956
7	평균값	-0.083	0.045	-0.103	0.122
	N	89	89	89	89
	SD	1.097	1.033	0.995	0.996
8	평균값	-0.254	0.047	-0.485	-0.034
	N	72	72	72	72
	SD	1.013	1.090	0.978	1.090
9	평균값	-0.293	0.558	-0.378	-0.099
	N	20	20	20	20
	SD	0.850	1.088	1.115	1.188
10 하	평균값	0.309	-0.370	-0.123	0.216
	N	8	8	8	8
	SD	1.090	0.820	0.859	1.143
합계	평균값	0.024	0.020	0.011	0.007
	N	840	840	840	840
	SD	0.986	1.003	1.004	1.001
F값		4.386	1.197	3.876	1.206
유의 확률		$p < .001$	n.s.	$p < .001$	n.s.

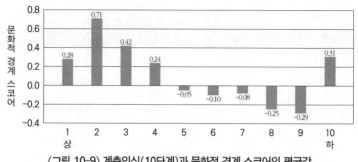

〈그림 10-9〉 계층의식(10단계)과 문화적 경계 스코어의 평균값

없었지만 계층귀속의식이 6~9의 계층의식이 낮은 층에서 높은 스코어를 나타냄을 알 수 있다.

사회적 성공감과 바운더리

사회적 성공감과 친구 선택 기준의 관련을 검토하면 계층귀속의식과는 다른 관계성을 찾아낼 수 있다.

사회적 성공감은 다음 질문과 회답 선택지로 측정하여 다음과 같은 결과를 얻었다.

사회적 성공감 : '시내에 사시는 분들과 비교하여 당신은 얼마만큼 사회적으로 성공하고 있다고 생각합니까'

1. 매우 성공했다   0.9%

2. 성공했다   14.6%

3. 조금 성공했다   41.8%

4. 별로 성공하지 못했다   27.7%

5. 거의 성공하지 못했다   15.0%

사회적 성공감과 경계선 스코어의 분포를 분산 분석한 결과가 〈표

사회적 성공감		문화적 경계	대중적 경계	사회 경제적 경계	도덕적 경계
매우 성공	평균값	0.094	-0.432	0.649	0.477
	N	6	6	6	6
	SD	1.599	1.104	1.143	1.747
성공	평균값	0.269	-0.236	0.298	-0.045
	N	125	125	125	125
	SD	0.984	0.906	1.021	0.980
조금 성공	평균값	0.008	0.008	0.078	0.027
	N	352	352	352	352
	SD	1.006	1.010	0.959	1.020
별로 성공하지 못했다	평균값	-0.034	0.124	-0.041	-0.023
	N	230	230	230	230
	SD	0.932	1.000	0.939	0.839
거의 성공하지 못했다	평균값	-0.128	0.193	-0.335	0.042
	N	128	128	128	128
	SD	1.007	1.045	1.065	1.197
합계	평균값	0.015	0.028	0.019	0.008
	N	841	841	841	841
	SD	0.992	1.005	0.997	1.003
df		4	4	4	4
F값		2.897	3.949	7.825	.539
유의 확률		$p < .05$	$p < .01$	$p < .001$	n.s.

10-7〉과 같은 결과를 얻었다. 즉 도덕적 경계를 제외한 3가지 경계선 스코어에서 사회적 성공감이 유의한 차이를 보였다.

사회적으로 성공하고 있다고 느끼는 자일수록 문화적 경계와 사회 경제적 경계를 사용하는 반면 대중적 경계는 사용하지 않는다. 대중적 경계를 사용하는 사람은 사회적 성공감이 낮은 사람에게 많다.

사회적 궤도와 바운더리

여기서는 사회적 궤도 결과, 즉 부모세대의 계층 상황이 본인의 친구 선택 기준에 어떠한 영향을 주고 있는지를 조사했다. 즉 부모 학력의 영향, 아버지 직업의 영향, 부모로부터의 학력 이동 패턴의 영향에 대해 조사했다.

〈표 10-8〉의 결과를 살펴보면 아버지 학력은 문화적 경계에만 영향을 주고 있다. 아버지 학력이 높을수록 그 자식인 본인은 문화적 경계를 사용하여 친구를 선택하고 있다. 또한 〈표 10-9〉의 결과를 보면 어머니 학력은 문화적 경계와 대중적 경계에서 유의한 효과를 가지고 있었다. 즉 어머니 학력이 높을수록 문화적 경계를 사용하는 경향이 있었고 또한 대중적 경계도 사용한다는 모순된 결과를 보였다. 이에 대해서는 이미 살펴본 것처럼 남성 고학력층이 대중적 경계를 사용하는 경향이 있는 것에 기인하고 있다고 추측된다. 즉 남성 고학력층은 문화적으로 세련된 기준에서 친구를 선택하는 자와 그렇지 않고 전혀 반대로 대중적이고 부도덕한 가치태도를 가진 친구를 좋아하는 자로 나뉘고 있을 가능성이 높다.

다음으로 아버지 직업의 영향에 대해 살펴보자. 〈표 10-10〉은 부친의 주요 직업별로 집계한 경계선 스코어 평균값과 표준 편차이다.

문화적 경계와 도덕적 경계에서는 아버지 직업이 유의한 차이를 가져오고 있다. 문화적 경계 스코어는 아버지 직업이 전문직과 관리·경영인 경우 가장 높은 값을 나타낸다. 또한 도덕적 경계에서는 농업과 서비스직에서 높고 판매직에서 가장 낮은 값을 나타냈다.

이상과 같은 결과를 통해 문화적 경계는 출신계층의 지위 지표만 봐도 부모세대의 영향을 가장 많이 받고 있음을 알 수 있다. 특히 사회적 궤도를 학력의 세대 간 이동으로 한정하여 검토한 결과, 〈그림 10-10〉에서 볼 수 있듯이 어머니 학력과 본인 학력이 양쪽 모두 높은 경우 문화적 경계 스코어가 높아지고 어머니 학력의 독자 효과가 인정되었다. 그러나 아버지 학력에서는 명확한 차이가 나지 않았다[결과 생략]. 이것은 가타오

<표 10-8> 아버지 학력과 경계선 스코어

사회적 성공감		문화적 경계	대중적 경계	사회 경제적 경계	도덕적 경계
중학교 이하 (구제고등소학교 이하)	평균값	-.223	-.037	.020	-.05
	N	293	293	293	293
	SD	.987	.912	.967	.949
고등학교 (구제중학교)	평균값	.145	.100	.005	-.039
	N	227	227	227	227
	SD	.960	1.008	.997	.975
대학·전문대· 고등전문학교·대학원 (구제고등학교·사범학교 포함)	평균값	.243	.014	.038	.105
	N	279	279	279	279
	SD	.961	1.088	1.032	1.026
합계	평균값	.044	.020	.022	.005
	N	799	799	799	799
	SD	.991	1.004	.998	.985
df		2	2	2	2
F값		18.134	1.194	0.071	2.250
유의 확률		p < .001	n.s.	n.s.	n.s.

<표 10-9> 어머니 학력과 경계선 스코어

사회적 성공감		문화적 경계	대중적 경계	사회 경제적 경계	도덕적 경계
중학교 이하 (구제고등소학교 이하)	평균값	-0.166	-0.097	-0.059	-0.020
	N	304	304	304	304
	SD	1.004	0.915	1.011	0.993
고등학교 (구제고등여학교)	평균값	0.103	0.050	0.050	-0.021
	N	379	379	379	379
	SD	0.950	1.010	0.976	0.942
대학·전문대· 고등전문학교·대학원	평균값	0.406	0.170	0.106	0.160
	N	120	120	120	120
	SD	1.007	1.179	1.040	1.061
합계	평균값	0.047	0.012	0.017	0.006
	N	803	803	803	803
	SD	0.997	1.006	1.000	0.981
df		2	2	2	2
F값		15.865	3.566	1.585	1.731
유의 확률		p < .001	p < .05	n.s.	n.s.

아버지 직업 7분류		문화적 경계	대중적 경계	사회 경제적 경계	도덕적 경계
전문	평균값	.409	.080	-.188	-.028
	N	86	86	86	86
	SD	.910	1.250	1.021	.842
경영·관리	평균값	.250	.053	.139	.012
	N	176	176	176	176
	SD	.985	1.016	1.069	1.065
사무	평균값	.056	.067	.072	.012
	N	59	59	59	59
	SD	.970	1.091	.995	1.216
판매	평균값	.096	-.087	.042	-.442
	N	51	51	51	51
	SD	.946	.982	.989	.895
서비스	평균값	.308	.263	-.164	.173
	N	21	21	21	21
	SD	1.023	1.073	.893	.698
블루칼라	평균값	-.126	.062	.0149	.052
	N	138	138	138	138
	SD	.958	1.001	.900	.946
농업	평균값	-.233	-.248	-.012	.158
	N	71	71	71	71
	SD	.930	.790	.872	.891
합계	평균값	.099	.020	.021	-.000
	N	602	602	602	602
	SD	.978	1.034	.984	.987
df		6	6	6	6
F값		5.091	1.218	1.236	2.224
유의 확률		$p < .001$	n.s.	n.s.	$p < .05$

카가 예전에 SSM 전국 조사와 그 이전에 실시한 고베 조사에서도 밝힌 것처럼 일본에서 남성은 전체적으로 대중문화 기호가 강하고 학력 차도 작았다. 그에 반해 여성은 문화자본을 여성의 지위에 중요한 요소로 간주하기 때문에 문화자본은 어머니에서 자식특히 딸으로 계승된다는 '문화

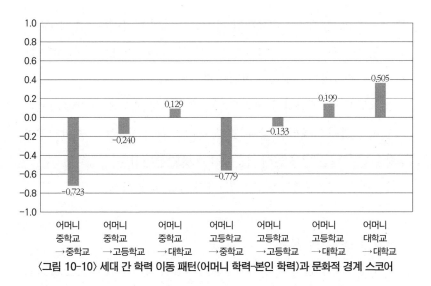

〈그림 10-10〉 세대 간 학력 이동 패턴(어머니 학력-본인 학력)과 문화적 경계 스코어

적 재생산의 젠더 구조'라고 명명한 일본적 특징을 방증하고 있다.가타오카,

1992·1996b·1997a·2001a·2002·2003

기타 요인

그 이외에 '중학교 3학년 때의 성적자기 신고'이나 '계층귀속의식의 판단 기준 8개 항목', '15세 때의 집안 형편', '생활만족도'와 4가지 상징적 경계 스코어의 관련을 통계적으로 살펴보았다. 구체적인 수치는 생략하지만 뒤의 결과 요약 부분에서 결과를 정리하고 있다.

8. 친구 선택에서 상징적 경계의 특징

지금까지의 분석 결과를 통해 상징적 경계의 4가지 기준에 대해 통계적으로 밝힌 것을 〈표 10-11〉에 정리해놓았다. ◎는 1% 수준이고 ○는

5% 수준으로 통계적으로 유의한 차이를 찾아낸 항목이며 △는 10% 수준, ×는 유의하지 않음을 의미한다. 또한 각 경계선을 많이 사용하는 대표적인 카테고리에 대해서는 간편하게 기재했다.

〈표 10-11〉을 개관하면 계층적인 지위 변수와 가장 강한 관련을 보이는 것이 문화적 경계임을 알 수 있다. 특히 도덕적 경계는 가장 계층적인 영향을 받지 않는 친구 선택 기준이라는 것도 분명하다.

다음으로는 각 경계선의 기준별로 분석 결과를 요약해보기로 한다.

문화적 경계의 특징

문화적 경계를 친구 선택에 사용하는 사람의 특징은 학력이 높고 학교에서의 성적도 좋으며 학교에서 성공한 사람들이다. 문화적 경계는 화이트칼라 직종의 사람들이 채용하는 친구 선택 기준임과 동시에 경제자본에도 혜택 받고 있는 사람들의 친구 선택 기준이 되었다. 따라서 문화적 경계를 채용하는 사람은 사회적으로도 성공감이 높고 생활만족도도 상대적으로 높았다.

문화적 기준으로 경계 설정을 하는 사람들은 출신계층만 봐도 부모의 학력이 높고 부친의 직업도 전문·관리·경영이라는 상층 화이트칼라에서 현저하게 나타났다. 그와 동시에 15세 때 집안 형편이 넉넉했던 사람일수록 문화적 경계를 사용하고 있었다. 어머니 학력은 특히 효과를 띠고 있었다. 성별이나 연령 코호트에 의한 차이는 찾아낼 수 없었다.

문화적 경계를 작동시키는 사람은 출신계층에서도 현재 계층에서도 문화자본과 경제자본 모두 혜택 받은 상황에 있는 사람들이 많다고 할 수 있다. 또한 문화적 경계를 작동시키는 사람일수록 계층질서나 계층 판단에 민감하다는 결과도 얻을 수 있었다.

설명 변수	문화적 경계	대중적 경계	사회 경제적 경계	도덕적 경계
성별	×	◎ 남성	×	×
연령 코호트	×	◎ 젊다	◎ 젊다	◎ 젊다
학력	◎ 대학	◎ 대학	×	×
직업 분류(6분류)	◎ 화이트	◎ 상층 화이트& 블루칼라	◎ 경영·관리 서비스직	×
세대 수입	◎ 고수입	△ 저수입	△ 고수입	△ 저수입
15세 때 집안 형편	◎ 풍요로움	×	×	×
중3 학력(學力)	◎ 상	×	×	○ 하
계층귀속의식(10단계)	◎ 상	× 낮다	◎ 상	×
사회적 성공감	○ 성공	◎ 실패	◎ 성공	×
일의 만족도	×	○ 불만족	×	×
생활의 만족도	◎ 만족	◎ 불만족	×	×
계층 판단 기준				
수입	○ 고려함	×	×	×
재산	○	×	×	○ 고려함
주택	◎	×	×	-
학력	◎	◎ 고려하지 않음	×	×
직업 내용	◎	○ 고려하지 않음	×	×
직업의 안정성	○	○ 고려하지 않음	×	×
근무처의 지명도	○	×	△ 고려함	×
교양이나 취미	◎	◎ 고려하지 않음	×	×
아버지 직업(상층 화이트 ·하층 화이트·블루)	◎ 상층 화이트	×	×	○
아버지 학력	◎ 고	×	×	×
어머니 학력	◎ 고	○ 대졸	×	×

유의 확률
◎ : 1% 수준 유의, ○ : 5% 수준, △ : 10% 수준, × : 유의하지 않다

대중적 경계의 특징

친구 선택에서 대중적 경계란 단순히 대중적인 가치뿐만 아니라 부도덕적인 행위를 허용한다는 내용도 내포하고 있다. 대중적 경계는 젊은 고학력 남성의 전문직과 관리직 남성, 그리고 블루칼라 남성에게 특징적으

로 보이는데, 그들은 대중적 또는 부도덕한 일에 관용적인 친구와 교제해도 좋다고 생각한다. 이 대중적 경계에서 친구를 선택하는 사람의 특징으로 학력은 대졸로 높지만 수입이 낮고 사회적으로 성공했다고는 그다지 생각하지 않는 남성, 또한 일이나 생활에도 불만을 품고 있는 남성에게 많이 볼 수 있다는 특징이 있다. 여성은 이 기준을 거의 채용하지 않는다는 점도 밝혀졌다.

그들의 또 하나의 특징은 계층귀속 판단에서 학력이나 직업 내용과 안전성을 고려하지 않는 점, 또한 교양이나 취미를 계층 판단에 사용하지 않는다는 점에서 문화자본이나 세련된 취미에 반발을 나타내는 대항문화적인 가치 기준을 가지고 있는 점이다.

전후 급격한 고학력화 속에서 밑천이 되는 문화자본을 가족들로부터 물려받지 못하고 대학에 진학한 층 또는 블루칼라에 해당되는 일에 취직한 층으로 일이나 생활에 대한 불만이 크다는 특징을 통해 보면, 가령 대학을 나왔어도 혜택 받은 직업 상황은 아니라고 생각된다. 대중적 경계에서 친구를 선택하는 사람들은 일이나 생활에 대한 불만족 층이기도 한 점에서 도박이나 유흥이라는 대중적인 문화가 그들의 불만을 받아들이는 문화장치가 되고 있다고도 추측할 수 있다.

사회 경제적 경계의 특징

사회 경제적 경계를 사용하여 친구를 판단하는 사람은 연령적으로는 젊고 관리직이나 경영자층 이외의 서비스직에서 금전적으로 고수입을 얻는 방법으로 사회적으로 성공한 사람들에게서 많이 볼 수 있다. 그들의 특징은 사회적으로 성공하고 있다는 감각이 강한 점이다. 또한 계층귀속 의식도 높은 부류이지만 계층의식의 판단 기준에 대해서는 일관된 특징은 엿볼 수 없다. 비율로서는 많지 않지만 남녀 모두 젊은 세대에서 찾아 낼 수 있는 친구 선택 기준이다.

도덕적 경계의 특징

도덕적 경계는 성별을 불문하고 대부분의 사람들이 공유하는 것은 아니지만 연령적으로 젊은 사람에게 많고 학력은 아래쪽에 있었던 자가 많다는 특징을 가진다. 그러나 전체적으로 보면 친구를 선택하는 경우 도덕적 경계를 사용하는 사람의 특징은 그다지 명확하지가 않다. 계층 변수나 속성 변수와는 거의 유의한 관련성을 가지지 않고 계층을 넘어 널리 확대되고 있는 친구 선택 기준이기 때문이다.

9. 바운더리 워크에 관한 지견

다음으로는 이상과 같은 분석을 통해 친구 선택에서 사용되는 4가지 기준에 대해 얻어진 지견을 정리해보기로 한다.

① 친구 선택에서 문화적 경계를 사용하는 것은 전문직·관리직 등 대졸 상층 화이트칼라전문, 관리, 경영를 중심으로 하는 도시부의 상위중류계급이다. 그들이 보유하고 있는 높은 문화자본을 친구에게도 요구한다는 점이 특징적이다. 이 기준을 중시하는 사람은 부모세대에서부터 풍부한 경제자본과 문화자본을 가지고 있는 계층에서 나온 사람들이 많고 사회적으로 성공하고 있어서 계층귀속의식도 높다. 그러나 경제보다는 문화적인 요소를 중시한다는 점에서 그들의 계층문화와 관련되어 있음을 알 수 있다.

특히 교원을 비롯한 문화적 전문직이나 연구기술직, 종합직, 사무직 등 화이트칼라에서 많이 볼 수 있는 특질이다. 도시부 상위중류계급은 문화적 경계선을 사용하여 친구 교제를 판단하여 같은 문화적 기호성을 가진 사람들과 교제한다. 그들은 정통문화 취미의 라이프 스타일과도 쉽게 친숙해지기 때문에 친구를 선택할 때 문화적 경계선을 긋는 것은 계급의 문화 전략, 사교 전략이 될 가능성이 높다. 즉 상위중류계급의 사람들이 친구 선택 기준으로 사용하는 스테이터스 심벌은 여기서 말하는 문화적인 특징을 가지고 있는 셈이 된다.

이처럼 문화적 경계는 (출신계층에서 보아도) 교육 시스템을 통해 계층 재생산을 달성한 상위중류계급이 사용하는 바운더리 워크이다. 어머니 학력 등 사회적 궤도 효과가 있기 때문에 문화자본의 축적 위에 문화적 경계를 사용한 친구 선택을 행하고 있다고 말할 수 있다.

② 대중적 경계는 젊은 남성을 중심으로 퍼져 남성 비율이 높은 상층 화이트칼라직과 블루칼라직 양쪽에서 사용되고 있다. 학력이 높은 남성도 많이 포함되어 있기 때문에 일본에서 학력자본과 문화자본이 남성에서는 대응하지 않는 사례가 많다는 것이 여기서도 밝혀지고 있다. 부르디외가 프랑스에서 찾아낸 것과는 달리 일본에서는 고학력층이 반드시 정통문화 취미가 아님을 알 수 있다. 이로써 일본에서는 계층에 따른 문화적 차이를 보기 어렵게 되었다고 생각된다.

이 대중적 경계는 확실히 남성 중심의 문화 전략이다.

③ 사회 경제적 경계는 경영·관리적인 일, 비즈니스와 관련된 일에 종사하는 사람들 사이에서는 지지받고 있지만 문화적 전문직층에서는 지지받지 못한다.

④ 분석에는 제시되어 있지 않지만 친구 선택에서의 문화적 경계와 대

중적 경계의 이중 전략을 구분해서 사용하고 있는 집단이고 그들은 남성 화이트칼라의 비즈니스 관련 직종에 종사하고 있는 사람들이었다.

⑤ 친구 선택에서 도덕적 경계는 계층적 지위에 의한 바이어스가 거의 없기 때문에 국민문화로서 사람들에게 침투하고 있는 특성이기도 하다. 부르디외가 영국 국민을 빗대어 말한 것과 같은 혹은 다케우치[1995]가 지적한 일본인의 국민문화로서 존재하는 문화자본의 일부라고도 생각할 수 있다.

10. 상징적 경계와 라이프 스타일

친구 선택에서 다른 상징적 경계의 기준을 사용한다는 것은 사람들의 어떤 가치관이나 라이프 스타일과 결부되어 있는 것일까. 만약 친구 선택에서 나타나는 상징적 경계와 라이프 스타일과의 관련성이 강하다고 하면, 사람들은 바운더리 워크를 통해 공통 아비투스를 확인하고 공통 계급 계층 분파fraction로서 서로를 찾아내고 있다고 할 수 있다. 친구 선택과 같은 바운더리 워크를 통해 끊임없이 집단의 아비투스가 확인되고 다양한 관계성 속에서 상징 투쟁이 행해지고 있다고 생각된다.

다음으로는 계층적인 변수와 강한 관련을 나타낸 2가지 기준, 문화적 경계와 대중적 경계에 초점을 맞춰 이 상징적 경계가 각각 어떠한 라이프 스타일과 구체적으로 연결되어 있는지를 밝히기로 한다.

피어슨Pearson의 상관계수를 사용하여 2가지 상징적 경계 각각의 주성분 득점과 다양한 가치 라이프 스타일 변수5단계 척도와의 관련성을 밝히기로 한다. 상관계수로서 유의한 값을 보인 경우만을 제시하고 있고 **1%

수준, *5% 수준으로 통계적 유의를 의미하고 있다. 마이너스 수치는 역방향과의 관련성을 나타낸다.

문화적 경계선을 작동시키는 사람들의 특징

친구 선택에서 문화적 경계를 사용하는 사람일수록 클래식 음악을 좋아하고 미술관에 가는 빈도도 높다. 즉 상위문화에 대한 관심과 실천 빈도가 높고 '센스 있는 취미나 행동을 유의하고 있는' 세련된 취미의 소유자임을 알 수 있다. 또한 언어자본에서도 '말은 정중하고 예의바른' 사람들이 많고 '유머 있는 대화가 가능한 편이다', '자신의 의견을 명확하게 말할 수 있다'는 긍정적인 관련성을 나타냈다. 또한 개성적인 삶을 살고 있다고 회답하는 사람도 문화적 경계선을 사용하여 친구 선택을 하고 있었다. 즉 친구 선택에서 문화적 경계선을 사용하고 있는 사람일수록 문화자본은 높다고 할 수 있다.

특징 1 : 문화자본이 높다상위문화에 대한 관심과 실천, 언어자본, 취미의 세련성.

- 클래식 음악을 좋아한다.	.332**
- 미술관·미술전에 간다.	.355**
- 센스가 있는 취미나 행동을 유의하고 있다.	.312**
- 말투나 말씨는 정중하고 예의바르다.	.257**
- 개성적인 삶을 살고 있다.	.223*
- 마음의 의지가 되는 라이프 워크나 취미를 가지고 있다.	.253**
- 유머 있는 대화가 가능한 편이다.	.180**
- 자신의 의견을 명확하게 말할 수 있다.	.192**

특히 두 번째 특징으로서 문화적 경계를 사용하는 사람일수록 '남 앞에 나서도 겁먹지 않고 행동할 수 있다', '타인을 돌보는 것을 좋아하고 타인이 의지할 수 있는' 경향이 높으며 인간관계에서 여유로운 아비투스를 가지고 있다.

특징 2 : 인간관계에서 여유 아비투스.

- 남 앞에 나서도 겁먹지 않고 행동할 수 있다.   .194**
- 타인을 돌보는 것을 좋아하고 타인이 의지할 수 있다.   .129**

가치태도 측면에서는 문화적 경계를 사용하는 사람은 비물질주의적 가치가 강하고 마음의 풍요로움을 요구하는 경향이 있음을 알 수 있다. 특히 '공공 매너에 조심한다'거나 폭력은 휘두르지 않는 등 공공성이나 윤리관도 높다. 게다가 비권위주의적인 성격을 가지고 있음이 밝혀졌다.

특징 3 : 가치태도는 비물질주의, 공공성·윤리성, 비권위주의적 퍼스널리티.

비물질주의.

- 물질적인 풍요로움을 선택하기보다도 마음이 풍요롭고 여유있는 생활을 하고 싶다.   .174**
- 돈에 집착하지 않고 경제적인 대가를 요구하지 않는 편이다. .155**

공공성, 윤리관이 높다.

- 공공 매너에 조심하고 있다.   .141**
- '폭력을 휘두르고 마는 경우가 있는' 것은 아니다.   -.159**
- 환경 보호에 도움이 되도록 유의하며 실행하고 있다.   .165**

비권위주의적 퍼스널리티.

- '전통이나 관습에 따른 방식에 의문을 가진 사람은 결국은 문제를 일으키
게 된다'고 생각하지 않는다.   -.144**

- '이 복잡한 세상에서 무엇을 해야만 하는지를 아는 가장 좋은 방법은 지도
자나 전문가에게 의지하는 일이다'라고 마이너스 상관관계.   -.144**

- '윗사람에게는 설령 옳지 않다고 생각해도 따라야만 한다'고 생각하지 않
는다.   .111**

문화적 경계를 사용하는 사람이 교제하는 상대에게 특징 4에서 나타
내듯이 경영자나 전문직, 예술가나 중소기업의 사무직을 가진 사람들이
많다. 다만 대기업의 화이트칼라는 여기에는 나타내지 않았기 때문에 문
화적인 세련성을 친구에게 요구하는 사람들 대부분이 여성인 점 또한 전
문직층이라는 지견과도 부합된다.

특징 4 : 교제하고 있는 친구의 직업은 경영자, 전문직, 예술가, 화이트칼라.
- 대기업의 경영자나 임원, 초등학교 선생님, 피아니스트나 음악가, 대학교
수, 작가·소설가, 의사, 중소기업 사무직, 건축설계기술자, 변호사와의 교
제 유무가 문화적 경계 스코어와 플러스 상관관계가 있다.

대중적 경계를 작동시키는 사람의 특징

아래 특징 5에서 나타나듯이 친구 선택에서 대중적인 기준을 사용하
는 사람의 문화적 특징은 대중 취미이다. 구체적으로 말하면 스포츠신문
을 자주 읽고 하드록을 좋아하며 가라오케도 좋아하지만 클래식 음악은

싫어한다. 인스턴트식품을 자주 먹으며 천박한 농담이나 이야기를 즐겨하고 있다는 특징을 가진다.[376**].

특징 5 : 대중적 경계 스코어가 높은 사람은 대중 취미가 현저함.

- '클래식 음악'을 싫어한다.   -.154**
- '하드록이나 헤비메탈'을 좋아한다.   .208**
- 스포츠신문을 읽는다.   .209**
- 가라오케를 하러 간다.   .152**
- 인스턴트식품을 먹는다.   .120**
- 천박한 농담이나 이야기를 자주 하는 편이다.   .376**

대중적 취미를 가지고 있는 동시에 그들의 생활방식은 자기 이익을 극대화하는 것을 하나의 전략으로 삼고 있다. 예를 들면 '법에 저촉되지 않는 한은 무엇을 해도 좋다', '타인에게 폐를 끼치지 않는다면 무엇을 해도 개인의 자유다'에 찬성하고 '결과가 좋다면 그 과정에서의 옳고 그름은 별로 문제가 되지 않는다'고 생각하는 경향이 있다. 개인주의적 자유주의이고 결과중심주의의 자유주의자적인 생활방식이라고도 할 수 있다.

특징 6 : 자기 이익의 극대화를 꾀하는 전략개인주의적 자유주의, 결과중심주의.

- '법에 저촉되지 않는 한 무엇을 해도 좋다'에 찬성하는 경향.   .305**
- '타인에게 폐를 끼치지 않는다면 무엇을 해도 개인의 자유다'에 찬성하는
  경향.   .228**
- '결과가 좋다면 그 과정에서의 옳고 그름은 별로 문제가 되지 않는다'에
  찬성하는 경향.   .180**

그것과 병행하여 그들의 가치태도에서 볼 수 있는 특징은 윤리적·공공성이 약하고 물질주의적이라는 점에 있다[특징7]. 예를 들면 '공공 매너에 주의하고 있다'에 적합하지 않다고 회답하고 '부탁 받은 일이나 용무를 소홀히 하는 경우가 있다', '폭력을 휘두르는 경우가 있다'고 회답하는 경향이 있다. 또한 '환경 보호에 도움이 되는 일을 유의하여 실행하지 않는다'. 그리고 물질적인 풍요로움을 좋아하는 물질주의적인 삶을 살아가고 있다.

특징 7 : 가치태도는 윤리관이나 공공성이 약함, 물질주의적, 업적주의적.

윤리관, 공공성이 약하다. → 시민성의 약점으로.

- '부탁 받은 일이나 용무를 소홀히 하는 경우가 있다'에 맞는다.　　　.138**
- '공공 매너에 주의하고 있다'에 맞지 않는다.　　　　　　　　　-.184**
- 일이나 인간관계를 진전시키는 데 있어서 다소 거짓말을 하는 경우도 있다.
　　　　　　　　　　　　　　　　　　　　　　　　　　　　.180**
- 폭력을 휘두르는 경우가 있다.　　　　　　　　　　　　　　　.129**
- '환경 보호에 도움이 되도록 유의하여 실행하고 있'는 것은 아니다. -.204**

물질주의.

- '물질적인 풍요로움을 선택하기보다도 마음의 풍요로움과 여유있는 생활
  을 하고 싶다'고 생각하지 않는다.　　　　　　　　　　　　　-.135**
- '돈에 집착하지 않고 경제적인 대가를 요구하지 않는 편이다'에 맞지 않
  는다.　　　　　　　　　　　　　　　　　　　　　　　　　　-.094*
- 몸에 걸치는 것에 집착하는 편이다.　　　　　　　　　　　　　.075*

또한 친구에게 대중적인 것을 바라는 사람은 인간관계에서 자신의 업적을 올리는 것을 우선시하는 경향이 있다. 직장동료들과의 음주도 많지만 리더도 아니고 타인이 의지하는 것도 아니다. 여기서도 '개성적인 삶을 살고 있다'는 항목이 플러스 상관관계를 나타내지만 문화적 경계를 사용하는 사람과 달리 그 개성을 나타내는 방식은 매우 이질적이다. 교제하고 있는 친구도 편의점의 아르바이트 점원이나 트럭 운전수로 유의하게 되고 사회적으로 성공하고 있는 사람과의 교제는 찾아볼 수 없다.

특징 8 : 인간관계.

업적주의 〉 인간관계.

- 경쟁에서 이기는 것이 중요하다. .093**
- '자신의 업적을 올리는 것보다도 인간관계가 중요하다'고 생각하지 않는다.
  -.112**

가정 이외의 인간관계를 중시하지만 리더는 아니다.

- 직장동료들이나 친구들과 술을 마시러 가는 경우가 많다. .242**
- '타인을 돌보는 것을 좋아하거나 타인이 의지하는' 경우는 없다. -.077*
- 일 때문에 가정이나 사생활을 희생하고 있다. .119**
- 개성적인 삶을 살고 있다. .119**

교제하고 있는 친구의 직업.

- 편의점 아르바이트 점원, 트럭 운전수.

정리

마지막으로 약간 중복되지만 지견을 요약해보기로 한다.

① 문화적 경계는 전문직, 관리직 등 대졸 상층 화이트칼라를 중심으로 하는 도시 중류계급의 전형적인 계층문화와 관련이 있다. 도시부 상위중류계급 대부분이 문화적 경계선을 사용하고 있다고 할 수 있다.

② 즉 문화적으로 타자를 배제하는 사람들이 실천하는 고지위자의 시그널이 있고 정통 취미, 여유로운 아비투스, 비물질주의, 높은 공공성·윤리성, 비권위주의적 퍼스널리티 등이 있다.

③ 문화적 경계는 상위중류계급의 친구들과의 교제와 연동되고 있고 계층 규정적이다.

④ 문화적 경계는 (출신계층에서 봐도) 교육 시스템을 통해 계층 재생산을 달성한 상위중류계급이 사용하는 바운더리 워크이다. 부모세대의 계층 상황이 영향을 주고 있으며 사회적 궤도 효과가 있다. 즉 문화자본의 세대 간 축적에 의해 개인이나 집단의 아비투스가 된 선택 기준이다.

⑤ 대중적 경계는 젊은 남성을 중심으로 확대되고 남성의 상층 화이트칼라 중 사회적으로 성공하지 않은 층과 블루칼라직 양쪽에서 사용되고 있다. 대중 취미와 관련이 높고 이로 인해 계층에 따른 문화적 차이는 잘 보이지 않게 된다.

⑥ 대중적 경계는 문화자본이 적은 남성 중심의 전략이고 자유주의자적이며 개인주의적 자유주의와 친화성이 높다. 대중문화는 사회 안에 젠더의 장벽을 만들어내어 여성을 배제하는 상징으로 작용하고 있는 것은 아닐까.

⑦ 사회 경제적 경계는 경영·관리적인 일, 비즈니스와 관련된 일에 종사하는 사람들 사이에서 지지받고 있지만 문화적 전문직층은 거의 사용하지 않는다.

⑧ 문화적 경계와 대중적 경계의 이중 전략을 나누어 사용하고 있는 집단의 존재가 있고 남성 화이트칼라 중에서도 비즈니스와 관련된 직업에 종사하고 있는 층이다.

⑨ 도덕적 경계는 계층적 바이어스가 거의 없기 때문에 국민문화로서의 문화자본에 해당한다고 생각된다.

이상과 같은 분석을 통해 알 수 있는 것은 일본 도시부에서의 계층문화와 친구 교제가 어떤 것인가이다. 젠더와 사회적 지위에 의한 차이가 분명히 존재하고 있다. 남녀 차이는 크지만 직업에 따라서도 다르다.

고학력의 상층, 상위중류계층, 그중에서도 특히 전문직층이 정통 취미를 배경으로 하는 문화적 경계에 의해 친구를 선택 또는 배제하고 있음을 알 수 있다. 그리고 실제로도 같은 상층·중상류의 사람들과 교제하고 있는 점도 밝혀졌다. 그들은 정통문화 취미의 탁월화된 라이프 스타일을 공통항으로서 서로를 식별하고 있다. 친구 선택에서 문화적인 경계선을 긋는 것은 문화자본이 높은 계층·계급의 문화 전략, 사교 전략이 되었다고 할 수 있다.

그러나 고학력이라 하더라도 젊은 남성세대에서는 대중적 취미를 배경으로 하는 대중적 경계에서 친구와 교제하는 사람들이 많았다. 대중적 경계는 남성 일부에 의해 지지받고 일본 남성에게 보이는 특유의 대중문화를 구성하고 있다.

젠더에 의한 문화 차이가 라이프 스타일이나 가치관과 연동되기 때문에 대중문화의 젠더 차이는 계층의 장벽을 넘어 남성에게 강하게 침투되고 있다. 부르디외가 밝힌 프랑스의 남성 고학력층에서는 정통 취미가 계급문화로서 당연하듯이 존재하고 있었는데 일본에서는 그렇지가 않았다. 남성의 문화가 출신계층이나 현재 계층과 일치하지 않는 경우가 많았다.

그리고 남성이 중심이 된 도박에 대한 기호나 음주문화, 유흥문화는 일본의 대중문화를 이야기하는 데 있어서 매우 중요하다. 그것은 노동자계급문화에만 한정되지 않고 남성의 문화로서 고학력이라 하더라도 문화자본이 적은 남성들이 좋아하고 친구 선택에서도 선택 기준으로 작동하고 있다. 남성 아비투스에 지지받은 대중적인 문화의 측면을 밝히는 것은 일본문화에 관한 하나의 시각으로서 더욱더 강조해도 좋을 것이다.

학력이나 계층에 의한 문화의 분단도 물론이거니와 젠더와 문화자본^{학력과는 동일하지 않다}에 의한 문화 취향이나 라이프 스타일의 차이는 젠더 간에 보이지 않는 문화적 장벽이기도 하고, 노동이나 직장의 인간관계와도 연결되어 있다. 이것은 일본의 문화계층을 다른 나라와는 다른 독특한 것으로 만들고 있을 가능성이 높다.

제11장

계급 아비투스로서 문화변별력과
그 사회적 구성
문화 평가 시스템과 사회계층

1. 문화 평가와 계급

본장에서는 문화 평가의 근저에 있는 인식 도식의 집단적·사회학적 특징을 해명하는 것을 목적으로 한다. 즉 사람들이 문화 평가를 행할 때 나타내는 구별 짓기차이화·탁월화의 감각에 착목하고 그것이 계층적 의미를 가진 시스템이 되고 있음을 살펴보자.

문화 평가를 뒷받침하는 인식 도식의 집단적·사회학적 특징이란 바꾸어 말하면 사람들이 여러 문화를 평가하는 '안목'이 어떻게 사회적으로 구성되고 신체화된 구조가 되는가라는 물음을 밝히는 것이다. 따라서 본장에서는 여러 문화활동에 대한 사람들의 평가 행위를 분석 대상으로 삼는다.

문화를 평가하는 기준에는 예를 들면 '고상한 / 천박한', '세련된 / 세련되지 않은', '아름답다 / 아름답지 않다', '예술적인 / 통속적인' 등 다수의 형용사가 있고 여러 문화에 대한 평가는 매우 다양하다. 그러나 이 평가들은 '취미의 좋고 나쁨'이나 '동경하는 생활양식' 등 서열적으로 인식되는 경우가 많다. 즉 여러 문화 사이에는 막연한 서열이 인식되어 있다. 여기서는 다양한 문화적 활동의 위신에 대한 사람들의 평가를 **문화 평가** 또는 **문화 위신 평가**라고 부르기로 한다.

'문화 평가'란 주체가 사회 안의 다양한 문화를 분류하고 평가하는 인식 행위라고 정의할 수 있다. 이 문화 평가는 부르디외가 말하는 취미 판단 중 하나의 표현이다. 그럼 취미taste란 도대체 무엇일까. 부르디외에 따르면 '취미'란 "칸트가 말하는 것처럼 '차이화'하고 '평가'하는 획득된 성향disposition이고 (…중략…) 구별 짓기의 조작에 따라 차이를 설정하거나 또는 표시하려는 성향이다."부르디외, 1979a 구별 짓기에는 차이화와 탁월화하는 2개의 의미가 담겨 있다. 구별 짓기의 조작은 주체가 의식한다거나 의식하고 있을 필요성은 없고 확실히 아비투스로서 신체화되고 있다.[1]

구별 짓기의 감각은 여러 문화를 평가하는 방법 안에서도 당연히 나타난다고 생각된다. 예를 들면 어떤 영역의 여러 문화활동을 10점부터 90점의 스케일로 폭넓은 척도로 평가하는 사람도 있고 50점부터 60점의 좁은 폭으로 평가하는 사람도 있다. 전자는 여러 문화의 차이에 민감하지만 후자는 문화 차이를 찾아내지 못하고 다른 장르를 함께 해버린다. 즉 문화를 지각하고 분류하는 지각 도식에 차이가 있는데 거기에는 아비투스로 변한 사회 구조가 엿보인다고 생각된다.

본장에서는 문화 평가와 같은 주관적인 '판단'이 사회 구조와 강한 관련을 가지고 있음을 지적한다. 그리고 부르디외가 언급한 계급과 분류화 작용 문제를 단순히 이론이나 방증으로 끝나는 것이 아니라 실증적인 계층 연구의 진전으로 이어지도록 전개해나간다. 또한 실증적인 계층 연구에서의 주관적 변수의 측정과 그 계층론적 의의에 대해서도 검토한다.

2. 분석 과제

문화 평가를 뒷받침하고 있는 인식 도식의 사회학적 특징을 검토하는 작업은 개인이나 집단의 취향주관이 어떻게 사회적·계층적으로 구성되어 있는가를 밝히는 일이다. 여기서는 저자가 1992년에 고베시에서 실시한 문화 위신 평가 조사의 결과를 사용하여 다음의 분석과제를 밝히고자 한다.[2]

① 여러 문화활동에 대한 평가에 서열성은 있는가. 이 문화의 서열성은 모든 집단 간에 공유된 인식 도식이 되었는가문화의 서열성 가설.[3]

② 여러 문화활동의 차이를 강하게 변별하고 있는 자는 어떠한 사람들일까. 여기서는 문화 평가에서 볼 수 있는 문화변별력, 즉 여러 문화활동에서 위신의 고저를 변별하는 능력은 사회적 지위와 어떤 관련을 가지는지를 검토하고 문화적 차이에 대한 감수성과 사회계층의 관련성을 해명한다문화변별력의 계층성 가설.

③ 문화 소비는 계급·계층의 지표가 되었는가. 사회적 지위의 지표가 된다거나 차이화 기능을 하고 있는 문화활동이란 어떠한 활동인가문화의 계층성 가설.

④ '문화의 계층성'이 성립한다면 각 집단의 성원은 스스로가 유리하게 분류 도식을 채용하여 여러 문화활동을 자리매김하는 것은 아닐까. 그 결과 각 계층마다 다른 문화 평가 도식은 집단의 사회적 위치에서 오는 이해 판단으로 구성된 계급 아비투스가 되고 있는 것은 아닐까문화 평가의 지적 모델.

⑤ 사회적 지위 이동은 문화 평가의 구조를 변화시키는 것일까. 지위 이동이 문화를 평가하는 '안목'을 변용시킨다면 사람들은 이동처인 소속 집단의 문화에 쉽게 동화된다문화 동화 가설. 반면 평가하는 '안목'이 변화하

지 않는다면 지위 이동이 생겨도 문화는 잔존하고 세대 간에 유산으로 전달될 것이다문화 상속 가설. 여기서는 이동자Mover와 비이동자Stayer를 비교한다.

다음으로는 이들 분석과제에 관한 여러 가설과 분석 모델을 제시하면서 실제 데이터를 사용하여 가설과 모델의 진위를 검증해보기로 하자.

3. 문화 위신 평가와 평정의 의미

문화 평가의 조사와 문화 위신의 평정

전술한 분석과제를 검토하기 위해 1992년에 고베시에서 문화 평정의 질문지 조사를 실시했다.[4] 41종류의 문화적 활동은 예술 소비나 오락, 스포츠 등 소위 취미활동, 요리나 미디어와의 접촉 방법 등 여러 활동이 있고 다양한 문화 영역에 걸쳐 있다. 그리고 같은 영역이라 하더라도 가능한 한 행위의 내용을 세세하게 나누고 특정화된 활동을 예시했다.

조사의 모집단은 고베시에 주재하는 20~69세의 남녀이고 선거인 명부에서 무작위 2단 추출법으로 샘플을 추출했다. 우편 조사 방법으로 실시한 결과, 회수율은 40.3%였는데 그중 무효표 13개를 제외한 유효 회답남성 231명, 여성 304명 합계 535표를 분석에 사용했다.

조사에서는 문화 평가 스코어를 산출하는 것을 목적으로 회답자에게 41종류의 문화적 활동 각각에 대해 '매우 높다'~'매우 낮다'라는 5단계의 평정법으로 답하도록 했다.[5] 각 문화적 활동에 대한 5단계 평정의 각 카테고리에 최고점 100점, 최저점 0점으로 25점 간격의 평정값을 부여하여 스코어를 산출했다.[6] 그 결과, 요구받은 집단마다의 평균 평정값을 '문화 평가 스코어'라고 부르기로 한다. 또한 각 문화활동의 평가 스코어의 총합을 전체 회답자 수로 나눈 값평균값을 '**문화 위신 스코어**'라고 정의한다. 각각의 스코어는 문화활동별로 산출된다.

문화 위신 스코어의 의미

문화 위신 스코어나 문화 평가 스코어를 산출하는 목적은 어떠한 문화활동이 정통적인 문화인가라는 물음에 대답하기 위한 것은 결코 아니다. 위신이 높은 문화와 낮은 문화의 경계를 결정하는 것은 조작적으로 가능하지만 그와 같은 조작적 정의를 행하는 것 자체가 매우 자의적인 행위임을 처음부터 자각할 필요가 있다.

문화는 계층화되어 있다고 하지만 상대주의적 입장을 취하면 상위문화, 즉 문화의 정통성이란 본래 자의적인 것에 불과하다. '지배계급의 문화가 지배적정통적인 문화이다'라는 언명은 이 문화 평가를 둘러싼 자의성을 가장 단적으로 나타내고 있다. 즉 지배적인 사람들이 가지고 있는 문화 평가의 도식이야말로 '바르고' '합법적인', 즉 정당한 도식이라는 정의를 자신들 이외의 사람들에게 강요하는 능력을 그들이 가지고 있기 때문이다. 이 지배-피지배의 역학관계를 배경으로 문화는 계층화되고 등급을 매기고 차이화의 도구로 기능하고 있다. 부르디외에 따르면 사회적 세계에서는 문화의 정통성에 대한 정의 그 자체가 투쟁의 판돈이 되고 있다고 한다. 즉 정통성의 정의를 둘러싼 상징적인 투쟁이 벌어지고 있다.

4. 문화 평가의 일차원성과 대항문화의 부재

문화의 서열성

〈표 11-1〉은 산출된 문화 위신 스코어문화 평가 스코어의 평균값 결과를 스코어가 높은 순서로 나타내고 있다. 가장 위신이 높은 문화적 활동은 '미술관에서 회화를 감상한다'로 67.4점이고 가장 위신이 낮은 활동은 '경마, 경륜, 경정을 한다'로 21.3점이었다. 〈표 11-1〉을 통해 사람들이 다양한 문화활동에 '높다-낮다'라는 서열적인 평가를 내리고 있음을 알 수 있다.

위신이 높은 문화활동은 '미술관에서의 회화 감상' 이외에 '클래식 콘서트', '사회복지활동', '역사나 예술 책을 읽는다', '가부키나 노를 보러 간다', '그림을 그린다', '피아노를 친다', '다도·꽃꽂이', '단가·하이쿠' 등 소위 서양과 일본의 전통예술과 관련된 활동들이 많다. 그다음으로 현대적 지식이나 기술과 관련된 활동인 '컴퓨터를 사용한다', '과학 잡지를 읽는다'가 상위 10위에 들어 있다. 중간적인 위신활동에는 예를 들면 '테니스', '골프', '재즈 음악', '외국영화를 보러 간다', '일요일에 하는 집안 목수일' 등이 있다. 반대로 위신이 낮은 활동은 '경마·경륜·경정', '파친코', '마작', '점에 관한 책을 읽거나 연구한다', '이자카야居酒屋·스낵바snack bar·호프집pub에 간다', '다마쿠지タくじ를 산다' 등 대중적인 오락으로 도박적인 요소를 지닌다는 특징이 있다.

문화활동의 분류 개념으로서 문화 위신 스코어의 고저에 따라 문화 위신이 상위인 문화활동군을 '상위문화', 중위인 문화활동군을 '중간문화', 하위인 문화활동군을 '대중문화'라고 부르고 이 3개의 문화 카테고리를 편선적으로 사용한다.

표준 편차는 약 18~30 사이에 있고 20점 전후의 값을 나타내는 것이 대부분이다. 1995년 SSM 조사에서 문화 위신 스코어의 결과(표 4-1)와 비교하면 표준 편차는 고베시 데이터 쪽이 약간 크다. 문화 평가 스코어의 분산 크기는 소수이지만 다른 평가를 내리는 사람들의 존재를 시사하고 있다.[7]

문화 서열에 관한 공통된 인식 도식

여러 문화활동에 대한 평가의 순위 구조는 다른 사회 집단 사이에서도 마찬가지일까. 사회 집단의 구분으로서 성, 학력, 직업을 예로 들 수 있다.(표 11-1) 참조

문화 평가 스코어의 순서 데이터에 관해 남녀 간에 스피어만Spearman의 순위 상관계수를 구하면 0.926p ⟨ 0.0001으로 상관은 높다. 여러 문화활동의 순위 랭킹은 남녀간에 매우 공통적이라고 판단할 수 있다. 남녀간에 순위 랭킹이 ± 10위 이상의 차이를 보인 항목은 '수예나 뜨개질을 한다' 남성 22위 / 여성 10위와 '일요일에 하는 집안 목수일'남성 14위 / 여성 26위뿐이다. 여성 활동자가 많은 수예, 뜨개질에는 여성의 평가가 높고 남성활동자가 많은 '일요일에 하는 집안 목수일'에 남성의 평가가 높은 것은 자신의 문화활동을 각각 높게 평가하는 경향을 시사하고 있다.

다음으로 학력을 3개의 카테고리대졸 / 고졸 / 중졸 이하[8]로 분류한 다음 문화 평가 스코어의 순위 상관계수를 구했다. 대졸과 고졸의 상관계수는 0.947 p ⟨ 0.0001, 대졸과 중졸에서 0.880p ⟨ 0.0001, 고졸과 중졸에서 0.921p ⟨ 0.0001로 모두 유의한 관련성이 인정되었다. 그러나 대졸과 중졸의 순위 상관은 다른 것과 비교하여 약간 낮다. 또한 직업에 대해서는 '전문·관리직', '사무·판매직', '블루칼라직' 이 3개의 직업 카테고리[9] 사이의 순위 상관계수를 구한 결과, 전문·관리직과 사무·판매직 사이에서는 0.972p ⟨ 0.0001로 높지만 전문·관리직과 블루칼라직 사이에서는 0.875p ⟨ 0.0001로 약간

〈표 11-1〉 문화 위신 스코어와 여러 가지 속성

	문화활동	문화 위신 스코어 전체 평균(N = 535)	전체 샘플 표준 편차	성별	
				남성(231)	여성(304)
상 위 문 화	1 미술관에서 회화를 감상한다	67.41	26.6	67.3	67.5
	2 클래식 콘서트에 간다	63.28	29.4	62.2	64.1
	3 사회복지활동을 한다	63.28	30.7	62.9	63.6
	4 역사나 예술 책을 읽는다	62.08	25.1	63.2	61.2
	5 가부키나 노를 보러 간다	61.57	29.6	59.5	63.1
	6 그림을 그린다(일본화, 서양화)	60.76	30.3	61.7	60.1
	7 피아노를 친다	60.31	29.7	58.9	61.4
	8 다도·꽃꽂이	58.79	25.2	56.6	60.4
	9 컴퓨터를 한다	58.55	26.9	58.6	54.0
	10 과학 잡지를 읽는다	56.02	26.6	58.1	58.9
	11 단가나 하이쿠를 짓는다	54.50	28.3	54.1	54.8
	12 양재·일본식 재봉을 한다	53.56	25.3	51.3	55.3
	13 수예나 뜨개질	52.82	22.2	*48.2	56.3
	14 종합 잡지를 읽는다	51.68	18.5	*53.9	50.0
	15 빵 만들기나 과자 만들기	51.14	24.0	*48.5	53.1
	16 프랑스 요리를 만든다	50.99	26.1	48.4	53.0
	17 펜 습자를 한다	50.15	22.8	49.9	50.4
	18 테니스를 친다	49.90	24.0	49.3	50.4
중 간 문 화	19 재즈 음악 콘서트에 간다	49.16	24.4	48.0	50.1
	20 골프를 친다	48.92	25.0	46.6	50.7
	21 프로야구 관전(TV는 제외)	48.67	20.2	48.7	48.7
	22 외국영화를 보러 간다	48.48	19.6	48.5	48.4
	23 일요일에 하는 집안 목수일	48.33	21.4	*51.0	46.3
	24 프랑스 요리를 먹으러 간다	47.54	21.6	*44.7	49.7
	25 민요를 부른다	47.34	23.6	46.3	48.2
	26 바둑·장기	47.00	24.4	48.4	45.9
	27 일본영화를 보러 간다	46.83	18.5	47.0	46.7
	28 추리소설을 읽는다	45.53	18.5	45.8	45.3
	29 스포츠신문을 읽는다	45.39	20.6	46.4	44.6
	30 라쿠고(落語)·만자이(漫才)를 듣는다	45.12	18.7	45.5	44.9
	31 록 음악 콘서트에 간다	43.80	22.7	41.6	45.5
	32 가라오케를 한다	42.61	22.8	41.3	43.6

문화활동		문화 위신 스코어 전체 평균(N = 535)	전체 샘플 표준 편차	성별	
				남성(231)	여성(304)
대중문화	33 신극(新劇)·대중연극을 보러 간다	41.75	20.8	42.2	41.4
	34 엔카 가수의 공연이나 쇼를 보러 간다	41.40	20.1	41.4	41.4
	35 연애소설을 읽는다	41.25	20.2	41.3	41.2
	36 다마쿠지를 산다	39.41	22.6	38.2	40.4
	37 이자카야나 스낵바, 호프집에 간다	38.89	22.5	*41.2	37.1
	38 점에 관한 책을 읽거나 연구한다	34.01	21.7	*31.3	36.1
	39 마작을 한다	26.33	22.7	26.6	26.1
	40 파친코를 한다	24.80	25.2	24.8	24.8
	41 경마·경륜·경정을 한다	21.31	23.7	22.1	20.7

주석 1 : *는 각 속성별 문화 평가 스코어를 분산 분석(F 검정)한 결과 5% 이하의 유의차를 보인 문화활동이다.
주석 2 : 학력 분류에 대해서는 주석 8을, 직업 분류에 대해서는 주석 9를 참조.
주석 3 : ( ) 안은 사람 수.

	학력			현재의 직업		
	대학교 (197)	고등학교 (237)	중학교 (84)	전문·관리 (99)	사무·판매 (111)	블루칼라 (131)
1 미술관에서 회화를 감상한다	*75.9	65.7	53.9	*75.3	73.0	62.4
2 클래식 콘서트에 간다	*71.4	60.8	53.2	*71.1	69.3	57.7
3 사회복지활동을 한다	*70.8	61.0	52.0	*70.4	69.8	58.7
4 역사나 예술 책을 읽는다	*69.0	61.0	50.3	*68.2	66.1	56.7
5 가부키나 노를 보러 간다	*68.4	60.5	49.0	*69.1	67.4	56.7
6 그림을 그린다(일본화, 서양화)	*71.2	57.1	50.0	*70.4	66.6	55.6
7 피아노를 친다	*68.8	57.9	49.7	*66.2	65.9	57.9
8 다도·꽃꽂이	*63.8	57.7	51.7	*62.2	64.8	55.1
9 컴퓨터를 한다	*63.2	57.5	53.0	*63.1	63.2	58.3
10 과학 잡지를 읽는다	*65.0	52.9	44.9	*65.6	58.2	53.1
11 단가나 하이쿠를 짓는다	*63.0	51.2	45.0	*65.2	58.4	49.0
12 양재·일본식 재봉을 한다	56.9	51.8	51.7	55.9	58.4	51.2
13 수예나 뜨개질	54.9	52.0	50.0	53.1	55.9	52.3
14 종합 잡지를 읽는다	*55.9	51.3	44.4	*55.7	54.5	51.0
15 빵 만들기나 과자 만들기	*55.8	49.3	45.6	*55.4	55.9	49.2
16 프랑스 요리를 만든다	*56.1	48.7	46.0	*55.2	56.4	48.6
17 펜 습자를 한다	*53.4	49.5	45.0	52.3	54.1	49.2
18 테니스를 친다	*52.8	50.2	43.8	*53.3	55.0	49.8

	학력			현재의 직업		
	대학교 (197)	고등학교 (237)	중학교 (84)	전문·관리 (99)	사무·판매 (111)	블루칼라 (131)
19 재즈 음악 콘서트에 간다	*54.9	47.7	42.1	*52.8	55.7	47.4
20 골프를 친다	*51.2	49.7	42.3	*51.5	54.1	48.6
21 프로야구 관전(TV는 제외)	*49.7	50.0	42.8	*48.2	52.3	51.2
22 외국영화를 보러 간다	*52.4	48.9	39.5	*51.8	53.6	47.5
23 일요일에 하는 집안 목수일	*53.2	47.6	40.1	*54.4	50.0	47.5
24 프랑스 요리를 먹으러 간다	*50.8	46.0	44.3	49.7	49.8	46.5
25 민요를 부른다	50.5	46.3	44.3	49.7	50.7	47.9
26 바둑·장기	*51.9	46.0	39.3	*52.8	51.1	46.3
27 일본영화를 보러 간다	*50.4	46.3	41.2	*48.5	50.7	46.3
28 추리소설을 읽는다	*49.6	44.7	39.1	*49.5	49.8	43.8
29 스포츠신문을 읽는다	43.8	47.0	45.4	*43.0	46.8	49.4
30 라쿠고·만자이를 듣는다	*47.2	45.0	39.9	46.1	48.4	44.9
31 록 음악 콘서트에 간다	*46.4	44.3	37.3	43.8	48.6	42.1
32 가라오케를 한다	40.3	44.8	41.6	*36.3	43.9	48.8
33 신극·대중연극을 보러 간다	43.4	41.8	37.3	44.4	42.7	42.6
34 엔카 가수의 공연이나 쇼를 보러 간다	41.3	41.7	41.2	38.9	42.0	44.8
35 연애소설을 읽는다	*44.6	40.6	36.1	*44.6	46.6	40.7
36 다마쿠지를 산다	37.0	41.2	39.3	*32.0	42.3	42.9
37 이자카야나 스낵바, 호프집에 간다	*41.4	39.4	33.0	*39.4	42.0	43.3
38 점에 관한 책을 읽거나 연구한다	*33.2	36.2	28.3	34.3	37.7	34.1
39 마작을 한다	26.2	28.3	21.7	27.1	28.2	26.8
40 파친코를 한다	22.8	27.5	22.4	22.9	22.7	29.1
41 경마·경륜·경정을 한다	19.9	23.6	19.7	*18.6	21.8	26.6

낮다. 또한 사무·판매직과 블루칼라직의 순위 상관은 0.914였다.

이상으로 어느 사회 집단이든 여러 문화활동의 서열 순위는 거의 공통적인 것으로 밝혀졌다. 따라서 대항문화가 존재할 가능성은 낮다고 할 수 있다. 그러나 집단에 따라 평가 서열이 크게 다른 문화활동도 소수이지만 존재한다. 예를 들면 블루칼라일수록 대중문화를 높은 순위로 평가하는 경향이 있다.

이 결과는 1995년 SSM 조사 데이터에서의 분석 결과가_{타오카, 1998g}와 거의 같다고 할 수 있다.

5. 계급 아비투스로서 문화변별력

문화변별력과 계층적 지위관계

다음으로 문화 평가의 사회적 규정성을 살펴보기 위해 '문화변별력'이라는 시점을 통해 검토해보자. '문화변별력'이란 다양한 문화활동의 차이를 식별하고 문화적 차이에서 가치와 유효성을 찾아내는 능력[10]이라고 정의할 수 있다. 예를 들면 클래식 음악과 엔카를 비교하면 평가 스코어의 서열 순위는 어느 사회 집단이든 클래식을 상위, 엔카를 하위로 받아들이고 있다. 그런데 여기서 이 2개의 문화 차이를 어느 정도의 차이로 지각할 수 있는지가 문제가 된다. 예를 들어 문화변별력이 크다는 것은 여러 문화 사이의 차이를 큰 것으로 지각하는 문화적 자세를 가지고 있음을 의미한다. 즉 **문화변별력이 큰 사람이란 여러 문화의 차이를 세세하게 분류하고 차이화할 수 있는 문화의 지각 도식을 가지고 문화를 통해 차이화를 꾀하는 것을 정당화하는 아비투스를 가지고 있는 사람들이다.** 문화변별력은 그런 의미에서 문화적 감수성을 의미함과 동시에 이것은 부르디외가 말하는 구별 짓기 감각 중 하나이다. 즉 문화변별력 자체가 신체화된 문화의 지각 도식이고 아비투스로 작동하는 문화자본의 한 형태이다.

가설 1 : 사회계층상 위치에 따라 문화변별력의 크기는 다르다. 계층적 지위가 높은 집단 성원일수록 문화변별력은 크다.

문화변별력의 계층성에 관한 가설 1을 설정했다. 가설 1에서는 계층상 지위가 높은 집단일수록 문화변별력은 크다고 가정하고 있다.

문화변별력의 계층성_{가설 1의 검증}

어떤 사회 집단에서 문화변별력이 큰지를 검토해보자. 문화변별력의 조작적 정의로서 집단마다 산출된 문화 평가 스코어의 최고점과 최저점의 차이_{최고점-최저점}, 즉 등급 범위를 사용한다. 예를 들면 전체 평균의 문화변별력은 문화 평가 스코어가 1위인 '미술관에서 회화 감상^{67.4}'과 최하위인 '경륜·경마·경정^{21.3}'의 등급 범위는 46.1이 된다. 문화변별력의 수치는 클수록 문화활동 간에 위신의 차이를 강하게 식별하고 있음을 알 수 있다. 〈표 11-2〉는 성별, 학력, 현재의 직업 및 출신계층으로서 아버지 학력, 어머니 학력, 아버지 직업별로 구한 문화변별력의 값을 나타내고 있다.

〈표 11-2〉의 결과를 보면 문화변별력에서 남녀 차이는 그다지 보이지 않는다. 학력별로는 대졸 56.0, 고졸 42.1, 중졸 34.2여서 학력이 높을수록 문화변별력은 크다. 또한 직업 카테고리에 따라서도 문화변별력에 큰 차이가 생기고 있는데 전문·관리직 56.7, 사무·판매직 51.2, 블루칼라 35.8이다. 아버지 학력이나 어머니 학력에 관해서도 부모가 고학력일수록 본인의 문화변별력은 크다. 아버지 직업에 따라서도 다른데 블루칼라의 문화변별력이 가장 작다.

이상으로 학력이나 직업의 계층적 지위가 높은 집단일수록 또는 출신계층상 지위가 높은 사람일수록 문화변별력이 크고 여러 문화 간 위신의 차이를 강하게 식별하고 있음이 밝혀졌다. 즉 계층적 지위가 높은 사람들은 특정 문화활동에 높은 가치 혹은 낮은 가치를 부여하는 아비투스를 가지고 있으며 구별 짓기의 감각이 강하다. 반대로 계층적 지위가 낮

〈표 11-2〉 문화변별력

사회 카테고리		문화변별력
전체		46.1
성별	남성	45.2
	여성	46.8
학력별	대졸	56.0
	고졸	42.1
	중졸	34.2
현직	전문·관리직	56.7
	사무·판매직	51.2
	블루칼라	35.8
아버지 학력	대졸	57.0
	고졸	47.3
	중졸	42.9
어머니 학력	대졸	57.3
	고졸	51.1
	중졸	41.9
아버지 직업	전문·관리직	52.9
	사무·판매직	53.0
	블루칼라	43.0

문화변별력은 문화 평가 스코어인 '최고점-최저점'이라는 등급 범위로 표시한다.

은 사람들은 문화의 서열성은 알아차리면서도 문화변별력은 작다. 즉 문화활동의 차이를 그다지 강하게 식별하지 않고 또한 그것에 가치를 둘만한 아비투스를 가지고 있지 않다. 이처럼 문화에 대한 감수성은 계층상지위의 높이와 관련이 있음을 알 수 있다. 따라서 가설 1문화변별력은 계층적 지위가 높은 집단일수록 크다이 맞는지가 데이터를 통해 증명되었다고 할 수 있다.

또한 음악 영역과 활자문화 2개의 영역 내부에서 각각 장르의 변별력과 사회계층과의 관련성을 검토한 결과,[11] 음악문화 쪽이 활자문화보다도 사회적 지위에 따라 변별력에 큰 차이가 생겼다. 예를 들면 전문·관리직층에서는 〈그림 11-1〉에 제시한 것처럼 클래식 음악71.1 〉재즈52.8 〉민요49.7 〉록43.8 〉엔카38.9 〉가라오케36.3로 순위를 평가하여 클래식 음악과

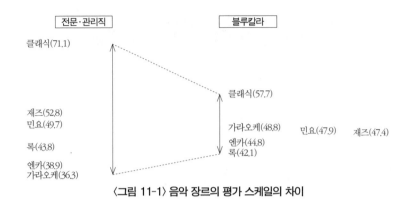

〈그림 11-1〉 음악 장르의 평가 스케일의 차이

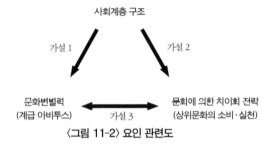

〈그림 11-2〉 요인 관련도

재즈 이하 사이에 큰 문화적 차이를 설정하고 있다. 그러나 블루칼라층에서는 클래식$^{57.7}$ 〉가라오케$^{48.8}$ 〉민요$^{47.9}$ 〉재즈$^{47.4}$ 〉엔카$^{44.8}$ 〉록$^{42.1}$으로 순위를 평가하여 클래식 음악과 그 이외의 음악 장르 사이에 차이는 있지만 평가 측면에서는 큰 문화적 차이를 설정하고 있지 않음을 알 수 있다.

학교의 중심적 문화에서 거리가 먼 음악 같은 문화 영역에서 문화변별력은 사회계층과 강한 관련성을 나타낸다고 생각된다. 바꾸어 말하면 음악 취향은 계층·계급의 가장 상징적인 지표가 된다고 생각한다.

부모의 학력이나 아버지 직업으로 대표되는 가정의 사회 경제적 수준에 따라 문화변별력이 다르기 때문에 문화적 차이를 식별하고 문화에 의한 구별 짓기를 전략으로 사용하는 아비투스^{미적 성향}는 가정에서 형성되는 것임을 시사한다. 또한 본인의 학력이나 직업과의 관련성이 강하기 때문에 문화변별력은 학교나 직장생활을 통해 획득된다고도 생각할 수 있다. 혹은 문화변별력이 큰 사람들은 교육 시스템을 이용함으로써 사회적 재생산을 행한다고도 해석할 수 있다. 어쨌든 모든 문화 간의 차이를 식별하고 그것에서 가치를 찾아내는 구별 짓기의 감각은 가정과 학교 그리고 직장생활 속에서 형성된 계급 아비투스로 존재하고 있다고 할 수 있을 것이다.

6. 문화에 의한 차이화와 문화의 계층성

문화의 계층성 가설과 문화변별력의 관계

〈그림 11-2〉에서 사회계층 구조, 아비투스로서의 문화변별력, 문화에 의한 차이화 전략, 이 3가지 요인과의 관련성을 확인해보자. 이미 가설 1에서 계층적 지위가 높은 사람들일수록 문화변별력이 크다는 사실이 확인되었다. 여기서는 가설 2, 가설 3을 설정했다.

가설 2 : 계층상 지위가 높은 사람일수록 문화에 의한 차이화 전략을 채용한다(문화의 계층성 가설).

가설 3 : 문화변별력이 큰 집단의 사람들일수록 문화에 의한 차이화 전략을 채용한다.

가설 2와 가설 3은 다음과 같은 사고방식에서 도출된다. 가설 2에서는 '문화에 의한 차이화'란 문화의 상징적인 힘을 이용하여 사회적인 차이를 고정시키거나 차이를 설정하려는 사람들의 계급적 전략 중 하나라고 가정하고 있다. '문화에 의한 차이화'는 구체적으로 말하면 다양한 문화 소비나 취미활동, 일상적 관습 행동에서 선택할 때 나타난다. 단적으로 말하면 상위문화를 소비한다거나 실천한다거나 하는 것이 그 하나의 지표가 된다. 문화의 계층성 가설^{가설 2}이 성립한다면 문화 히에라르키와 사회 히에라르키가 대응한다고 할 수 있다.

가설 3에서는 계급에 의한 아비투스의 차이가 문화 소비의 차이를 만들어낸다고 가정하고 있다. 아비투스란 신체화된 지각 평정 도식이고 주체는 아비투스에서 생기는 전략이나 자신의 행위에 대한 의미를 자각하고 있을 필요는 없다. 문화에 의한 차이화 전략은 사람들이 아비투스가 된 문화변별력^{문화 차이를 식별하는 능력}을 가지고 있지 않으면 생길 수 없다고 생각된다. 즉 문화변별력이 큰 사람일수록 문화에 의한 차이화가 계층 전략으로 유효하다는 것을 인식하고 상위문화를 실천한다고 생각된다. 그러나 문화변별력이 작은 사람은 문화에 의한 차이화를 계급 전략으로 삼지 않기 때문에 상위문화활동을 실천하지 않을 것이다. 그리고 문화에 의한 차이화 전략을 채용할지 안 할지 그 자체가 스스로의 전략이 된다.

문화의 계층성과 문화에 의한 차이화 전략^{가설 2·3의 검증}

그렇다면 실제 문화활동에서 계층 차이는 발견할 수 있을까. 여기서는 〈표 11-3〉에 나타난 활동율[12]과 '차이화 지수'에 의한 문화활동의 계층성을 검토해보기로 한다. 차이화 지수는 현재의 직업계층[13]별로 집계한 각 문화활동의 활동율%을 이용하여 작성한다. 구체적으로 말해서 차이화 지수란 직업 카테고리별 활동율의 '(최고값-최저값) / 평균값'이다.[14] 다만 직업 위신이 하위인 직업 카테고리에서 최고점, 상위 카테고리에서 최

		평균 활동율	현재의 직업			차이화 지수
			전문 관리 (129)	사무 판매 (127)	블루칼라 (151)	
상위문화	1 미술관에 간다	60.2	77.5	63.0	43.0	0.57
	2 클래식 콘서트에 간다	22.6	36.4	24.4	9.3	1.22
	3 사회복지활동을 한다	21.7	23.7	25.2	17.1	0.37
	4 역사나 예술 책을 읽는다	52.7	68.5	54.3	37.6	0.59
	5 가부키·분라쿠를 보러 간다	9.4	14.0	11.0	4.0	1.06
	6 그림을 그린다(일본화, 서양화)	8.5	12.2	8.7	5.2	0.82
	7 피아노나 바이올린을 연주한다	9.5	16.0	11.9	2.0	1.47
	8 다도·꽃꽂이	15.1	17.6	21.3	7.8	0.89
	9 컴퓨터·워드 프로세서를 한다	39.6	52.7	48.8	20.5	0.81
	10 과학 잡지를 읽는다	16.9	22.9	15.7	12.6	0.61
	11 단가·하이쿠·센류(川柳)를 짓는다	6.1	10.0	5.5	3.3	1.10
	(…중략…)					
	30 라쿠고·만자이를 듣는다	8.1	6.2	7.1	10.7	-0.56
	31 록 음악 콘서트에 간다	2.5	2.3	3.0	2.0	0.44
	32 가라오케를 한다	58.8	59.5	61.9	55.6	0.12
	33 신극·대중연극을 보러 간다	15.5	13.2	18.9	14.7	0.37
	34 엔카 가수의 공연이나 쇼를 보러 간다	18.2	7.8	20.5	25.3	-0.96
	35 연애소설을 읽는다	28.1	33.6	36.2	16.6	0.70
	36 다마쿠지를 산다	47.6	35.1	55.1	52.0	-0.42
	37 이자카야나 스낵바, 호프집에 간다	61.1	65.5	62.2	56.2	0.15
대중문화	38 점에 관한 책을 읽거나 연구한다	17.2	16.0	16.8	18.7	-0.16
	39 마작을 한다	17.6	24.4	16.7	12.6	0.67
	40 파친코를 한다	25.0	20.6	23.2	30.3	-0.39
	41 경마·경륜·경정을 한다	10.3	5.3	8.7	15.9	-1.03

주석 1 : 활동율이란 지난 1년간 1번 이상 간 경험이 있는 자의 비율(%).
주석 2 : 차이화 지수-문화활동율의 '(최고점-최저점) / 평균활동율'로 산출하고 직업 위신에서 하위 카테고리에 최고점이, 상위 카테고리에 최저점이 되는 경우에는 마이너스(-)로 표기했다.

저점이 될 경우에는 값을 마이너스로 표기했다. 따라서 차이화 지수의 절대값이 클수록 그 문화활동의 계층 차이화 기능은 크고 마이너스 기호가 붙으면 그것은 블루칼라층의 특징적인 문화활동이다.

〈표 11-3〉에서 밝힌 것처럼 직업 카테고리에 의해 문화활동율에 차이가 존재하고 모든 문화활동은 차이화 기능을 하고 있다고 할 수 있다. 전문·관리직층의 특징적인 문화활동으로서 '피아노나 바이올린을 켠다', '클래식 콘서트에 간다' 등 상위문화활동이 있다. 그리고 블루칼라층의 특징적인 문화활동으로서 '경마·경륜·경정', '엔카 가수의 공연이나 쇼를 보러 간다' 등 대중문화활동이 존재함을 알 수 있다. 그런 의미에서 부르디외가 말하듯이 취미는 계급의 지표가 되고 있다. 즉 가설 2는 증명되었는데 계층적 지위 히에라르키와 문화 히에라르키가 대응하는 것을 확인할 수 있었다. 그러나 차이화 지수는 반드시 문화 평가 스코어의 고저와 완전히 대응하는 것이 아니라 완만한 대응관계에 있다.[15]

결과적으로 전문·관리직층은 문화변별력이 상대적으로 크고 동시에 상위문화 소비를 실천한다. 그에 반해 블루칼라층은 문화변별력이 상대적으로 작고 대중문화 소비를 행함을 알 수 있다. 즉 문화변별력이 큰 집단일수록 문화에 의한 차이화 전략을 채용하고 있는 것이 밝혀짐으로써 가설 3은 자연스럽게 증명되었다.

7. 스스로 우위가 되는 분류 시스템의 채용

문화 평가의 인지 모델

계층적 지위에 따라 문화변별력의 크기가 다른 것은 왜일까. 여기서는 모든 문화를 평가할 경우에 자기 집단의 이해 판단이 작용하여 일종의 사회적 원근법의 메커니즘이 작동하고 있다는 인지 모델을 설정하여 가설 4를 검토한다. 즉 사람들은 공통 문화의 서열적 구조를 긍정하면서도 그중 가능한 한 스스로 우위가 되는 형태로 문화를 평가하고 있는 것은 아닐까. 바꾸어 말하면 자신이 속한 집단의 문화를 높게 평가하고 거리가 먼 집단의 문화를 낮게 평가하기 때문에 계층 간 문화변별력에 차이가 생기는 것이라고 추측할 수 있다. 즉 소속계층 집단의 문화를 상대적으로 높게 평가하고 사회계층상 거리가 먼 집단의 문화를 낮게 평가한다.

가설 4 : 사람들은 소속 집단에 대응하는 위신의 문화활동을 상대적으로 높게 평가한다.

가설 4a : 계층적 지위가 높은 사람은 소속계층의 문화인 상위문화를 높게 평가하고 반대로 대중문화를 낮게 평가하기 때문에 문화변별력이 크다.

가설 4b : 중간계층은 중간문화를 높게 평가한다.

가설 4c : 계층적 지위가 낮은 사람은 상위문화를 다른 계층보다도 낮게 평가하고 소속계층의 문화인 대중문화를 다른 계층보다도 상대적으로 높게 평가하기 때문에 문화변별력이 작다.

가설 4는 4a, 4b, 4c 3개의 하위 가설을 설정한다. 그리고 가설 4는 다음 〈그림 11-3〉처럼 모델화하여 문화변별력의 가상 스코어를 부여할 수 있다. 모델 1의 수치는 문화의 서열성 가설과 가설 4에 의해 작성된 각 계층 집단[h, m, l]별 문화 평가 스코어의 가상값이다. 예를 들면 가설 4a에 입각하여 계층적 지위가 높으면[h] 소속계층문화인 상위문화[H]를 높게[100점] 평가하고 대중문화를 낮게[0점] 평가한다고 설정했다. 역으로 계층적 지위가 낮은 경우에는 상위문화[H]를 상대적으로 낮게[50점], 대중문화[L]를 상대적으로 높게[30점] 평가한다고 설정했다. 문화의 서열성 가설도 충족될 필요가

문화 서열	계층적 지위		
	h(고)	m(중간)	l(저)
H(상위문화)	100(1)	80(1)	50(1)
M(중간문화)	50(2)	60(2)	40(2)
L(대중문화)	0(3)	20(3)	30(3)
최고값-최저값 [문화변별력]	100 [대]	60 [중]	20 [소]

수치는 문화 평가 스코어. ( ) 안은 계층 내 스코어 순위.

	h	m	l
H	1	2	3
M	2	1	3
L	3	2	1

문화의 서열(H〉M〉L)이 충족되어 있는 경우의 계층 간 서열. 수치는 계층 간 스코어 순위.

〈그림 11-3〉 모델 1-문화의 인지평가 모델　　　〈그림 11-4〉 모델 1의 계층 간 순위

있기 때문에 각 계층 집단별 문화 평가 스코어는 H 〉M 〉L로 순위가 같게 된다.

〈그림 11-3〉의 모델 1에서 괄호 안에 제시한 순위가 나타내듯이 어느 계층이나 문화의 지배적인 서열 구조를 받아들인다고 하더라도 문화변별력은 계층적 지위에 따라 다르다. 여기서는 높은 계층h이 가장 변별력이 높고스코어의 폭이 100으로 최대 모든 문화의 차이를 강하게 인지하고 있는 모델을 가정했다. 또한 낮은 계층에서는 문화변별력이 가장 약해스코어 폭이 20으로 최소 문화 차이를 그다지 인식하고 있지 않다고 가정하고 있다.

이번에는 계층 간 가상문화 평가 스코어에 순위를 매긴다.〈그림 11-4〉 h, m, l 3개의 계층을 비교하여 가장 높은 평가 스코어를 부여한 계층에 1, 가장 낮은 스코어를 매긴 계층이 3이 된다. 가설 4가 맞다면 사람들은 자신의집단의 이해를 계산하여 문화 평가를 행하기 때문에 계층 간에 순위는 〈그림 11-4〉처럼 된다.

모델 1이 충족된다면 고지위자이며 문화에 의한 차이화 전략을 중시하는 사람들도, 저지위자이며 차이를 중시하지 않는 사람들도 모두 스스로 우위가 되는 분류 시스템을 채용하고 있다는 행위 원리에 서게 된다.

계급 아비투스로서의 문화 평가모델 1의 검증

그렇다면 현실에서의 데이터는 과연 모델 1과 합치할까. 〈표 11-4〉는 〈표 11-1〉에 제시한 직업계층별 각 문화 평가 스코어를 계층 간에 순위화했다. 〈표 11-4〉를 보면 〈표 11-4〉의 모델 1이 현실 데이터에서도 성립하는 것이 분명하다. 즉 위신 상위 1위미술관에서 회화 감상부터 7위피아노를 친다까지의 문화활동상위문화을 가장 높게 평가하는 것은 전문·관리직[1]이고 사무·판매직[2], 블루칼라[3] 순서이다. 위신 중위인 중간문화에 대해 위신 순위 15빵 만들기·과자 만들기~25위민요를 부른다에 대해서는 11개 항목 중 10개 항목에서 사무·판매직이 가장 높게 평가하고[1], 전문·관리직[2], 블루칼라[3] 순서로 되어 있다. 특히 위신이 낮은 대중문화로서 순위 32가라오케를 한다~41위경마·경륜·경정을 한다까지 11개 항목을 보면 그중 6개 항목에서 블루칼라가 가장 높게 평가하고 전문·관리직이 가장 낮게 평가한다는 순위를 나타냈다.

이 〈표 11-4〉의 결과는 〈그림 11-4〉에 제시한 모델 1의 계층 간 순위를 거의 재현했다고 말해도 좋을 것이다. 가설 4와 모델 1은 현실의 조사 데이터에 의해 맞는지가 증명되었다.

이상으로 계층상 지위는 사람들의 문화 평가에 영향을 주고 각각의 계층 성원은 스스로 우위가 될 만한 평가를 실시하고 있는 것이 밝혀졌다. 사람들은 문화의 서열성을 긍정하면서도 그 속에서 스스로가 소속계층의 문화를 높게 평가하고 사회적 거리가 있는 계층의 문화는 낮게 평가한다는 사회적 원근법을 이용하여 문화를 평가하고 있는 것이 해명되었다. 즉 문화변별력의 차이란 소위 '능력'이 아니라 아비투스화된 모든 계층의 문화 평가 도식의 차이이다. 그리고 문화변별력이란 객관적이고 사회 경제적·문화적인 조건 속에서 만들어지는 문화의 지각 분류 도식이라고 할 수 있다.

<표 11-4> 직업계층별 각 문화 평가 스코어

| | | 문화 평가 스코어의 계층 간 순위 | | |
		전문·관리직	사무·판매직	블루칼라
상위문화	1 미술관에서 회화를 감상한다	1	2	3
	2 클래식 콘서트에 간다	1	2	3
	3 사회복지활동을 한다	1	2	3
	4 역사나 예술 책을 읽는다	1	2	3
	5 가부키·분라쿠를 보러 간다	1	2	3
	6 그림을 그린다(일본화, 서양화)	1	2	3
	7 피아노를 친다	1	2	3
	8 다도·꽃꽂이	2	1	3
	9 컴퓨터를 한다	2	1	3
	10 과학 잡지를 읽는다	1	2	3
	11 단가나 하이쿠를 짓는다	1	2	3
	12 양재·일본식 재봉을 한다	2	1	3
	13 수예나 뜨개질	2	1	3
	14 종합 잡지를 읽는다	1	2	3
	15 빵 만들기나 과자 만들기	2	1	3
	16 프랑스 요리를 만든다	2	1	3
	17 펜 습자를 한다	2	1	3
	18 테니스를 친다	2	1	3
	19 재즈 음악 콘서트에 간다	2	1	3
중간문화	20 골프를 친다	2	1	3
	21 프로야구 관전(TV는 제외)	3	1	2
	22 외국영화를 보러 간다	2	1	3
	23 일요일에 하는 집안 목수일	1	2	3
	24 프랑스 요리를 먹으러 간다	2	1	3
	25 민요를 부른다	2	1	3
	26 바둑·장기	1	2	3
	27 일본영화를 보러 간다	2	1	3
	28 추리소설을 읽는다	2	1	3
	29 스포츠신문을 읽는다	3	2	1
	30 라쿠고·만자이를 듣는다	2	1	3
	31 록 음악 콘서트에 간다	2	1	3
	32 가라오케를 한다	3	2	1

		문화 평가 스코어의 계층 간 순위		
		전문·관리직	사무·판매직	블루칼라
	33 신극·대중연극을 보러 간다	1	2	3
	34 엔카 가수의 공연이나 쇼를 보러 간다	3	2	1
	35 연애소설을 읽는다	2	1	3
	36 다마쿠지를 산다	3	2	1
	37 이자카야나 스낵바, 호프집에 간다	3	2	1
	38 점에 관한 책을 읽거나 연구한다	2	1	3
	39 마작을 한다	2	1	3
	40 파친코를 한다	2	3	1
대중문화	41 경마·경륜·경정을 한다	3	2	1

주석: 문화 평가 스코어의 계층 간 순위는 〈표 11-1〉의 문화 평가 스코어에서 각 문화활동에 대한 스코어를 직업계층 간에 비교하고 가장 높은 스코어를 1위로 했다.

사회적 위치에 따라 다른 문화 평가의 의미

사회적 위치에 따른 문화 평가의 차이란 구체적으로 무엇을 의미하는 걸까. 우선 전문·관리직층의 특징에 대해 고찰해보기로 한다.

첫째, 상층계층의 사람일수록 정통화된 문화 평가 코드를 강하게 내면화·정당화하고 있다고 생각된다. 그 때문에 서열이 높은 문화를 보다 높게 평가하고 서열이 낮은 문화를 보다 낮게 평가하고 있었다. 예를 들어 전문·관리직층의 문화변별력은 크고 문화에 따라 차이화되는 것에 대한 유효성과 그 사회적 의미를 인식하고 있다고 생각된다.

둘째, 이와 같은 분류 평가 행위는 자신의 소속 집단인 상층계층이 우위에 있음을 나타내는 실천적인 행위이기도 하다. 상위문화의 활동율은 전문·관리직일수록 높고, 블루칼라에서 보다 낮아 상위문화는 전문·관리직층을 특징짓는 문화적 활동이 되고 있기 때문이다.

셋째, 자신이 속한 소속 집단의 문화를 높게 평가하는 것은 전문·관리직층의 이해에 부합하고 있다. 즉 전문·관리직층은 상위문화의 기호를 통해 다른 집단을 배제하는 것이 가능하다. 그럼으로써 자신의 문화자본 축적을 가치 있게 할 수 있기 때문이다.

넷째, 소속 집단의 문화활동^{상위문화}을 높게 평가하고 그 이외의 문화를 낮게 평가하는 것은 자신의 문화에 대한 정의를 다른 사람들에게 강요하는 일이고 그것이야말로 문화에 의한 정통화 작용이다. 전문·관리직층은 문화의 상징 투쟁에서 우위 싸움을 하고 있다고 할 수 있을 것이다.

그렇다면 계층적 지위^{직업 위신}에서 낮은 카테고리인 블루칼라층에 대해 고찰해보자. 활동율로 보면 블루칼라층을 특징 짓는 것은 문화 위신이 낮은 대중문화이다. 그들은 사회 안에서 무엇이 위신이 높은 문화인지를 매우 대략적인 분류 도식을 이용하여 식별하고 있다. 예를 들면 재즈 음악과 엔카의 차이를 식별하지 않고 '약간 낮다'고 평가하고 클래식 음악 쪽이 상위^{보통}라고 평가한다.^(그림 11-1) 또한 그들은 스스로 행하고 있는 문화활동이 위신이 낮은 대중문화인 것도 인식하고 있다. 그들이 문화 위신 평가를 행하는 것은 자신의 활동을 위신이 낮은 것으로 재인식시키는 일이기도 하다. 또한 동시에 상위문화의 위신 높음을 인정하는 것은 상층 사람들의 라이프 스타일이 탁월함을 승인하는 일이다. 그러한 가운데 블루칼라층이 문화의 서열적 구조를 인정하면서도 자신의 문화를 가능한 한 높게 평가하는 것은 그들의 집단적 이해에 부합하고 있다.

따라서 블루칼라층은 전문·관리직층보다는 파친코나 경마·경륜·경정 등의 대중문화를 높이 평가하려는 회답을 하고 있었다. 다시 말하면 블루칼라층은 학교에서 배운 공통 문화의 정의^{서열성}를 받아들이면서도 그 안에서 자기 긍정을 하고 있다. 그러나 이 자기 긍정적 태도는 지배적인 문화 서열에 대항하는 것까지는 되지 않는다. 블루칼라층이 대중문화를 상위문화 이상으로 높게 평가한다면 거기서 대항문화가 생겨날 가능성이 있지만 현실은 그렇지가 않다. 블루칼라층도 공통의 문화 서열을 어느 정도까지 정당화해버렸기 때문이다. 이것은 블루칼라층이 지배적 문화를 받아들이고 그것에 만족하고 있는 점, 그리고 지배적 문화의 존재와 문화의 차이화 기능을 전문·관리직만큼은 아니더라도 어느 정도 투시할 수 있음을 의미한다. 그러나 문화변별력 값의 작음이 보여주듯이 블루칼라층 문화의 지각 도식은 전문·관리직층만큼 세세한 스케일은 아니다.

다음은 사무·판매직층에 대해 정리해보기로 한다. 사무·판매직층의 직업 위신은 중간적 위치에 있는 중간층이다. 문화적으로도 중간문화를 실천하는 비율이 높다. 상위문화를 높게 평가하는 경향이 있지만 전문·관리직만큼 상위문화를 위신이 높은 것이라고 생각하지 않는다. 그리고 다른 어느 계층 집단보다도 중간문화를 높게 평가하는 경향이 있다. 중간문화의 특징은 실용적인 문화활동이 많은 점이다. 예를 들면 수예·뜨개질[13위], 빵 만들기·과자 만들기[15위], 프랑스 요리를 만든다[16위], 펜 습자[17위], 일요일에 하는 집안 목수일[23위] 등이다. 사무·판매직층은 이와 같은 실용적인 문화를 다른 어느 집단보다도 높게 평가하고 있다. 그리고 그것은 그들의 문화적 특징이 되었다. 또한 그들은 위신이 낮은 대중문화보다는 상위문화를 좋아하는 경향이 있고 문화를 보는 '안목'은 전문·관리직에 더 가깝다. 그것은 중간층에서 상승 이동에 대한 의욕과 동기 부여가 강한 것과 무관하지 않을 것이다.

이처럼 문화변별력의 계층 차이는 사회 구조상의 위치에서 생겨나는 필연적인 결과이다. 그리고 문화를 변별할 수 있다는 것, 그 자체가 계급 아비투스의 한 형식으로서 계급·계층의 이익과 연결되어 있다.

8. 지위 이동과 문화 평가

문화 동화 가설

이미 앞에서 밝힌 것처럼 문화변별력은 출신 가정의 계층적 상황과 관련되면서 형성된다. 그렇다면 세대 간 사회적 지위 이동은 문화 평가 구조를 어떻게 변화시킬까. 여기서는 문화 동화 가설로서 가설 5를 설정했다.

가설 5 : 세대 간 지위 이동에 따라 이동처소속계층의 문화 평가 도식에 동화되고 출신계층의 문화 평가 도식은 소멸된다문화 동화 가설.

가설 5a : 상승 이동자Upward Mover는 하층 유지층Lower Stayer과 비교하여 상위문화에 대한 평가를 높인다.

가설 5a' : 상승 이동자는 하층 유지층과 비교하여 대중문화에 대한 평가를 낮춘다.

가설 5b : 하강 이동자Downward Mover는 상층 유지층Upper Stayer과 비교하여 상위문화에 대한 평가를 낮춘다.

가설 5b' : 하강 이동자는 상층 유지층과 비교하여 대중문화에 대한 평가를 높인다.

가설 5는 '문화 동화 가설'인데 5a~5b'로 구체화할 수 있다. 즉 출신계층에서 지위를 이동한 자는 현재 소속되어 있는 계층의 사람들이 대부분 실천하고 있는 문화에 동화된다. 그 결과 출신계층보다도 소속계층의 문화를 긍정적으로 간주하게 된다고 가정한다. 예를 들면 하층에서 상층으로 상승 이동한 자는 상층 사람들의 문화인 상위문화에 동화되어 높게 평가한다5a. 그러나 출신계층인 하층문화 = 대중문화에는 부정적으로 관여한다[5a']. 또한 상층에서 하층으로 하강 이동한 자는 출신계층상층의 상위문화를 부정적으로 간주하고[5b], 소속계층하층에 특징적인 대중문화를 긍정적으로 간주하게 된다[5b']. 다음으로는 지위 이동의 효과를 검증해보기로 한다.

남성과 여성의 다른 지위 이동의 효과

이동자와 유지자의 이동 패턴을 작성하기 위해 지위 이동을 아버지 직업출신계층에서 본인 현직으로 직업 이동이라고 정의한 다음 4개의 패턴으로 분류했다. 여성의 경우에는 본인 현직을 남편의 현직으로 대체한다. 〈표 11-5〉에서 **상층 유지층**이란 아버지전문 관리직 → 본인전문 관리직으로 이동이 생기지 않는 자이고, **상승 이동자**란 아버지블루칼라·무직 → 본인전문 관리직·사무 판매직으로의 이동자를 말한다. 또한 **하강 이동자**란 아버지전문 관리직·사무 판매직 → 본인블루칼라·무직으로의 이동자이고, **하층 유지층**이란 아버지블루칼라 → 본인블루칼라으로 이동이 생기지 않는 비이동자를 말한다. 〈표 11-5〉는 4개의 세대 간 이동 패턴별로 문화 평가 스코어를 집계한 결과이다. 또한 〈표 11-6〉은 문화변별력의 크기를 지위 이동과의 관계로 나타냈다. 모두 남녀별로 분석했다.

〈표 11-5〉를 보면 지위 이동 패턴 간에 유의차를 보인 문화활동은 상위문화임을 알 수 있다. 또한 남성은 대중문화 중 몇 가지 활동에서 차이를 보였다. 남성의 경우를 살펴보면 이동 패턴 간 문화 평가 스코어의 차이는 기본적으로 현재 계층에 의해 결정된다. 특히 현재 전문·관리직층인 상승 유지층과 상승 이동자는 상위문화를 높게 평가하고 있다. 지위이동의 효과는 가설 5a'를 제외한 모든 가설이 남성에게 잘 들어맞고 지위 이동의 효과는 어느 정도 존재한다고 판단된다. 즉 남성은 상승 이동

〈표 11-5〉 세대 간 지위 이동과 문화 평가

문화 위신 스코어의 전체 순위	남성의 세대 간 직업 패턴 이동(아버지 직업→현직)				남성
	상층 유지층(전문·관리직→전문·관리직)(32)	상승 이동(블루칼라→전문·사무직)(36)	하강 이동(전문·사무직→블루칼라)(19)	하층 유지층(블루칼라→블루칼라)(47)	
1 미술관에서 회화를 감상한다	78.1	74.3	65.8	62.7	*
2 클래식 콘서트에 간다	72.7	70.0	63.2	53.2	*
3 사회복지활동을 한다	72.7	67.4	53.9	60.3	
4 역사나 미술 책을 읽는다	69.3	68.6	57.9	58.7	+
5 가부키나 노를 보러 간다	64.8	67.9	56.6	52.1	*
6 그림을 그린다(일본화, 서양화)	71.9	68.1	56.5	56.0	*
7 피아노를 친다	64.1	63.6	55.3	59.6	
8 다도·꽃꽂이	62.5	63.9	46.1	54.8	+
9 컴퓨터를 한다	60.9	66.4	59.2	55.9	
10 과학 잡지를 읽는다	66.4	61.1	53.9	56.4	
11 단가나 하이쿠를 짓는다	61.7	60.0	43.4	50.5	+
12 양재·일본식 재봉을 한다	54.7	54.3	48.7	51.1	
13 수예나 뜨개질	53.9	50.0	42.1	50.5	
14 종합 잡지를 읽는다	54.7	56.4	53.9	52.7	
15 빵 만들기나 과자 만들기	53.1	52.9	44.4	47.3	
16 프랑스 요리를 만든다	50.0	52.9	40.8	47.3	
17 펜 습자를 한다	53.1	50.7	46.1	48.4	
18 테니스를 친다	47.7	54.2	48.7	46.8	
19 재즈 음악 콘서트에 간다	50.8	54.3	44.7	47.3	
20 골프를 친다	47.7	49.3	51.3	42.6	
21 프로야구 관전(TV는 제외)	49.2	50.7	56.6	46.3	
22 외국영화를 보러 간다	51.6	47.9	53.9	46.3	
23 일요일에 하는 집안 목수일	54.7	52.9	47.4	50.5	
24 프랑스 요리를 먹으러 간다	43.8	49.3	47.4	44.7	
25 민요를 부른다	51.6	50.0	44.7	47.9	
26 바둑·장기	53.1	50.7	48.7	46.8	
27 일본영화를 보러 간다	49.2	45.7	52.6	44.7	
28 추리소설을 읽는다	48.4	49.2	43.4	42.5	
29 스포츠신문을 읽는다	41.4	44.3	56.6	47.3	*
30 라쿠고·만자이를 듣는다	45.3	45.7	48.6	44.1	
31 록 음악 콘서트에 간다	43.0	41.4	40.8	39.4	
32 가라오케를 한다	32.8	40.7	47.4	46.2	*
33 신극·대중연극을 보러 간다	45.3	47.2	39.5	42.6	
34 엔카 가수의 공연이나 쇼를 보러 간다	38.3	41.4	43.4	43.6	

상위문화 / 중간문화

문화 위신 스코어의 전체 순위		남성의 세대 간 직업 패턴 이동(아버지 직업→현직)				남성
		상층 유지층(전문·관리직→전문·관리직)(32)	상승 이동(블루칼라→전문·사무직)(36)	하강 이동(전문·사무직→블루칼라)(19)	하층 유지층(블루칼라→블루칼라)(47)	
대중문화	35 연애소설을 읽는다	45.3	43.6	40.8	41.8	
	36 다마쿠지를 산다	26.6	37.1	50.0	37.0	*
	37 이자카야나 스낵바, 호프집에 간다	36.7	40.0	53.9	40.2	*
	38 점에 관한 책을 읽거나 연구한다	28.9	34.2	27.6	33.7	
	39 마작을 한다	22.7	26.4	32.9	24.5	
	40 파친코를 한다	18.0	24.3	32.9	24.5	
	41 경마·경륜·경정을 한다	14.1	20.7	30.3	23.9	+
	문화변별력	64.0	53.6	38.2	38.8	

주석 : *는 분산 분석(F 검정)에서 5% 미만의 유의차가 있다. +는 10% 미만의 유의차가 있다.

문화 위신 스코어의 전체 순위		여성의 세대 간 직업 패턴 이동(아버지 직업→남편 현직)				여성
		상층 유지층(전문·관리직→전문·관리직)(23)	상승 이동(블루칼라→전문·사무직)(35)	하강 이동(전문·사무직→블루칼라)(23)	하층 유지층(블루칼라→블루칼라)(35)	
상위문화	1 미술관에서 회화를 감상한다	72.8	70.0	76.1	60.0	*
	2 클래식 콘서트에 간다	69.6	65.0	71.7	53.6	+
	3 사회복지활동을 한다	68.5	68.6	73.9	57.1	
	4 역사나 미술 책을 읽는다	64.1	62.9	67.4	54.2	*
	5 가부키나 노를 보러 간다	66.3	68.6	72.8	54.9	+
	6 그림을 그린다(일본화, 서양화)	63.0	67.1	71.6	49.3	*
	7 피아노를 친다	69.6	67.9	77.2	51.5	*
	8 다도·꽃꽂이	63.0	61.4	66.3	53.6	
	9 컴퓨터를 한다	65.2	71.3	59.8	53.6	*
	10 과학 잡지를 읽는다	59.8	58.6	58.7	47.9	
	11 단가나 하이쿠를 짓는다	59.8	63.6	64.1	45.7	*
	12 양재·일본식 재봉을 한다	53.3	60.3	58.7	51.5	
	13 수예나 뜨개질	54.3	57.1	63.0	52.8	
	14 종합 잡지를 읽는다	55.4	53.6	54.3	48.6	
	15 빵 만들기나 과자 만들기	54.3	57.1	57.6	53.6	
	16 프랑스 요리를 만든다	53.3	61.4	60.9	45.0	*
중간문화	17 펜 습자를 한다	50.0	52.9	55.4	47.9	
	18 테니스를 친다	55.4	60.0	51.1	47.8	
	19 재즈 음악 콘서트에 간다	53.2	52.9	55.4	45.7	
	20 골프를 친다	56.5	53.6	48.9	53.6	
	21 프로야구 관전(TV는 제외)	53.3	51.4	46.7	51.4	

문화 위신 스코어의 전체 순위	여성의 세대 간 직업 패턴 이동(아버지 직업→남편 현직)				여성
	상층 유지층(전문·관리직→전문·관리직)(23)	상승 이동(블루칼라→전문·사무직)(35)	하강 이동(전문·사무직→블루칼라)(23)	하층 유지층(블루칼라→블루칼라)(35)	
22 외국영화를 보러 간다	51.1	51.4	50.0	45.7	
23 일요일에 하는 집안 목수일	50.0	50.7	52.3	44.3	
24 프랑스 요리를 먹으러 간다	52.2	51.4	55.4	42.6	+
25 민요를 부른다	47.1	51.4	54.3	48.6	
26 바둑·장기	52.2	54.3	50.0	45.0	
27 일본영화를 보러 간다	48.9	48.6	50.0	46.4	
28 추리소설을 읽는다	50.0	46.4	44.6	41.7	
29 스포츠신문을 읽는다	47.8	50.7	41.3	46.5	
30 라쿠고·만자이를 듣는다	45.7	47.9	41.3	43.8	
31 록 음악 콘서트에 간다	47.8	52.1	48.9	43.6	
32 가라오케를 한다	45.7	40.7	39.1	46.5	
33 신극·대중연극을 보러 간다	39.1	46.3	39.1	41.0	
34 엔카 가수의 공연이나 쇼를 보러 간다	38.0	45.7	37.0	47.9	
35 연애소설을 읽는다	46.7	40.7	44.6	38.2	
36 다마쿠지를 산다	40.9	33.8	37.0	45.7	
37 이자카야나 스낵바, 호프집에 간다	41.3	34.6	37.6	38.6	
38 점에 관한 책을 읽거나 연구한다	37.0	39.3	38.0	40.7	
39 마작을 한다	36.4	25.0	21.7	22.1	+
40 파친코를 한다	31.5	24.3	20.7	27.1	
41 경마·경륜·경정을 한다	21.7	21.4	17.4	23.5	
문화변별력	51.1	49.9	58.7	37.9	

함으로써 상위문화를 높게, 하강 이동함으로써 상위문화를 낮게, 대중문화를 높게 평가한다. 특히 하강 이동자는 아버지의 전문·관리직 효과는 전혀 찾아볼 수 없고, 오히려 반대로 대중문화를 가장 높게 평가하는 경향을 보이는데 문화적으로 대중문화에 동화되었다고 생각된다. 문화변별력도 거의 본인 현직에 의해 결정되고 전문·관리직에서는 변별력이 크고 블루칼라에서는 변별력이 작다. 남성에서는 아버지계층의 효과를 명확하게 석출할 수 없었다. 오히려 현재 계층에 의해 문화 평가는 좌우됨으로써 문화 동화 가설이 잘 들어맞는다고 할 수 있다.

다음으로 여성의 결과를 살펴보면 남성과는 달리 흥미로운 경향이 생겨나고 있다.

첫째, 가장 특징적인 결과는 문화변별력이 하강 이동자에서 가장 큰 점이다. 〈표 11-5〉의 상위문화에 대한 평가만 보더라도 하강 이동자의 스코어는 상승 이동자보다도 높다. 예를 들어 '미술관에서 회화 감상'을 보면 하강 이동한 블루칼라76.1 > 상층 유지층72.8 > 상승 이동자70.0 > 하층 유지층60.0이 된다. 다시 말하면 현재 블루칼라인 하강 이동자는 상승 이동자나 상층 유지층보다도 문화변별력이 크다. 즉 결혼에 의해 하강 이동한 여성은 하강 이동해도 문화 평가 패턴은 출신계층상층의 패턴을 잔존시킨다는 특징을 보인다. 즉 여성은 결혼으로 인해 하강 이동해도 남편의 계층문화에 물들지 않고 반대로 출신계층상층의 '안목'을 강화시켜 문화변별력을 높이고 다른 어느 층보다도 상위문화를 높게, 대중문화를 낮게 평가하게 된다.

둘째, 출신계층이 같은 블루칼라라 하더라도 결혼에 의해 상승 이동한 여성은 상위문화를 높게 평가하는 경향이 있다. 상승 이동자의 문화변별력은 상층 유지층과 거의 같은 크기인데 여기서는 출신계층블루칼라의 효과가 없어지고 상층과 같은 '안목'을 가지게 된다.

셋째, 여성은 대중문화에서 이동 패턴에 의한 유의한 차이는 찾아낼 수 없었다. 즉 여성에서는 상위문화에 대한 문화 평가에서만 지위 이동의 효과나 출신계층의 효과가 나타난다. 이 결과를 정리하면 다음과 같다. 여성에서 가설 5는 5a 이외에는 들어맞지 않는다.

이상으로 지위 이동의 효과는 남녀가 다름을 알 수 있었다. **남성에게는 문화 동화 가설이 맞고 여성에서는 상위문화에 관해서만 상승 이동에 의한 문화 동화와 하강 이동에 의한 문화 상속이라는 양쪽 과정이 존재한다**는 지견을 얻을 수 있었다.

〈표 11-6〉 문화변별력과 지위 이동

남성

		본인 현직	
		H	L
아버지 직업	H	64.0	38.2
	L	53.6	38.8

주석 : 수치는 문화변별력

여성

		남편 현직	
		H	L
아버지 직업	H	51.1	58.7
	L	49.9	37.9

		본인 현직	
		H	L
아버지 직업	H	1	4
	L	2	3

		남편 현직	
		H	L
아버지 직업	H	2	1
	L	3	4

주석 : 수치는 문화변별력의 크기 순위. 1이 가장 변별력이 크고 4가 가장 작다.

〈표 11-7〉 가설 검증 결과

가설 5	5a	5a'	5b	5b'
남자	○	×	○	○
여자	○	×	×	×

○ : 가설이 성립
× : 가설이 성립되지 않음

특히 여성의 하강 이동자에게 전형적으로 나타났듯이 여성은 결혼으로 인해 지위를 하강해도 문화에 대해서는 역으로 출신계층의 영향을 오히려 강화시키고 문화변별력은 크며 문화의 차이화 기능에 민감하게 되었다. 즉 출신 가정 혹은 현재의 남편 직업 중 한 번이라도 전문·관리직층에 머문 여성은 문화변별력이 크고 하층 유지층과 비교하면 그 차이는 극명하다. 이것을 부연 설명하면 여성은 세대 간 사회 이동으로 문화자본이나 계급 아비투스의 상속자가 될 가능성이 크다고 생각된다. 이 사실은 종래의 지위 달성 연구에서 어머니 학력 효과가 크다는 지견[16]을 뒷받침하는 발견이기도 하다.

특히 여성이 하강 이동해도 문화적으로는 상층 유지층과 같거나 그 이상의 문화 차이화 전략을 취한다면 그 효과는 본인의 문화활동보다도 오히려 자식에 대한 문화 투자나 교육 투자로 나타난다고 예상할 수 있다. 즉 상위문화활동을 하기 위해서는 경제자본이 필요하다. 그렇지만 하강 이동자에게 경제적인 여유가 적다면 아마 비교 우위에서 문화적인 상승 전략은 본인의 문화활동보다도 자식에 대한 문화 투자·교육 투자에 의한 상승 이동으로 전환될 것이다. 이 가설 검증은 금후의 과제로 남기고 싶다.

결론

본장에서는 사람들의 문화 평가의 근저에 있는 인식 도식이 나타내는 집단적·사회학적 특징을 해명했다. 주요 지견은 다음과 같다.

① 문화활동의 서열 평가는 다른 사회 집단 간에 공통성이 높다. 모든 집단 간에 공통된 여러 문화활동의 순위 구조를 엿볼 수 있고 여러 문화활동의 서열 평가에서 사회에 공통된 지각 평가 도식이 존재한다. 즉 지배적이고 공유화된 문화 서열의 존재는 대항문화의 존재를 곤란하게 할 것이다.

② 계층상 지위가 높을수록 문화 평가 스케일의 폭도 크고 문화변별력도 크다. 즉 모든 문화활동의 위신 차이를 인식하고 거기서 가치를 발견내는 아비투스로서의 '문화변별력'은 계층상 지위나 출신계층에 따라 다르다. 사회적 지위가 높을수록 문화변별력은 크고 문화변별력은 객관적이고 사회 경제적·문화적 조건 속에서 형성되는 지각 분류 도식의 하나, 즉 계급 아비투스가 되었다.

③ 사회계층과 문화활동 히에라르키는 대응되고 계층상 지위가 높은 집단은 문화에 의한 차이화 전략을 채용하고 있다. 계층상 지위가 높은 사람들일수록 상위문화 소비를 실천하고 있었다. 또한 지위가 높은 사람들일수록 문화변별력이 크고 문화에 의한 차이화 전략을 채용한다.

④ 계층상 지위는 문화 평가에 영향을 주고 각 계층 성원은 자신이 속한 소속 집단의 문화를 높게, 사회적 거리가 있는 계층의 문화를 낮게 평가함으로써 스스로 우위가 될 만한 평가 분류 도식을 각 계층 집단이 채용하고 있다. 즉 문화변별력의 계층 차이는 객관적이고 사회 경제적인 조건 속에서 생겨나는 계급 아비투스가 된 문화의 지각 분류 도식이다.

⑤ 세대 간 지위 이동이 문화 평가에 미치는 효과는 남녀가 각기 다르고 남성에게는 문화 동화 가설이 들어맞는다. 그러나 여성은 결혼으로 인한 하강 이동의 영향을 받지 않고 출신계층의 문화 평가 패턴을 상속 받는다. 세대 간 지위 이동으로 인해 문화 평가의 패턴이 변화하는 것은 주로 남성이다. 남성은 출신계층보다도 현재 도달한 계층에 문화적으로 동화되는 경향을 엿볼 수 있다. 그러나 여성에서 문화 동화 가설이 들어맞는 것은 상승 이동자뿐이다. 여성은 결혼으로 하강 이동해도 문화 평가 패턴은 출신계층의 것을 계승한다. 그리하여 여성은 남성보다도 상위문화를 높게 평가한다.

마지막으로 문화를 식별한다는 것은 모든 집단의 이해관계에서 발생하고 있음을 강조해두고 싶다. 문화 평가에서 대부분의 대상에 대해 평정했는데 '중위보통' 등급을 매기는 집단이란 문화변별력이 작은 계층상 지위가 낮은 집단이었다. 바꾸어 말하면 대상에 대한 감수성변별력이 약한 집단에서는 평가 스케일의 폭이 작아지고 '중'이라는 평정이 많아진다. 반대로 문화에 의한 차이화를 꾀하는 집단에서는 문화를 식별하는 평가 스케일이 크고 세세한 장르의 차이에서 의미를 발견해낸다. 그리고 그것은 스스로가 실천하는 문화를 높게, 실천하지 않거나 또는 싫어하는 장르를 낮게 평가함으로써 계층 집단의 이해 판단에 의해 평가 스케일이 달랐다. 이 메커니즘은 계층과 문화 평가와의 관계뿐만 아니라 다른 사회현상에도 작동되고 있을 가능성이 있다. 평가 행위란 사회적 진공 상태 속에서 행해지는 것이 아니라 스스로 행위를 평가하고 타자를 평가하며 차이를 설정하는 실천적인 행위라고 할 수 있다.

저자 후기

부르디외의 저작을 처음 접하고 나서 꽤 오랜 세월이 흘렀다. 특히 부르디외의 저서 『구별 짓기』에 마음이 끌린 것과 1989년에 고베시 교육위원회에 협력한 생애 학습 조사에서 문화 조사제1회 고베 조사를 기획하고, 실사를 경험할 수 있었던 이후 쭉 부르디외를 목표로 문화사회학이라는 영역에 관여하게 되었다. 그 후 과학 연구비를 받게 되어 제2회 고베 조사를 단독으로 실시할 수 있었던 것과 특히 그 후 1995년 SSM 전국 조사에서 그때까지의 경험 또는 지식을 모두 SSM 조사에 살릴 수 있었던 것도 매우 고마운 경험이었다고 생각한다. 특히 1999년 가와사키 시민 조사에서는 SSM 조사에서 검증할 수 없었던 아이디어를 담을 수 있어서 작지만 만족스러운 조사를 할 수 있었던 점 등 지금에 이르기까지 많은 분들의 협조 아래 경험적인 연구를 계속해온 것에 대해 다시 한 번 감사의 말씀을 드리고 싶다. 또한 몇 개의 연구비를 받은 것과 대학의 연구조성비간토가쿠인대학과 고마자와대학로 이러한 연구를 지속할 수 있었던 것에 진심으로 감사하고 있다. 특히 문화와 라이프 스타일에 관한 조사질문지 조사와 인터뷰 조사에 협력해 주신 많은 분들께 이 자리를 빌려 감사의 말씀을 드리고 싶다.

이 책의 논고는 대부분 1990년대 후반에 집필한 것들이고 원래대로라면 박사논문을 제출한 2001년 무렵에는 출판했어야 할 것들이었지만 가정의 여러 가지 사정도 있어서 출판을 미루고 있었다. 그 사이 데이터를 재분석하고 새로운 논문이 나오기도 했기 때문에 마음 내키는 대로 연구를 계속했다고밖에 달리 할 말이 없다. 많은 분들로부터 빨리 정리해서 출판했으면 좋겠다는 말을 들으면서도 그렇게 하지 못한 것은 전적으로 저자의 태만이며 변명의 여지가 없다. 굳이 변명을 하자면 그 사이에 가족이 병으로 쓰러지거나 그 후 재활치료에 동행하거나 하는 사이에 한 권의 책으로 정리하는 작업을 뒤로 미루고 말았다.

2010년 4월부터 2012년 3월까지 2년간 하버드대학 사회학과 미셸 라 몽 교수 밑에서 재외 연구의 기회를 얻은 것은 일본 사회나 일본문화를 상대적으로 살펴보기 위해서는 필요한 경험이었다고 생각한다. 미국에 서 생활하고 일상생활을 보냄으로써 일본 사회와 미국 사회, 일본인과 다 양한 미국인들의 사고방식이나 가치관의 차이를 체험할 수 있었던 것은 말로 표현할 수 없는 귀중한 경험이었다. 특히 미국의 선량한 부분을 안 다는 의미에서도 매우 행복한 체험이었다. 이 부분도 이 책이 출판되기까 지 필요한 경험이었다고 생각하고 있다.

그 후 3년 정도 전부터 몇 개의 논문을 영어로 번역해서 'Research gate' 또는 'Academia.edu' 등 해외 사이트에 업로드 했다. 거의 매일 같이 전 세 계에서 누군가가 다운로드하여 읽어주고 있는 것이 통지되기 때문에 처 음부터 일본어가 아닌 영어로 발신했어야 했다고 반성하게 되었다. 역시 일본어라는 핸디캡은 크고 아무리 일본어로 논문을 써도 해외 연구자의 눈에 띄기는 커녕 일본어 논문을 그대로 모방한 영문 잡지논문[2010]마저 나오는 현실이 답답하다는 말밖에 할 수 없다.

이러한 우여곡절을 겪으면서 지금까지 활자화된 논고나 이미 출판된 논문 중에서 중요하다고 생각되는 것을 모아 수정·가필하여 출판하게 되었다. 이 책 안에서도 서장부터 제2장까지는 부르디외를 처음 알게 되 었거나 혹은 『취미의 사회학』을 처음 접하게 된 독자를 위해 집필하고 있 지만, 제3장 이후부터는 계량적 연구를 제시하고 있기 때문에 통계적인 이해도 필요하게 될 것이다.

이 책에서 다루는 데이터는 얼마 전의 일본 사회를 내비추고 있다. 현대와 같이 정보화나 SNS가 아직 충분히 발달하지 않았을 무렵에 문화 실천의 양상을 분석한 셈인데 문화의 구조나 특징이 급격히 변화한다고는 생각하지 않는다. 실제로 2005년 SSM 조사에서 불충분한 조사 항목이면서도 검증한 연구에서는 큰 변화를 특별히 발견하지 못한 것도 사실이다. 현재 이 책의 후속으로서 새로운 데이터를 이용하여 '일본판 구별 짓기'에 대한 공동 연구를 진행하고 있기 때문에 새로운 데이터와의 비교도 금후의 과제라고 할 수 있다.

다음으로 내용에 관해서 말하면 이 책이 밝히지 못한 것 중에서 포인트가 되는 2개를 예로 들면 첫째, '일본에서는 왜 문화적인 평등신화가 확대되고 문화적 재생산은 은폐되고 있는 걸까'와 둘째, '왜 남녀가 문화의 기능이나 사회적 의미가 다른 걸까'이다. 분석 결과, 전자의 물음에 대해서는 '문화적 잡식성문화적 옴니보어'이라는 개념으로 설명할 수 있음을 알았다. 그리고 후자의 물음에 대해서는 젠더에 의한 문화 차이를 데이터가 말해 주고 있음을 알았다. 따라서 이 책에서 이 2개의 문제를 결부시켜 검토함으로써 종래의 계층 연구에서 말하지 못했던 점, 그리고 문화의 재생산이 은폐되어 온 메커니즘이 밝혀졌다고 생각된다. 데이터가 현실을 말해 주고 인터뷰 조사를 통해 그것을 재확인하는 과정을 취함으로써 이러한 지견은 더욱 확실해졌다고 생각한다.

문화에 대한 관여방식에 젠더나 연령의 데모그래픽적인 요인의 영향이 예상 이상으로 컸던 점은 일본뿐만 아니라 영국베넷 외, 2009의 연구에서도 유사한 결론이 나오고 있다.

다음은 2002년에 쓴 것이지만 지금도 여전히 중요하다고 생각하기 때문에 조금 길지만 인용해보기로 한다.

문화자본이나 아비투스의 개념을 사용하여 경험 데이터를 모아 분석하는 이상, 부르디외의 과학적 인식 방법론에서 지금까지의 연구를 반성자료로 삼는 것은 매우 중요하다고 생각된다.

첫째, 계층 연구자 중에는 부르디외의 문화적 재생산론 그 자체에 대한 인식론적인 '오해'나 '왜곡'이 있는 것 같다. 이에 대해서는 이미 다케우치[1989]가 지적·경고하고 있었던 것처럼 부르디외의 문화적 재생산론 이해에서 오리지널과의 '차이'가 있는 점, 특히 계량적 계층 연구자들이 빠지기 쉬운 부르디외 해석이 유포되고 있다고 전해졌다. 예를 들면 부르디외의 문화적 재생산론을 이해하는 데 있어서 제일 먼저 주의해야만 하는 것은 문화의 재생산과 사회적 재생산계급 재생산과의 분리이다. 이 점을 혼동하여 부르디외의 문화적 재생산론을 '오해'하면 예를 들어 계급 재생산을 중심으로 하여 문화를 매개항으로 보는 재생산론 = 문화적 재생산이라는 해석이 된다. 그 경우 ① 문화적 재생산론이란 문화자본이 **매개가 되어** 계급이 재생산되는 것이라는 해석이 된다. 게다가 문화적 재생산이란 ② 출신 가정이 보유하고 있는 문화적 양식가정 환경이 학력을 규정한다는 의미로만 이해되고 만다.가타오카, 2002 : 일부 변경

①에 대해서는 '문화자본문화 영역을 **매개로 하는** 계급 구조의 재생산'이라는 현상 — 종종 이 현상 자체가 '문화적 재생산'인 것처럼, 즉 '문화에 의한 재생산'이 '문화적 재생산'인 것처럼 오해받는 경향이 있다 — 을 부르디외의 용어로 바꾸어 말하면 '문화적 재생산'을 통한 '사회적 재생산'인 것이다.다카하시, 1989

부르디외이론의 포인트는 교육 시스템이 주도권을 쥐고 있는 문화적 재상산과 지배계급이 주도권을 장악하고 있는 사회적 재생산이 불가분의 관계객관적 공모인 것이다. 즉 이 말은 문화적 재생산과 사회적 재생산은

서로 상보적인 관계에 있다는 의미이다. 그러나 문화를 매개로 생각하는 '"문화적 재생산론'은 사회적 재생산에 대한 문화적 재생산 (및 교육 시스템의 자기 재생산)의 요청을 은폐하는 경향이 있다'위와 동일고 지적되었다.

물론 부르디외이론과는 달리 ①과 ②의 명제를 검증하는 의의는 계층론에서는 충분히 있기 때문에 저자도 가설 검증을 실시하고 있다. 그러나 이 이론 가설이 성립되지 않았다고 해서 부르디외의 문화적 재생산론의 이론 전체를 부정할 수 있는 것은 아니다.

이처럼 문화적 재생산론은 계량적인 계층론으로 단순화되어 도입되었다. 그러나 이와 같은 '오해'는 일본에만 국한된 것은 아니다. 대부분은 단순화되어 수용되었다. 저자도 문화자본을 매개로 하는 지위 달성 모델을 실증적으로 검토해왔기 때문에 이러한 지적과 전혀 관계가 없는 것은 아니다. 그러나 자신의 연구 자세로서 부르디외의 문화적 재생산론에 관해 전술한 지적은 당시부터 알고 이해하고 있었다고 생각한다. 따라서 저자의 초기 연구는 부르디외이론이 일본에 타당한지를 검증하는 것을 목적으로 삼지 않고, 문화자본을 매개로 하는 지위 달성 모델을 검증하는 것에 의의가 있었다고 생각한다. 이와 같은 검증을 통해 문화적 재생산과 사회적 재생산이 젠더에 의한 분업이라는 일본적 특징을 밝힐 수 있었고, 문화적 재생산론에 젠더 시점을 도입하여 이론을 재편성할 방향을 찾을 수 있었기 때문이다.

또한 계량 연구자들의 일부는 문화적 재생산론의 일본에서의 타당성을 부정하려고 했을하라 준스케(原純輔) · 세이야마 가즈오(盛山和夫), 1999 때의 근거로서 '고학력인 동시에 상층'이라는 재생산율이 전후 저하된 사실을 예로 들고 있다. 그렇지만 이 책에서도 밝혀진 것처럼 남성 고학력층을 대상으로 문화적 재생산을 분석해도 원래 탁월화된 문화 취향이 남성 고학력층에게는 그다지 찾아볼 수 없기 때문에 남성의 학력자본에서 문화자본의 재생산을 논해도 일본의 문화적 재생산의 일부밖에 논한 것이 아니라는 점은 일본의 문화자본의 재생산을 생각하는 데 있어서 매우 중요해진다. (제10장에서 제시한 고학력층 남성의 일부에서 엿볼 수 있는 대중문화적 경계도 그것을 방증할 수 있을 것이다.) 문화적 재생산이 주로 고학력 여성을 중심으로 담당되고 있다는 일본적 특징을 고려하면, 젠더에 의한 분절화를 내포한 관계론적인 시점에서 문화적 재생산과 사회적 재생산의 관계를 살펴보는 이론 가설로 변경하는 것은 매우 중요하다. 저자는 몇 개의 다른 조사에서 경험 데이터를 쌓음으로써 '계층 재생산과 문화적 재생산의 젠더 구조'라는 이론 가설이 타당하다고 생각하기에 충분했다.

이론의 적부適否를 검증하기 위해서는 "단편적인 가설 검증에 의해 논증하는 것만으로는 불충분하고 이론의 체계성에 따라 검증하지 않으면 안 된다."아스다, 1998 : 46 그리고 "만약 경험 데이터가 부분적으로 이론을 지지하지 않는다면 이론과 검증의 왕복을 반복해서 왜 그렇게 되는가라는 이론적 정합성을 추구하고, 이론의 재편성과 이론 전환으로 나아가야만 한다는 부르디외의 과학인식 방법"가타오카, 2002 : 32~33은 매우 중요하다고 생각한다.

결과적으로 일본에서는 문화적 배타성 가설이 아니라 문화적 잡식성옴니보어 가설이 적합하다고 한다이것은 일찍이 가토 슈이치(加藤周一, 1975·1980)가 논한 일본문화가 일본과 서양의 잡종문화라는 설과는 다른 것이지만 일본의 특징을 생각하는 데 있어서는 둘 다 중요하다.

문화적 옴니보어와 관련하여 지면 관계상 제4장과 초출논문에서 충분히 논의할 수 없었던 점에 대해 생각해보려고 한다. 저자는 먼저 문화 소비를 상위문화 유니보어문화 귀족, 문화적 옴니보어, 대중문화 유니보어, 문화적 비활발층문화적 아웃리치(outreach), 이 4개의 패턴으로 분류하여 직업과의 대응 관계를 검토했다. 그 결과, 예술가와 3대 전문직은 상위문화 유니보어인데 세세하게 분류하는 가운데 많은 전문·관리직, 사무직 등 대부분 화이트칼라층이 문화적 옴니보어임을 알 수 있었다. 옴니보어화하지 않는 문화 귀족이라고 해야만 하는 집단이 존재하고 있었는데 이는 극히 소수였다.

현대의 문화 엘리트나 문화 귀족을 생각하는데 있어서 급격한 산업 구조의 변화도 있었기 때문에 새로운 시대의 문화 엘리트란 과연 누구일까. 그리고 새로운 문화자본이란 무엇일까. 그 정의부터 재고할 필요가 있다. 이때 창조계급creative class 연구가 중요한데 이 책의 데이터에서는 아직 나타나지 않았다.

이 책에서 제시한 몇 개의 분석 결과에서는 일본 남성이 여성과 비교하여 실천면에서는 문화적으로 세련되지 않음을 알 수 있었는데 그것과 아비투스 문제와는 구분하여 생각할 필요가 있다. 남성의 문화 소비 행동은 대중적이지만 (남성의 명예를 위해서도?) 고급문화를 이해하는 아비투스를 남성이 거의 가지고 있지 않다고 단정하는 것은 아니다. 이에 대해서는 제11장가타오카, 1996c에서 제시했는데, 다양한 문화활동의 서열이나 차이를 식별할 수 있는지 없는지라는 '문화변별력'의 문제는 소속계층에 따라 다르고 계급 아비투스로 되었지만 남녀 차이는 없었기 때문이다. 구체적으로 말하면 고지위·고학력 남성은 예를 들어 재즈와 록의 차이를 식별하고 있기 때문에 문화에 의한 차이화 감각구별 짓기의 감각과 그 아래에 있는 아비투스을 신체화하고 있지만 실천으로 연결되지 않는 상황에 있는 셈이다.

그러나 사진에서의 미적 성향의 판단 테스트에서 남성은 미적 센스에 계층 차이가 나타나지 않았고 학력과도 관계가 없으며 대중적인 미적 판단력을 나타내는 남성들이 대부분이었던제5장 점은 금후 검토할 필요가 있다고 생각한다. 역시 일본 남성은 미적 센스가 부족한 걸까? 하고 생각하지 않을 수 없는 데이터도 나오기 때문이다. 그러나 즉단할 수는 없다.

무엇보다 남성 (및 일하는 여성)은 대중문화화되지 않으면 회사에서도 사회생활에서도 살아남을 수 없는 상황에 놓여 있을 가능성이 높다. 일본 사회에서 상위문화 지향은 은폐되어야 하는 존재이고 탁월화되어 나오는 말뚝을 박는 것을 피할 필요가 있는 것 같다. 이것을 세미나 학생들에게 물으면 대학생활에서도 마찬가지라고 말한다. 그 결과, 문화자본을 가정에서 물려받은 상위문화 지향의 고학력 남성도 학교나 회사생활에서는 그것을 은폐하거나 혹은 스스로 대중화 노선을 선택하여 문화적 옴니보어가 되고 있다. 일본은 집단적인 동조압력同調壓力이 강하기 때문에 다양한 배경으로 이루어진 집단 안에서 탁월해지는 것이 허용되지 않는 사회라고도 생각된다.

그로 인해 문화에 의한 차이화나 탁월화는 남성 중심의 노동세계 또는 공적 장면에서는 자취를 감추고 문화자본은 은폐되어 갔다. 엘리트는 문화적 옴니보어가 된다는 가설대로 일본의 남성 학력 엘리트는 대중화되었다고 할 수 있다. 그 결과, 모두가 문화적으로 평등하고 대중적이라는 담론을 누구나 믿게 되었다. 적어도 공적 장면에서는 상위문화에 의한 차이화는 계층적 상위를 나타내는 기호가 되기 때문에 사람들의 질투를 사는 것이다.

그 결과, 문화에 의한 차이화·탁월화 전략은 사적 영역으로 갇히게 되었다. 혹은 가정을 통해 문화자본은 주로 여성에 의해 온존되고 여성을 통해 (어머니에서 딸로) 재생산되어 온 것이다. 과거 고학력 여성들 대부분이 노동세계를 떠나 전업주부가 되는 라이프코스life course를 선택하지 않으면 안 되었던 것과도 관련이 있다. 물론 여성의 사회 진출은 이러한 경향을 무너뜨리고 여성이 대중문화화되는 큰 요인이 되었다.

이처럼 '일본은 문화적으로 평등한 사회이다'라는 담론이 널리 침투하게 된 이유 중 하나는 전후 학교 교육특히 의무 교육에서의 능력적 평등주의의 침투도 있지만, 다른 하나는 지금 말한 전후 남성 엘리트의 대중문화화이다. 후자는 다케우치의 일련의 연구에서도 밝힌 것처럼 남성 중심의 샐러리맨 사회가 전후 경제 발전과 함께 다양한 사회계층의 출신자를 맡으면서 조직을 확대하는 과정에서 확산된 회사의 인간관계를 둘러싼 문화의 대중성에 원인이 있다고 저자는 생각한다.

그리고 일본의 재생산은 문화적인 여성문화자본이 엘리트 남성경제자본과 결혼함으로써 성립되는 구조가 되었다. 여성의 문화자본과 남성의 경제자본의 자본 교환은 혼인을 통해 성립된다. 여성에게 '여성적이고 세련된' 문화자본은 여성의 지위 달성엘리트와의 결혼으로 연결되기 때문에 당연히 문화적 세련성은 여성에게 스테이터스 컬처의 일부가 되었고 여성의 지위 아이덴티티의 원천이 되었다. 따라서 어린 시절부터 여자아이의 게이코고토는 상위문화에 관한 예술문화적인 활동피아노나 발레, 다도·꽃꽂이 등을 지향하며 현재에도 내용에 다소 변화는 있지만, 예술문화 기호이기는 마찬가지이다. 그것은 여성의 문화교양이 여자다움의 중요한 요소, 즉 젠더자본이 되기 때문이다.가타오카, 2002·2003

이처럼 문화에 의한 차이화나 탁월화 문제문화적 세련성는 일본의 많은 남성들에게 중요한 화제는 아니지만 여성의 지위에서는 옛날부터 중요한 문제였다. 고학력 여성의 아이덴티티의 중요한 부분을 차지하고 있는 문화적 세련성 문제는 여성에게만 국한된 것은 아니다. 다양한 아이덴티티와 아비투스, 그리고 문화와의 관계 방법, 집단문화, 집단 간이나 집단 내에서 상징 투쟁의 문제로 전개되는 문제이다.

학력 3세대 간 이동의 논고가타오카, 1990도 있지만 데이터가 오래된 점과 남성만의 데이터이기 때문에 이 책에는 수록하지 않았다. 그러나 저자에게는 문화자본의 재생산을 논한 초기의 논고이기도 하다. 학력의 문제는 또 다른 기회에 새로운 시점에서 분석하고 싶다.

저자가 관여한 전국 조사와 3번의 지역 조사 데이터에서는 모두 위의 지견이 모순되지 않고 석출되었다. 젠더 차이의 크기는 예상 이상이고 무엇보다 분석한 본인이 가장 놀라고 있다. 그러나 남성들 대부분에게는 기분이 좋지 않은 결과일 것이다. 일반 독자의 코멘트 중 하나로서 저자의 문화의 젠더 구조라는 논고가 저자의 출자여성인 점 또는 연구자세계에서 여성 차별에서 오는 원한이나 복수로 쓰인 것이 틀림없다고 평가하는 내용이 있었는데, 그것은 가장 빗나간 코멘트 중 하나이다. 데이터가 말해주는 것을 제시할 뿐 자기 형편에 맞지 않는 분석 결과는 제멋대로 억측으로 평가되어 버리는 것을 유감스럽게 생각한다.

이러한 주위의 반응에 놀라기는 하지만 저자는 거의 표면적인 감정으로 반응하지는 않는다. 이렇게 쓰면 또다시 오독을 당할지도 모르지만 다면적인 시점에서 사람들의 사회적 게임을 이해하고 다면적으로 실천하는 것이 더욱 즐겁고 의미가 있기 때문이다. 이 설명만으로는 의미가 통하지 않을지도 모르지만 사회학을 연구함으로써 열린 안목과 신체가 있고 적어도 저자에게 사회학의 장점 중 하나는 그런 것이 아닐까 생각한다.

부르디외가 『자기분석自己分析』을 처음에 프랑스가 아니라 독일에서 출판한 것도 관련이 있지만 부르디외만큼 교양과 지성이 넘치는 학자의 과학적 분석조차도 원한, 복수와 같은 맥락에서 정리해버리는 비평가들에게 시달렸다는 사실을 알고 어디나 마찬가지라고 생각했다.

이 책의 연구는 문화사회학Cultural Sociology 계열이고 문화 연구Cultural Studies 또는 문화의 사회학Sociology of Culture이 아니다. 문화사회학은 미국이나 영국, 프랑스에서는 연구자 동료의 활발한 교류가 있으며 많은 연구자들이 있다. 베넷이나 세비지 등에 의한 『문화·계급·탁월화』가 번역되었는데 금후에는 이 방향에서의 연구도 박차를 가할 것이다. 그리고 상징적 경계라는 시점이 앞으로 점점 문화사회학에서 중요한 키워드가 될 것이다. 그리고 부르디외가 말하는 인식론상의 장애를 스스로 어떻게 알아갈 수 있을 것인가라는 문제를 인식하면서 새로운 시대의 문화 연구로 이어갈 각오를 새롭게 다짐하고 있다.

초출논문의 리스트를 뒤에서 제시하고 있는데 이미 학회지 등에 게재되고 있는 논문 또는 시판되고 있는 저서에 수록된 논문을 이 책에는 별로 게재하지 않았다. 초출논문을 대폭적으로 삭제하고 있는 부분도 많다. 또한 이 책에 수록된 내용은 저자가 지금까지 연구한 전부는 아니다. 이 책은 데이터베이스로 공개되고 있는 박사논문「현대문화와 사회계층」, 도쿄도립대 박사논문, 2000을 중심으로 새로운 논고를 추가하여 다시 편집한 것이다.

마지막으로 이 책을 출판하는 데 있어서 공동 연구자로서 조사에 협력해 주신 연구자 여러분, 특히 출판하느라 수고해 주신 세이큐사青弓社의 야노 미치오矢野未知生 씨와 다른 모든 분들께 진심으로 감사드립니다.

[부기] 이 글에서의 SSM 조사 데이터 사용은 1995년 및 2005년 SSM 조사 연구회의 허가를 받았다.

역자 후기

본 역서의 원제목은 고마자와대학 가타오카 에미 교수의 『취미의 사회학趣味の社會學』이지만 이를 재구성하여 『취미와 사회 권력』이라고 명명했다. 제목을 그대로 적용하지 않고 『취미와 사회 권력』이라고 제목을 붙인 이유에 대한 설명을 첨언하는 것에서 시작하려고 한다. 가타오카 교수의 연구 동향을 알 수 있는 키워드를 살펴보면 취미, 문화, 사회, 계층, 계급, 자본, 젠더, 사회 조사 등을 예로 들 수 있다. 가타오카 교수는 사회학 전공자이지만 다각적인 측면에서 연구를 진행해오고 있음을 가늠할 수 있다.

특히 가타오카 교수는 『모빌리티의 시선 ─ 존 어리의 사상과 실천』공저, 2020에서 '상징 권력'이라는 개념을 키워드로 하여 집필했다. 여기서는 상징 권력으로서 스포츠와 젠더를 연결하여 체육계 아비투스에서 볼 수 있는 스포츠의 상징지배를 탐색하고 있다. 그리고 『문화 권력 ─ 반사反射되는 부르디외』공저, 2003에서는 '대중문화 사회의 문화적 재생산'을 다루었다. 주로 계층의 재생산과 문화적 재생산, 그리고 젠더 구조의 링케이지Linkage를 분석하고 있다. 또한 『사회에서 취미란 무엇인가』공저, 2015를 간행했는데 가타오카 교수는 이미 취미에 관심을 가지고 사회학적인 측면에서 검토하고 있다. 그 이외에도 취미 관련 논고를 계속해서 집필해오고 있다.

그 연장선상으로 가타오카 교수는 본 역서에서도 '취미'를 대표적 키워드로 설정하고 있는데 그 점을 착안하여 본 역서의 제목에 취미라는 용어는 그대로 살리기로 했다. 그 이유는 이 취미 개념이 매우 시사적이기 때문이다. 취미라는 용어는 사실 일상생활에서 상대방에게 취미가 있는지 그렇다면 취미가 무엇인지를 종종 묻곤 한다. 특히 얼마 전까지만 해도 이력서에 취미를 적는 란이 있을 정도였는데 이처럼 취미는 무의식적으로 마치 당연한 것처럼 사용·인식되어왔다.

그런데 곰곰이 생각해보면 '취미'라는 것도 그 사람의 취향이나 기호 또는 좋아하는 것으로 간주되지만 역설적으로 '취미'는 '그러한 것을 좋아하게 조정된 것'을 의미하는 동시에 '취향적이고 기호화된 것'을 의미한다고 할 수 있다. 즉 보이지 않는 무언가의 힘에 의해 '선택한 / 선택된 것'으로서 사람들은 아무런 의구심을 갖지 않게 되었다. 여기서 무언가의 힘이란 결국 우리들의 일상생활에 비집고 들어온 하나의 '권력'이라고 생각한다.

권력은 정치 권력이나 파워를 가리키는 것이 아니라 인식의 지배를 설명해 주는 하나의 테제이다. 게오르그 짐멜Georg Simmel이 사용한 개념을 빌려오면 권력은 인간의 인식론적 해석 영역과 관련된 것으로서 지배의 의미로 사용된다. 가타오카 교수는 본 역서에서 지배가 어떠한 원리로 작동하는지를 보여주기도 하지만 한발 더 나아가 지배 양식 혹은 피지배자의 합의 과정도 포함하여 다룬다. 이러한 해석의 효시자 짐멜의 논리를 활용한 것이 바로 피에르 부르디외라고 한다면 본 역서에서 사회화의 형식은 곧 지배의 합의 과정, 즉 권력의 침입이라고 볼 수 있다.

바로 이러한 시각에 입각해서 가타오카 교수는 일본 사회 내부의 격차 문제나 불평등의 문제를 '문화적 측면'과 '교육적 측면'을 사회학과 연결하는 방식을 통해 '문화사회학' 이론과 '실제 데이터'를 접목하여 사상과 사회의 연결 구조를 밝혀내고 있다. 특히 사회학을 문화 또는 사회적 현상으로서 일상을 재발견하는 '통로'로 사용하면서 그 통로를 다시 대상화하여 현재적 사회가 어떻게 계급과 차이, 그리고 문화라는 현상을 구조화한 것인지 그 구조의 논리를 링케이지로 규명해낸다. 여기서 링케이지란 일반적으로 연결 또는 결합이라고 번역되어 사용하지만, 역자가 보기에는 '링케이지 = 합의 과정'이라고 생각한다. 이것은 부르디외가 제시한 '아비투스가 일상화된 시스템'으로서 무의식화되는 부분의 의식화 작업을 의미한다고 파악된다. 특히 합의 과정이란 권력을 향유하는 계층뿐만 아니라 그 권력에 복종하는 사람들조차도 동일한 승인에 가담하고 있다는 의미에서 '합의'이다. 바로 이러한 점을 드러내 보이고자 한 것이 본 역서라고 볼 수 있다. 따라서 역자가 본 역서의 제목을 『취미와 사회 권력』이라고 명명한 이유도 바로 이와 같은 연유에서이다.

원저 『취미의 사회학』은 사실 내용이 방대할 뿐만 아니라 통계학적 방법론을 활용하고 있는데 통계학 분야에 문외한인 역자에게는 익숙하지 않은 용어들이나 내용들이 많았다. 그러므로 역자는 포기하지 않고 내용을 정확하게 전달하기 위해 낯선 용어들과 개념들을 새로 공부해야만 했다. 사실 힘이 들기도 했지만, 역자에게는 많은 공부를 새롭게 할 수 있는 기회였을 뿐만 아니라 행복한 고민을 하는 시간을 보낼 수 있었다는 점에서 매우 감사하게 생각한다. 그리고 역자 후기 작성 방법에 대해 여러가지 고민한 끝에 내린 결론은 단순하게 내용을 전달하기보다는 역서의 특성이나 독자성을 보여주는 것으로 방향을 결정하고 그 부분에 초점을 맞추었다.

본 역서의 출발점은 문화가 교양이라는 해석과 만나게 되고 정신적이면서 미적인 것으로 상정하는 정통성이 만들어지는 논리를 부르디외의 상징 투쟁^{문화 투쟁} 전개 과정에서 찾아내는 것에서 시작하고 있다. 그리고 그것이 정통과 대중의 대립 축으로서 현현되는 문화적 불평등을 설명해 내고 있다. 그렇지만 문화의 본래적 의미는 중립적이고 불평등이 없는 세계로서 서열을 구분하거나 우열로 가치가 매겨지는 것은 아니다. 누가 소비하느냐에 따라 문화의 가치나 평가 혹은 정통과 대중으로 구분되는데

이는 역설적으로 소비자 측 또는 행위자가 권력자나 지배층이 향유하는 문화를 고급문화, 정통문화, 고상한 것으로 피지배자, 약자, 비권력자에게 강요하는 과정임을 드러내어 보여주고 있다.

물론 본 역서는 이러한 이론적 배경을 바탕으로 부르디외이론을 활용하여 일본 사회를 분석하고 있지만 그렇다고 해서 부르디외이론을 일본 사회에 직접적으로 대입하고 있는 것은 아니다. 즉 가타오카 교수는 부르디외의 저서 『구별 짓기』에 의거하면서도 이 저서에 사용된 문화자본의 의미나 범주에 대해 그 한계성을 지적하기도 한다. 부르디외가 가진 프랑스 사회의 사회적 배경을 확인하고 당시에는 선진적인 분석이었던 상속 문화자본이나 일본식 능력주의의 평등설을 연계하여 아비투스의 이중성과 다중성을 제기하고 있다. 이를 통해 일본의 능력주의나 신자유주의, 그리고 문화적 평등설 안에 은폐되어 있는 젠더 구조를 추가함으로써 사회적 규정성이나 배제의 방식을 드러낸다. 이것은 부르디외가 사회계급이나 사회 계층의 문제를 소여, 즉 원래부터 존재하여 부여받은 것이 아니라 사람들을 구분하는 차이성에 원리가 작동한 것이며 그 속에 젠더가 어떻게 사회적 공간과 상징에 융합되는지 상호 메커니즘을 통해 증명해준다.

특히 본 역서에서 주목할 만한 개념은 역시 취미이론인데 본문에서 자세하게 다루었듯이 취미는 기호와 취향과는 미묘하게 다른 뉘앙스를 갖고 있다는 점이다. 취미란 미학적인 입장 결정과 맞물려 있는 용어이기도 한데 이 취미는 이중성을 내포하면서 개념을 갖는다. 즉 취미는 여가와 접속되어 무엇을 소비하는가 혹은 계층, 신분을 노출해주는 보여주기를 동반한다. 즉 취미는 단순하게 사적 만족의 범주를 넘어 '어떤 부류에 속한 인간'인지를 적나라하게 보여주고 특히 계급을 각인시키면서 등장한다. 그와 동시에 취미는 다른 사람의 부류를 결정하고 또한 자신의 취미와 다름에 대해 그들을 타자로 부정하고 경계를 만들면서 혐오나 폭력적인 반응까지 보여주게 된다. 미학상이라는 논리가 배경에 존재하지만 이를 의식하지 못하고 오히려 미적 감각 자체가 실체하는 것으로 간주하여 그 정통성을 믿어버리려는 투쟁 방식으로 나타난다.

예를 들면 바이올린을 켜는 취미를 가진 사람은 문화적 우위성을 향유한다거나 타자와의 차이성을 보여줌으로써 지배자-권력자를 자인하게 된다. 그와 반대로 바이올린 켜는 것을 취미로 갖지 못한 사람들은 문화 귀족의 범주에 들어가지 못하는 소외감과 열등성을 느끼게 된다. 바로 이 지점에서 취미 개념을 가져오는 데 의미가 있는 것으로 취미가 경계 짓기를 만들어내기도 한다. 그런데 그 경계 짓기가 결국 하나의 상징물을 통해 차이화를 만드는 작용을 한다는 점을 각성하게 해준다. 더 나아가 상징 투쟁은 이러한 이분법으로만 기능하는 것이 아니라 고급문화라고 일컬어지는 것들 내부에서도 다시 분화되어 만들어지고, 대중적이며 통속적인 문화들 사이에서도 전개된다고 논한다. 그리고 고급문화와 대중문화가 중첩되고 상호 구분 없이 혼합되는 상황 속에서도 전개된다는 점을 극명하게 보여준다. 그렇기 때문에 취미의 문제는 취향이나 기호를 담지하면서도 객관적이거나 고정적인 것이 아니라 투쟁 상태에서 발현되는 상태라고 보면서 그것을 사회적 사실로 간주되는 것을 경계한다.

그리고 또 하나의 중요한 개념은 바로 배제라는 테마이다. 취미가 개인의 주관적인 기호나 취향에 의해 결정되는 것이 아니라 오히려 사회나 문화적 구조에 의해 선택된 것으로 보아야만 된다는 논점을 제시한다. 이 양면성은 한번 생각해볼 만한 여지가 있는 부분이다. 즉 취미라는 개인 결정 행위의 실천뿐만 아니라 관습 행동까지도 아비투스에 의해 현현된 행위라는 점을 재고하게 만든다. 다시 말해서 문화 행위나 실천이라는 현상, 즉 취미든 관습 행위든 사회적 실천은 사회적 재생산에 의해 나타나는 것으로 개인의 내면과 사회 구조가 서로 개별적으로 진행되는 것이 아니라 공범 관계에 있다는 것이다. 그래서 이 둘의 관계성을 인지하지 못하면 차이 또는 다름의 구조를 재생산 논리에 함몰되어 배제라는 것을 추종하게 되는데, 이것은 실천으로서 차이를 인정하고 실체 혹은 진실이라고 믿으면서 인식이 고정화된다는 논리이다. 이를 구조화된 아비투스라고 볼 수 있다.

그런데 이 구조화된 아비투스는 1차적 문제로서 2차적 배제의 논리가 하나 더 존재한다. 즉 그것은 취미라는 개념의 구조 속에 존재하는 차이성을 내재한 구조화를 판단하는 안목을 갖지 못하게 만드는 아비투스를 제거한다는 의미에서의 배제 논리이다. 이를 좀 더 구체적으로 말하면 고상함이나 천박함을 구분하는 논리 자체도 이미 아비투스에 감염된 것으로서 욕망이 만들어내는 차이로서 그것을 구분해내지 못하게 그 은폐와 각성의 경로를 차단하는 의미로서의 배제이다.

이러한 이론적 틀을 구축한 다음, 본문에서는 일본 내에서 경제적 격차는 존재하지만 문화적 격차는 존재하지 않는다고 논평하는 균질론자 혹은 문화 평등주의자의 환상성을 해체한다. 일본 내에서 문화가 평준화되어 국가 내부의 격차 또는 젠더 차이의 구조를 은폐시키는 논리를 밝혀냄과 동시에 그것은 취미, 즉 미적 특성으로 구분하거나 아비투스의 논리로서 문화적으로 체화된 젠더 범주의 불가시성을 드러낸다. 즉 부르디외가 말하는 문화자본이라는 개념을 활용하면서 계급의 재생산이나 지위의 재생산, 그리고 경제자본의 흡수를 통한 불가시성을 보여준다.

물론 이 분석 방법은 가타오카 교수가 부르디외이론을 수학한 점, 특히 차별과 차별화의 거리를 재확인하고 그 접속 논리를 밝힌 점에 그 특징이 있다고 느껴진다. 가타오카 교수는 이를 뒷받침하기 위해 계량적 기법도 함께 동원하여 그 객관성을 담보하고자 노력한다. 단순하게 문화자본이라는 논리나 아비투스를 구성하는 요소들이 형이상학적인 것이 아니라 계량적 방법을 함께 고려함으로써 불평등의 재생산 구조에 내재된 상호성과 양가성, 다원적 아비투스들의 문맥 전환과 틀의 복수성들의 경합 경위를 총체적으로 보여준다.

이러한 논점들은 본 역서를 꼼꼼하게 읽으면 그 내용들을 쉽게 이해할 수 있을 것이다. 그런 의미에서 본문의 내용들을 다시 꺼내오지는 않겠지만 번역서에 사용된 몇 가지 용어들을 설명해두면서 문화 평등론이나 문화 균질론을 재구성하고 그 의미 작용을 이해하는 데 보탬이 되었으면 한다. 먼저 문화적 옴니보어라는 용어는 다른 말로 문화적 잡식자라고도 한다. 이 옴니보어는 문화자본의 논리를 설명하는 데에 매우 유효한 개념으로, 일본에서는 정통문화로 규정되는 계층과 대중문화로 확실하게 구분되는 것이 아니라 문화적 옴니보어로 이루어짐을 분석 조사 결과를 통해 구체적으로 설명한다. 중간층도 옴니보어는 존재하는데 이는 도시부에서도 나타난다고 한다.

그런데 그것은 마치 문화적 평등이론이 틀리지 않는 것처럼 비춰질 수도 있다. 즉 일본 사회는 문화적 옴니보어 사회로서 문화적 평등 사회 논리가 틀리지 않는 사회인 것처럼 보인다. 다시 한 번 강조하지만 이러한 옴니보어는 일본을 중류적 평균 사회를 만들어냈다는 의미로 해석되고 고급문화나 대중문화가 어쩌면 남성과 여성도 구분하지 않고 대중적으로 향유 가능한 평등을 낳았다고 믿을 수도 있다. 그러나 역설적이게도 대중문화는 이러한 옴니보어를 통해 사람들이 공통문화를 향유한다는 인식을 갖게 만드는 틀로 작동했다.

여기서는 직업 계층이나 학력에 의해 만들어지는 상속자본과는 달리 일본에서는 대중문화에 대한 접근성이 용이하여 서구와는 다르게 진행되었다는 점도 여실히 보여준다. 그렇지만 다른 의미에서 지배계급의 대중화에 대한 접근이 가능했기 때문에 마치 배제가 사라진 것처럼 보이게 된다는 점도 기억해야만 할 것이다. 이는 국외적 차원에서도 진행되는데 이를 문화적 글로벌화 혹은 상품화라고도 표현한다. 한마디로 말해서 그것은 국제적 옴니보어 현상을 의미한다. 글로벌화 역시 문화의 상품화를 강조하게 되고 문화적 계층성을 소거하는 착시 현상을 가져오는데 그것 역시 배제가 사라진 것처럼 느껴지게 만든다.

그 문화의 상징성이나 고저에 대한 판단 혹은 변별력에 대한 지표를 분석해보면 그 특성에 고학력이나 출신 계층이 높은 사람들인 경우가 있다. 그렇게만 보면 문화 실천, 즉 실천적 분류 안목이 다르다는 점을 보여준다. 여기서도 아비투스의 중요성이 드러나는 일례인데, 그것은 바로 무의식의 신체화된 실천으로 나타난 점이다. 사실 출신 계층이나 사회적 지위에 의해 문화변별력은 그다지 큰 차이를 갖지 않는다. 그런 의미에서 문화변별력의 차이를 강조한 점은 학력이나 직업이라는 아비투스를 세상의 관계들이 만들어 놓은 것임을 알아차릴 수 있다. 그런데 여기서 나타나는 특징은 여성의 경우 계층 혹은 계급의 아비투스적 상속과 관련이 있는데 남성보다 강한 점이 드러났다. 즉 남성은 출신 계층이 변화해가면 갈수록 직업적 지위에 그 변별력이 동화되어 가는 반면 여성은 그렇지 않고 유지되고 있는 점이다.

그것은 바로 젠더 측면에서도 문화적 옴니보어가 다르게 나타난다는 점을 극명하게 보여준다. 본 역서에서 다루는 내용 중 젠더에 나타난 문화적 실천이 다른 것은 그 사회적 의미가 다르게 조형되기 때문이다. 그리고 남성과 여성의 미적 감성은 문화자본의 일부인 '취향'에 의해 나타난다는 점을 설명해준다. 특히 일본에서는 젠더 구분이 생겨나고 잉태되기 쉬운 구조에 놓여 있음을 신랄하게 꼬집고 있다.

특히 유년기의 문화자본이라 불리는 문화적 경험 혹은 가정환경은 여성이 성장하는 과정에서 학력, 결혼 상대의 수입 혹은 재산까지도 영향을 미치고 있다고 논한다. 여성의 문화자본은 문화적 세련성이나 학력과 큰 관련성을 갖는 반면 남성의 경우에는 고급, 귀족 문화권에 도달하기 위해 문화자본이 그다지 독자적인 효력을 발휘하는 것은 아니다. 남성의 경우 특히 학교 교육 이외의 사교육과 학력이 크게 영향을 미치고 있다. 이처럼 일본 사회는 예외적인 경우도 있지만, 남성들이 과외수업을 통해 고학력을 얻게 되고 고득점 학교에 진학하여 수입이 많은 회사에 취업하는 것으로 문화자본이 작용한다. 그렇다고 해서 문화 소비가 고급문화에만 있는 것은 아니고 옴니보어적으로 대중문화도 소비하면서 살아간다는 점을 파악할 수 있다. 반면 여성의 경우에는 앞서 언급한 것처럼 문화자본이 높을수록 지위 상승에 중요한 아이템이 된다. 다시 말해서 남성과 여성은 문화자본의 효과에 차이가 있으며 일본 사회의 젠더라는 시점에서 문화자본을 보면 매우 고정적인 것임을 고스란히 드러냈다.

이처럼 본 역서에서는 SSM 조사를 근거로 하는 데이터를 사용하고 계량적인 방법론을 동원하여 사회 계층 분석을 실시했는데 특히 부모의 지위나 본인의 학력 효과를 측정하면서 문화 효과를 측정하는 오리지널리티를 적용해본 성과라고 할 수 있다. 그런 의미에서 부르디외의 문화자본 이론이 갖는 한계성을 감안하면서도 유년기의 문화자본을 질문지에 넣음으로써 문화자본의 효과를 남녀 차이, 문화 실천의 일본적 구조의 문제를 문화적 옴니보어로 밝혀낼 수 있었다고 생각된다. 이는 상징적 경계를 재구성하는 데에도 유효하게 나타나는 특징이기도 하다. 그러한 점을 발견해낸 본 역서는 대중 사회 혹은 지배적 문화가 '바람직하다' 혹은 '이렇게 해야만 한다'는 논리로서 문화적 세련성을 강조할 때 '지배적 문화 정의'에 갇힌다는 점을 보여주는 논리를 설명해주고 있다. 젠더와 문화로 표현되는 일련의 아비투스 해석이 바로 그것이다.

아비투스는 실천과 만나게 되는데 문화적 실천은 결국 아비투스만으로는 보이지 않는다는 의미로, 그중 하나가 젠더 실천이다. 본 역서가 목표로 삼는 지향점은 바로 이 지위나 계층 구조가 '문화적 재생산 속에 내재하는 젠더 사회적 구조'의 구조성이라는 점이다. 본 역서에서는 일본 사회가 서구와 다르게 혹은 서구이론에 적용되지 않는 것에서 차이성을 가짐으로써 새로운 일본 사회를 창출해냈다는 점 또는 남성이 사회 재생산 구조에 지배적 혹은 고급적 문화자본을 향유했다는 것에 문제점이 있다는 점보다는 그 잠식성이 강화되면서 역설적으로 사회 구조에 저류하는 젠더 재생산 구조가 은폐되어 있다는 점을 깨달아야 함을 보여주고자 했다.

전후 일본 사회론에서는 대중 사회의 도래나 신자유주의를 만끽하는 '자유'의 시대로서 문화적 향유 불평등이 축소되어 문화 평등 사회를 주장하는 논리 속에 젠더 불평등이 마치 제거된 것처럼 선전된다는 점을 구조적 문제로서 밝혀내고자 했다. 바로 그러한 점을 데이터 분석과 부르디외이론을 비교·대조하면서 본 역서에서 보여주고자 했던 것은 바로 사회학적 시각의 필요성이었다. 포스트모던 사회에서는 사회를 구조화하는 사회학이나 문화적 구조가 보이지 않게 되었는데, 특히 사회나 문화 구조 속 남녀 차이, 격차, 계층, 세대 간의 차이는 역설적으로 더욱 커지며 문화적 불평등은 은폐되고 있는 점을 다시 한 번 각성하는 계기로 삼았으면 하는 것이 본 역서의 도달점이라고 생각된다.

사실 취미가 사회학적 개념을 담은 '사상적 형상물'이라는 점을 사회학적 이론을 통해 분석하고 그것을 젠더 구조의 트랜스포메이션 논리로 재생산 과정을 설명하는 것은 매우 독창적인 시점이라고 생각된다. 그리고 취미나 실천이라는 용어들이 일상생활 속에서는 크게 의식되지 않을 수 있는데, 본 역서는 이러한 용어들이나 개념들이 모두 문화자본이나 아비투스라는 낯선 개념들에 내장되어 있어 익숙한 무의식을 만들어내고 있음을 다시 한 번 생각하게 해주었다. 그와 동시에 모든 사회학적 개념들에 대해 의혹의 끈을 놓지 말고 재음미해야 된다는 경각심을 다시금 깨닫게 해주었다. 사회학 분야에서 취미에 초점을 둔다는 점에서 '정통' 사회학과는 거리가 있을 수도 있지만 역설적으로 이제 사회학이라는 개념조차도 취미라는 용어, 실천이라는 용어를 통해 재해석하는 시대가 도래했다는 점에서 새로운 시도의 번역서라고 말할 수 있다.

역자는 '젠더'와 '모빌리티'라는 키워드에 관심을 가지고 연구에 매진해오고 있는 연구자로서 첫 번째 작업이었던 『포스트젠더학의 가능성』소명출판, 2022에 이어서 두 번째 작업으로서 이번에 『취미와 사회 권력』이 세상에 나올 수 있었던 것은 2021년 한국연구재단 인문사회학술연구교수지원사업과제명: 「모빌리티로 사유하는 젠더·언어텍스트 / 시각미디어라는 지식장과 젠더의 맥락화」에 선정되어 과제를 계속 진행할 수 있었기 때문이라고 생각한다.

이 과제는 연구주제를 통해서도 알 수 있듯이 '모빌리티'와 '젠더'를 연결하여 앞으로 도래할 미래 사회에 새로운 '젠더프리'의 모습을 어떻게 준비해야만 되는가에 대한 연구라고 할 수 있다. 즉 본 과제는 '젠더학만으로 세상 바꾸기가 충분한가?'라는 물음에 대해 제언한 연구로서 모빌리티는 사회를 읽어내는 키워드로서 어떻게 모빌리티화되었는지를 살펴봄으로써 사회화된 자신을 되돌아보게 했다면 젠더 역시 어떻게 젠더화되었는지를 묻지 않을 수 없다. 이 두 저서는 후자의 물음에 대한 밑거름이 될 수 있을 것이다.

마지막으로 여전히 소외되는 인문사회학 분야에서도 인식론적 각성과 새로운 사회이론 발신을 위해 소명을 다하고 있으며 본 역서를 간행하는 데 주저하지 않고 실천해주신 소명출판의 박성모 대표님과 고건 부장님, 박건형 과장님께 다시 한 번 감사의 말씀을 드린다. 그리고 마지막까지 꼼꼼하게 교정 작업과 수정 작업을 함께 해준 조이령 편집자님에게도 진심으로 감사드린다.

2024년 봄

역자 이은주

주석

서장

1 일본은 2018년 12월 입국관리법 개정에 따라 보다 많은 이민자를 받아들이게 되었기 때문에 금후의 상황은 많이 달라질 것이다.

2 특히 부르디외가 일본에 소개된 1990년대 이후 경제적인 파산으로 잘 알려진 2008년 리먼쇼크 시기에는 문화의 불평등과 계급문화의 작용을 논하는 부르디외이론이 일본에서는 매우 부정적이었다. 예를 들면 다케우치 요우(1995)도 부르디외에 대한 일본 지식인의 이해도가 약함을 지적했다. 그러나 현재는 격차의 확대와 함께 부르디외이론을 받아들이는 방법에도 변용이 있음을 엿볼 수 있다.

3 문화적 평등신화라는 용어는 저자의 논고 안에서는 가타오카 에미(2003)에서 초출하고 있다. 교육의 평등신화에 대해서는 가리야 다케히코(1995)의 저서를 참조하길 바란다.

4 전전의 도시부 기업에서는 화이트칼라와 블루칼라는 노동 조건뿐만 아니라 다른 식당에서의 식사가 당연시되었고 사교와 아이들끼리의 교제 등에서도 신분에 의해 분단되어 있었다. 또한 농촌에서는 촌장(庄屋)과 소작인의 전통적 관계가 지배·피지배관계로서 온존하고 있었다.

5 이 책에서는 테리 이글턴의 관점에서가 아니라 주로 피에르 부르디외의 문화 분류에 의거하여 분석하고 있다. 이글턴의 관점에 대해서는 금후 새로운 데이터를 사용한 연구 발표 안에서 논하기로 한다.

6 문화 위신 스코어는 1995년 SSM 조사에서 부분적인 항목으로 실시하고 있다. 그러나 그 이전에 저자가 실시한 제2회 고베 조사(1992)에서 보다 자세한 내용으로 측정하고 있어 그 분석 결과에 대해서는 가타오카(1996c)에 게재되어 있다. 이 논문에서는 문화 변별력이라는 관점에서 분류 작용과 지각 평가 도식이 세대 간의 지위 이동과 어떻게 관련되는지에 대한 분석을 실시하고 있다. 제11장「계급 아비투스로서의 문화변별력과 그 사회적 구성 – 문화 평가 시스템과 사회계층」에 수록되어 있다.

7 최근 대학 입시에서는 추천과 면접 중시처럼 개인의 아비투스를 보는 입학 선발이 증가하고 있다. 특히 2020년부터 입시 개혁 이후에는 지금까지의 암기 중심의 주입식 시험으로부터의 탈주를 목표로 하고 있기 때문에 금후에는 학력 지표와 문화자본의 관계도 강해질 가능성이 높다.

8 일류기업이 4년제 대학의 여학생에게 정식으로 종합직과 사무직으로서 취업 채용 범위를 마련하게 된 것은 남녀고용기회균등법이 제정된 1985년 이후의 일이다. 그 이전에는 민간 대기업의 여성 채용 대부분은 전문대 졸업 여성만 채용이 일반화되어 있어 4년제 대졸 여성에게는 문호마저 열려 있지 않았다. 전후 오랫동안 4년제 대학을 졸업한 여성은 공무원과 교원, IT계와 소매업 등 제3차 서비스 일부의 성장산업에서 진로를 찾을 수밖에 없었다.

9 　큰 집합적인 사회적 아이덴티티란 계급, 인종, 민족, 젠더, 국민국가에의 집합적 아이덴티티이고 우리들을 규정하여 지위를 부여하고 안정시키는 기능을 가진다고 되어 있다(A. D. King, 1991[1999]).

제1장

1 　일본인에게 원래 서양류의 계급과 계층이라는 개념을 사용하여 자신의 사회적 지위를 표현하는 습관은 없었다. 일본인은 상대방을 알려고 할 때 어느 회사에서 근무하고 있는지(근무지), 거기서 어떠한 직책을 가지고 있느냐로 상대방의 위치를 알려고 한다. 또한 나카네 치에(中根千枝)가 말하는 '장소'에서의 소속과 소속 집단 내부의 지위에 따라 사회적 지위를 가늠할 수 있다고 생각한다(다케우치, 1978 : 39).

2 　아사히(朝日)방송 제작에 의한『예능인 등급 체크』는 그중 하나인데 1999년 3월부터 방영되고 있는 프로그램이다. 예능인이 프라이드를 걸고 고급상품과 대중상품을 판별함으로써 '일류예능인, 이류, 삼류, 출연 가치가 없음'처럼 예능인의 기호나 음식의 식별을 통해 감각의 확실성에 등급을 매기는 프로그램이다.

3 　〈プレバト!!〉는 2012년 10월부터 매일 방송이 제작되고 있는 버라이어티 프로그램으로 하이쿠, 꽃꽂이, 요리를 그릇에 보기 좋게 담기, 수채화 등을 겨루게 하여 예능인의 재능을 심사 받고 랭킹 형식으로 발표하는 인기 프로그램이다.

4 　예전의 에이즈 약해(藥害)사건이나 2018년에 공개된 의학부 시험 합격 기준의 자의적인 운용(어자에게 불리한 시험), 그리고 관료에 의한 문서 개찬(改竄) 문제 등 옛날이나 지금이나 의학부 교수 또는 관료라는 엘리트의 윤리는 크게 의문시되어 일본의 엘리트 일부가 도덕적이지도 문화 엘리트도 아님이 보여지기 시작했다.

5 　현대는 학교에서 좋은 성적을 받아 높은 학력을 얻는 것이 아이에게 인생 최고의 가장 중요한 가치가 되고 있는 것은 아닐까. 그리고 학력으로 인간의 가치가 결정된다고 믿는 천박한 엘리트들을 우리 사회가 지금의 교육을 통해 키우고 있는 것은 아닐까. 이 위구와 경종은 2019년 4월 도쿄대 입학식에서 우에노 치즈코(上野千鶴子)에 의한 축사에서 단적으로 드러나고 있다.

1 　부르디외이론에서 취향과 계급의 관계는 일정한 항상적인 것이 아니라 관계적인 것이다. 사회적 위치조차도 사회 공간상 구축된 관계적인 시점에서 파악할 수 있다. 따라서 계급도 또한 부르디외에게는 소여의 실체로 존재하는 것이 아니라 '구축된 이론상의 계급'으로 취급되고 있는 점에 주의하기 바란다. 계급을 마르크스적으로 소여의 것 혹은 실체로 생각해버리기 쉽지만 어디까지나 어느 시점에서의 사회 공간상 근접한 집합일 뿐이다. 부르디외는 "사회 공간에서 근접하기만 하면 자동적으로 일체성이 생기는 것은 아닙니다. 이 근접성은 거기서 통일로 향하는 객관적이고 잠재적 가능성이 있다는 것입니다. (…중략…) 개연적인 계급으로서 '존재하려는 지향'이 있다는 것을 나타내는 것에 불과합니다"(부르디외, 가토 편, 1990 : 77)라고 서술하고 있다. 계급에 대해서는 제3장에서도 논하고 있다.

제2장

2 단수형 아비투스를 파악하는 방식과 달리 베르나르 라이르(1998·2012)는 복수형 아비투스를 제창했다.

3 대부분의 교육사회학자들이 초기에 쓴 가리야 등의 연구를 문화적 재생산으로 이해했기 때문에 문화가 학력(學力)으로 전환되는 것을 문화적 재생산 메커니즘이라고 부분적으로 이해하고 말았다(가타오카, 2002·2018c)

4 이와 비슷한 사고방식인 문화적 전환(cultural switch)에 대해서는 디마지오(1982)가 미국의 맥락에서 일찍부터 제창하고 있었다.

5 이 절에 대해서는 무라이 시게키 씨에게 조언을 받았다.

6 문화자본을 가지고 있어도 그것을 사용하는 장소에 따라 수익은 달라진다. 예를 들면 가정교사 아르바이트에서 엘리트 대학생인 것은 큰 가치를 낳지만 육체노동 현장이나 판매 또는 접객 아르바이트하는 곳에서 엘리트 대학생인 것은 마이너스 스티그마(stigma)가 될 수도 있다.

7 저자의 지금까지의 논문 중에는 아동기 문화자본이 아니라 유년기 문화자본이라는 호칭을 사용하고 있다. 그것은 모두 같은 내용이다.

8 제1회 고베 조사에서 공동 연구자로서 함께 문화자본의 측정을 검토한 것은 모치다 요시카즈(持田良和)이다.

9 미발표.

10 2018년 가을부터 겨울에 걸쳐 전국 15개 대학에서 대학생을 대상으로 하는 질문지 조사를 실시했다. 문과계·이과계를 포함한 샘플 총수는 662표이다.

제3장

1 어떤 연구자가 2005년 SSM 조사 데이터에서 다중 대응 분석을 실시했는데 그 논문은 많은 연구이론상 문제가 있음을 본인도 인정하고 있어(SSM 2005년 조사위원회에서도 인정) 본인 동의 하에 금후 일체 활자화와 인용을 자숙하게 되었다. 또한 2005년 SSM 조사를 사용하여 곤도 히로유키(2011)가 실시한 문화의 다중 대응 분석은 부르디외의 분석 방법과는 변수의 선택 방법이나 분석의 의도 및 방법도 다른 것이고, 부르디외의 대응 분석과 비교하기에는 무리가 있다.

2 곤도 히로유키(2011)는 생활양식 공간과 사회적 위치 공간을 각각 다중 대응 분석(MCA) 방법을 사용하여 2개 공간의 상동성을 검토했다. 부르디외나 저자의 분석 수순과는 다르다. 부르디외의 MCA 분석에는 우선 생활양식 공간을 분석하고 사회적 위치 공간은 보조 변수로 구성하는 분포 구조로 제시되어 있다. 2개 공간의 상동성을 검토한다는 의미에서 곤도의 방식도 의의는 있다. 다키가와 히로키(瀧川裕貴, 2013)가 지적하듯이 부르디외는 이 2개 공간의 상동성을 전제로 하고 있었다고 생각되기 때문이다. 그러나 문제는 곤도의 경우 사회적 위치 공간을 구성하는 MCA 분석에서 보유하는 문화적 재화의 항목을 다수 포함하여 경제 변수나 지위 변수와 함께 동렬로 취급하

여 사회적 위치 공간을 구성한 점이다. 다시 말하면 객체화된 문화자본을 사회적 위치 공간의 요소로 포함하고 있기 때문에 문화 변수로 구성된 생활양식 공간과 문화 변수도 포함된 사회적 위치 공간을 각각 구성하여 이 2개의 공간이 상동하고 있음을 주장하지만, 양쪽 공간에 문화자본의 카테고리가 포함되어 있기 때문에 이 두 공간이 유사하다는 결론은 당연히 예상할 수 있다. 그러므로 부르디외의 분석과는 발상도 기법도 다른 것으로 이해해야만 할 것이다.

3 부르디외는『구별 짓기』의 '계급의 라이프 스타일'에 대한 기술 부분에서 부르주아계급, 중간계급, 노동자계급과 종래의 계급 분류를 그대로 사용하여 논한다는 점에서 비판도 받고 있다.

4 MCA에서는 각 카테고리 사이의 거리에 의미가 있고 거리가 가까울수록 관계성은 강하고 거리가 멀어질수록 관계성이 약함을 의미한다. 또한 사람 수가 적은 카테고리는 그림 주변부에 배치되는 경향이 있다.

5 사용한 변수는 2값으로 치환되는데 예를 들면 '클래식 음악회에 간다'와 '가지 않는다' 항목이 모두 제시되는 것인데 '가지 않는다'처럼 행동이 없는 경우의 카테고리는 독자에게 그림의 용이성을 고려하여 일부를 제외하고 대폭적으로 표시를 삭제했다. 그 대부분이 제3·4상한에 위치하고 있다.

6 가와사키 시민 조사는 1999년 1~2월에 과학 연구비 조사로 실시되었다(대표 : 가타오카 에미, 기반 연구(B), 과제번호 : 17H02597). 모집단은 가와사키시 주제의 20~69세(1999. 1. 1)로 샘플링은 선거인 명부에서 확률비례추출법으로 200지점을 추출하고 4,000샘플에 대해 우편 조사 방법으로 질문지 조사를 실시했다. 유효 회답은 958표로 회수율은 24%, 남성 438명, 여성 518명, 불분명 2명이다. 보고서는 가타오카 편, 2002에 게재되어 있다.

7 부르디외(1979a)의 다중 대응 분석에는 본인의 학력, 연령, 수입, 부모의 직업이 문화 항목과는 별도로 보조 변수로서 취급된다. 가와사키시 데이터 분석에는 부르디외와 마찬가지로 라이프 스타일에 관한 항목에서만 생활양식 공간을 구성했다. 친구 선택의 항목은 부르디외에서도 이용되고 있다. 〈그림 3-5〉에 대해 보조 변수로서 연령, 학력, 직업, 수입을 플롯한 결과가 〈그림 3-6〉부터 〈그림 3-10〉까지이다.

제4장

1 본장에서는 사회계층 연구의 맥락에서 분석하고 있어 계급이 아니라 계층 개념을 사용하고 있다.

2 문화적 배타성 가설은 특히 2개로 나눌 수 있다. 하나는 '문화적 지위는 경제적 지위의 반영에 불과하다'라는 계층의 단순한 차원의 접근법이다. 다른 하나는 베버나 부르디외처럼 '문화적 지위와 경제적 지위를 다른 차원으로 생각하는' 접근법이다. 부르디외는 고지위자를 '문화자본은 많지만 경제자본이 상대적으로 적은 집단'과 '경제자본은 많지만 문화자본이 상대적으로 적은 집단'으로 나누어 계층 분파로서 다른 이해관계를

상정하고 그것들의 문화 투쟁을 설정하는 분석 도식을 제시했다(부르디외, 1979a).

3 문화의 기업 지배 가설(문화산업 가설)에 대해서는 이와마 아키코(1998)의 논고가 하나의 검증이 될 수 있다.

4 베서니 브라이슨(1996)은 음악 장르의 기호성에서 대부분의 장르를 거절할수록 문화적 배제성이 높고 상보적으로 음악적 관용성이 낮다고 조작적으로 개념을 정의했다. 브라이슨이 말하는 문화적 관용성은 엄밀하게 말하면 문화활동의 다양성을 의미하고 있어 다양성을 관용성과 동일한 것으로 다루는 경향이 있다.

5 다케우치(2000)는 일본의 학력 엘리트가 취하는 차이화와 동화의 이중 전략은 전통적인 것이라고 지적한다.

6 본장에서는 문화적 관용성이라는 개념을 문화 소비와 관련된 부분에서의 한정적인 의미로 사용하고 있다.

7 1995년 SSM 조사 위신표에서는 회답자에게 문화활동에 대한 평가를 받았다. 질문형식은 "여기에 여러 가지 문화활동이 적혀 있습니다. 세상에는 일반적으로 이 활동들을 높다거나 낮다거나 하는 식으로 평가하는 경우가 있습니다만 지금 만약 이것들을 높다거나 낮다거나 구별을 지어 순서대로 나눈다면 어떻게 분류될까요. 각각의 활동에 대해 적합하다고 생각되는 것을 답해 주십시오"로 했다. 5단계의 해답 카테고리에 대해 '가장 높다'를 100점, '가장 낮다'를 0점으로 하여 25점 간격으로 평점 값을 주고 이것을 문화 평가 스코어로 했다. 그리고 평가 스코어의 총합을 전체 회답자 수로 나눈 값(평균값)을 문화 위신 스코어라고 명명했다(가타오카, 1996c · 1998g).

8 문화활동의 순위 서열이 사람들의 공통 인식 도식으로 되고 있는지를 조사하기 위해 문화 위신 스코어의 순위를 데이터로 하여 스피어만의 순위 상관계수를 이용하여 검토했다. 그 결과, 남성과 여성의 순위 상관계수는 0.933(p ⟨ 0.0001)으로 순서 서열 인식에 남녀 차이는 없었다. 또한 학력별 순위 서열에서는 대학·전문대 졸업 카테고리와 고등학교 졸업 카테고리의 순위 상관계수는 0.986(p ⟨ 0.00001)으로 상관은 지극히 높다. 대학·전문대 졸업과 중학교 졸업과의 상관은 0.881(p ⟨ 0.0002)로 약간 낮지만 고등학교 졸업과 중학교 졸업은 0.915(p. ⟨ 0.0001)로 높은 상관을 보였다. 게다가 직업 간에도 순위 상관계수를 구했는데 모두 0.9 이상의 높은 상관을 보였다. 이것은 가타오카(1996c)의 고베 조사에서 산출한 문화 위신 스코어의 결과와 거의 같은 경향이었다. 이상으로 일본에서는 어느 사회 집단에서나 사람들은 문화활동에 대해 공통된 서열 평가 인식 도식을 가지고 있다고 말할 수 있다. 반면 대항 문화적인 판단 기준이 존재할 가능성은 지극히 적다.

9 문화활동으로 한정하여 스코어를 작성했기 때문에 상위문화에서 '사회적 활동에 참가한다'와 중간문화에서 '손수 빵이나 과자를 만든다'는 제외시켰다. 1995년 SSM 조사에서 측정한 문화활동의 인자 구조와 인자 득점에 대해서는 가타오카(1998e)를 참조하기 바란다.

10 이것은 브라이슨(1996)이 사용한 배타성 척도의 부호를 역전시킨 것으로 내용은 같다. 따라서 경험한 문화활동의 수가 많을수록 폭넓은 취미를 가지며 문화적 관용성이 높다.

11 상속 문화자본의 지표는 다음 3개의 질문 항목에 대한 빈도별 회답을 3단계로 수치화하고 그 총합을 상속 문화자본 스코어로 했다. '어린 시절 가족 중 누군가가 당신에게 책을 읽어주었습니까', '초등학생 때 집에서 클래식 음악 레코드를 듣거나 가족과 함께 클래식 음악 콘서트에 간 적이 있었습니까', '초등학생 때 가족을 따라서 미술전이나 박물관에 간 적이 있었습니까'. 스코어가 높을수록 보유하는 문화자본은 높다.

12 상속 문화자본의 개념에는 부모의 학력도 이론적으로는 포함되는 것이 통례이지만 부모 학력과 아동기에 획득된 상속문화(문화적 경험)와의 상관이 높기 때문에 양쪽을 동시에 중회귀 분석에 투입하면 공선성이 일어나거나 분석의 정확도가 떨어지기 때문에 상속 문화자본으로서 부모 학력을 동시에 투입하는 것은 방법론상 부적절하다고 판단하여 투입하지 않는다. 아동기의 문화적 경험(상속 문화자본) 안에 부모 학력의 효과가 이미 포함되어 있는 것은 제2장에서도 제시하고 있다.

13 직업 분류는 퍼슨스와 킨(1996)을 참고하여 분류했다. 여기서 이용한 상위문화와 대중문화의 지표는 상위문화 스코어에 사용한 5개의 문화활동과 대중문화 스코어에 사용한 3개의 문화활동을 인자 분석에 걸쳐 2축을 분석했을 때의 각 인자 득점을 이용하고 있다. 인자 분석에는 각 문화활동의 빈도를 0~45단계의 데이터를 2인자 모델(바리맥스 회전)로 해석했다.

14 다케우치(1995)는 일본에서의 재생산에 대한 시선이 약함을 이론적으로 지적했다.

15 상위문화 유니보어(문화 귀족)의 상급문화적 전문직과 문화적 옴니보어가 된 상급 관리직 2개의 집단을 경제자본과 문화자본으로 비교하면 상급문화석 전문직은 평균 연수입 870만 엔, 상속 문화자본 스코어 4.4에 반해 상급 관리직은 평균 연 수입 1,230만 엔, 상속 문화자본 스코어 3.0이었다.

16 다케우치 요우의 일련의 연구(다케우치, 1978 · 1995 이외)를 예로 들 수 있을 것이다.

17 다케우치(2000)는 일본의 학력 엘리트가 취하는 차이화와 동화의 이중 전략이 전통적인 것이라고 지적했다.

제5장

1 〈표 5-2〉에서 〈표 5-10〉까지의 클로스 집계인 카이제곱 검정에서는 회답 카테고리 중 '시시하다'와 '보기 흉하다'를 하나로 합쳐 검정을 실시했다. 다만 표의 결과에서는 이 2개의 카테고리를 나누어 결과를 제시하고 있다.

제6장

1 1995년 SSM 전국 조사 A표에서는 문화활동에 대해 12개의 항목을 질문했다. 그중 여기서 사용하지 않는 것은 '골프 · 스키 · 테니스를 치다'와 '손수 빵이나 과자를 만든다' 이 2개의 항목이다. 전자는 기능이 다른 3개의 스포츠를 포함하고 있고 소비자의 특성이나 그 용도에 대해 정확한 정보를 얻을 수 있다는 특징을 가지고 있기 때문에 분석에서 제외시켰다. 또한 빵 · 과자 만들기도 사회적 속성보다는 라이프 코스와 연령에 따라

큰 영향을 받고 있기 때문에 분석에서 제외시켰다.

2 예를 들면 다케우치(1995), 가리야(1995) 등이 있다.

3 예를 들면 다키에·스기야마·리브라(Lebra, 1993[2000])의 『근대 일본의 상류계급 – 화족의 에스노그라피(ethnography)』는 근대 화족에 대한 귀중한 연구이다.

4 어린 시절 가정의 문화자본에 대한 측정으로 여기서는 제8장에서 설명하는 3개의 변수를 사용하여 그 득점 합계를 3분할했다. 득점 상위 26.5%, 중위 32.7%, 하위 40.7%를 각각 상속 문화자본의 상위, 중위, 하위로 그룹화했다.

5 학력은 중졸 이하, 고졸, 전문대졸, 4년제 졸업 4개의 카테고리로 분류하고 구제(旧制)에 대해서도 대응하는 카테고리로 분류했다.

6 LISREL에 대해서는 Jöreskog·Sörbom(1979·1996), 시라쿠라(1991) 등을 참조하기 바란다.

7 이들 SSM 조사에서 얻은 문화 구조는 저자가 실시한 제1회 고베 조사의 분석 결과와는 분명히 다르다. 다시 말하면 고베에서는 남성 쪽이 문화적 옴니보어화되고 여성 쪽에서 문화가 나뉘어져 있는 것에 반해 SSM 조사에서는 그 반대이다. 조사한 문화 항목이 다른 것과 지역성, 조사 시기도 같지 않기 때문에 비교할 수는 없지만 이것은 매우 흥미로운 결과이다.

8 여성 대부분이 미용실에서 여성주간지를 손에 쥐는 것도 여성의 대중문화 경험으로서 카운트되었다고 생각된다.

제7장

1 학력 사회란 '구성원의 사회적 지위를 결정하는 학력의 힘이 상대적으로 큰 사회이다'라고 정의되어 있다(아소 마코토, 1967·1991).

2 위신 상위 5%에 들어가는 직업은 직업 위신 스코어(1995년 판)가 66.5 이상의 직업이다. 구체적으로는 변호사, 대학교원, 의사, 회사 임원, 공인회계사·세무사, 지방의원, 그 밖에 법무사무자, 문예가·저술가, 선장·해항사 등이 있다.

3 저자의 경험에서도 문화적 재생산 논리는 남성 연구자의 많은 모임에서 전혀 이해되지 않는 경우가 많았는데 여성 연구자의 모임에서는 찬동자가 많다는 대조적인 사건이 종종 있어서 이것도 우연은 아니라고 생각된다. 탁월화된 문화교양(문화자본)이 수익을 가져다준다는 부르디외이론은 일본 여성에게 리얼리티가 있는 것으로 이해되고 있음을 알 수 있다.

4 현대에는 이전보다도 대부분의 여자들이 고학력이나 고편차값을 목표로 하게 되었기 때문에 상황도 변화하고 있지만 근본적으로 큰 변화가 생긴 것은 아니라고 생각된다.

제8장

1 전략이라고 하면 의식적이고 목적적 행위만을 다루는 것처럼 들릴지도 모르지만, 부르디외에 따르면 '행위는 결코 의식적, 목적적인 것에 의해 일어난다고는 할 수 없는' 것

으로 행위자는 합리적인 계산을 하는 인간도 아니고 구조에 완전히 구속된 주체 없는 행위자도 아니다.

2 교육과 계층에 관한 연구 리뷰로서 이와이·가타오카·시미즈(1987) 또는 히라사와·후루타·후지와라 쇼(藤原翔, 2013)가 있다.

3 부르디외는 교육 시스템에 의한 메리토크라틱한 선발에 내재되어 있는 계층화 원리로서 문화자본의 세대 간 전달이 중요하다고 지적하고 문화적 재생산론을 전개했다. 그리고 디마지오는 문화 이동 모델을 제시했다(디마지오, 1982). 또한 드 그라프는 문화자원 개념을 사용하여 가정의 신분문화를 측정하고 교육 달성에 미치는 효과를 측정했다(드 그라프, 1988).

4 LISREL과 공분산 구조 분석에 대해서는 Jöreskog·Sörbom(1996), Jöreskog et al.(1979), 시라쿠라(1991) 등을 참조하기 바란다. SPSS 통계 패키지에서도 공분산 구조 분석은 가능하지만 동일하지는 않다. 본 분석에서는 변수의 정규화를 행하고 있다.

5 학력은 교육 연수로 전환하여 사용하고 있다(〈표 8-6〉).

〈표 8-6〉 최종 학력

	N	신제 교육				
		중학교	고등학교	전문대	4년제 대학	대학원
전체	2651	16.4	47.2	6.8	15.2	1.3
50~69세	1113	25.8	33.2	2.3	7.1	0.4
35~49세	956	13.3	58.3	8.3	18.6	1.6
20~34세	582	3.6	55.8	12.9	25.1	2.6

	N	구제 교육				
		초등학교	고등소학교	중학교	실업	사범	구제대학
전체	2651	2.0	5.2	3.7	1.1	0.2	1.2
50~69세	1113	4.7	12.3	8.8	2.5	0.4	2.6
35~49세	956	-	-	-	-	-	-
20~34세	582	-	-	-	-	-	-

6 아버지와 어머니의 교육 연수의 총합을 지표로 삼는다.

7 세대별 수치 상세는 가타오카(1998a)를 참조하기 바란다. 세대별 그림을 제시하고 있다.

8 이것은 드 그라프(1986)의 네덜란드에 관한 지견과 비교해보면 매우 흥미롭다. 네덜란드에서는 1950년에 교육이 무료화되었다. 그리고 가족의 재정적 요인은 아이의 교육 달성에 전혀 효과를 보지 못하고 있다. 또한 서독의 데이터에서 김나지움에의 진학을 규정하는 요인은 문화적인 자원이어서 가족의 수입이 아님을 나타내고 있다(드 그라프, 1988).

9 1995년 SSM 전국 조사의 지견으로서 사교육 투자가 고학력의 부모의 자식에 대한 교육 기대이며 학력 재생산을 목표로 한다면 '소득 격차 → 사교육 투자 → 학력(學力) → 교육 달성'으로 사교육이나 교육 달성을 '돈으로 살 수 있는 것'이라고 상정한 사교육 투자

가설(모리야마·노구치, 1984 : 125)과는 맞지 않을 가능성이 높다.

10 젠더 자본과 젠더 아비투스의 재생산에 대해서는 하시모토·무로후시 히로미(室伏宏美, 1991), 가타오카(1996a·2000a) 또는 스기하라·기타(1995), 스기하라(2000)를 참조하기 바란다.

11 이 가설을 방증하는 지견으로서 야마시타 도시유키(山下利之)·무라야마 구미코(村山久美子, 1991)는 문과계, 이과계, 미술계 학부의 대학생을 비교하여 고등학교 이전의 교과 평가에서 전공에 의한 현저한 차이를 찾아냈다. '문과계 대학생은 사회를, 이과계 대학생은 산수(수학)를, 미술계 대학생은 도공(미술·예술)을 특히 중시하는 경향'이 있음을 드러내고 있다.

[부기] 본장의 초출은 다음과 같다. 본장은 그것들을 수정 가필한 것이다. 초출은 가타오카 에미, 「교육 달성 과정에서 가족의 교육 전략─문화자본 효과와 사교육 투자 효과의 젠더 차이를 중심으로」, 『교육학 연구』, 일본교육학회, 68(3), 2001, 1~15쪽; 기무라 료코(木村涼子) 편저, 『리딩스(readings) 일본의 교육과 사회 16 젠더와 교육』, 일본도서센터, 2009에 수록되어 있다.

제9장

1 대중문화활동으로서 '경마·경륜·경정 등'(문화 위신 스코어 213)에서 '스포츠신문을 읽는다'(문화 위신 스코어 45.4)까지 6항목을 상정하고 있다.

2 〈표 9-1〉 중 다도·꽃꽂이(문화 위신 스코어 58.8)보다도 문화 위신 스코어가 높은 항목을 상위문화로 분류하고 있다. 여기서의 경계선은 자의적인데 저자의 다른 논문에서는 전국 조사에 바탕을 둔 인자 분석 등에서 확인되어 있다. 그러한 결과와 어긋나지 않는 분류를 실시했다.

3 중간문화활동으로는 '추리소설을 읽는다'부터 '컴퓨터를 사용한다'까지 8가지 활동을 상정했다.

4 연간소득이나 직업, 직책, 학력 등으로 판단했다.

5 여성의 소양으로서의 역사 연구로 우타가와(2019)가 있다.

[부기] 본 연구는 간토가쿠인대학 인문과학연구소 조성금(「문화 정의의 젠더화에 관한 연구」, 2003~2006)을 받아 실시되었다. 가타오카(2005a)를 개정했다.

제10장

1 'upper-middle class'란 중류계급의 상층 지위에 있는 사람들을 말한다. 라몽은 미국 뉴욕과 인디애나폴리스(Indianapolis) 및 프랑스 파리에서 실시한 upper-middle class에 대한 조사에서 이 계급에 소속된 사람들에 관한 정의를 3개의 군으로 분류하고, 이에 속하는 자로 정의하고 있다. ① 대졸 전문직, 준전문직(예를 들면 사회복지사업, 사서, 초등·중학교교원), ② 공적 혹은 비영리섹터의 경영 관리 그룹(간부, 중간관리직, 경영자), ③ 비즈니스맨(자영전문직, 다양한 규모의 비즈니스오너)

2 현재 직업별로 구한 경계선 스코어는 〈표 10-12〉와 같다.

현직 6분류		문화적 경계	대중적 경계	사회 경제적 경계	도덕적 경계
전문	평균값	0.288	0.248	-0.146	0.013
	N	156	156	156	156
	SD	0.991	1.100	0.876	0.958
경영·관리	평균값	0.102	0.146	0.438	0.059
	N	122	122	122	122
	SD	0.920	0.938	0.930	0.884
사무	평균값	0.266	-0.155	0.187	-0.047
	N	153	153	153	153
	SD	0.896	0.960	1.031	1.063
판매	평균값	-0.335	0.013	-0.015	-0.123
	N	63	63	63	63
	SD	0.872	0.882	0.775	0.830
서비스	평균값	-0.346	-0.049	0.224	-0.095
	N	66	66	66	66
	SD	1.069	0.971	1.206	0.945
블루칼라	평균값	-0.299	0.271	-0.289	0.108
	N	94	94	94	94
	SD	0.954	1.021	1.108	1.139
합계	평균값	0.040	0.085	0.070	-0.003
	N	654	654	654	654
	SD	0.982	1.004	1.014	0.985
df		5	5	5	5
F값		10.537	3.674	8.242	0.705
유의 확률		p 〈 .001	p 〈 .01	p 〈 .001	n.s.

제11장

1 취미란 실천(다양한 문화적 실천)이나 소유물(가구, 책, 그림, 넥타이 등)을 선택할 때 나타난다(부르디외, 1980). 부르디외가 지적하듯이 사회적 세계 속에서 사람들이 이치에 맞는 행동을 하기 위한 전제로 되어 있고 이 사회적 세계에 관한 실천적 인식을 가지고 있으며 그것이 바로 분류 도식이다. 바꾸어 말하면 신체화된 체계인 분류 도식(인식 도식)이란 '취미나 에토스'를 구성하는 성향'이다.

2 1995년 SSM 조사에서는 이 연구를 기초로 하여 문화활동의 위신 스코어를 구하는 조사가 직업 위신 스코어와 함께 실시되었다(1995년 SSM 조사의 위신표). SSM 조사에서

문화 위신이 측정된 것은 처음이었는데 그 이후에는 실시되지 않았다. 1995년 SSM 조사에서 문화 위신의 측정은 전부 12항목의 변수뿐이었고 본장에서 분석하는 절반 이하의 수였다. 주요 분석 결과(가타오카, 1998g)는 본장에서의 결과와 거의 차이가 없었다.

3 비슷한 가설을 하시모토(1990) 또는 후지타 외(1987)가 대학생 조사에서 검토했다.

4 조사는 1991년도 문부성 과학 연구비 조성금(장려 연구)을 받아서 실시했다. 성인 남녀를 샘플로 하여 실시된 문화 평가 조사는 일본에서는 이것이 최초이다.

5 질문지는 '여기에 여러 문화적 활동이 적혀 있습니다. 이들 활동을 평가하는 기준은 여러 가지가 있습니다만 굳이 이것들을 높고 낮음으로 구별해서 순서대로 나눈다면 어떻게 분류될까요.'를 사용하여 1975년 SSM 직업 위신 조사에서 직업 위신을 측정할 때 사용된 표현법을 참고로 하고 있다. 회답자가 평정의 의미를 다양하게 해석하지 않도록 하기 위해 이 질문 직전에 질문을 실시하고 문화 평가의 의미를 이해하도록 했다. 직전에 해둔 질문 내용은 "여기 여러 가지 활동을 적은 일람표가 있습니다. 굳이 당신에게 아이가 있다면 그 아이가 장래 어른이 되었을 때 어떤 취미를 갖거나 활동을 해주었으면 좋겠다고 생각합니까. 남자아이와 여자아이의 경우로 나누어 생각해 주십시오. 다음 각각에 대해 '절대로 해주었으면 좋겠다'의 1~5단계 중에서 해당되는 번호를 선택해서 ○를 달아 주십시오"였다. 그리고 문화 평가에 사용하는 19개의 활동 항목에 대해서는 미리 판정을 받았다.

6 문화 평가 스코어는 '매우 낮다' = 0점, '약간 낮다' = 25점, '보통' = 50점, '약간 높다' = 75점, '매우 높다' = 100점으로 산출했다.

7 특히 분산이 큰 활동은 '사회복지활동'(30.7)이나 '그림을 그린다'(30.3) 등 위신 스코어가 상위활동에 많다.

8 학력 분류는 다음과 같다. 대학 = 대학, 전문대·고등전문학교, 대학원, 구제고등학교·고등전문학교·고등사범학교·대학·대학원. 고등학교 = 고등학교, 구제중학교·고등여학교·실업학교·사범. 중학교 = 중학교, 구제고등소학교·심상소학교.

9 직업은 남성과 여성을 포함하고 있다. '전문·관리직' = 전문직, 관리적 직업(과장 이상), '사무·판매직' = 사무직, 판매직, '블루칼라직' = 농림어업, 서비스직, 운수업·통신직, 기능공·생산공정 종사자(작업자 포함), 안보직을 포함한다.

10 여기서 사용하는 능력이란 보편적이고 객관적인 기준에 의해 사람을 선별하는 능력의 개념과는 전혀 의미를 달리하고 있다. 여기서 문화변별력이란 아비투스의 한 형태이고 문화적 자세라고 해야 할 문화의 지각 평가 도식을 가리킨다.

11 음악문화 영역은 '클래식 음악 콘서트', '재즈 음악 콘서트', '민요를 부른다', '록 음악 콘서트', '엔카 가수의 공연이나 쇼'의 문화 평가 스코어를 사용했고 활자문화 영역은 '역사·예술 책을 읽는다', '과학 잡지', '종합 잡지', '추리소설', '스포츠신문', '연애소설', '점에 관한 책'을 비교했다.

12 활동율이란 과거 1년간 한 번 이상 한 경험이 있는 자의 비율(%)을 말한다.

13 〈표 11-3〉에서 계층적 지위의 지표로서 유직자의 경우에는 현재의 직업을 이용하지만 여성의 전업주부에 관해서만 남편의 현재 직업으로 대체했다.

14 차이화 지수의 산출기법에 대해서는 후지타 외(1987)의 차이화 스코어를 참고로 했다.

15 41개 항목 전체의 상관계수는 0.601(p 〈 0.001)이었다. 차이화 스코어와 문화 평가 스
    코어의 순위에 불일치를 볼 수 있는 활동으로서 예를 들면 '펜 습자'는 문화 평가 17위
    로 중간문화로 평가되어 있지만, 차이화 스코어는 마이너스 값으로 블루칼라층을 특징
    짓는 활동으로 간주되고 있다. 마찬가지로 '수예·뜨개질', '사회복지활동'(문화 평가 3
    위 〉 차이화 스코어 23위) 등에서도 평가와 활동자의 계층적 지위는 대응하지 않는다.
    또한 '프랑스 요리를 만든다'(문화 평가 16위 〈 차이화 스코어 1위)처럼 평가에서는 중
    간문화라고 인식되지만 실제 활동자가 상층에 많은 경우도 있다. 결과의 표시는 모두
    생략했다.

16 예를 들면 학력 달성에서 어머니 학력 효과에 대해서는 후지타(1979)를 참조하기 바란
    다. 또한 어머니에서 딸로 문화자본의 세대 간 계승에 대해서는 가타오카(1996b · 1997a)
    를 참조하기 바란다.

참고문헌

相澤真一, 「教育アスピレーションから見る現代日本の教育の格差－趨勢變化と國際比較を通じて」, 石田浩・近藤博之・中尾啓子 編, 『現代の階層社會 2 階層と移動の構造』, 東京大學出版會, 2011.

天野郁夫, 『教育と選拔の社會史』, 筑摩書房, 2006.

荒牧草平, 「教育機會の格差は縮小したか－教育環境の變化と出身階層間格差」, 近藤博之 編, 『日本の階層システム 3 戰後日本の教育社會』, 東京大學出版會, 2000.

浅野智彦, 『若者の気分 趣味緣からはじまる社会参加』, 岩波書店, 2011.

麻生誠, 『エリートと教育』, 福村出版, 1967.

_____, 『日本の學歷エリート』, 玉川大學出版部, 1991.

Baudrillard, Jean, *La Societe de Consommation : Ses Mythes, ses Structures*, paris : Éditions Denoël, 1970(今村仁司・塚原史 譯, 『消費社會の神話と構造』, 紀伊国屋書店, 1979).

_____, *Symbolic Exchange and Death*, London : Sage Publications, 1993(今村仁司・塚原史 譯, 『象徵交換と死』, 筑摩書房, 1992).

Becker, Gary Stanley, *Human Capital : A Theoretical and Empirical Analysis, with Special Reference to Education* 3rd ed., Chicago : University of Chicago Press, 1964[1993].

_____, *A Treatise on the Family*, MA : Harvard University Press, 1981.

Bell, Daniel, *The Cultural Contradictions of Capitalism*, New York : Basic Books, 1976(林雄二郎 譯, 『資本主義の文化的矛盾』上・中・下, 講談社, 1976).

ベネッセ教育總合研究所, 「第1回學校外教育活動に關する調査2009(データブック)」, ベネッセ教育總合研究所ウェブサイト, 2009(https://berd.benesse.jp/shotouchutou/research/detail1.php?id=3265).

ベンヤミン・ヴァルター, 野村修 編譯, 「複製技術の時代における藝術作品(第二稿)」, 『ボードレール他五篇ベンヤミンの仕事』2, 岩波文庫, 1994.

Bennett Tony・Mike Savage・Elizabeth Bortolaia Silva・Alan Warde・Modesto Gayo-Cal・David Wright, *Culture, Class, Distinction*, London : Routledge, 2009(磯直樹・香川めい・森田次郎・知念涉・相澤真一 訳, 『文化・階級・卓越化』, 靑弓社, 2017).

Blau, Peter Michael・Otis Dudley Duncan, *The American Occupational Structure*, New York : Wiley, 1967.

Blau, Judith R., "The Elite Arts, More or Less de rigueur : A Comparative Analysis of Metropolitan Culture", *Social Forces* 64(4), 1986.

Bourdieu, Pierre・Jean-Claude Passeron, *Les Heritiers*, Paris : Éditions de Minuit, 1964(石井洋二郎監・小沢浩明・高塚浩由樹・戶田淸 譯, 『遺産相續者たち－學生と文化』, 藤原書店, 1997).

_____・Robert Castel・Luc Boltanski・Jean-Claude Chamboredon, *Un art moyen : Essai sur les usages sociaux de la photographie*, Paris : Les Editions de Minuit, 1965(山縣熙・山縣直子 譯, 『写真論－その社會的效用』, 法政大學出版局, 1990).

_____, "Cultural Reproduction, and Social Reproduction", Brown, R. ed., *Knowledge, Education and Cultural Change*, London : Tavistock, 1973.

_____, *La distinction : Critique sociale du jugement*, Paris : Éditions de Minuit, 1979a(石井洋二郎 譯, 『ディスタンクシオン－社會的判斷力批判』 1, 藤原書店, 1989; 『ディスタンクシオン－社會的判斷力批判』 2, 1990).

_____, "Les trois états du capital culturel", *Actes de la recherche en sciences sociales* 30, 1979b(福井憲彦 譯, 「文化資本の3つの姿」, 福井憲彦・山本哲士 編, 『象徵權力とプラチック－ブルデューの世界』, 日本エディタースクール出版部, 1986).

_____, *Le Sens Pratique*, Paris : Editions de Minuit, 1980(今村仁司・港道隆 譯, 『實踐感覺』 1, みすず書房, 1988; 今村仁司・福井憲彦・塚原史・港道隆 譯, 『實踐感覺』 2, 1990).

_____, "The Forms of Capital", Richardson, John G. ed., *Handbook of Theory and Research for the Sociology of Education*, Westport : Greenwood Publishing Group, 1986.

_____, *Choses Dites*, Paris : Editions du Minuit, 1987(石崎晴己 譯, 『構造と實踐－ブルデュー自身によるブルデュー』, 新評論, 1988).

_____, *La Domination Masculine*, Paris : Éditions du Seuil, 1998(坂本さやか・坂本浩也 譯, 『男性支配』, 藤原書店, 2017).

_____, *Esquisse pour une auto-analyse*, Paris : Raisons d'Agir, 2004(加藤晴久 譯, 『自己分析』, 藤原書店, 2011).

_____・Jean-Claude Passeron, *La reproduction*, Paris : Les Éditions de Minuit, 1979 (Nice, Richard trans., *Reproduction in Education, Society and Culture*, 2nd ed., California : Sage Publications, 1990; 宮島喬 譯, 『再生産－教育・社會・文化』, 藤原書店, 1991).

Bryson, Bethany, "'Anything But Heavy Metal' : Symbolic Exclusion and Musical Dislikes", *American Sociological Review* 61(5), 1996.

ブルデュー. ピエール, 加藤晴久 編,『ピエール・ブルデューー超領域の人間學』, 藤原書店, 1990.

Collins, Randall, "Functional and Conflict Theories of Educational Stratification", *American Sociological Review* 36(6), 1971.

_____, *The Credential Society : An Historical Sociology of Education and Stratification*, New York : Academic Press, 1979(新堀通也監 譯,『資格社會ー敎育と階層の歷史社會學』, 有信堂高文社, 1984).

Coser, Rose Raub, "Power Lost and Status Gained : A Step in the Direction of Sex Equality", in Kai Erikson and Steven Peter Vallas ed., *The Nature of Work : Socialogical Perspectives*, New Haven : Yale University Press, 1990.

Crook, Christopher J., "Occupational Returns to Cultural Participation in Australia", *The Australian and New Zealand Journal of Sociology* 33(1), 1997.

De Graaf, Paul M., "The Impact of Financial and Cultural Resources on Educational Attainment in the Netherlands", *Sociology of Education* 59, 1986.

_____, "Parents' Financial and Cultural Resources, Grades, and Transition to Secondary School in Federal Republic of Germany", *European Sociological Review* 4(3), 1988.

De Graaf, Nan Dirk・Paul M. De Graaf・Gerbert Kraaykamp, "Parental Cultural Capital and Educational Attainment in the Netherlands : A Refinement of the Cultural Capital Perspective", *Sociology of Education* 73(2), 2000.

DiMaggio, Paul, "Cultural Capital and School Success : The Impact of Status Culture Participation on the Grades of U.S. High School Students", *American Sociological Review* 47(2), 1982.

_____, "Classification in Art", *American Sociological Review* 52(4), 1987.

_____・Michael Useem, "The Arts in Class Reproduction", in Michael W. Apple ed., *Cultural and Economic Reproduction in Education : Essays on Class, Ideology and the State*, London : Routledge&Kegan Paul, 1982.

_____・John Mohr, "Cultural Capital, Educational Attainment, and Marital Selection", *American Journal of Sociology* 90(6), 1985.

DiMaggio, Paul·Francie Ostrower, *Race, Ethnicity, and Participation in the Arts : Patterns of Partic-ipation by Hispanics, Whites, and African-Americans in Selected Activities from the 1982 and 1985 Surveys of Public Participation in the Arts*, Washington, D.C. : Seven Locks Press, 1992.

Dore, Ronald Philip, *The Diploma Disease : Education, Qualification and Development*, Lon-don : George Allen&Unwin, 1976(松居弘道 譯, 『學歷社會 新しい文明病』, 岩波書店, 1978).

Duncan, Otis Dudley·David L. Featherman·Beverly Duncan, *Socioeconomic Background and Achievement*, New York : Seminar Press, 1972.

Eagleton, Terry, *The Idea of Culture*, Japan Uni Agency, 2000(大橋洋一 譯, 『文化とは何か』, 松柏社, 2006).

江原由美子, 『ジェンダー秩序』, 勁草書房, 2001.

Featherstone, Mike, *Consumer Culture and Postmodernism*, London : Sage, 1991(川崎賢一·小川葉子·川崎賢一 編著譯, 『消費文化とポストモダニズム』 上, 恒星社厚生閣, 1999; 『消費文化とポストモダニズム』 下, 2003).

_____, *Undong Culture : Globalization, Postmodernism and Identity*, London : Sage Publications, 1995(西山哲朗·時安邦治 訳, 『ほつれゆく 文化ーグローバリゼーション, ポストモダニズム, アイデンティティ』, 法政大學出版局, 2009).

Florida, Richard, *The Rise of The Creative Class : And How It's Transforming Work, Leisure, Community And Everyday Life*, New York : Basic Books, 2002(井口典夫 譯, 『クリエイティブ資本論ー新たな經濟階級の臺頭』, ダイヤモンド社, 2008).

藤田英典, 「社會的地位形成過程における教育の役割」, 富永健一 編, 『日本の階層構造』, 東京大學出版會, 1979.

_____·宮島喬·秋氷雄一·橋本健二·志水宏吉, 「文化の階層性と文化的再生産」, 『東京大學教育學部紀要』 27, 東京大學教育學部, 1987.

_____·加藤隆雄·吉原惠子·定松文, 「文化の構造と再生産に関する實證的研究」, 『東京大學教育學部紀要』 32, 東京大學教育學部, 1992.

Gabor, D., *The Mature Society*, NY : Praeger, 1972(林雄二郎 譯, 『成熟社會ー新しい文明の選擇』, 講談社, 1973).

Ganzeboom, Harry B.G., "Explaining Differential Participation in High-Cultural Activities : A Confrontation of Information-Processing and Status-Seeking Theories", in Werner Raub. Utrech ed., *Theoretical Models and Empirical Analyses : Contributions to the Explana-*

tion of Individual Actions and Collective Phenomena, The Netherlands : E.S. Publications, 1982.

Giddens, Anthony, *The Consequences of Modernity*, Cambridge : Polity Press, 1990(松尾精文・小幡正敏 譯, 『近代とはいかなる時代か?－モダニティの歸結』, 而立書房, 1993).

_____, *Modernity and Self-Identity : Self and Society in the Late Modern*, Cambridge : Polity Press, 1991.

Griswold, Wendy, "Recent Developments in : The Sociology of Culture : Four Good Arguments(And One Bad One)", *Acta Sociologica* 35(4), 1992.

_____, *Cultures and Socsities in a Changing World*, London : Sage Publications, 1994 (小沢一彦 譯, 『文化社會學入門－文化のダイヤモンド』, 玉川大學出版會, 1998).

花田達朗・吉見俊哉・コリン・スパークス 編, 『カルチュラル・スタディーズとの対話』, 新曜社, 1999.

原純輔・盛山和夫, 『社會階層－豊かさの中の不平等』, 東京大學出版會, 1999.

橋本健二, 「文化評價の構造と文化の階層性」, 『靜岡大學教養部研究報告 人文・社會科學篇』, 靜岡大學教養部 24(2), 1990.

_____・室伏宏美, 「文化としての「女」と「男」」, 宮島喬・藤田英典 編, 『文化と社会－差異化・構造化・再生産』, 有信堂高文社, 1991.

Hage, Ghassan, *White Nation : Fantasies of White Supremacy in a Multicultural Society*, Sydney : Pluto Press, 1988(保苅實・塩原良和 譯, 『ホワイト・ネイション－ネオ・ナショナリズム批評』, 平凡社, 2003).

Hauser, Robert M.・David L. Featherman, "Equality of Schooling : Trends and Prospects", *Sociology of Education* 49(2), 1976.

Held, David・Anthony McGrew, *Globalization / anti-globalization : Beyond the Great Divide*, Cambridge : Polity Press, 2002(中谷義和・柳原克行 譯, 『グローバル化と反グローバル化』, 日本經濟評論社, 2003).

平沢和司・古田和久・藤原翔, 「社會階層と教育研究の動向と課題－高學歷化社會における格差の構造」, 『教育社會學研究』93, 東洋館出版社, 2013.

兵庫縣教育委員會, 『生涯學習社會の建設をめざして－生涯學習ネットワーク研究事業調査報告』II, 兵庫縣教育委員會, 1990.

_____, 『生涯學習社會の建設をめざして－生涯學習ネットワーク研究事業調査報告(提言)』, 兵庫縣教育委員會, 1991.

石井洋二郎, 『差異と欲望－ブルデュー『ディスタンクシオン』を読む』, 藤原書店, 1993.

石田浩,「學歷と社會經濟的地位の達成－日米英國際比較研究」,『社會學評論』40(3), 日本社會學會, 1989.

_____,「學歷取得と學歷效用の國際比較」,『日本勞働研究雜誌』41(10), 勞働政策研究・研修機構, 1999.

今田高俊,『現代政治學叢書7 社會階層と政治』, 東京大学出版會, 1989.

_____編,『日本の階層システム5 社會階層のポストモダン』, 東京大学出版會, 2000.

井上好人,「幼兒期からのピアノレッスンによって身體化された文化資本のゆくえ」,『金沢星稜大學人間科學研究』2(1), 金沢星稜大學人間科學會, 2008.

岩井八郎・片岡栄美・志水宏吉,「「階層と教育」研究の動向」,『教育社會學研究』42, 東洋館出版社, 1987.

岩間曉子,「産業界と男性の文化－日本経済のサービス化と文化資本の構造」, 片岡栄美 編,『1995年SSM調査シリーズ18 文化と社会階層』, 1995年SSM調査研究会, 1998.

岩本健良,「教育とライフスタイル選択－文系進学と理系進学」, 白倉幸男 編,『1995年SSM調査シリーズ17 社会階層とライフスタイル』, 1995年SSM調査研究会, 1998a.

_____,『教育機会の不平等の構造と変動－学力による業績主義化は進んだか』, 岩本健良 編,『1995年SSM調査シリーズ9 教育機会の構造』, 1995年SSM調査研究会, 1998b.

岩永雅也,「アスピレーションとその実現－母が娘に伝えるもの」, 岡本英雄・直井道子 編,『現代日本の階層構造4 女性と社会階層』, 東京大学出版会, 1990.

Jameson, Fredric, "Postmodernism or the cultural logic of late capitalism", *New Left Review* 146, 1984.

Jencks, Christopher・David Riesman, *The Academic Revolution*, New York : Doubleday, 1968.

Jöreskog, Karl G.・Dag Sörbom・Jay Magidson, *Advances in Factor Analysis and Structural Equation Models*, New York : Abt Books, 1979.

_____, *LISREL 8 : User's Reference Guide*, 2nd ed., Chicago : Scientific Software International, 1996.

苅谷剛彦,『大衆教育社会のゆくえ－学歴主義と平等神話の戦後史』, 中央公論社, 1995.

片同栄美,「しつけと社会階層の関連性に関する分析」,『大阪大学人間科学部紀要』13, 大阪大学人間科学部, 1987.

片同栄美,「三世代学歴移動の構造」, 1985年社会階層と社会移動全国調査委員会, 『1985年社会階層と社会移動全国調査報告書 3 教育と社会移動』, 1985年社会階層と社会移動全國調査委員会, 1988.

　　　　　,「三世代間学歴移動の構造と変容」, 菊池城司 編, 『現代日本の階層構造 3 教育と社会移動』, 東京大学出版会, 1990.

　　　　　,「社会階層と文化」, 白倉幸男 編, 『現代の社会システム』, 学術図書出版, 1991a.

　　　　　,「文化の活動と社会階層－現代女性における文化的再生産過程」, 『関東学院大学文学部紀要』 62, 関東学院大学文学部人文学会, 1991b.

　　　　　,「〈書評〉宮島喬・藤田英典 編, 『文化と社会－差異化・構造化・再生産』」, 『理論と方法』 6(2), 数理社会学会, 1991c.

　　　　　,「社会階層と文化的再生産」, 『理論と方法』 7(1), 数理社会学会, 1992.

　　　　　,「ジェンダーにおけるハビトゥスと資本」, 宮崎和夫・米川英樹 編著, 『社会と教育への視点』, 創森出版, 1996a.

　　　　　,「現代女性にとっての文化資本の意味－文化資本の転換効果に関する実証的研究」, 『関東学院大学文学部紀要』 76, 関東学院大学文学部人文学会, 1996b.

　　　　　,「階級のハビトゥスとしての文化弁別力とその社会的構成－文化評価におけるディスタンクシオンの感覚」, 『理論と方法』 11(1), 1996c.

　　　　　,「家族の再生産戦略としての文化資本の相続」, 『家族社会学研究』 9, 日本家族社会学会, 1997a.

　　　　　,「家庭の文化的環境と文化的再生産過程および現代日本の文化構造－1995年SSM全国調査データにみるわが国の文化的再生産過程」, 『関東学院大学文学部紀』 81, 関東学院大学文学部人文学会, 1997b.

　　　　　,「音楽趣味と社会階層－音楽趣味にみる象徴的境界」, 関東社会学会大会発表配付レジュメ(明治学院大学), 1997c.

片岡栄美 編, 『1995年SSM調査シリーズ 18 文化と社会階層』, 1995年SSM調査研究会, 1998.

　　　　　,「教育達成におけるメリトクラシーの構造と家族の教育戦略－文化投資効果と学校外教育投資効果の変容」, 近藤博之 編, 『1995年SSM調査シリーズ 10 教育と世代間移動』, 1995年SSM調査研究会, 1998a.

　　　　　,「近代化の終焉と「文化と社会階層」研究および文化的再生産論」, 片岡栄美 編, 『1995年SSM調査シリーズ 18 文化と社会階層』, 1995年SSM調査研究会, 1998b.

片岡栄美,「現代日本の文化消費にみる象徴的境界－エリートからコーポレート優位へ」,
　　片岡栄美 編,『1995年SSM調査シリーズ 18 文化と社会階層』1995年SSM調査研
　　究会, 1998c.

_____,「家庭の文化環境と文化的再生産過程－正統文化と大衆文化」, 片岡栄美 編,『19
　　95年SSM調査シリーズ 18 文化と社会階層』, 1995年SSM調査研究会, 1998d.

_____,「文化の構造と文化消費者の社会的特性－文化活動の諸類型と社会階層の対
　　応関係を中心に」, 片岡栄美 編,『1995年SSM調査シリーズ 18 文化と社会階層』,
　　1995年SSM調査研究会, 1998e.

_____,「地位形成に及ぼす読書文化と芸術文化の効果－教育・職業・結婚における文
　　化資本の転換効果と収益」, 片岡栄美 編,『1995年SSM調査シリーズ 18 文化と社
　　会階層』, 1995年SSM調査研究会, 1998f.

_____,「文化弁別力と文化威信スコア－文化評価の構造と社会階層」, 片岡栄美 編,『19
　　95年SSM調査シリーズ 18 文化と社会階層』, 1995年SSM調査研究会, 1998g.

_____,「地位形成にみる文化選抜のジェンダー構造」, 第50回日本教育社会学会大会
　　課題研究,『メリトクラシーの過去・現在・未来』, 発表要旨収録&配布レジュメ,
　　1998h.

_____,「音楽愛好者の特徴と音楽ジャンルの親近性－音楽の好みと学歴・職業」,『関東
　　学院大学人文科学研究所報』22, 関東学院大学人文科学研究所, 1999.

_____,「ジェンダー・ハビトゥスの再生産とジェンダー資本」, 宮崎和夫・米川英樹 編
　　著,『現代社会と教育の視点』, ミネルヴァ書房, 2000a[1996a].

_____,「文化的寛容性と象徴的境界－現代の文化資本と階層再生産」, 今田高俊 編,『日
　　本の階層システム 5 社会階層のポストモダン』, 東京大学出版会, 2000b.

_____,「教育達成過程における家族の教育戦略－文化資本効果と学校外教育投資効果
　　のジェンダー差を中心に」,『教育学研究』68(3), 日本教育学会, 2001a.

_____,「現代文化と社会階層」, 東京都立大学大学院社会科学研究科2000年度博士論
　　文, 2001b(http://dl.ndl.go.jp/info:ndljp/pid/3189235).

_____,「階層研究における「文化」の位置－階層再生産と文化的再生産のジェンダー構
　　造」,『年報社会学論集』15, 関東社会学会, 2002.

_____,「「大衆文化社会」の文化的再生産－階層再生産, 文化的再生産とジェンダー構
　　造のリンケージ」, 宮島喬・石井洋二郎 編,『文化の権力－反射するブルデュー』,
　　藤原書店, 2003.

片岡栄美,「文化定義のジェンダー化に関する研究－言説からみる文化活動への意味付与と性役割意識」,『関東学院大学人文科学研究所報』29, 関東学院大学人文科学研究所, 2005a.

———,「文化の正統性と文化的平等神話」,『現代社会のクロスロード』, ハーベスト社, 2005b.

———,「芸術文化消費と象徴資本の社会学－ブルデュー理論からみた日本文化の構造と特徴」,『文化経済学』6(1), 文化経済学会, 2008.

———,「格差社会と小・中学受験－受験を通じた社会的閉鎖, リスク回避, 異質な他者への寛容性」,『家族社会学研究』21(1), 日本家族社会学会, 2009.

———,「子どものスポーツ・芸術活動の規程要因－親から子どもへの文化の相続と社会化格差」,『研究所報第1回学校外教育活動に関する調査2009調査報告書』58, ベネッセコーポレーション, 2010(https://berd.benesse.jp/berd/center/open/report/kyoikuhi/webreport/pdf/houkoku_kai_01.pdf).

———,「教育達成と文化資本の形成」, 稲垣恭子 編,『教育文化を学ぶ人のために』, 世界思想社, 2011.

片岡えみ,「友人選択の基準にみる象徴的境界－バウンダリー・ワークとしての友人選択」,『駒澤社会学研究』48, 駒澤大学文学部社会学科, 2016.

片岡栄美,「文化的オムニボア再考－複数ハビトゥスと文脈の概念からみた文化実践の多次元性と測定」,『駒澤社会学研究』50, 駒澤大学文学部社会学科, 2018a.

———,「大学生の自己アイデンティティと象徴的境界の基準－体育会系, オタク, ストリート系等の関係性マッピング」,『駒澤社会学研究』51, 駒澤大学文学部社会学科, 2018b.

———,「教育格差とペアレントクラシー再考」, 稲垣恭子・内田良 編,『教育社会学のフロンティア 2 変容する社会と教育のゆくえ』, 岩波書店, 2018c.

———,「子育て実践と子育て意識の階級差に関する研究」,『駒澤大学文学部研究紀要』76, 駒澤大學, 2018d.

———,「象徴権力としてのスポーツと「体育会系」アイデンティティの特徴－ブルデュー理論からみた男性支配と体育会系ハビトゥス」,『スポーツとジェンダー研究』17, 日本スポーツとジェンダー学会, 2019.

片岡栄美 編,『階層文化とライフスタイルの社会学的研究－日本の中流階層のハビトゥスと「場」の文化の効果』, 平成9-11年度科学研究費補助金(基盤研究〈B〉)研究成果報告書(09410056), 関東学院大学, 2000.

Kataoka, Emi, "Gender Differences in the Effects of Cultural Capital and Shadow Education on Educational Attainment in Japan", *Komazawa Journal of Sociology* 47, 2015.

_____, "The Effect of Cultural Capital on Status Attainment : Educational, Occupational and Marriage Market Returns", *Komazawa Journal of Sociology* 48, 2016.

片瀬一男,「文化資本と教育アスピレーション―読書文化資本・芸術文化資本の相続と獲得」,『人間情報学研究』9, 東北学院大学人間情報学研究所, 2004.

_____・平沢和司,「少子化と教育投資・教育達成」,『教育社会学研究』82, 東洋館出版社, 2008.

加藤隆雄,「文化資本の3つのモード―その蓄積・生産・再生産」,『思想の科学』498, 思想の科学社, 1993.

加藤周一,『日本文学史序説』上, 筑摩書房, 1975.

_____,『日本文学史序説』下, 筑摩書房, 1980.

Katsillis, John・Richard Rubinson, "Cultural Capital, Student Achievement, and Educational Reproduction : The Case of Greece", *American Sociological Review* 55(2), 1990.

喜多加実代,「学校外教育利用についての年齢, ジェンダー別の特性と階層的要因」,『教育実践研究』14, 福岡教育大学教育実践総合センター, 2006.

北田暁大・解体研 編著,『社会にとって趣味とは何か―文化社会学の方法規準』, 河出書房新社, 2017.

King, Anthony D., *Culture, Globalization and the World-System : Contemporary Conditions for the Representation of Identity*, New York : University of New York Press, 1991(山中弘・安藤充・保呂篤彦 訳,『文化とグローバル化―現代社会とアイデンティティ表現』, 玉川大学出版部, 1999).

小藪明生・山田真茂留,「文化的雑食性の実相―ハイ=ポピュラー間分節の稀薄化」,『社会学評論』63(4), 日本社会学会, 2013.

Kohn, Melvin L.・Carmi Schooler, *Work and Personality : An Inquiry into the Impact of Social Stratification*, Norwood : Ablex Publishing, 1983.

隈研吾,『建築的欲望の終焉』, 新曜社, 1994.

近藤博之,「「学歴メリトクラシー」の構造」, 菊池城司 編,『現代日本の階層構造 3 教育と社会移動』, 東京大学出版会, 1990.

_____,「社会空間の構造と相同性仮説―日本のデータによるブルデュー理論の検証」,『理論と方法』26(1), 数理社会学会, 2011.

近藤博之・古田和久, 「教育達成における階層差の長期趨勢」, 石田浩・近藤博之・中尾啓子編, 『現代の階層社会 2 階層と移動の構造』, 東京大学出版会, 2011.

Lahire, Bernard, *L'Homme pluriel : Lles ressorts de l'action*, Nathan, 1998(鈴木智之 譯, 『複数的人間－行為のさまざまな原動力』, 法政大学出版局, 2013).

_____, *La culture des individus : dissonances culturelles et distinction de soi*, La Découverte, 2004.

_____, *Monde pluriel : Penser l'unité des sciences sociales*, Paris : Seuil, 2012(村井重樹 譯, 『ソシオロジー選書 3 複数的世界－社会諸科学の統一性に関する考察』, 青弓社, 2016).

Lamb, Stephen, "Cultural Consumption and the Educational Plans of Australian Secondary School Students", *Sociology of Education* 62(2), 1989.

Lamont, Michèle, *Money, Morals, & Manners : The Culture of the French and the American Upper-Middle Class*, Chicago : The University of Chicago Press, 1992.

_____・Virág Molnár, "The Study of Boundaries in the Social Sciences", *Annual Review of Sociology* 28, 2002.

_____, *The Dignity of Working Men : Morality and the Boundaries of Race, Class, and Immigration*, Cambridge, MA : Harvard University Press, 2009.

Lareau, Annette, "Social Class Differences in Family－School Relationships : The Importance of Cultural Capital", *Sociology of Education* 60(2), 1987.

_____, *Unequal Childhoods : Class, Race, and Family Life*, 2nd ed., Berkeley・Los Angeles・California : University of California Press, 2003[2011].

Lebra, Takie Sugiyama, *Above the Clouds : Status Culture of the Modern Japanese Nobility*, Berkeley・Los Angeles・California : University of California Press, 1993(竹内洋・海部優子・井上義和 訳, 『近代日本の上流階級－華族のエスノグラフィー』, 世界思想社, 2000).

松岡亮二・中室牧子・乾友彦, 「縦断データを用いた文化資本相続過程の実証的検討」, 『教育社会学研究』95, 東洋館出版社, 2014.

Meyer, J., "The Effects of the Institutionalization of Colleges in Society", Kenneth A. Feldman ed., *College & Student : Selected Readings in the Social Psychology of Higher Education*, New York : Pergamon Press, 1972.

Meyer, John W., "The Effects of Education as an Institution", *American Journal of Sociology* 83(1), 1977.

耳塚寛明,「小学校学力格差に挑む－だれが学力を獲得するのか」,『教育社会学研究』80, 東洋館出版社, 2007.

南田勝也,「ロック音楽文化の構造分析－ブルデュー〈場〉の理論の応用展開」,『社会学評論』49(4), 1998.

宮島喬,『文化的再生産の社会学－ブルデュー理論からの展開』, 藤原書店, 1994.

＿＿＿＿編,『文化の社会学－実践と再生産のメカニズム』, 有信堂高文社, 1995.

＿＿＿＿・藤田英典 編,『文化と社会－差異化・構造化・再生産』, 有信堂高文社, 1991.

＿＿＿＿＿＿＿・志水宏吉,「現代日本における文化的再生産過程」, 宮島喬・藤田英典 編,『文化と社会－差異化・構造化・再生産』, 有信堂高文社, 1991.

＿＿＿＿・田中祐子,「女子高校生の進学希望と家族的諸条件－「文化的」環境を中心として」,『お茶の水女子大学女性文化資料館報』5, お茶の水女子大学女性文化資料館, 1984.

村上龍,「寂しい国の殺人」,『文藝春秋』75(11), 文藝春秋, 1997.

村井重樹,「諸個人のハビトゥス－複数の諸性向と文化的實践の諸相」,『年報社会学論集』23, 関東社会学会, 2010.

＿＿＿＿,「ハビトゥス論の現代的課題－集団から個人へ, あるいは統一性から多元性へ」,『哲学』128, 三田哲学会, 2012.

Murphy, Raymond, *Social Closure : The Theory of Monopolization and Exclusion*, Oxford : Oxford University Press, 1988(辰巳伸知 訳,『社会的閉鎖の理論－独占と排除の動態的構造』, 新曜社, 1994).

中井美樹,「社会階層と親の価値期待」,『現代社会学研究』4, 1991.

中野由美子,「階層と言語－教育社会学における言語研究の位置づけ」,『教育社会学研究』29, 東洋館出版社, 1974.

中澤渉,「学歴の世代間移動の潜在構造分析」,『社会学評論』61(2), 日本社会学会, 2010.

＿＿＿＿,「通塾が進路選択に及ぼす因果効果の異質性－傾向スコア・マッチングの応用」,『教育社会学研究』92, 東洋館出版社, 2013.

中谷巌,「ビジネスマンの思考－新講座」,『朝日新聞』, 2000.7.8.

中山慶子・小島秀夫,「教育アスピレーションと職業アスピレーション」, 富永健一 編,『日本の階層構造』, 東京大学出版会, 1979.

直井優,「職業的地位尺度の構成」, 富永健一 編,『日本の階層構造』, 東京大学出版会, 1979.

直井道子, 「女性の階層帰属意識－女性の地位の借用モデル」, 1985年社会階層と社会移動全国調査委員会, 『1985年社会階層と社会移動全国調査報告書 4 女性と社会階層』, 1985年社会階層と社会移動全国調査委員会, 1989.

荻野昌弘, 「社会学における文化の位置」, 『ソシオロジ』 45(1), 社会学研究会, 2000.

小内透, 『再生産論を読む－バーンスティン, ブルデュー, ボールズ＝ギンティス, ウィリスの再生産論』, 東信堂, 1995.

大前敦巳, 「キャッチアップ文化資本による再生産戦略－日本型学歴社会における「文化的再生産」論の展開可能性」, 『教育社会学研究』 70, 東洋館出版社, 2002.

＿＿＿＿・石黒万里子・知念渉, 「文化的再生産をめぐる経験的研究の展開」, 『教育社会学研究』 97, 東洋館出版社, 2015.

小澤浩明, 「日本における社会階級・社会問題研究とブルデュー社会学理論」, 『状況』 10(11), 1999.

尾嶋史章, 「誰が教育に支出するのか－学校外教育支出の分析」, 『大阪経大論集』 48(3), 大阪経大学会, 1997.

＿＿＿＿・近藤博之, 「教育達成のジェンダー構造」, 盛山和夫 編, 『日本の階層システム 4 ジェンダー・市場・家族』, 東京大学出版会, 2000.

Parkin, Frank, *Marxism and Class Theory : A Bourgeois Critique*, New York : Columbia University Press, 1979.

Parsons, Talcott, *The Social System*, Glencoe : Free Press, 1951(佐藤勉 譯, 『現代社會学大系 14 社会体系論』, 青木書店, 1974).

＿＿＿＿＿＿, "Equality and Inequality in Modern Society, or Social Stratification Revisited", Edward O. Laumann ed., *Social Stratification : Research and Theory for the 1970s*, Indianapolis : Bobbs-Merrill, 1970.

Peterson, Richard A., "Understanding Audience Segmentation : From Elite and Mass to Omnivore and Univore", *Poetics* 21(4), 1992.

＿＿＿＿＿＿・Roger M. Kern, "Changing Highbrow Taste : From Snob to Omnivore", *American Sociological Review* 61(5), 1996.

＿＿＿＿＿＿・Albert Simkus, "How Musical Tastes Mark Occupational Status Groups", M. Lamont・Marcel Fournier eds., *Cultivating Differences : Symbolic Boundaries and the Making of Inequality*, Chicago, IL : University of Chicago Press, 1992.

Prieur, Annick・Mike Savage, "Emerging forms of cultural capital", *European Societies* 15(2), 2013.

Robinson, Robert V.·Maurice A. Ganier, "Class Reproduction among Men and Women in France : Reproduction Theory on Its Home Ground", *American Journal of Sociology* 91(2), 1985.

Rohlen, Thomas P., *Japan's High Schools*, Berkeley : University of California Press, 1983(友田泰正 訳, 『日本の高校-成功と代償』, サイマル出版社, 1988).

坂爪聡子, 「教育投資と子供数-受験競争の過熱と少産化問題」, 『経済論叢』, 京都大學經濟學會, 163(3), 1999.

Savage, Mike·Fiona Devine·Sam Friedman, et al., *Social Class in the 21st Century*, London : Penguin, 2015.

Sewell, William Hamilton·Robert Mason Hauser, *Education, Occupation and Earnings : Achievement in the Early Career*, New York : Academic Press, 1975.

Simkus, Albert·Rudolf Andorka, "Inequalities in Educational Attainment in Hungary, 1923~1973", *American Sociological Review* 47(6), 1982.

志水宏吉, 「学歴·結婚·階層再生産」, 菊池城司 編, 『現代日本の階層構造 3 教育と社会移動』, 東京大学出版会, 1990.

白倉幸男, 「LISREL-リズレルモデル」, 三宅一郎·山本嘉一郎·垂水共之·白倉幸男·小野寺孝義, 『新版 SPSSX III 解析編』2, 東洋経済新報社, 1991.

_____, 「社会階層と自立および知的柔軟性-現代日本の階層構造における地位の非一貫性とパーソナリティ」, 直井優·盛山和夫·間々田孝夫 編, 『日本社会の新潮流(ニューウエーブ)』, 東京大学出版会, 1993.

_____, 「社会的地位達成における権威主義と反道徳性」, 白倉幸男 編, 『現代の社会階層と社会意識の変動に関する社会学的研究』, 社会移動研究会, 1994.

_____, 「文化的再生産とライフスタイル」, 『行動計量学』24(1), 日本行動計量学会, 1997.

_____, 「社会階層とライフスタイルおよび生活満足-自営業, ホワイトカラー, ブルーカラーを対比して」, 『大阪大学人間科学部紀要』24, 大阪大学人間科学部, 1998a.

_____, "Status Attainment, Lifestyle and Participation in High Cultural Activities : Cultural Reproduction in Japan", 片岡栄美 編, 『1995年SSM調査シリーズ 18 文化と社会階層』, 1995年SSM調査研究会, 1998b.

_____, 「ライフスタイルと生活満足」, 今田高俊 編, 『日本の階層システム 5 社会階層のポストモダン』, 東京大学出版会, 2000.

盛山和夫・野口裕二,「高校進学における学校外教育投資の効果」,『教育社会学研究』39, 東洋館出版社, 1984.

総務庁青少年対策本部,『日本の青少年の生活と意識－青少年の生活と意識に関する基本調査報告書』, 総務庁青少年対策本部, 1996.

Snow, Charles Percy, *The Two Culture : A Second Look*, Cambridge : Cambridge University Press, 1964(松井巻之助 訳,『二つの文化と科学革命』, みすず書房, 1967).

Steger, Manfred B., *Globalization : A Very Short Introduction*, Oxford : Oxford University Press, 2003[2005](櫻井公人・櫻井純理・高嶋正晴 譯,『新版1冊でわかる グローバリゼーション』, 岩波書店, 2010).

Stevenson, David Lee・David P. Baker, "Shadow Education and Allocation in Formal Schooling : Transition to University in Japan", *American Journal of Sociology* 97(6), 1992.

杉原名穂子,「日本社会におけるジェンダーの再生産」, 宮島喬 編,『講座社会学 7 文化』, 東京大学出版会, 2000.

＿＿＿＿＿＿・喜多加実代,「「男」と「女」の再生産メカニズム－大学生の調査から」, 宮島喬 編,『文化の社会学－実践と再生産のメカニズム』, 有信堂高文社, 1995.

鈴木智之,「複数のハビトゥス－P・ブルデューからB・ライールへ」, 草柳千早・澤井敦・鄭暎恵 編,『社会学の饗宴 2 逍遙する記憶－旅と里程標』, 三和書籍, 2007.

高橋一郎,「文化資本概念の再検討－教育制度効果をめぐって」,『京都大学教育学部紀要』37, 京都大学教育学部, 1991.

＿＿＿＿＿,「家庭と階級文化－「中流文化」としてのピアノをめぐって」, 柴野昌山 編,『文化伝達の社会学』, 世界思想社, 2001.

竹内洋,『日本人の出世観』, 学文社, 1978.

＿＿＿＿,「学歴移動の構造－ビジネスエリートの家族にみる」, 関西大学経済政治研究所,『価値変容の社会学的研究』, 関西大学経済・政治研究所, 1983.

＿＿＿＿,『パブリック・スクール－英国式受験とエリート』, 講談社, 1993.

＿＿＿＿,『日本のメリトクラシー－構造と心性』, 東京大学出版会, 1995.

＿＿＿＿,『学歴貴族の栄光と挫折』, 中央公論新社, 1999.

＿＿＿＿,「学歴エリート・教養・文化資本」, 宮島喬 編,『講座社会学 7 文化』, 東京大学出版会, 2000.

＿＿＿＿,『教養主義の没落－変わりゆくエリート学生文化』, 中央公論新社, 2003.

＿＿＿＿,『増補版 立身出世主義－近代日本のロマンと欲望』, 世界思想社, 2005.

瀧川裕貴,「P・ブルデューの社会空間論と対応分析について」, 2013年1月16日ブルデュー新年会報告原稿(上智大学), 2013.

津上智実,「神戸女学院音楽部レッスン帳(1907~1923)の資料的価値とその内実」,『神戸女学院大学論集』57(2), 神戸女学院大学研究所, 2010.

鳶島修治,「高校生の学習時間に対する早期学校外教育投資の影響」,『年報社会学論集』25, 関東社会学会, 2012.

富永健一 編,『日本の階層構造』, 東京大学出版会, 1979.

Treiman, Donald J., "Industrialisation and Social Stratification", Edward O. Laumann ed., *Social Stratification : Research and Theory for the 1970s*, Indianapolis : Bobbs-Merrill, 1970.

上野千鶴子,『〈私〉探しゲーム−欲望私民社会論』, 筑摩書房, 1987.

潮木守一・佐藤智美,「社会階層と学業成績に関する実証的研究 1」,『名古屋大学教育学部紀要』26, 名古屋大学教育学部, 1979.

歌川光一,『女子のたしなみと日本近代−音楽文化にみる「趣味」の受容』, 勁草書房, 2019.

Veblen, Thorstein, *The Theory of the Leisure Class*, Boston : Houghton Mifflin School, 1899[1973](小原敬士 訳,『有閑階級の理論』, 岩波書店, 1961).

渡辺和博・タラコプロダクション,『金魂巻−現代人気職業三十一の金持ビンボー人の表層と力と構造』, 主婦の友社, 1984.

渡辺秀樹・近藤博之,「結婚と階層結合」, 岡本英雄・直井道子 編,『現代日本の階層構造 4 女性と社会階層』, 東京大学出版会, 1990.

Wallace, Ruth A.・Alison Wolf, *Contemporary sociological theory*, Englewood Cliffs, NJ : Prentice-Hall, 1980(濱屋正男・藤原孝・寺田篤弘・八幡康貞 訳,『現代社会学理論』, 新泉社, 1985).

Warde, Alan, "Consumption, Identity-Formation and Uncertainty", *Sociology* 28(4), 1994.

Weber, Max, *Wirtschaft Und Gesellschaft : Grundriss Der Verstehenden Soziologie*, 1922(Guenther Roth・Claus Wittich Trans., *Economy and Society : An Outline of Interpretive Sociology*, Berkeley, CA : University of California Press, 1978).

Williams, Raymond, *Culture & Society, 1780~1950*, New York : Harper & Row, 1958[1966](若松繁信・長谷川光昭 訳,『文化と社会−1780~1950』, ミネルヴァ書房, 1968).

_____, *Culture, Fontana new sociological series*, Glasgow : Collins, 1981(小池民男 訳,『文化とは』, 晶文社, 1985).

安田三郎,『社会移動の研究』, 東京大学出版会, 1971.

安田尚,『ブルデュー社会学を読む－社会的行為のリアリティーと主体性の復権』, 青本書店, 1998.

山田昌弘,『希望格差社会－「負け組」の絶望感が日本を引き裂く』, 筑摩書房, 2004.

山田美穂子,「明治日本における女子教育とキリスト教教育の試みの一例－女子学院の歩み」,『青山学院女子短期大学総合文化研究所年報』23, 青山学院女子短期大学総合文化研究所, 2015.

山本哲士,『ビエール・ブルデューの世界』, 三交社, 1994.

山下利之・村山久美子,「文科系, 理科系, 美術系大学生の教科評価にみられる差異－順位のグラフ表現法の適用」,『武蔵野美術大学研究紀要』21, 武蔵野美術大学, 1991.

Young, Michael Dunlop, *The Rise of the Meritocracy, 1870~2033 : An Essay on Education and Equality*, London : Thames and Hudson, 1958(伊藤慎一 譯,『メリトクラシーの法則』, 至誠堂, 1965; 窪田鎮夫・山元卯一郎 訳,『メリトクラシー』, 至誠堂, 1982).

초출일람

이 책을 작성하는 데 토대가 된 원고는 다음과 같다. 크게 수정·가필한 것도 있고 거의 원문 그대로 게재한 장도 있다.

서장
「문화의 정통성과 문화적 평등신화」, 간토가쿠인대학대학원사회학 편, 『현대 사회의 기로 (crossroad)』, 하베스트(harvest)사, 2005, 19~34쪽을 가필했다.

제1장
거의 새로 작성함

제2장
「사회계층과 문화적 재생산」, 『이론과 방법』 7(1), 수리사회학회, 1992, pp.33~55 중 일부.
「가정의 문화적 환경과 문화적 재생산 과정 및 현대 일본의 문화 구조—1995년 SSM 전국 조사 데이터로 보는 일본의 문화적 재생산 과정」, 『간토가쿠인대학문학부기요』 81, 간토가 쿠인대학 문학부인문학회, 1997, 187~237쪽 중 일부.

제3장
「현대문화와 사회계층」, 도쿄도립대 박사논문, 2001, 제3장 중 일부.
「'대중문화 사회'에서 문화적 재생산—계층 재생산, 문화적 재생산과 젠더 구조의 관련」, 미 야지마 다카시·이시이 요지로 편저, 『문화의 권력—반사되는 부르디외』, 후지와라(藤原)서 점, 2003, 101~135쪽 중 일부.
「문화적 옴니보어 재고—복수 아비투스와 맥락의 개념으로 본 문화 실천의 다차원성과 측 정」, 『고마자와사회학 연구』 50, 고마자와대학 문학부사회학과, 2018a, 17~60쪽 일부를 추 가하여 대폭적으로 가필했다.

제4장
「문화적 관용성과 상징적 경계—현대의 문화자본과 계층 재생산」, 이마다 다카토시(今田 高俊) 편저, 『일본의 계층 시스템 5 사회계층의 포스트모던』, 도쿄대학 출판회, 2000, 181~ 220쪽.

제5장

「문화의 구조와 문화 소비자의 사회적 특성−문화활동의 여러 가지 유형과 사회계층의 대응관계를 중심으로」, 가타오카 에미 편저, 『1995년 SSM 조사 시리즈 18 문화와 사회계층』, 1995년SSM조사연구회, 1998, 87~112쪽.

제6장

「가정의 문화적 환경과 문화적 재생산 과정 및 현대 일본의 문화 구조−1995년 SSM 전국조사 데이터로 보는 일본의 문화적 재생산 과정」, 『간토가쿠인대학문학부기요』 81, 간토가쿠인대학 문학부인문학회, 1997, 187~237쪽 중 일부.

제7장

「지위 형성에 미치는 독서문화와 예술문화의 효과−교육·직업·결혼에서 문화자본의 전환효과와 수익」, 가타오카 에미 편저, 『1995년 SSM 조사 시리즈 18 문화와 사회계층』, 1995년 SSM조사연구회, 1998, 71~92쪽.
「'대중문화 사회'에서 문화적 재생산−계층 재생산, 문화적 재생산과 젠더 구조의 관련」, 미야지마 다카시·이시이 요지로 편저, 『문화의 권력−반사되는 부르디외』, 후지와라서점, 2003, 101~135쪽 중 일부.

제8장

「교육 달성 과정에서 가족의 교육 전략−문화자본 효과와 사교육 투자 효과의 젠더 차이를 중심으로」, 『교육학 연구』 68(3), 일본교육학회, 2001, 1~15쪽.

제9장

「문화 정의의 젠더화에 관한 연구−담론으로 보는 문화활동에의 의미 부여와 역할의식」, 『간토가쿠인대학인문과학연구소보』 29, 간토가쿠인대학 인문과학연구소, 2005, 65~85쪽.

제10장

가타오카 에미, 「친구 선택 기준으로 보는 상징적 경계−바운더리 워크로서 친구 선택」, 『고마자와사회학 연구』 48, 고마자와대학 문학부사회학과, 2016, 39~70쪽.

제11장

「계급 아비투스로서 문화변별력과 그 사회적 구성−문화 평가에서 구별 짓기의 감각」, 『이론과 방법』 11(1), 수리사회학회, 1996, 1~20쪽.